捕诉一体实务指引丛书 ❶
BUSUYITI SHIWU ZHIYIN CONGSHU

捕诉一体刑事检察
实务基础指引（上）

主　编◎印仕柏　　副主编◎梁驭骁　张小华

中国检察出版社

图书在版编目（CIP）数据

捕诉一体刑事检察实务基础指引：上下／印仕柏主编．—北京：中国检察出版社，2021.6

ISBN 978－7－5102－2512－3

Ⅰ．①捕… Ⅱ．①印… Ⅲ．①刑事诉讼－研究－中国 Ⅳ．①D925.204

中国版本图书馆 CIP 数据核字（2020）第 238607 号

捕诉一体刑事检察实务基础指引（上下）

印仕柏 主编 梁驭骁 张小华 副主编

策　　划：	刘志远
责任编辑：	钟　鉴
技术编辑：	王英英
封面设计：	天之赋设计室

出版发行：中国检察出版社
社　　址：北京市石景山区香山南路 109 号（100144）
网　　址：中国检察出版社（www.zgjccbs.com）
编辑电话：（010）86423753
发行电话：（010）86423726　86423727　86423728
　　　　　（010）86423730　86423732
经　　销：新华书店
印　　刷：北京宝昌彩色印刷有限公司
开　　本：710 mm×960 mm　16 开
印　　张：60.25
字　　数：863 千字
版　　次：2021 年 6 月第一版　2021 年 6 月第一次印刷
书　　号：ISBN 978－7－5102－2512－3
定　　价：180.00 元（上下）

检察版图书，版权所有，侵权必究
如遇图书印装质量问题本社负责调换

捕诉一体实务指引丛书
编委会

总 主 编 印仕柏

编委会成员 祝雄鹰　张小华　王洪涛
　　　　　　陈代明　刘志红　汪志勇
　　　　　　冯丽君　刘　敏　杨　勇
　　　　　　梁驭骁　孙　靖　刘文莉

《捕诉一体刑事检察实务基础指引》
编委会

主　编　印仕柏

副主编　梁驭骁　张小华

撰稿人　（按姓氏笔画排序）

马贤兴　邓洁雁　刘文莉
刘美兴　邬玉美　李　妍
李红萍　李思圆　李媛珊
杨　军　吴可嘉　邹日香
宋德乾　陈　昉　陈　果
陈　敏　陈华英　陈思思
钟　晋　夏顺娥　梁驭骁
戴文武

总　　序

"捕诉一体"是新时代检察机关适应以审判为中心的刑事诉讼制度改革、加快落实司法体制改革、优化司法资源配置的重大机制创新，对于提升检察机关司法办案质效、强化法律监督、推进队伍专业化建设具有十分重要的意义。从 2018 年推行至今，"捕诉一体"办案机制取得了显著成效，提升了办案质量和效率，成为新时代检察工作的一个亮点。2019 年 12 月 30 日实施的《人民检察院刑事诉讼规则》从制度层面为"捕诉一体"办案机制运行提供了基本遵循。对于这一办案机制的全面推进，最高人民检察院张军检察长表示，现在认识已达成一致，接下来是怎么把它运行好、管理好、落实好的问题。

实践是检验真理的唯一标准。湖南省检察机关从 2017 年开始探索试行这一办案机制，按照刑事案件类别设置刑事检察机构，实行批捕、起诉、诉讼监督等一体化模式。长沙市雨花区人民检察院作为先行试点单位，按照案件类型设置刑事检察一、二、三局，将审查批捕权、审查起诉权交由同一个检察官行使，案件办理平均用时缩短近 50%。2019 年湖南省人民检察院内设机构调整完成，市县两级检察机关内设机构调整、"捕诉一体"渐次展开，提质增效强监督的改革初衷也在进一步成为现实。实践证明，"捕诉一体"办案机制具有三大最直观的优势：实现案件的专业化办理，减少重复劳动，提高诉讼效率；实现指控犯罪以及以审判为中心庭审证据标准要求，前移引导、监督侦查活动的关口，实现渗入式、全过程的对接、引导、监督；实现密切侦诉协作，增强侦诉办案合力，这在一些重大疑难复杂案件中有更明显、更集中的体现，如在扫黑除恶专项斗争中，岳阳等地检察机关实行"捕诉一体"办案模式，集中一个办案组去办批捕起诉的案件，案件质量、效率大幅提升。

改革争在朝夕，落实难在方寸。作为一项全新的改革，"捕诉一体"办案机制在理论和实践上还存在诸多亟待解决的问题。就理论层面来讲，最初关于"捕诉一体"正当性及合理性的质疑，司法实践已给予一定回应，"捕诉一体"改革成效，还需要进一步比较论证，让更多人理解、接受并支持党和国家的司法改革。就实践层面来说，对于运行中存在的上下级院捕诉关系、办案时间"碎片化"、内部监督机制、业务考核考评等问题，最高人民检察院陆续出台了相关的制度规范，对于可能判处无期徒刑以上刑罚的故意杀人、抢劫、危害公共安全犯罪案件"下捕上诉"运行模式，湖南省检察机关正在探索实行由市州人民检察院统一负责审查逮捕。目前实践中最为突出的问题，还是办案能力不适应。从捕、诉"接力赛"转变为捕、诉、监督全程"马拉松"，由"分段负责"到"一案到底"，刑事检察官不仅要有"捕"的能力，还要有"诉"的能力。认罪认罚从宽制度中的"协商"，进一步强化了检察官在审查程序中的主导地位，精准量刑建议的提出，需要检察官不仅要了解侦查工作，还要熟悉审判工作。"案—件比"则要求通过提高办案质效将上一个诉讼环节的工作做到极致。"捕诉一体"办案模式下，刑事检察官专业能力面临着巨大挑战，原公诉部门的办案人员对侦查监督缺乏了解，原侦查监督部门的办案人员对审查起诉、出庭公诉更是缺乏实践。新时代人民群众对检察工作的要求，是办更好的案件，办更高质量、更高效率的案件。在"捕诉一体"优质检察产品的生产线上，检察官、检察官助理、书记员，一个都不能少，"要以等不起的紧迫感、慢不得的危机感、坐不住的责任感，讲政治、顾大局、谋发展、重自强"。

湖南省人民检察院历时近两年，组织全省三级检察院编写的《捕诉一体实务指引丛书》，凝聚了80余名批捕、起诉一线刑事检察官的工作经验和心得，是检察机关落实"捕诉一体"办案机制，提升刑事检察办案能力的实战业务用书。

丛书按照"捕诉一体"的总体思路和工作要求，以"正确、务实、全面、精炼"为基本要求，立足于总结和挖掘近年来湖南省检察机关审查逮捕、审查起诉以及诉讼监督工作的实践经验、成熟机制和试点探索的有效做法，全面深入地介绍、总结审查逮捕、侦查活动监督、审查起诉、出庭公诉、审判活动监督的各个环节、各个方面的工作要求和实务技能，尝试形成可面向和指导全国检察机关适应"捕诉一体"条件下开展刑事检察实务工作需求的工具书。丛书包括《捕诉一体刑事检察实务基础指引（上下）》《侵犯财产犯罪案件捕诉操作指引》《涉众型经济犯罪案件捕诉操作指引》《毒品犯罪案件捕诉操作指引》《未成年人刑事案件捕诉操作指引》《侵犯公民人身权利、民主权利犯罪案件捕诉操作指引》《危害公共安全犯罪案件捕诉操作指引》，共七个分册。在内容上本丛书致力于解决实务问题，结合前沿理论、司法热点、难点与典型实例，阐述审查逮捕、审查起诉要点，提出了解决办法和处理意见，既体现地方特色，又具有普适性；既满足实践办案需求，又兼顾政策性、导向性要求。

当然,"捕诉一体"作为一种实操性较强的改革,还处于不断探索发展过程中,作为一套操作指引丛书,也不可能巨细靡遗、面面俱到,加上编写者自身法治理念、法律素养和业务技能上存在的不足,书中的错漏在所难免,还需要通过实践的检验不断完善,也欢迎检察同行和社会各界提出批评和建议。

希望本丛书的出版,能够给刑事检察工作人员实务操作带来一些帮助,能够给刑事实务工作者和理论研究人员提供鲜活素材与参考。也希望经过实践的检验,这套丛书能够成为受刑事实务工作者欢迎的案头工具书!

最后,如果说改革是知难而行的话,让我们"硬磕最难的路、直面崇高、坚守理想",借《流浪地球》的这句话,共勉。

是为序!

2021 年 4 月

目　　录

第一编　综　述

第一章　捕诉一体工作概述 …………………………………………… 3
  第一节　刑事检察工作发展历程中的捕诉关系 ………………… 3
    一、新中国成立后至改革开放前刑事检察工作的
        发展（1949 年至 1978 年）……………………………… 3
    二、人民检察制度恢复和重建阶段刑事检察工作的
        发展（1978 年至 2000 年）……………………………… 5
    三、深化司法改革背景下刑事检察工作的创新
        与发展（2000 年以来）………………………………… 7
  第二节　捕诉一体的界定 ……………………………………… 8
    一、捕诉一体的基本内涵 ……………………………………… 8
    二、捕诉一体的特点 ………………………………………… 10
    三、捕诉一体的功效 ………………………………………… 10

第二章　捕诉一体的贯彻与实施 ……………………………………… 17
  第一节　捕诉一体对刑事检察工作的影响 ……………………… 17
    一、宏观层面：捕诉一体带动了司法理念更新 …………… 17
    二、中观层面：捕诉一体推动了办案机制革新 …………… 20
    三、微观层面：捕诉一体带来了工作方式的转变 ………… 22
  第二节　推行捕诉一体应当注意的问题 ………………………… 26
    一、关于协调内设机构与办案组织的关系问题 …………… 27

二、关于理顺上下级院捕诉关系的问题 …………………………… 27
三、关于避免办案时间"碎片化"的问题 ……………………… 29
四、关于构建内部监督机制的问题 ………………………………… 30
五、关于对口上下级院业务考核、考评的问题 ………………… 31

第三章　审查逮捕概述 …………………………………………… 33

第一节　审查逮捕的基本内涵 ………………………………… 33

一、逮捕的概念 …………………………………………………… 33
二、审查逮捕的职责和功能 …………………………………… 37
三、逮捕的类型 …………………………………………………… 42
四、审查逮捕的工作要求 ……………………………………… 48
五、审查逮捕的工作流程 ……………………………………… 50

第二节　逮捕条件的基本内涵 ………………………………… 51

一、逮捕的相关规定 …………………………………………… 51
二、逮捕条件审查的工作要求 ………………………………… 55
三、逮捕条件的审查流程 ……………………………………… 63
四、逮捕需要注意的问题 ……………………………………… 64

第三节　逮捕质量的基本内涵 ………………………………… 66

一、逮捕质量的概念及相关规定 ……………………………… 66
二、正确界定国家赔偿法中的逮捕错案与逮捕质量的
错误逮捕 …………………………………………………… 69
三、错误逮捕的责任和赔偿的认定要点 ……………………… 72

第四章　审查起诉概述 …………………………………………… 74

第一节　审查起诉的基本内涵 ………………………………… 74

一、审查起诉的概念和任务 …………………………………… 74
二、审查起诉的地位和意义 …………………………………… 76
三、审查起诉的基本流程 ……………………………………… 79

第二节　审查起诉的基本方法 ………………………………… 82

一、问题的提出——证据审查方法论概述及现状 …………… 83

二、逻辑和经验规则引入证据审查方法论的法律依据
　　　　及现实意义 …………………………………………… 86
　　三、逻辑和经验规则在证据审查过程中的实践性思考 …… 94

第三节　出庭公诉的基本内涵 ……………………………… 106
　　一、出庭公诉的基本任务 …………………………………… 107
　　二、出庭公诉的基本原则 …………………………………… 108
　　三、出庭公诉的基本要求 …………………………………… 113

第二编　捕诉一体办案工作指引

第一章　捕诉一体通用办案流程及技巧 ……………………… 123

第一节　受理案件 …………………………………………… 123
　　一、受理案件的基本内涵 …………………………………… 123
　　二、受理案件的工作要求 …………………………………… 124
　　三、受理案件的工作流程及方法 …………………………… 125
　　四、相关文书制作与应用 …………………………………… 130
　　五、受理案件的完善 ………………………………………… 132

第二节　引导侦查取证 ……………………………………… 136
　　一、引导侦查取证的基本内涵 ……………………………… 136
　　二、引导侦查取证的工作要求 ……………………………… 140
　　三、引导侦查取证的工作流程及方法 ……………………… 142
　　四、引导侦查取证的工作要点 ……………………………… 146
　　五、引导侦查取证的实务操作技巧 ………………………… 150
　　六、引导侦查取证的完善 …………………………………… 159

第三节　证据审查与复核 …………………………………… 163
　　一、证据审查与复核的基本内涵 …………………………… 163
　　二、证据审查与复核的工作流程及方法 …………………… 165
　　三、相关文书制作与应用 …………………………………… 201
　　四、证据审查与复核的实务操作技巧 ……………………… 213

　　　　五、证据审查与复核的完善…………………………………229
　　第四节　非法证据排除…………………………………………238
　　　　一、非法证据排除的基本内涵…………………………………238
　　　　二、非法证据排除的工作要求…………………………………240
　　　　三、非法证据排除的工作流程及方法…………………………241
　　　　四、非法证据排除的实务操作技巧……………………………247
　　　　五、非法证据排除的完善………………………………………257

第二章　审查逮捕专用办案流程及技巧…………………………265
　　第一节　逮捕条件审查…………………………………………265
　　　　一、逮捕条件审查的基本内涵…………………………………265
　　　　二、逮捕条件审查的工作流程及方法…………………………265
　　　　三、逮捕条件审查的社会危险性证据的审查要点……………271
　　　　四、相关文书制作与应用………………………………………275

　　第二节　逮捕决定及执行………………………………………290
　　　　一、逮捕决定及执行的基本内涵………………………………290
　　　　二、逮捕决定及执行的工作流程及方法………………………291
　　　　三、对特殊主体犯罪嫌疑人的审查逮捕决定…………………294
　　　　四、相关文书制作与应用………………………………………298

　　第三节　不捕案件复议复核……………………………………303
　　　　一、不捕案件复议复核的基本内涵……………………………303
　　　　二、不捕案件复议复核的工作流程及方法……………………304
　　　　三、相关文书制作与应用………………………………………306

第三章　审查起诉专用办案流程及技巧…………………………311
　　第一节　指定管辖………………………………………………311
　　　　一、指定管辖的基本内涵………………………………………311
　　　　二、指定管辖的工作要求………………………………………314
　　　　三、指定管辖的工作流程及方法………………………………315
　　　　四、相关文书制作与应用………………………………………316

五、指定管辖的完善 …………………………………… 318

第二节 延长审查起诉期限 ……………………………… 321
一、延长审查起诉期限的基本内涵 ……………………… 321
二、延长审查起诉期限的工作要求 ……………………… 322
三、延长审查起诉期限的工作流程及方法 ……………… 323
四、延长审查起诉期限的完善 …………………………… 324

第三节 补充侦查 …………………………………………… 330
一、补充侦查的基本内涵 ………………………………… 330
二、补充侦查的工作要求 ………………………………… 332
三、相关文书制作与应用 ………………………………… 333
四、补充侦查的实务操作技巧 …………………………… 336

第四节 提起公诉 …………………………………………… 346
一、提起公诉的基本内涵 ………………………………… 346
二、提起公诉的工作要求 ………………………………… 347
三、提起公诉的工作流程及方法 ………………………… 349
四、相关文书制作与应用 ………………………………… 352
五、提起公诉中犯罪事实部分的完善 …………………… 377

第五节 变更、追加、补充起诉 …………………………… 383
一、变更、追加、补充起诉的基本内涵 ………………… 383
二、变更、追加、补充起诉的工作要求 ………………… 385
三、变更、追加、补充起诉的工作流程及方法 ………… 386
四、相关文书制作与应用 ………………………………… 387
五、变更、追加、补充起诉的完善 ……………………… 392

第六节 撤回起诉 …………………………………………… 396
一、撤回起诉的基本内涵 ………………………………… 396
二、撤回起诉的工作要求 ………………………………… 398
三、撤回起诉的工作流程及方法 ………………………… 399
四、相关文书制作与应用 ………………………………… 402
五、撤回起诉的完善 ……………………………………… 405

第七节　不起诉 ………………………………………………… 409
一、不起诉的基本内涵 ……………………………………… 409
二、不起诉的工作要求 ……………………………………… 415
三、不起诉的工作流程及方法 ……………………………… 416
四、相关文书制作与应用 …………………………………… 428
五、不起诉的实务操作技巧 ………………………………… 439

第八节　庭前会议 ……………………………………………… 453
一、庭前会议的基本内涵 …………………………………… 453
二、庭前会议的工作要求 …………………………………… 454
三、庭前会议的工作流程及方法 …………………………… 455
四、庭前会议的实务操作技巧 ……………………………… 463
五、庭前会议的完善 ………………………………………… 465

第九节　出席一审法庭 ………………………………………… 471
一、出席一审法庭的基本内涵 ……………………………… 471
二、出席一审法庭的工作要求 ……………………………… 471
三、出席一审法庭的工作流程及方法 ……………………… 474
四、相关文书制作与应用 …………………………………… 482
五、出席一审法庭的实务操作技巧 ………………………… 504

第十节　二审刑事案件的审查和出庭 ………………………… 516
一、二审刑事案件的审查和出庭的基本内涵 ……………… 516
二、二审刑事案件的审查和出庭的工作要求 ……………… 517
三、二审刑事案件的审查和出庭的工作流程及方法 ……… 520
四、相关文书制作与应用 …………………………………… 535
五、二审刑事案件的审查和出庭的实务操作技巧 ………… 544

第十一节　列席审判委员会 …………………………………… 561
一、列席审判委员会的基本内涵 …………………………… 561
二、列席审判委员会的工作流程及方法 …………………… 565
三、相关文书制作与应用 …………………………………… 566
四、列席审判委员会制度的完善 …………………………… 571

第十二节　认罪认罚从宽制度……573
　一、认罪认罚从宽制度的基本内涵……573
　二、认罪认罚从宽制度的工作要求……575
　三、认罪认罚从宽制度的工作流程及方法……578
　四、相关文书制作与应用……583
　五、认罪认罚从宽制度的完善……595

第十三节　量刑建议……599
　一、量刑建议的基本内涵……599
　二、量刑建议的工作要求……601
　三、量刑建议的工作流程及方法……603
　四、相关文书制作及应用……607
　五、量刑建议的完善……609

第三编　刑事诉讼监督工作指引

第一章　刑事立案监督……627

第一节　刑事立案监督概述……627
　一、刑事立案监督的基本内涵……627
　二、刑事立案监督的工作原则……628
　三、刑事立案监督的类型……629

第二节　对应当立案而不立案的监督……630
　一、对应当立案而不立案的监督线索来源……630
　二、对应当立案而不立案的监督程序……634
　三、相关法律文书的制作……638
　四、统一业务应用系统操作规程……642
　五、实践中常见的应当立案而不立案的情形……649

第三节　对不应当立案而立案的监督……655
　一、对不应当立案而立案的监督线索来源……655
　二、对不应当立案而立案的监督程序……656

— 7 —

三、相关法律文书的制作……………………………………… 660

　　四、统一业务应用系统操作规程……………………………… 666

　　五、实践中常见的不应当立案而立案的情形………………… 671

第四节　建议行政机关移送涉嫌犯罪案件……………………………… 676

　　一、建议行政机关移送涉嫌犯罪案件的基本内涵…………… 676

　　二、建议行政机关移送涉嫌犯罪案件的监督程序…………… 678

　　三、建议行政机关移送涉嫌犯罪案件的监督方式…………… 679

　　四、建议行政机关移送涉嫌犯罪案件的完善………………… 685

第五节　移送犯罪线索……………………………………………………… 688

　　一、移送犯罪线索的基本内涵………………………………… 688

　　二、移送犯罪线索的移送程序和操作规程…………………… 689

　　三、移送犯罪线索的完善……………………………………… 691

第二章　侦查活动监督……………………………………………………… 693

第一节　侦查活动监督概论……………………………………………… 693

　　一、侦查活动监督的基本内涵………………………………… 693

　　二、侦查活动监督的原则……………………………………… 696

　　三、侦查活动监督的中外比较………………………………… 699

　　四、侦查活动监督的常用方法概述…………………………… 702

第二节　纠正违法………………………………………………………… 706

　　一、纠正违法的基本内涵……………………………………… 706

　　二、纠正违法的工作流程……………………………………… 709

　　三、纠正违法的监督重点与方法……………………………… 727

第三节　纠正漏捕………………………………………………………… 765

　　一、纠正漏捕的概述…………………………………………… 765

　　二、纠正漏捕的工作流程……………………………………… 767

　　三、对人民检察院立案侦查案件的纠正漏捕………………… 774

　　四、纠正漏捕的监督重点和方法……………………………… 775

第四节　纠正漏罪漏犯……778
一、纠正漏罪、漏犯概述……778
二、纠正漏罪、漏犯的工作机制和流程……780
三、纠正漏罪、漏犯的重点和方法……785
四、捕诉一体制度下追诉与追捕之间需注意的问题……790

第五节　对羁押期限的监督……791
一、对延长侦查羁押期限的监督……791
二、对重新计算侦查羁押期限的监督……813
三、对羁押必要性的监督……826

第六节　核准追诉……833
一、核准追诉制度概述……833
二、核准追诉的办理流程……834
三、报请核准追诉期间审查逮捕的办理流程……850
四、报请核准追诉期间延长侦查羁押期限的办理流程……853

第三章　刑事审判监督……856

第一节　刑事审判监督概论……856
一、刑事审判监督的基本内涵……856
二、刑事审判监督的必要性……857
三、刑事审判监督的原则……859
四、刑事审判监督的方法……860

第二节　刑事抗诉……868
一、刑事抗诉的基本内涵……868
二、刑事抗诉的基本要求……869
三、刑事抗诉的工作程序……873
四、相关文书的制作……882
五、刑事抗诉的审查要点……895
六、刑事抗诉的完善……906

第三节 审判活动监督……………………………………………925
　一、审判活动监督的基本内涵………………………………925
　二、审判活动监督的工作制度与流程………………………929
　三、审判活动监督实务技巧…………………………………935

第一编 综 述

第一章 捕诉一体工作概述

从我国检察工作发展的历史维度来看,审查逮捕权和公诉权的运行(即捕诉工作),一直以来都是刑事检察工作乃至整个检察工作的重要内容。以负责侦查监督(审查逮捕)的部门和负责公诉的部门进行机构整合为主要内容的"捕诉一体"全新办案机制和模式,重塑了批捕权和公诉权之间的逻辑关系。

第一节 刑事检察工作发展历程中的捕诉关系

一、新中国成立后至改革开放前刑事检察工作的发展(1949年至1978年)

新中国检察制度的创建,源于1949年9月21日至9月30日在北京召开的中国人民政治协商会议第一届全体会议。此次会议通过了新中国的两部重要文献:《中国人民政治协商会议共同纲领》(以下简称《共同纲领》)和《中华人民共和国中央人民政府组织法》(以下简称《中央人民政府组织法》),为新中国检察制度的创建之路铺下了基石。《中央人民政府组织法》第28条明确规定:"最高人民检察署对政府机关、公务人员和全国国民之严格遵守法律,负最高的检察责任。"而《共同纲领》则对建立人民司法制度进行了明确规定。这两部具有临时宪法作用的文献,不仅为新中国国家政权提供了法律依据,也为新中国检察机关的创建奠定了法律基础。在此基础上,新中国检察机构的具体设置不断确立并完善，新中国检察制度的体系也逐渐形成。①

1951年9月，中央人民政府委员会颁布《最高人民检察署暂行组织条例》（以下简称《组织条例》）和《各级地方人民检察署组织通则》，明确规定了如何在最高人民检察署和地方各级人民检察署内部进行机构设置。其中，根据《组织条例》的规定，最高人民检察署内设第一、第二、第三等处，分管最高人民检察署的检察工作，其中由第二处负责刑事案件的批捕和起诉工作。1954年9月，第一届全国人民代表大会第一次会议通过《中华人民共和国人民检察院组织法》，将人民检察署改为人民检察院，并系统地规定了人民检察院的性质、任务、职权及其组织活动原则。1955年，最高人民检察院将原先负责刑事案件批捕与公诉工作的第二处分立为侦查监督厅和审判监督厅。此次调整将侦查监督权与公诉权分别授予两个部门行使。

但是，从1957年反右派斗争开始，出现了一种"左"的思潮。这种思潮在政法战线上的表现，就是法律虚无主义，轻视法律，否定法制，主张任意性。在这种思想指导下，批判法律上规定的"独立审判"和在适用法律上一律平等各项原则，批判检察机关的法律监督职能。于是，检察机关因被看作是"可有可无"而受到了削弱。②

历经风波后的1962年，在党中央扩大会议上，毛泽东同志作了关于加强民主集中制的重要讲话。之后，民主和法制得到一定程度的加强，检察机关的力量得到充实，检察院的组织系统开始陆续恢复，检察工作开始出现新的起色。最高人民检察院重新整合内部机构，设立了三大业务厅，其中检察批捕工作和起诉的任务是由一厅来负责。但随着"文化大革命"的到来，检察工作再度陷入停滞状态。

1966年，受"文化大革命"的影响，各地检察机关被陆续破坏，检察机关于1968年被陆续撤销，1974年召开的第四届全国人民代表大会通过的宪法，规定检察机关的职权由公安机关"代行"，实质上是完

---

① 何勤华：《检察制度史》，中国检察出版社2009年版，第405页。
② 王桂五：《论检察》，中国检察出版社2013年版，第15页。

全取消了人民检察制度①。至1978年各地检察机关复建，人民检察制度中断长达十年之久。

二、人民检察制度恢复和重建阶段刑事检察工作的发展（1978年至2000年）

1978年3月，第五届全国人民代表大会第一次会议召开，在会议上通过的《中华人民共和国宪法》（以下简称1978年宪法）对检察机关的设置和职权作了明确规定。以1978年宪法为依据，我国检察机关得以恢复与重建。1979年7月1日，第五届全国人民代表大会第二次会议通过《中华人民共和国人民检察院组织法》（以下简称1979年人民检察院组织法），这是检察机关在新的历史时期行使职权的法律依据和建设检察制度的规范，为人民检察制度的重建提供了坚实的保障。1979年人民检察院组织法自1980年实施以来，有力地促进了检察机关的建设和工作，我国的人民检察制度正在走向健全。

1980年全国检察机关进行内部机构设置时，最高人民检察院设立了刑事检察厅，地方各级人民检察院和专门人民检察院设立刑事检察处（科），由其行使审查逮捕和审查起诉的权力。虽然有的地方检察院分设有刑事检察一处（科）和刑事检察二处（科），分别行使审查逮捕和审查起诉权，但在最高人民检察院的内设机构序列和工作规定中，审查逮捕和审查起诉仍然只是一个内设机构所行使的两项职权而非两个彼此独立的业务部门。②

1982年，刑事检察厅变更为一厅；1988年，根据最高人民检察院机构改革"三定"方案，又更名为刑事检察厅，仍旧由其行使审查逮捕和审查起诉权力，也即实行的是"捕诉一体"模式。在这一时期，检察机关实行捕诉一体模式主要基于：其一，捕诉一体模式符合当时对犯罪进行从严打击的政策要求，有效实现了对社会危害严重、影响社会

---

① 王桂五：《论检察》，中国检察出版社2013年版，第17页。
② 丁浩勇：《"捕诉衔接"机制研究》，载《中国检察官》2016年第11期。

稳定的犯罪分子依法从重从快予以严厉打击的目的。其二，检察机关初建以及重建时期，正面临着案多人少、机构薄弱的困境，实施捕诉一体也正是解决这一困境的客观需要。

随着时代的发展，我国的刑事司法理念得到更新，在刑事诉讼中保障人权与惩罚犯罪作为同等重要价值目标的指引下，犯罪嫌疑人的基本权利保护、避免刑讯逼供造成的冤假错案作为检察机关的重要职责，在理论界和实务界达成了共识。在这样的背景下，1996年通过的修正后的《中华人民共和国刑事诉讼法》（以下简称1996年刑事诉讼法），将立案监督的权力赋予检察机关，使得检察机关对其他部门的监督得到强化。最高人民检察院根据1996年刑事诉讼法的要求和精神，从加强内部监督制约的角度出发，在大连召开的全国检察机关第二次刑事检察会议上提出批捕、起诉分设为两个机构，同年便开始在各级检察院内部设置审查批捕科（处、厅）、审查起诉科（处、厅）并在全国范围内推广。最高人民检察院刑事检察职能的分立则是到了1999年4月才正式完成，原来的刑事检察厅被拆分，分别设立了审查逮捕厅和审查起诉厅。据此，全国各级检察院审查逮捕和审查起诉职能分别由两个机构来行使，"捕诉分离"的关系明确形成。由于检察机关侦查监督职能的不断完善，为了更好地突出法律监督属性，最高人民检察院于2000年8月将审查逮捕厅更名为侦查监督厅。2000年9月，全国检察机关第一次侦查监督工作会议在浙江省杭州市召开，会议明确了以审查逮捕、刑事立案监督、侦查活动监督三项基本职能为主要内容的侦查监督工作格局。为了强化公诉职能，同年，最高人民检察院将审查起诉厅更名为公诉厅，主要承担审查起诉、指控犯罪、审判监督等任务。至此，负责审查逮捕的部门和负责审查起诉的部门成为检察机关内部独立的两大职能部门。从此，我国检察机关办案便形成了"捕诉分离"模式。

从1996年至2018年，我国捕诉关系的基本模式仍然是捕诉分离。捕诉分离模式是在新的形势背景和新的理念下，最高人民检察院基于加强内部监督制约、提高批捕和公诉案件质量的目的作出的决定。但是，随着捕诉分离模式在全国20年的实践运行，新的问题和困境也凸显出来，如机构设置不一、引导侦查能力不足、侦查监督仍存在盲点和漏洞、急需提升工作效能等问题。面对新的问题和困境，全国各地检察机关又开始对捕诉关系模式进行新一轮的探索，以期寻找更合适的捕诉机制。

三、深化司法改革背景下刑事检察工作的创新与发展（2000年以来）

"分久必合，合久必分。"近年来，伴随着大部制改革等司法改革的潮流，我国部分地区检察机关开始试点"捕诉一体"的机制。

2009年底，湖北省人民检察院就制定了《关于部分基层检察院内部整合改革试点工作的实施方案》。根据该方案，实行"诉讼职能与监督职能相分离、案件办理与案件管理相分离"进行内设机构整合。在逐步推进试点的过程中，部分试点院探索实行"五部制""七部制"或"九部制"。其中，诸如武汉市东西湖区人民检察院将批捕和起诉整合成批捕起诉部，将检察人员整合为6个办案组，简易案件的批捕、起诉由一组办案人员负责到底；复杂案件则实行AB组交叉办案，即将人员分为A组和B组，A组办理的批捕案件由B组审查起诉，B组办理的批捕案件由A组审查起诉。

2012年，黑龙江省齐齐哈尔市人民检察院首次探索实行了以职务犯罪为主的侦捕诉一体化机制，并且实行"五定"责任制，使整体工作处于严格制度的约束之下，案件质量得到有效提高。

2014年，山西省人民检察院将朔州市人民检察院和太原市人民检察院作为改革试验基地，在对命案的处理上实行提前介入，从命案的介入侦查、审查逮捕、审查起诉到支持公诉，都由命案组负责办理，包括命案的审判监督。此办理模式使得案件不需经过多个部门的重重审核和审批，而是主任检察官直接对检察长或者副检察长负责，使得办案效率明显提高。

2015年，吉林在全省三级检察院全面推开捕诉一体办案模式，将负责侦查监督和公诉的部门整合为刑事检察部，实行不同程度、不同模式的"捕诉职能整合",对绝大多数简易案件通过捕诉一体模式办案,对重大和普通刑事案件、职务犯罪案件仍然实行捕诉分离。在监察体制改革后,全省检察机关保留职务犯罪检察部,对监察委移送的职务犯罪案件采取捕诉一体模式办案。

2017年,湖南省检察机关积极推进捕诉一体试点工作,试点中共有5个市州的1个市级院和6个基层院试行了捕诉一体办案模式。

2018年7月25日,最高人民检察院检察长张军在大检察官研讨班开幕时提出:要以检察机关内设机构改革为突破口,通过重组办案机构,以案件类别划分,实行捕诉一体。此后,捕诉一体改革已经成为检察机关的改革重点,检察机关全面推行捕诉一体改革已是大势所趋。

如前所述,从历史上看,自新中国成立以来,我国刑事检察工作经历了一段曲折的发展历程,虽然在发展过程中一度被摧毁,但在党中央的正确领导下,我国的人民检察制度最终得以复建,并得到充分的发展。作为检察工作核心内容的捕诉关系,也经历了由合到分,分合并立,又启动一体的历程。

第二节 捕诉一体的界定

"捕诉一体"之前被称为"捕诉合一",之所以称为"合一"概因检察机关此次开展的内设机构改革以负责侦查监督(审查逮捕)的部门和负责公诉的部门机构整合为外在表现形式而得名。但是,"合一"的称谓容易使人误解为批捕权和公诉权两个办案环节合二为一,而其实质是办案主体的统一,并不是两个办案环节合一,也不是批捕与起诉的证据标准的合一。因此,为避免歧义,改"捕诉合一"为"捕诉一体"。

一、捕诉一体的基本内涵

"捕诉合一"的概念形成于一些检察院开始试行这一办案模式,即将负责侦查监督和公诉的部门重新合并,每个案件从审查批捕环节开始直至出庭支持公诉,均由一位承办人办理。

2001年就有学者提出,"捕诉合一"是相对"捕诉分离"而言的,是指在现行法律框架内,由检察机关内部同一职能部门依法承担审查批捕和审查起诉工作并履行相关法律监督职能的办案工作机制。其实质是检察机关内部职权的重新组合,目的是建立起一种由起诉统率侦查,侦查服务于起诉的新型办案机制。①

还有学者提出,"捕诉一体"也称"捕诉合一",是指检察机关将其履行的批准逮捕的职能与公诉职能交由同一个检察官(或者检察官办案组)承担。捕诉一体是与捕诉分离相对的办案模式,是检察机关负责审查批准逮捕工作与起诉工作的办案主体的合一。显然,这个含义表明,捕诉一体并不是批捕和起诉这两个办案环节的合一,更不是逮捕条件与起诉条件的合一。明确这一点,就可以将那些基于对捕诉一体的误解而进行的讨论,诸如将捕诉一体理解为批捕和起诉这两个工作环节的合一而进行的讨论,排除在我们的关注之外。②

笔者认为,要准确界定"捕诉一体"的内涵,需要考虑当下检察机关提出"捕诉一体"改革的背景和目标。从提升办案质量来说,实行捕诉一体化是力求在审查批准逮捕时,不仅能够全面把握批捕标准,不当捕就不捕,而且关注捕后诉不诉得出、判不判得下,从而主动引导侦查取证,有助于提升批捕质量和起诉质量。从办案效率来看,由同一个办案主体持续关注同一案件,对案情的认识更加深入和细致,有助于提高办案效率。所以,捕诉一体并不单纯指审查批捕权和公诉权归一个部门行使,而是指检察机关在公诉案件办理中将内设的负责侦查监督的部门和负责公诉的部门整合,使同一员额检察官或者办案组同时享有审查批捕、审查起诉、提起公诉和出庭支持公诉等权力,并由其对案件质

---

① 许永俊、王宏伟:《捕诉合一办案机制研究》,载《国家检察官学院学报》2001年第1期。
② 王敏远:《透视"捕诉一体"》,载《环球法律评论》2019年第5期。

量负责的制度。①

综上所述，捕诉一体是指检察机关对依法由本院管辖的同一刑事案件的审查逮捕、审查起诉、出庭支持公诉和立案监督、侦查监督、审判监督等工作，交由同一检察官或者同一检察官办案组予以办理的刑事检察工作机制、模式的统称。

二、捕诉一体的特点

从现有捕诉一体模式改革的实践情况来看，其主要表现为部门合一、权力合一、主体合一以及责任合一"四个合一"的特点。具体是指：

其一，从部门配置来看，检察机关行使审查批捕权的侦查监督部门与行使公诉权的公诉部门整合成了一个部门——刑事检察部（或职务犯罪检察部），体现出侦查监督部门与公诉部门合一的特点。

其二，从权力特征来看，将审查逮捕权和公诉权交由一个主体行使，形成了一个强有力的、具有诉前主导力的诉讼监督权。

其三，从行使主体来看，在捕诉一体模式下，批准权和公诉权都由同一员额检察官或独立办案组行使，权力主体合一。

其四，从责任承担来看，批捕和起诉的司法责任在一定程度上具有一致性和可衔接性，在捕诉一体模式下，因为审查批捕和审查起诉由同一员额检察官或者办案组织负责，相关的司法责任也均由同一检察官或者办案组承担。

三、捕诉一体的功效

有学者认为，捕诉一体具有以下优点：一是有利于节约司法资源。捕诉一体避免了检察机关内设机构的多重设置、人员的浪费、工作的不必要重复。人员进行重新整合，整个工作变成监督侦查、支持公诉，形

---

① 洪浩：《我国捕诉合一模式的正当性及其限度》，载《中国刑事法杂志》2018年第4期。

成合力，更有利于办案。二是可以缩短办案期限，提高工作效率。实行捕诉一体，同一案件的审查批捕、审查起诉为同一承办人或者同一检察官办案组，在批捕阶段已基本吃透案情，初步了解证据情况，到起诉时便可以降低审查的强度，便宜起诉，避免重复阅卷，提高诉讼效率。三是有利于引导侦查。实行捕诉一体，承办人责任心会明显增强。如果达到了逮捕的条件，而要起诉又缺少一定的证据时，承办人就会在批捕阶段直接与侦查人员联系，写出需要补充的证据提纲，并引导侦查人员收集并固定证据。四是可以避免检察机关内部案件标准掌握不一致的情况。捕诉一体之后，可以全程引导、统一调控侦查机关侦查活动，从庭审的角度要求他们侦查取证，提高移送案件质量，降低公诉风险，避免同一机关对同一事实因认识不一致而作出不同决定的尴尬。[①]

也有学者认为，捕诉一体的优点在于：一是有助于加强主证复核，保障办案质量。捕诉一体并非单纯为缓解案多人少的矛盾和提高诉讼效率的目的，更重要的是保障办案质量。司法实践表明，案多人少的矛盾日益突出，在捕诉分离情形下，一些检察官已处于难以全面进行主证复核状态，在一些大中城市表现得尤为明显。检察官既不能触碰超期羁押的红线，又要在较短的时间内办理相当数量的案件，其结果往往是减少了主证复核，如减少了询问证人、复看现场以及精细地研究相关法律、司法解释等。事实上，早在十年之前，案多人少矛盾在经济发达地区和大中城市已经显现，少数基层院即对捕诉一体进行了探索，并且同时对其他检察权运行机制进行调整，如按照集约化监督管理的理念探索设立负责案件监督管理的部门，既提高了检察效率，又构建了新型的内部监督机制，从而保障了办案质量。二是有助于实现检察专业化，提高办案质量。在犯罪专业化、智能化趋势日趋明显，案件办理难度越来越大的情况下，不再按照诉讼环节分设负责侦查监督与公诉的部门，而将两者

---

① 伏波：《"捕诉合一"抑或"捕诉分离"：实务考察与理论探究》，载胡卫列、董桂文、韩大元主编：《人民检察院组织法与检察官法修改——第十二届国家高级检察官论坛论文集》，中国检察出版社2016年版。

重组并且按照办理不同类型的犯罪案件设立一些专业化的检察业务机构,是现代法治发展的必然趋势。尽管以往"一些地方检察机关还根据办案需要,组建未成年人、知识产权、金融、网络、环境资源案件等专门办案组",但是,相对于法院、公安机关,检察机关的专业化发展相对滞后。现实中每一位警官、法官和刑事诉讼参与人都希望,与之打交道的检察官是具有丰富的办理相关案件专业性知识的人。三是有助于提升侦查监督的质量。由一名检察官对整个侦查环节进行一体化的监督,还是由两名检察官分段监督,其效果是不言而喻的。在不断强化司法办案责任制的情况下,从基本面分析,"捕诉一体"并不会出现有人担心的检察官重办案、轻监督的问题。四是有助于提升引导侦查取证的效果。在捕诉分离的机制下,由于逮捕的证据标准明显低于起诉的证据标准,因而时有发生负责侦查监督的部门的检察官不能完全按照庭审的要求去引导侦查取证,待到侦查机关侦查终结向检察院移送起诉时,往往时过境迁,难以补救;即使能够补救,往往耗时费力,影响了诉讼效率。五是有利于更好地保障辩护人的权利。犯罪嫌疑人及其辩护人的辩护空间是由法律规定的,采取捕诉分离或捕诉一体的办案模式与之并没有因果关系。实践表明,在捕诉一体的机制下,检察官能够一体化地了解辩护观点,反而有助于更加精准地引导侦查取证,更好地把握审查逮捕与审查起诉的重点。[①]

还有学者认为,捕诉一体有利于建立全程引导、调控侦查活动的监督体系。首先,实行捕诉一体,负责审查起诉的人员在受理提请批准逮捕的案件时就进入了侦查监督的角色,开始履行法律监督职责,将所有批捕或未批捕的案件都纳入自己的视线,直至该案件移送起诉或作出最终处理。因此,一旦一个刑事案件进入报捕程序,检察机关就能对该案件进行全程的法律监督,并能对发现的问题或可能存在的问题及时作出反应,收到良好的法律监督效果,以最大限度避免监督脱节的问题。其

---

① 尹吉、王梦瑶:《捕诉合一:符合司法实践需求的时代选择》,载《检察日报》2018年6月27日。

次，实行捕诉一体后，检察机关通过审查卷宗及提讯犯罪嫌疑人就能及时发现侦查过程中存在的问题，然后在作出批准逮捕或者因事实不清证据不足作出不批准逮捕决定的同时，制作侦查意向书，通过要求侦查人员补充庭审需要的证据材料的形式，将案件中存在的问题予以解决，这样，侦查人员在收集、固定、完善证据时就能做到有的放矢，有针对性地取证、最大限度地避免取证不规范及非法取证情形的出现。这在捕诉分离机制下不易实现，一则时间紧，二则很难站在庭审的角度要求公安机关侦查。待该案件移送起诉后，原负责审查批捕工作的检察人员再次受案，便可以审查侦查机关有无将侦查意向书要求的证据材料全部补充上来，案情与批捕阶段有无变化等。即使还有地方不完善，还可以采取退回补充侦查的方式予以解决，但这种补充侦查实际上等于是二次退补，无形中为检察机关增加了一次退回补充侦查的机会，从而避免一些案件因为两次退补用完后，案件事实与证据仍然达不到提起公诉条件的尴尬状况，同时也提高了诉讼的效率，更重要的是大大地保障了公诉案件质量，检察机关实际上起到了引导调控侦查机关侦查活动的作用。再次，实行捕诉一体还有利于提高诉讼效率，降低司法成本，改善犯罪嫌疑人、被告人人权状况。众所周知，刑事诉讼是由一道道前后相继、没有间断的程序组成的，每增加一道工序，就意味着一定数量的司法资源的投入，而工序的相对增加却并不必然导致案件处理结果的绝对正确，因此，在可能的条件下，如果能够把本应当分别于不同阶段开展的活动合并在同一时空条件下进行，甚至由同一诉讼主体同时行使，无疑将提高诉讼效率，节约司法资源的投入。最后，在捕诉一体机制下，由于审查起诉与批准逮捕是由同一检察人员承担的，检察人员在审查起诉前就对案件已经心中有数，基本案情在批捕时就已经了解，审查起诉时只是对改变部分事实及侦查意向书中要求的材料有无补充进行审核即可，因此就避免了再一次的阅卷审核、拿出处理意见等过程，并减少退回补充侦查。对于那些在报捕时就已经事实清楚，证据确实、充分，不需要再侦查的案件，在作出批捕的同时就可以提起公诉。上述举措将大大提高诉讼效率，减少诉讼周期并降低司法成本，缩短在押犯罪嫌疑人、被告人羁押时间,从而改善其人权状况。有利于统一定罪标准,方便建立检察引导、调控侦查的刑事犯罪追诉体系。此外,在捕诉分离机制下,由于负责批捕的部门和负责审查起诉的部门在定罪标准方面有时会存在一些不同的观点,负责批捕的部门不批捕的案件,负责审查起诉的部门认为已经构成犯罪,要求追诉;或者相反,使得负责侦查的部门有时无所适从,不利于侦查工作的开展。实行捕诉一体后,将会在最大程度上消除这种冲突,有利于建立一个统一的定罪量刑的标准,从而方便侦查机关遵循,有利于建立一个检察引导调控侦查的刑事犯罪追诉体系。同时,实行捕诉一体后,检察官介入侦查,侦查人员能够直接受到检察官从公诉角度出发而给予的指导和建议,其证据意识及庭审意识将得到强化,业务素质和办案能力会大幅提高。[①]

上述对捕诉一体功效的分析立足于检察工作实践,体现出捕诉一体的制度优势,是能够令人信服的。我们认为,实行捕诉一体主要基于以下几点考量:

一是体现了检察一体化和专业化需要。20世纪90年代后期,最高人民检察院推行捕诉分离,主要是因为职务犯罪的侦查权、批捕权和起诉权都由检察机关行使,存在所谓侦捕诉一体,相对普通犯罪的侦查权由公安机关行使,批捕权和起诉权由检察机关行使这种情况来说,不利于人权保障,缺乏监督制约。随着国家监察体制改革,职务犯罪侦查职能基本转变为监察委员会的调查职能了。随着以审判为中心的诉讼制度改革的推进,检察机关在审前程序中的作用特别是引导侦查取证迫切需要加强,捕诉分离削弱了负责审查逮捕的检察官提升专业化水准和引导侦查取证的动力。司法责任制改革后,检察官个人责任加重且终身负责,为捕诉一体提供了必要的机制和主体条件。要实现检察工作全面、协调、充分发展,必须加强检察一体化和检察专业化,改革检察权力运行方式、改革内设机构,突破捕诉分离的局限,按照案件类型重建专业

---

① 许永俊、王宏伟:《捕诉合一办案机制研究》,载《国家检察官学院学报》2001年第1期。

化的刑事办案机构，统一行使审查逮捕、审查起诉、补充侦查、出庭支持公诉、刑事诉讼监督等职能。推行捕诉一体化是适应检察权结构调整，强化检察一体化和专业化的需要，是新一轮检察机关内设机构改革的基石。

二是有助于提高办案质量和效率。推行司法责任制改革以来，有些案多人少矛盾比较突出的基层检察机关就已实行了捕诉一体化。从提升办案质量来说，实行捕诉一体后，批捕和起诉由同一个检察官或者同一个办案组承担，批捕时不仅能够全面把握批捕标准，不当捕就不捕，而且关注捕后诉不诉得出、判不判得下，会主动引导侦查取证，不仅有助于提升批捕质量，而且有助于提升起诉质量。从办案效率来看，实行捕诉分离时需要由两个检察官或者办案组分别审查案卷材料、熟悉案情。实行捕诉一体后，由同一个检察官或者办案组审查案件，避免了重复劳动，而且因持续关注同一案件，对案情的认识更加深入和细致。这是许多基层检察机关主动实行捕诉一体的主要动力。

三是促进了司法责任制的落实。有人担心捕诉一体化会削弱批捕的中立性，不利保障犯罪嫌疑人的人权。对此，我们认为，批捕的基本价值是保障诉讼顺利进行和保障人权，两项价值不可偏废，应当保持动态平衡。强调批捕主体的中立性，是为了更好地实现上述两项价值。捕诉一体弱化了批捕与起诉之间的内部监督和制约，但是外部监督制约是有效的，而且是更加有力的。该捕不批捕的，侦查机关会申请检察机关复议复核，启动检察长裁决机制；不该捕而批捕的，审判机关会判处有期徒刑以下刑罚或者判无罪。这两个机关的监督制约力度都超过内部监督制约，对办案质量的保障更加有效。同时，实行捕诉一体后，同一案件的审查逮捕、审查起诉由同一检察官或者检察官办案组负责办到底，使办案责任更加清晰明确，做到权责一致，对落实司法责任制起到了积极的促进作用。

四是强化了检察机关的侦查监督职能。捕诉主体统一使检察官在批捕阶段就开始关注案件的起诉，在批捕的同时可能开列比较详细的待查证据清单，督促和引导侦查，从而更好地发挥侦查监督的职能作用。同时，审查批捕权和审查起诉权由同一主体行使，还强化了侦查监督的刚性，有助于确立检察官的诉前主导地位，符合司法办案的规律。由同一个检察官或者办案组审查批捕和审查起诉，对于犯罪嫌疑人、被告人的合法权益的保障并未缩减。在批捕阶段，对于不够逮捕条件的，不会勉强批捕，因为检察官还要考虑后续的起诉和审判结果。对于判无罪风险较大的案件，检察官一般不会起诉，因为捕后不诉的消极影响小于捕后判无罪，外部制约作用大于内部制约，不会影响检察监督权的正常行使。

第二章 捕诉一体的贯彻与实施

第一节 捕诉一体对刑事检察工作的影响

实行捕诉一体工作模式,是对检察权权能运行作出的重大调整,会产生宏观、中观和微观多层次影响。

一、宏观层面:捕诉一体带动了司法理念更新

任何一项司法改革的基础和动因既离不开实践的需求,也离不开理论的革新。检察机关以捕诉一体为重要特征的内设机构改革,必将接受理论与实践的双重检验。

(一)厘清了办案与监督的关系

关于检察机关"捕诉一体",有的观点认为审查批捕权具有司法权性质,而公诉权具有行政权色彩,将两项属性各不相同的权能放在一起,让一名检察官或者一个办案组织来行使,势必会影响司法裁判的效果。我们认为,审查批捕权和公诉权同属于检察权的组成部分,一并赋予检察机关依法行使,其实质也是将两项交由一个权力主体予以行使,这与"让一名检察官或者一个办案组织来行使"并无本质区别。即使将审查批捕权和公诉权交由检察机关不同内设机构的检察官来行使,都依然存在由同一主体(检察长或者检察委员会)决策的制度安排,由此说明制度设计上从未否定同一主体行使审查批捕权与公诉权。所以,将权属不同作为反对捕诉一体的理由,与多年来的检察工作实践也是格格不入。但是应当注意的是,捕诉一体带来的对批捕权和公诉权重新审

视与定位的重要意义就在于，厘清两者作为检察监督权应当展现的具体内容和存在形式，提出以办案作为监督工作的有效载体，重点强化其诉前主导力，实质就是强化检察权的监督属性，要求检察官无论是引导侦查还是开展审查活动，都应当贯彻"在办案中监督，在监督中办案"的理念，履行客观公正义务。

（二）平衡了"惩罚犯罪"与"保障人权"的价值目标

刑事司法的基本价值取向为"惩罚犯罪"和"保障人权"动态平衡和有机统一，二者互相支持，互相制约。在刑事诉讼中，侦查、司法人员严禁有罪推定、刑讯逼供、非法取证，不得虐待犯罪嫌疑人、被告人，依法确保其在接受法律处理中充分行使辩护权等诉讼权利，这些都是切实保障犯罪嫌疑人、被告人权利的主要体现。在保障犯罪嫌疑人、被告人诉讼权利的前提下，我们也应当对符合逮捕条件的犯罪嫌疑人当捕则捕。许多人提出质疑，认为捕诉一体会导致羁押率上升，不利于人权保障。我们认为，在捕诉一体条件下，办案检察官同时承担案件的审查逮捕和审查起诉职责，基于能否诉得出去的考量，作出捕与不捕的可能性同样存在，并不会一味批准逮捕而增加羁押率，反而有利于坚持打击犯罪和保护人权动态平衡和有机统一理念的具体化、实践化，促进检察人员的理念更新。

（三）重塑了审查逮捕多元化的价值理念

审查逮捕作为刑事诉讼中不可或缺的一环，其独立的程序价值具有多重性。审查逮捕价值观的构建不必与西方对标对表，而应充分考量本国的社会治安状况。审查逮捕的价值首先最直接地体现在对于侦查活动的监督、侦查权的限制和人权的保障。其次逮捕强制措施的运用作为刑事诉讼的有机组成部分，是羁押犯罪嫌疑人、依法延长侦查期限、确保刑事侦查和诉讼顺利进行的必须手段，这就赋予逮捕作为惩罚犯罪过程中的威慑价值。同时，在实践中审查逮捕的价值还体现出教育挽救转化犯罪嫌疑人的功能。对符合逮捕条件的犯罪嫌疑人批准逮捕，不仅对侦查活动实施法律监督，也对侦查活动给予支持，保证刑事追诉的顺利进行；而不批准逮捕又具对侦查活动"叫停"和可能侵犯被侦查对象的正当合法权益进行"止损"，监督和警示侦查人员依法行使侦查权，以及对无逮捕必要的犯罪嫌疑人诉讼权利的合理保障的多重效果。这种多元化的价值理念在实践中已经广泛形成。当前犯罪呈现出社会危害面广，手段高智商化，犯罪嫌疑人反侦查能力超强化等特点，囿于侦查能力和水平发展的局限性，采取逮捕的强制措施，确实对进一步侦查取证有利，使社会风险降低，社会治安也得以保障。此外，检察机关的审查逮捕，在一定程度上也会促使犯罪嫌疑人认罪悔罪，积极修复犯罪行为损害的社会关系，或对被害人予以经济赔偿，达成谅解，社会矛盾得以化解。由此，推行捕诉一体后，随着同一检察官或者检察官办案组统一对一个案件多层次行使司法决策权，将会极大促进实践中审查逮捕价值的多元化，进而重塑审查逮捕的价值理念。

（四）有利于推动建立"捕诉有别"的思想观念

从刑事法律规定的角度来看，审查逮捕和审查起诉的标准是不一样的。而为数不少的人对捕诉一体顾虑就在于，担心一名检察官办理两项审查业务，会使两种标准融合趋同。我们认为，推行捕诉一体的办案模式，恰恰有利于建立"捕诉有别"的审查标准。从理论上来看，审查逮捕的证明标准是"有证据证明有犯罪事实"以及具备防范社会危险性等必要条件，而审查起诉的证明标准是"事实清楚，证据确实、充分"，包含着定罪量刑事实都有证据予以证明，这种语意表述上的差别是明显的、客观存在的；而从实务中来看，由不同的检察官分别办理审查逮捕和审查起诉案件，这种差别并不会真正放在一起加以重视和研究，"有证据证明"和"证据确实、充分"到底在实务中如何把握，需要在实践中观察和研究。只有在同一案件捕诉由同一检察官或办案组织办理的情况下，这种区别化的审查标准才更容易直接聚焦、受到关注，同时也更容易使办案检察官在适时介入侦查活动过程中加强引导侦查取证。而且不容忽视的是，检察官基于司法责任制的约束，会更加积极地审视捕后不诉、未捕起诉案件，注重总结捕诉差别的问题，为避免承担过错司法责任而寻找合理依据，由此推行捕诉一体办案模式，反而会促使理论界与实务界共同关注捕诉的差别性问题，从而有效促进办案检察官"捕诉有别"思想观念的树立。

二、中观层面：捕诉一体推动了办案机制革新

有人担心批捕权与公诉权由同一个检察官或办案组行使，难免会导致权力集中，带来权力被滥用的隐患。对此我们应当防止将两项工作职能简单叠加的做法，而是进一步推动建立既能有利于发挥捕诉一体审查质效，又能有效克服内部监督制约弱化的办案机制和工作模式：

（一）推动构建逮捕诉讼化机制

多年以来，强化批捕权的裁判属性、司法属性是检察改革一直努力的方向。实行捕诉一体办案模式，这种对批捕方式的机制性革新的重要性就更加显现出来：将封闭式、书面式、审批式的逮捕审查方式改革为开放式、亲历性、司法式的诉讼化新模式；强调淡化批捕检察官追诉立场，恪守检察官客观义务，保持独立性与中立性；赋予侦查人员、犯罪嫌疑人及其律师充分的参与机会；犯罪嫌疑人不服批准逮捕决定的，应当有相应的救济途径等。推行审查逮捕公开听证制度等机制，就是通过搭建多方共同参与的机制，有利于兼听各方意见，为批捕检察官决策提供更多的参考因素，帮助其从更多角度认识事实证据，从更多方面扩散思维，从而保证刑事案件进入检察环节之初的客观公正性。这一机制也得到了最高人民检察院的积极倡导。

（二）推动构建整合捕诉两项审查职能的工作机制

充分发挥捕诉一体的优势作用，推动建立将审查逮捕向后延伸、将审查起诉向前延伸的工作机制，使两项审查职能能够有机结合，提高办案质效；建立健全办案组织、案件流转分配、办案节奏把握等捕诉一体运行机制；从如何正确处理捕诉关系，严防变相提高逮捕标准、以诉代捕、构罪即捕、凡捕必诉等不良倾向的目标出发，创新办案工作模式；将两项审查职能中职责相同或者相近的办案程序和环节，明确各自应当注意的工作侧重点，同时在严格依法的前提下，进行繁简整合，减少不

必要的重复工作内容。这些都将是捕诉一体办案模式下，机制建设重点推进的方向。

（三）推动构建全新诉侦关系机制

捕诉一体将构建全新的诉侦关系，主要体现在以下两方面。一方面，要突出两项审查工作的具体要求，强化审查逮捕、审查起诉的实质化审查，维护两者各自独立的程序价值，进一步规范在捕诉一体条件下，审查逮捕和审查起诉的不同条件和证明标准，明晰同一办案检察官捕后不诉、不捕追诉"自我否定"的免责情形及履行必要注意义务的不予追责情形。另一方面，在把握引导侦查应遵循的工作规律的基础上，与侦查机关就引导侦查的工作重点、工作方式和工作机制进行充分沟通，积极利用捕诉一体办案模式对介入侦查引导取证主导力提升的有利态势，将引导侦查特别是重大、复杂、疑难案件的引导侦查工作覆盖至捕前侦查、捕后侦查和退回补充侦查各个阶段，探索建立审查引导侦查的工作模式，构建全新的诉侦关系机制。

（四）完善对业务决策的监督制约机制

按照捕诉一体监督制约工作的需求，建立案件质量评价体系和标准，完善重点案件评查、检察官司法档案和业绩评价体系等监督管理机制，对司法办案工作实行全面、全部、全程监督制约。通过开展案件检查机制，组织集中讨论、出庭考核等方式对检察官办案开展事中监督。检察长通过统一业务软件履行对检察官决定事项的审核监督，在一定程度上消除监督盲点；对检察官办案情况进行不定期抽查，发现检察官办案中出现的共性问题，督促及时整改完善。通过开展案件评查，在事实认定、证据采信、法律适用、程序规范、文书使用和制作、涉案财物处理、风险评估、统一业务应用系统运用等多个方面，认真进行案件评查，特别将变更罪名、捕后不诉、复议复核案件及有举报或重大干扰的案件作为重点评查案件范围，以事后监督的方式倒查案件质量。

（五）探索建立捕诉分离的弥补机制

由于侦查管辖和审判管辖的差异性，审判管辖中的级别管辖与侦查管辖并不存在匹配关系，因此导致一些刑事案件的捕诉工作出现了"下捕上诉"或者"上捕下诉"等"捕诉分离"的情况，即可能判处无期徒刑以上刑罚的重罪案件由基层检察院审查逮捕而由分市（州）检察院审查起诉；不可能判处无期徒刑以上刑罚的相对较轻犯罪案件由分市（州）检察院审查逮捕而由基层检察院负责审查起诉，如检察机关的自侦案件。这种"捕诉分离"的情形会影响捕诉一体制度设计的完整性和功效，突出表现为对侦查监督的相对弱化而影响检察机关对案件质量把控，因此在探索建立上下级检察机关捕诉协同机制的同时，有必要通过实践总结作出侦查管辖和审判管辖具有较高匹配度的制度设计，如合理划分基层检察院和分市（州）检察院受理审查逮捕案件的范围等。

三、微观层面：捕诉一体带来了工作方式的转变

由于实行捕诉一体的办案模式，改变了既有的刑事检察工作方式和流程。具体有以下几个方面的变化：

（一）受案分案的变化

捕诉一体办案模式要求同一刑事案件原则上由同一办案部门的同一承办人办理；加上检察机关在捕诉一体办案模式下实施的内设机构改革，改变了原有以批捕、公诉等职能作为部门分类的标准，代之以刑事案件所涉及罪名作为部门分类的标准，这就要求建立全新的受案、分案工作方式和流程。

一是改变了确定办案部门的方式。推行捕诉一体后，对于移送审查的刑事案件，不仅要审查案件地域管辖、级别管辖以及区分是批捕还是公诉案件，同时还要继续审查所涉及的罪名和涉案人员类别（成年人、未成年人），确定由哪个部门受案审查；对于涉及多个罪名和涉案人员多个类别的案件，可能涉及跨部门管辖，还应当确立优先由哪个部门受案。

二是改变了确定承办人的方式。在确定承办人的问题上，推行捕诉一体后，改变了原来随机确定承办人的方式，对于新受理的批捕案件，

还是可以随机分案，对于新受理的公诉案件，分案规则就复杂多了。如《上海市检察机关捕诉合一办案规程（试行）》就规定了几种确定承办人的情形：除原本采用对新受理批捕案件按照办案系统随机分案外，对于后续（再次）受理的延长羁押期限审查、审查起诉等案件，应当将案件分配至原适时介入或者审查逮捕的检察官承办；对于移送起诉时变更案由，致使案件改变承办部门的，应当手动分配案件至原承办批捕案件的检察官承办；对于不捕、不诉复议的案件，应当在承办部门内排除原案承办检察官后随机确定检察官办理；对于不捕、不诉复议后改变原决定的案件，由承办部门指定不捕、不诉复议案件承办检察官开展后续诉讼工作；对于不捕、不诉复核后改变原决定的案件，由承办部门另行指定检察官开展后续诉讼工作。这些确定承办人的规则均对受案、分案提出了全新的审查要求。

上述确定办案部门和承办人员工作方式的改变，还会带来由哪个部门实施更为适宜的问题。有观点认为：可以由负责案件管理的部门和案件承办的部门分别实施，即负责案件管理的部门来确定办案部门，案件承办部门来确定承办人。但是笔者认为，捕诉一体的受案分案，首先要服从审查逮捕和审查起诉工作应确保由一名检察官或者办案组担负，也就是说确定办案部门时就不得不考虑所分配案件原承办检察官在哪一个业务部门，因此两者是不宜分开进行，应由负责案件管理的部门统一执行为宜。这就对负责案件管理的部门办理受案工作的人员提出了新的工作要求，同时也相应地改变了其工作流程。

（二）审查工作的变化

捕诉一体办案模式，不是简单地将批捕和公诉两个办案工作环节相加，而是根据其应有的价值功能进行有机整合，具体体现在以下 4 个方面。

一是推动审查逮捕方式的"诉讼化"改造。所谓"诉讼化"构造，直观描述就是"控辩审三方"模式，在审查逮捕环节，将侦查机关、被害人及其诉讼代理人视为"控方"，将犯罪嫌疑人及其辩护人视为"辩方"，办理审查逮捕案件的检察官视为"裁判者"。最高人民检察院制定的《2018—2022年检察改革工作规划》提出了"建立有重大影响案件审查逮捕听证制度"的要求，2019年《人民检察院刑事诉讼规则》（以下简称《刑诉规则》）第281条规定："对有重大影响的案件，可以采取当面听取侦查人员、犯罪嫌疑人及其辩护人等意见的方式进行公开审查。"检察机关对审查逮捕案件公开听证审查，就是改革审查逮捕方式趋向于"诉讼化"构造，目的是以程序公开促实体公正，确保逮捕这种限制人身自由的强制措施不被滥用。虽然在捕诉一体改革前，这种"诉讼化"的改造就在开展，但不同的是，捕诉一体为这种改造增加了推动力，将形成一项经常化的工作内容，随之而来的就是怎样运行、在多大范围内运行，以及是否也存在"繁简分流"等一系列问题，这些都将以增加承办检察官工作内容的方式来寻求答案。

二是引导侦查将作为重要工作内容。推行捕诉一体的重要动因就是，一名检察官对一起案件依次行使批捕权和公诉权，能够全程关注、跟踪和引导案件侦查，能够以交付审判的标准引导侦查取证，因此突出引导侦查职能至关重要。检察官基于对审查批捕案件能否顺利起诉到法院的关心也对侦查工作的引导有影响，特别是针对审查中发现的问题能否顺利解决会倾注更大的关注。这些都将改变传统的"坐堂办案"方式，建立案卷笔录书面审查与关键证据现场复核复查工作模式；改变传统的"闭门办案"方式，建立与侦查人员交互式的工作关系，促进办案决策的科学化。同时这也给我们如何有效实施侦查监督提出了挑战，配合不融合，监督不监管，将是我们建立良性诉侦关系重点思考的问题，也是工作方式推陈出新的重要方面。

三是对证据的审查方式将作出调整。捕诉一体的重要程序设计就在于如何将审查逮捕和审查起诉两项审查职能有机整合、有效衔接。《刑诉规则》将2012年《人民检察院刑事诉讼规则（试行）》第十章"审查逮捕"与第十一章"审查起诉"合并为第十章"审查逮捕和审查起诉"，就可见一斑。由此，审查逮捕和审查起诉的工作目标和具体任务也将发生一定程度上的改变：在审查逮捕阶段，除保障逮捕强制措施的正确运用以外，其审查职能还将兼顾围绕证据审查发现刑事案件可能存在问题，并提出可行性的证据完善方案，为审查起诉作出铺垫；在捕后跟踪监督阶段，督促侦查机关按照审查逮捕阶段提出的补证要求落实继续侦查措施成为工作重点；在审查起诉阶段，通过证据审查判断有针对性地验证问题解决与否，同之前审查逮捕的证据审查相衔接和呼应，形成捕诉一体化。随之改变的是，一方面，证据审查复核的关口将前移，以期尽早发现问题或者将问题在发现之初就尽可能解决；另一方面，对于各阶段程序规定的证据审核工作，将从方式上发生重大调整，如讯问犯罪嫌疑人、询问证人等工作时，审查起诉阶段的此项工作，在审查逮捕阶段已经开展的情况下，从讯问、询问的方式到所要达到的目的都会与捕诉一体改革之前而有所不同，体现在讯问可能改变传统的由犯罪嫌疑人自由陈述是否存在犯罪事实的方式，而由检察官直接主导问题发问；所发问的内容也可能并非是全面的，而是突出重点问题的纠问式。

四是部分捕诉工作流程将得到缩减。捕诉一体使一名检察官或一个办案组在更长的时间内分配自身的工作任务提供了更多可能，也可以使诸多工作流程得以缩减。例如，案件的繁简分流将更容易实现；又如，认罪认罚从宽制度从审查逮捕阶段就可以从容展开；还如，简化了公诉环节变更强制措施的流程。检察官经审查认为，需要对犯罪嫌疑人采取逮捕措施的（重大案件除外），可以自行决定。

（三）诉讼监督工作的变化

一是实施侦查监督手段增多。捕诉一体增强了检察机关的诉前主导力，由此检察机关更多地介入侦查活动，获取监督信息的渠道得以拓宽，从而实施侦查监督的手段也随之增多。例如，对于侦查机关报请延长侦查羁押期限的案件，过去检察官仅凭书面报送材料来作出是否批准延长的决定，无法实施有效监督；捕诉一体条件下，同一名检察官完全可以根据自己在审查批准逮捕后提出的补证要求落实与否，来判断侦查机关在原侦查羁押期限内是否开展实质性侦查工作，对于没有实质开展的侦查活动的，应当作出不同意批准延长侦查羁押期限的决定，或者提出不批准建议报上级检察机关决定。又如，作出存疑不批准逮捕决定后，检察官可以定期跟踪侦查机关对补充侦查意见的落实情况，必要时参与侦查机关对重大、关键证据的收集、复核等工作，对存疑不批准逮捕案件，侦查机关拟重新提请批准逮捕或者直接移送起诉的，可在移送前及时作出是否移送的回应，避免无谓的程序流转。

二是跟踪监督将成为侦查监督的重要内容。将审查逮捕和审查起诉有机衔接起来的有效手段就是（不）捕后跟踪监督。根据多地捕诉一体的实践情况来看，跟踪监督主要集中在变更强制措施、督促报捕及移送起诉等问题上。如上海检察机关建立了侦查机关变更逮捕措施的备案审查制度，加强对侦查机关变更逮捕措施的备案审查，如发现侦查机关变更逮捕措施不当的，及时提出纠正意见，并建议侦查机关重新提请批准逮捕；对于侦查机关变更逮捕措施后不再移送起诉的，要求侦查机关说明理由并予以监督。对于批准或者不批准逮捕后建议侦查机关在指定期限内移送起诉，而侦查机关未及时移送的，检察官应当及时了解情况；认为可以移送起诉的，将督促侦查机关及时移送起诉。

三是针对可能存在非法证据排除的审查方式也将变化。捕诉一体强化侦查监督的同时，对可能存在非法证据的审查也将提出新的更高的要求，主要体现为针对性的审查工作从审查批捕阶段一直向后延续，批捕后移诉前审查工作需持续进行。根据《刑诉规则》第 265 条的规定，审查逮捕期间，犯罪嫌疑人申请排除非法证据，并提供相关线索或者材料，检察院经审查无法确定存在非法取证的行为，但也不能排除非法取证可能的，该证据不作为批准逮捕的依据。检察官在作出批准或者不批准逮捕的决定后，应当继续对可能存在的非法取证行为进行调查核实。经调查核实确认以非法方法收集的证据，不得作为提起公诉的依据。

第二节 推行捕诉一体应当注意的问题

2019 年 1 月 3 日，最高人民检察院首次公布了改革后的内设机构设置，撤销了侦查监督厅和公诉厅，开始实行捕诉一体的办案机制。从改革后的运行情况以及此前最高人民检察院部署全国部分检察院进行捕诉一体改革试点的情况来看,办案效率得以提高,"案多人少"的矛盾有所缓解,办案质量也经受住了考验,没有出现严重的办案质量瑕疵。但在推行捕诉一体办案模式中,也遇到了一些需要注意的问题。

一、关于协调内设机构与办案组织的关系问题

根据《最高人民检察院职能配置、内设机构和人员编制规定》规定,人民检察院设立捕诉一体的刑事检察机构主要是按照刑事案件类型进行分设的,以办案为主,突出检察业务的专业化、精准化开展。但是在司法实践中,多罪名多种类型的案件数量占有一定比例,跨内设机构办案范围的案件不在少数,如当前正在开展的"扫黑除恶"专项斗争中的涉黑、涉恶案件,往往都存在多人多罪多类型的情形。一个不可忽视的问题就是,采取以主罪作为确定由哪个内设机构负责办理的确定部门分案规则虽然能够解决案件受理问题,但与上述"突出检察业务的专业化、精准化开展"的确存在矛盾。对此,有些地方采取设置跨部门的员额检察官办案组,抽调犯罪类型所涉办理部门的员额检察官参与。但随之产生的问题是,对该跨部门办案组如何实施规范监督和管理?我们认为,各地检察机关应当根据自身实际受案情况,常设一定数量的跨部门受案类型办案组,确定有一个内设机构实施监督管理,兼顾专业化、精准化刑事检察队伍建设和实际办案需求之间的要求。

此外在办案组织建设上,还应考虑刑事案件繁简分流以及贯彻实施认罪认罚程序等现实办案需求,在内设机构中设置相应的办案组,实行集中、集约化办案。

二、关于理顺上下级院捕诉关系的问题

实行捕诉一体的办案机制,对上下级检察机关彼此之间的关系也会产生较大影响。一个直接显现的问题就是,如何针对"下捕上诉"或"上捕下诉"问题理顺上下级检察机关的支持配合与监督制约关系。从传统意义上看,检察机关上下级关系是领导和被领导关系,而诉讼环节

中后一环节对前一环节又处在监督和检验的位置上。两者在捕诉一体时可以并行不悖，可一旦出现"上捕下诉"的情形，就会产生冲突：上级检察机关虽为领导机关但处于诉讼的前端，下级检察机关虽为被领导机关但处于诉讼的后端，案件决策因此会受到影响。此外，无论是"下捕上诉"还是"上捕下诉"都是一种"捕诉分离"模式，使检察机关基于捕诉一体形成的诉前主导、强化侦查监督、从源头上确保案件质量等功效难以实现，因此理顺上下级检察机关在捕诉一体办案模式中的关系，成为不可忽视的问题。

我们认为，"捕诉分离"在全面实行"捕诉一体"办案机制中只能作为个别特例存在，应尽量减少这种情形的出现。可以有针对性地予以解决：

一是关于"上捕下诉"问题。此类情形主要存在于检察机关可以立案侦查的14个罪名的职务犯罪案件。按照《关于人民检察院立案侦查司法工作人员相关职务犯罪案件若干问题的规定》，上述案件"由设区的市级人民检察院立案侦查。基层人民检察院发现犯罪线索的，应当报设区的市级人民检察院决定立案侦查。设区的市级人民检察院也可以将案件交由基层人民检察院立案侦查，或者由基层人民检察院协助侦查"。据此可以建立上级指导下的职务犯罪侦查案件捕诉一体机制。即各级检察机关在诉讼中发现司法人员职务犯罪线索后，应当向其上一级检察机关报告，同时开展初查活动，必要时上级检察机关可以进行指导，然后根据初查情况和案件的严重程度，交由不同级别的检察机关进行立案侦查和审查起诉，实现捕诉一体。[①]

二是关于"下捕上诉"问题。此类情形主要是公安机关对诸如故意杀人等重罪案件的侦查管辖和审判管辖缺乏必要匹配，往往是基层检察院审查批捕，而因犯罪嫌疑人、被告人可能判处无期徒刑以上刑罚应由市级院审查起诉。对此可以对市级院和基层院受理审查逮捕案件的范围进行界分、加以规范，并协调侦查机关将重罪案件报送至市级院审查

---

① 邓思清：《捕诉一体的实践与发展》，载《环球法律评论》2019年第5期。

批准逮捕，实现捕诉一体。

三是关于其他"捕诉分离"问题。有些案件基于多种原因，侦查机关在报捕时不能确定应当由市级还是基层检察机关管辖更为适宜，如重罪待查而以轻罪报捕案件或者以重罪报捕而以轻罪批捕案件，这就需要建立上下级检察机关联动的"捕诉分离"案件的弥补机制：在办理审查批捕案件过程中，根据审查情况，通知可能承担审查起诉工作的其他检察院派员介入案件审查工作；或者在作出批捕或者不捕决定后，通知可能承担审查起诉工作的其他检察院派员一同介入侦查，共同实施跟踪监督等。此外，对于上下级检察机关分别办理审查逮捕和审查起诉工作，应当按照"谁办案，谁负责""谁的程序，由谁主导"的原则进行司法决策。

三、关于避免办案时间"碎片化"的问题

对推行"捕诉一体"办案模式是否会导致办案时间"碎片化"，存在不同的理解。所谓时间"碎片化"，是指基于办理审查逮捕案件7日的期限，与办理审查起诉案件1个月的期限，两者的时间差会使办理审查起诉案件间或被办理批捕案件所分割，从而导致不能集中精力处理审查起诉案件而影响办案质量。对此，基层和市级、省级检察院的检察官可能会存在不同看法：以湖南省长沙市检察机关为例，长沙基层检察院一名检察官年均办理审查起诉案件在150件以上，即使以一年365日计，平均约2.5日办理一起审查起诉案件，相较审查逮捕案件的7日期限，并未觉得时间会"碎片化"；市检察院一名检察官年均办理审查起诉案件在30件左右，平均约12日办理一起审查起诉案件，时间"碎片化"相对会明显一些。实践中，检察官感觉办理审查起诉案件时间"碎片化"主要是因为办理疑难、复杂案件或者大要案件耗时较长，涉及犯罪嫌疑人多，要求集中精力办理，因而感觉时间被其他案件分割。

我们认为，破解时间"碎片化"的问题主要依靠两个方面：

一方面，要建立健全案件繁简分流机制，针对繁简案件建立不同的办案组，并且定期轮换，以确保在办理重大、疑难、复杂案件时能够尽

量少被批捕案件分割时间；同时简单案件采用速裁程序、简易程序快速办理，充分利用认罪认罚从宽制度，减缓出庭公诉的办案压力，甚至可以推行适用认罪认罚从宽制度案件确定专职公诉人出席法庭，减少出庭程序对案件办理的时间分割。

另一方面，要简化办案程序，以适应变化的办案节奏。其一，可建议公安机关调整证据卷宗顺序，实现"模块化"卷宗。可将证据卷宗分为捕前证据模块和捕后证据模块，基本按照刑事诉讼法规定的证据种类，集中、统一实现证据分类。其二，简化告知类法律文书，实现"一站式"告知。其三，审查报告繁简分流，实现"多元式"报告。对于简易案件，审查逮捕意见书和审查起诉阶段的审查报告可采用包括诉讼流程填空式、证据目录列表式、证据分析附件式，使办案人员可以集中精力详尽制作捕后补充侦查的证据分析及审查意见，在避免重复劳动的同时，将审查报告"审查意见"部分写深写透，切实提高审查报告质量。[1]

四、关于构建内部监督机制的问题

在推行捕诉一体办案机制下，一类刑事案件由一个办案组或一名员额检察官负责到底，统一履行审查逮捕、审查起诉、补充侦查、支持公诉、诉讼监督等职能，确实存在权力滥用的风险。为此，构建合理的内部监督制约机制至关重要。

我们认为，可以从以下几个方面着手建立。一是坚持随机分案机制，以随机分案为主，指定分案为辅的机制，规范检察权的运行，防范权力失范。二是健全完善检察官权力清单，合理配置检察官、检察长权限，合理利用检察官联席会议制度，规范权力运行。三是完善案件评查制度，将重点案件、重点环节纳入案件评查范围，规范权力决策。四是落实司法责任制，完善检察官遴选和退出机制，通过制度倒逼检察官依

---

[1] 陈萍：《捕诉一体办案机制实证研究》，载《检察调研与指导》2019年第6期。

法规范行使检察权,提高案件办理质量。① 五是明确逮捕和起诉的不同标准。规范和引导检察人员正确区分和把握逮捕和起诉条件,严格按照逮捕条件行使批捕权,同时以起诉标准引导侦查机关补充完善证据,并且为准确评价和有效监督案件质量、检察官履职情况奠定基础。六是统一司法办案尺度。不同的检察官对案件的事实、证据和处理的把握标准不一较为常见,特别是捕诉一体后,权力相对集中,同案不同罚、同案不同处理等问题,可能引发执法风险,对此可以建立指导案例制度和司法办案数据库,供检察官在办案时借鉴参考,以保持司法处断的平衡统一,避免不必要的执法风险,又防止司法权力滥用。

五、关于对口上下级院业务考核、考评的问题

捕诉一体办案机制实施后,审查批准逮捕权和审查起诉权归属于同一检察官,检察机关的内设机构也作出了相应的调整,负责捕诉的部门不再以刑事职能的差异来分工,而是将以前的负责侦查监督与起诉的部门进行了合并,以刑法上的罪名来分工,客观上会造成上下级检察院机构设置和案件办理上的差异。如市(州)院可能基于破坏社会主义市场经济秩序的案件数量不多而不会单设第四检察部。同时,下级院由于内设机构数量限制,无法和上级院保持机构对应。这些机构设置和案件办理上的差异可能导致上下级检察院之间的衔接出现问题。如上级院无法和下级院负责捕诉的部门的业务进行有效对接,日常工作中经常出现下发的通知,要么发给每个刑事检察部,要么面临没有具体接收部门的困境。在绩效考核问题上,这种不能对口的现象尤为突出。上级检察院往往在绩效考核时制定了较为细致的考核内容,下级检察院实行捕诉一体后,在机构设置和统一业务应用系统上都有相应的调整和体现,但统计办案数据和评价案件质量的时候,往往因为数据口径不一导致不能有效、客观地评价下级院的办案数据和案件质量。由于基层院编制少、办

---

① 赵慧:《捕诉一体运行的配套制度优化》,载《中国检察官》2019年第9期。

案力量弱,在检察职能的分工上往往不能过细,在机构设置时,往往不能够充分满足各部门的需要,经常会出现几个检察职能都由同一部门来履行的情况,甚至会出现法警兼顾行政工作或司法辅助工作的情况,因此,上下沟通机制不畅情况在基层会更为突出。

笔者认为,绩效考评标准是指挥棒,绩效考评标准的设定往往体现了上级院对下级院的工作要求和指导,应当坚持。在捕诉一体办案机制改革后,检察机关应当顺应司法改革的内在要求和司法特有的规律,打破部门、条线界限,整合刑事检察考核、考评工作,减少不必要的评比和督查,贯彻"在办案中监督,在监督中办案"的理念,抓住办案监督一体这个"牛鼻子",建立科学、合理的绩效考评机制,理顺上下级检察机关的关系,通畅上下级检察机关的沟通渠道。

第三章 审查逮捕概述

检察机关是国家法律监督机关,审查逮捕作为检察机关的一项重要职能,在实现法律监督职能中发挥着重要的作用。法律赋予人民检察院逮捕权,体现了公安机关、检察院、法院分工负责、互相配合、互相制约原则。侦查机关基于查明犯罪、指控犯罪的需要,自然希望侦查措施和强制措施能更多地服务侦查。但逮捕作为最严厉的强制措施,既有打击犯罪的目的,也有保障人权的要求,因此刑事诉讼法通过独立于侦查活动之外的人民检察院来批准(决定)逮捕,对公安机关羁押犯罪嫌疑人的活动进行制约,减少逮捕羁押对公民人身自由的侵犯,以确保逮捕权的正确行使。

第一节 审查逮捕的基本内涵

一、逮捕的概念

(一)逮捕的定义

逮捕是刑事诉讼5种强制措施中最严厉的强制措施,是由法律规定的司法机关依照法定程序,针对可能判处一定刑罚的犯罪嫌疑人、被告人采取的有时限羁押,剥夺其人身自由的最严厉的刑事强制措施。[①] 我国《宪法》第37条第2款规定:"任何公民,非经人民检察院批准或

---

① 孙谦:《逮捕论》,法律出版社2001年版,第39页。

者决定或者人民法院决定,并由公安机关执行,不受逮捕。"《刑事诉讼法》第3条也规定,检察、批准逮捕、检察机关直接受理的案件的侦查、提起公诉,由人民检察院负责。人民检察院组织法也对此作了相应的规定。虽然不同学者对逮捕的定义有所不同,有的突出逮捕防止社会危险性这一条件,有的突出逮捕保障诉讼顺利进行这一目的,但总体定义基本一致。

逮捕在不同的国家含义不完全相同。在英美法系国家,逮捕和羁押是相分离的,逮捕相当于"抓捕",主要是指对正在实施犯罪的行为人或有证据足以怀疑或有合理理由相信行为人有可能实施犯罪而实施的抓捕措施,不包括羁押。如需羁押还需经中立的法官批准。而我国的逮捕包括抓捕和羁押,这是因为在我国抓捕更多的是从拘传或者拘留开始,提请逮捕的犯罪嫌疑人绝大多数已经处于被拘留的短羁押状态,少数犯罪嫌疑人是在取保候审或者监视居住的状态下被提请逮捕。但无论是哪种情形,我国的逮捕更多体现的是一定时期的羁押。

(二) 逮捕的特征

逮捕作为最严厉的强制措施,区别于其他强制措施,它有以下特征:

1. 抓捕与羁押一体化

在我国刑事诉讼法中,剥夺人身自由的强制措施就拘留和逮捕两种,它们直接与羁押相连,其性质和产生的法律后果就是羁押。拘留和逮捕一旦执行便实现了羁押,人身自由权即被剥夺,只是拘留与逮捕的适用范围和羁押时间长短不同而已。在我国,逮捕既是指一种剥夺犯罪嫌疑人、被告人人身自由的抓捕行为,即实施逮捕;又是指犯罪嫌疑人、被告人人身自由被剥夺的持续状态,即在特定场所的羁押。在我国未决羁押没有作为一项独立的强制措施设置,也没有独立的羁押程序,而是把羁押作为逮捕的当然状态。逮捕是羁押前提,羁押是逮捕的后续,是逮捕的必然结果。这种逮捕的羁押状态,既包括侦查阶段的羁押,又包括审查起诉和法院审理阶段的羁押。因此,我国实行逮捕与羁押一体制,犯罪嫌疑人一经逮捕即意味着要处于一定时间的羁押状态,羁押期间一般要等到法院判决之后才能结束。

2. 决定权和执行权分离

拘留等其他四种强制措施，公安机关既是自行决定也是自己执行，逮捕则不同。目前，绝大多数国家都将逮捕的批准和决定权赋予了独立于侦查机关之外的法院。这是由于这些国家实行检察领导侦查，检察权不能完全独立于侦查权之外，故将逮捕权交由相对中立的审判机关行使。中国实行侦查权与检察权的分工负责，使得检察权独立于侦查权之外。因此，我国宪法和法律规定由检察机关行使批准逮捕权和决定逮捕权，法院行使决定逮捕权，由检察机关和审判机关分享逮捕的决定权。关于逮捕的执行，绝大多数国家都规定由警察执行。在我国，即使是人民检察院自行侦查的案件，需要执行逮捕的，也应当交由公安机关执行，只有在必要时，检察机关才可以协助公安机关执行。

3. 对侦查的配合与制约相统一

侦查是一把双刃剑，在依法打击犯罪的同时，如果不加制约就容易侵犯人权。因此，各国都建立了对强制措施的司法审查制度。逮捕作为羁押时间最长的强制措施，对逮捕的司法审查是其中最重要的一项，既要保障诉讼顺利进行，实现查明犯罪、保障诉讼顺利进行的目的；又要防止侦查机关以"侦查需要"为由而不加控制地提请适用逮捕。检察机关通过对逮捕适用的严格审查，保证正确使用逮捕措施，最大限度地防止错捕，保障公民的人身自由不受非法侵犯，实现对侦查权的制约。侦查机关对犯罪嫌疑人提请批准逮捕时，必须将相关的案卷材料移送检察机关进行审查，并且证明有羁押必要性。同时侦查机关对检察机关不批准逮捕决定有异议的，也可以提请复议复核。这种逮捕程序设置，充分体现了我国检察权与侦查权相互配合和相互制约的原则。

（三）逮捕的属性

1. 国家性

法律是以国家的名义制定的社会规则，是国家意志的重要体现，法律的实施以国家强制力为保障。这些是法区别于其他社会规范的重要特征。宪法和刑事诉讼法都对逮捕作了规定。《宪法》第37条第2款明确规定："任何公民，非经人民检察院批准或者决定或者人民法院决定，并由公安机关执行，不受逮捕。"《刑事诉讼法》第 81 条对逮捕的条件、适用程序、适用范围等作了明确规定。逮捕的适用体现着国家意志，是国家及其授权的机关之专有权力，未经国家授权的司法机关批准或者决定，不能对任何公民采取逮捕措施。这体现了逮捕的国家性。

2. 司法性

不受非法逮捕是我国公民的宪法性权利，人身自由是公民的基本权利。逮捕权的行使主体为人民检察院和人民法院。对此，有的理论将此表述为逮捕主体的法定性。我们认为，检察机关和人民法院均为国家司法机关，逮捕权只能由这两个司法机关行使，而其他四种强制措施均可以由侦查机关自行决定，如果表述为主体的法定性，不能体现逮捕与其他四种强制措施在主体上的区别，因此应当明确为逮捕主体的司法性。所谓逮捕司法性，体现在 3 个方面：一是没有进入刑事司法程序的案件，对当事人都不得适用逮捕措施；二是未经司法机关批准或者决定，不得适用逮捕措施；三是未经司法程序或缺少法律规定的条件不得适用逮捕措施。其中，逮捕的司法性在程序性上表现最为集中。如在保障人权方面，刑事诉讼法规定执行逮捕后，除有碍侦查或者无法通知的情形以外，应当把逮捕的原因和羁押的处所，在 24 小时以内通知被逮捕人的家属或者他的所在单位。在实现相互制约方面，刑事诉讼法规定公安机关对人民检察院不批准逮捕的决定，认为有错误的时候，可以要求复议，但是必须将被拘留的人立即释放。如果意见不被接受，可以向上一级人民检察院提请复核。在保障诉讼效率方面，《刑事诉讼法》第 91 条第 1 款规定："公安机关对被拘留的人，认为需要逮捕的，应当在拘留后的三日以内，提请人民检察院审查批准。在特殊情况下，提请审查批准的时间可以延长一日至四日。"这些规定都充分体现了逮捕打击犯罪、保障人权的司法属性。

3. 强制性

强制性即法律约束力、强制力。逮捕的实施由国家强制力作保证，如果没有国家强制力作后盾，违反法律的行为将得不到惩罚，逮捕所表达的国家意志也就得不到实现。逮捕的强制性具有3个特点：一是启动规范性。当犯罪嫌疑人的行为符合法律规定的逮捕条件时，应当启动逮捕程序。如果侦查机关没有依法启动报捕程序，检察机关可以通过纠正漏捕的方式，启动逮捕程序。二是不得抗拒性。逮捕决定一经作出，逮捕证一旦签发，没有法定事由和未经法定程序撤销，逮捕必须执行，被逮捕人不得对抗逮捕令抗拒执行。三是非惩罚性。逮捕的强制性只是对人身自由临时剥夺的强制性，是一种诉讼保障措施，虽然逮捕的羁押期限可以折抵刑期，但它仍然不是一种惩罚措施。

4. 谦抑性

逮捕是对人身自由剥夺时间最长的强制措施，这就决定了逮捕权的行使是有限制，有条件的，不可随意行使。只有在适用其他强制措施不足以防止发生社会危险时，才不得已使用。因此，适用逮捕措施必须符合最严格的条件，必须执行最严格的程序，否则不得适用。从这个意义上讲，逮捕严格的条件和程序是对权力主体的限制，即谦抑性。表现在以下几个方面：一是其适用的对象应当是具有可能判处徒刑以上刑罚的严重刑事犯罪嫌疑人。对犯罪情节较轻，不可能判处徒刑以上刑罚的，一般不得适用逮捕。二是必须是不羁押有可能发生法定社会危险情形的犯罪嫌疑人，才能逮捕。如果适用其他较轻的强制措施足以防止发生社会危险，则应当尽量适用较轻的强制措施。三是对于特定的人员应当适用逮捕的替代措施。如对应当逮捕的犯罪嫌疑人、被告人，如果患有严重疾病，或者是正在怀孕、哺乳自己婴儿的妇女，可以采用取保候审或者监视居住的办法。这些限制、减少使用逮捕措施的规定，体现了少捕慎捕的谦抑理念。

二、审查逮捕的职责和功能

审查逮捕是人民检察院或者人民法院对侦查机关提请批准逮捕的犯罪嫌疑人或者本环节犯罪嫌疑人、被告人的犯罪事实、可能判处的刑罚和社会危险性等条件进行审查，决定是否予以逮捕的诉讼活动。逮捕作为一种强制措施，并不是刑事追诉的必经程序。法律规定审查批准逮捕权由检察机关行使，目的就是有效打击犯罪，保障人权，发挥监督侦查、引导取证、抑制权力、教育公民、威慑犯罪的作用。在中国百姓的传统意识中，逮捕和定罪是联系在一起的。这种观点在一些司法人员的脑海中也不同程度存在，把高批捕率视为打击力度大的标志，对于构罪的案件较少考虑逮捕必要性，甚至将逮捕单纯理解为震慑犯罪、突破口供、获取证据的"杀手锏"。这种不正确的认识和做法，导致逮捕条件被虚置，不能体现打击犯罪与保障人权、惩治与挽救相结合的刑事政策。高逮捕率又大量占用了羁押场所、浪费司法资源，甚至造成超期羁押等严重后果。因此，我们对审查逮捕机制和功能要澄清模糊认识，更新观念。

（一）审查逮捕的职责

1. 准确适用逮捕，保障诉讼活动顺利进行

检察机关通过审查案件事实和证据，依法作出犯罪嫌疑人是否涉嫌犯罪，有无社会危险性，是否批准（决定）逮捕犯罪嫌疑人的意见，保障诉讼活动顺利进行，依法打击犯罪，是审查逮捕的基本职责。

2. 依法保障人权，严格防止冤假错案发生

审查逮捕是检察机关刑事诉讼的第一个环节，是检察机关防止冤假错案的第一道关口。错误逮捕对犯罪嫌疑人造成错误羁押，严重侵害其人身权利，更为严重的是，错误羁押有可能延续至审查起诉甚至审判阶段，出现起点错、跟着错、错到底的情况，导致案件最终成为冤假错案。这就要求检察机关要严格把握逮捕条件，对于证据存疑，不符合逮捕证据条件的，必须坚持疑罪从无，不能搞疑罪从轻，甚至有罪推定，严守防止冤假错案这第一关职责。

3. 开展侦查监督，确保侦查活动规范运行

审查逮捕交由检察机关行使，体现了检察权对侦查活动的制约。审查逮捕处于侦查活动的早期，对侦查活动的监督居于更加重要的地位。它不仅要求审查案件的事实和证据，还要对侦查中收集证据和侦查措施适用的合法性进行审查，对于不能排除存在违法取证可能的，依法不得作为认定案件事实的依据。对于存在刑讯逼供、暴力取证等严重违法取

证行为的，在排除非法证据的同时，还要提出监督处理意见，履行对侦查活动的监督职责。

4. 引导侦查取证，为顺利起诉、判决打牢基础

检察机关通过提前介入、引导取证、参与侦查机关案件讨论等方式，就侦查方向提出意见，提高侦查机关取证水平，确保案件报捕质量；同时有效防止关键性证据的缺失，为案件顺利起诉和审判，在侦查阶段就打下坚实的证据基础。①

（二）审查逮捕的功能

近年来，最高人民检察院持续推进审查逮捕制度改革，审查逮捕的功能也在不断地完善。具体来说，包括六个方面。②

1. 打击犯罪功能

打击犯罪，维护社会稳定，是审查逮捕工作的首要功能。一是通过羁押犯罪嫌疑人和被害人，防止犯罪嫌疑人逃避、妨碍侦查和审判，防止犯罪分子继续进行犯罪活动，震慑犯罪分子，支持和鼓励人民群众同犯罪作斗争，使其不至于再危害社会，实现社会和谐。社会主义和谐社会是民主法治、公平正义、诚信友爱、充满活力、安定有序、人与自然和谐相处的社会，要实现社会安全感和公平正义，就要依法打击犯罪，控制犯罪多发势头，减少因违法犯罪行为给社会带来的危害，使已被犯罪破坏的社会关系得到修复，实现国家长治久安，社会安定有序，人民群众安居乐业。二是及时发现余罪和漏犯。侦查机关在提请批准逮捕时，处于立案侦查的初期，侦查工作还没有全面、深入展开，有时难免遗漏应该逮捕的同案犯罪嫌疑人。人民检察院通过审查批捕，可以及时发现和追捕漏犯或者要求公安机关进一步查清和补充犯罪嫌疑人的罪行。人民检察院通过深挖余罪漏犯，及时防止犯罪分子漏网，保证侦查工作质量，切实维护国家和人民的利益，维护社会秩序。

---

① 黄河、胡卫列主编：《侦查监督业务教程》，中国检察出版社2015年版，第19页。

② 贺恒扬：《疑难罪案的审查逮捕》，中国检察出版社2006年版，第6页。

2. 人权保障功能

审查逮捕的人权保障功能包括对公民权益的维护和对犯罪嫌疑人权益的保障两个方面。审查逮捕是与控制犯罪、打击犯罪、追究犯罪紧密联系的，打击、追究和惩罚犯罪从本质而言就是对国家、社会公共利益的保护，体现了国家对社会公益的关注，对公民权益的维护。具体讲，逮捕在保障人权方面的功能体现在3个方面。第一，逮捕是司法机关在危害社会的行为达到犯罪的程度时，对行为人作出的初步否定评价。犯罪行为发生后，司法机关首先要对犯罪嫌疑人的行为性质作出法律分析和判断，逮捕措施的适用就是法律对犯罪嫌疑人的行为性质作出初步法律分析和判断的结果。这种对犯罪较早的司法否定活动就是逮捕。第二，逮捕是中止行为人继续危害社会的一种手段。逮捕措施一旦实施，犯罪嫌疑人即失去人身自由，同时也失去继续犯罪的可能，犯罪后果会被避免或者被减小。特别是对一些持续性犯罪行为，如虐待罪、非法拘禁罪、暴力干涉婚姻自由罪等，逮捕在阻止这些犯罪的作用方面比较明显。第三，逮捕为犯罪受到法律制裁提供了可能。逮捕可以将犯罪嫌疑人置于司法机关的控制之下，保证对犯罪的有效侦查、证据的有效获取和保全，保证犯罪嫌疑人及时到案和接受审判。

对逮捕的打击犯罪与保障人权两项功能，曾经有人提出疑问，逮捕的第一属性到底是打击犯罪还是保障人权。笔者认为，二者是一体两面，不可能截然分开，依法准确打击了犯罪在某种意义上来说就是保障人权。

【案例】刘某贩卖毒品案

刘某涉嫌贩卖毒品被公安机关抓获。第一次报捕时由于证据不足，检察机关作出不批准逮捕决定。公安机关将犯罪嫌疑人取保之后，犯罪嫌疑人弃保外逃。公安机关将犯罪嫌疑人抓获归案后重新报捕，但是证据仍然不能达到逮捕的证据条件。

对于该案捕与不捕产生较大分歧。有人认为如果不捕，犯罪嫌疑人肯定会再次外逃，案件也难以继续侦查，为了保障诉讼顺利进行应当逮捕。也有人认为案件既然达不到逮捕的证据条件，就应当不捕。

笔者认为，对于逮捕这种较长时间羁押犯罪嫌疑人的强制措施，无论是中国还是国外，都要求应当有证据证明或者司法官内心确信犯罪嫌疑人实施了犯罪行为。如果我们没有证据证明或者不能内心确信而决定逮捕犯罪嫌疑人，就是将一个明知可能无罪的人予以羁押，这既不符合逮捕关于打击犯罪的要求，也不符合逮捕保障人权的要求。因此，我们认为该案应当不捕，同时要求公安机关采取切实有效的措施保障犯罪嫌疑人不致再逃跑。

3. 程序约束功能

检察机关审查逮捕也有对侦查程序的一个制约功能。体现在两个方面：一方面，是对程序启动的规范。在审查逮捕过程中，承办人要对侦查管辖、复议提起程序等进行审查。如公安机关对于不捕决定提请复议的案件，如果已经进行了补充侦查取证，检察机关将在程序上予以否定，不予受理，建议公安机关重新提请批准逮捕。另一方面，检察机关对案件作出的是否逮捕决定，会对公安机关查办同类案件是否启动报捕程序，甚至是否评价为犯罪行为起到一定的约束作用。如检察机关作出的不构成犯罪不捕决定，就会要求公安机关启动撤案程序，并对以后类似案件公安机关是否启动立案程序产生约束。

4. 侦查监督功能

审查逮捕的侦查监督功能是我国检察制度的特色，要求检察官在审查逮捕的过程，既要审查案件证据是否符合逮捕条件，也要审查侦查机关适用强制措施和收集证据过程等侦查行为的合法性。这就是最高人民检察院提出的"在监督中办案，在办案中监督"理念在审查逮捕工作中的具体体现。根据程序优先实体的审查原则，检察官在审查证据内容时，应当优先审查证据合法性，是否存在刑讯逼供、暴力取证、伪造或隐匿证据等侦查活动违法行为，从而决定是否采信证据并提出监督意见。在审查证据的同时，还要审查强制措施的适用是否合法，是否存在超期羁押等问题。如果发现存在适用强制措施违法行为，那么在违法采取强制措施期间的证据合法性就会受到影响，最终影响案件是否逮捕的决定。

5. 侦查引导功能

引导侦查取证是指检察机关通过对侦查机关提请批准逮捕的案件决定是否逮捕，并提出补充要求，对侦查活动及调查取证活动所起到的引导、修正之功能。与监督功能的区别在于监督功能是事后的、被动的，引导是事前的、主动的；监督功能是限制性的、制约性的，引导功能是帮助性的、导向性的。引导侦查功能主要是通过以下几个渠道发挥：一是通过负责捕诉的部门适时提前介入侦查机关的侦查活动，从侦查方向、取证重点、取证范围以及对证据的完善固定进行指导和引导。二是作出批准逮捕或存疑不捕决定时，通过向侦查机关发《逮捕案件继续侦查取证意见书》和《不批准逮捕案件补充侦查提纲》，列出补查提纲，提出补查建议，进一步完善诉讼证据，查明犯罪事实。三是通过立案监督和追捕权的行使，建议或要求侦查机关对涉嫌的其他罪行、漏犯进行立案侦查、报捕，或检察机关直接作出逮捕决定，做到有罪必究，防止出现漏罪、漏犯现象。

6. 社会警示功能

审查逮捕权的行使意味着司法机关运用国家赋予的权力来实现对犯罪行为的无价值否定评价，而这种否定评价以限制人身自由这个最严厉的强制措施体现，就昭示着法律的威严，警示公民生活中必须尊重和遵守法律，不得实施犯罪行为。这就是通过对具体犯罪行为的否定评价，实现了对社会潜在犯罪对象的一般预防作用。同时又使犯罪者感到被限制自由继而被指控、被审判、被科处刑罚的痛苦，使犯罪者以后不至于重新犯罪，实现了对犯罪分子的特殊预防作用，客观上起到法制教育和社会警示作用。

三、逮捕的类型

根据《刑事诉讼法》第81条的规定，逮捕的情形分为3种，第1款情形称之为一般逮捕，第3款情形称之为径行逮捕，第4款情形称之为转捕。根据社会危险性的不同，3种逮捕类型可以细分为10种逮捕情形。

（一）一般逮捕

顾名思义，一般逮捕是指除了径行逮捕和转捕外的普通逮捕情形，也是逮捕的最常用和最基本情形。《刑事诉讼法》第81条第1款规定，对有证据证明有犯罪事实，可能判处有期徒刑以上刑罚的犯罪嫌疑人、被告人，采取取保候审尚不足以防止发生社会危险性的，应当予以逮捕。在符合逮捕证据条件和刑罚条件下，一般逮捕根据其可能发生的社会危险性不同有5种具体情形，分别是"可能实施新的犯罪"的逮捕；"有危害国家安全、公共安全或者社会秩序的现实危险"的逮捕；"可能毁灭、伪造证据，干扰证人作证或者串供"的逮捕；"可能对被害人、举报人、控告人实施打击报复"的逮捕和"企图自杀或者逃跑"的逮捕。为准确适用逮捕强制措施，最高人民检察院、公安部颁布了《关于逮捕社会危险性条件若干问题的规定（试行）》，对一般逮捕的5种情形进行了具体化。分述如下。

第一，犯罪嫌疑人"可能实施新的犯罪"的逮捕，包括：案发前或者案发后正在策划、组织或者预备实施新的犯罪的；扬言实施新的犯罪的；多次作案、连续作案、流窜作案的；一年内曾因故意实施同类违法行为受到行政处罚的；以犯罪所得为主要生活来源的；有吸毒、赌博等恶习的；其他可能实施新的犯罪的情形的逮捕。

第二，犯罪嫌疑人"有危害国家安全、公共安全或者社会秩序的现实危险"的逮捕，包括：案发前或者案发后正在积极策划、组织或者预备实施危害国家安全、公共安全或者社会秩序的重大违法犯罪行为的；曾因危害国家安全、公共安全或者社会秩序受到刑事处罚或者行政处罚的；在危害国家安全、黑恶势力、恐怖活动、毒品犯罪中起组织、策划、指挥作用或者积极参加的；其他有危害国家安全、公共安全或者社会秩序的现实危险的情形的逮捕。

第三，犯罪嫌疑人"可能毁灭、伪造证据，干扰证人作证或者串供"的逮捕，包括：曾经或者企图毁灭、伪造、隐匿、转移证据的；曾经或者企图威逼、恐吓、利诱、收买证人，干扰证人作证的；有同案犯罪嫌疑人或者与其在事实上存在密切关联犯罪的犯罪嫌疑人在逃，重要证据尚未收集到位的；其他可能毁灭、伪造证据，干扰证人作证或者串供的情形的逮捕。

第四，犯罪嫌疑人"可能对被害人、举报人、控告人实施打击报复"的逮捕，包括：扬言或者准备、策划对被害人、举报人、控告人实施打击报复的；曾经对被害人、举报人、控告人实施打击、要挟、迫害等行为的；采取其他方式滋扰被害人、举报人、控告人的正常生活、工作的；其他可能对被害人、举报人、控告人实施打击报复的情形的逮捕。

第五，犯罪嫌疑人"企图自杀或者逃跑"的逮捕，包括：着手准备自杀、自残或者逃跑的；曾经自杀、自残或者逃跑的；有自杀、自残或者逃跑的意思表示的；曾经以暴力、威胁手段抗拒抓捕的；其他企图自杀或者逃跑的情形的逮捕。

根据公安部和最高人民检察院《关于逮捕社会危险性条件若干问题的规定（试行）》的规定，公安机关在提请批准逮捕时，应当具体说明犯罪嫌疑人符合哪种逮捕情形，并附相关证据材料。检察官应当审查确定犯罪嫌疑人具有哪种社会危险性情形，从而作出一般逮捕决定。

《刑事诉讼法》第81条第2款规定，批准或者决定逮捕，应当将犯罪嫌疑人、被告人涉嫌犯罪的性质、情节，认罪认罚等情况，作为是否可能发生社会危险性的考虑因素。这是2018年修改刑事诉讼法新增的规定，将犯罪嫌疑人、被告人已经实施的犯罪事实的客观情况，以及犯罪后认罪认罚的情况等，明确作为是否发生社会危险性的考虑因素。第1款第1项至第5项主要是从应予防止发生的社会危险性的情形的角度对逮捕条件作出的规定。

（二）径行逮捕

根据《刑事诉讼法》81条第3款的规定，对有证据证明有犯罪事实，可能判处10年有期徒刑以上刑罚的，或者有证据证明有犯罪事实，可能判处徒刑以上刑罚，曾经故意犯罪或者身份不明的，应当予以逮捕。根据这一规定，径行逮捕一共有三种情形。

一是可能判处10年有期徒刑以上刑罚的犯罪嫌疑人、被告人的逮捕。我国刑罚体系实行分档制,根据犯罪行为、情节和后果危害的轻重不同,将刑罚分为3年以下、5年以下、3年以上10年以下、5年以上、10年以上有期徒刑或者无期徒刑、死刑等不同的档次。但无论哪种刑罚档次分类,判处10年有期徒刑以上刑罚的均是适用于犯罪情节和后果最严重的重大犯罪。这类犯罪往往犯罪性质极为恶劣,犯罪情节极为严重,造成的社会危害也极大,其犯罪行为和犯罪性质决定了该类犯罪嫌疑人有着极大的社会危险,而且由于刑罚较重,甚至可能判处极刑,因此容易发生逃跑、实施新的犯罪等可能而必须羁押。

二是对有证据证明有犯罪事实,可能判处有期徒刑以上刑罚,曾经故意犯罪的犯罪嫌疑人、被告人的逮捕。曾经故意犯罪是指犯罪嫌疑人曾经因为故意犯罪,被人民法院依法作出有罪判决,由于其曾受过司法机关的惩处和教育,但仍然犯罪,说明犯罪嫌疑人主观恶性较大甚至不堪改造,如果不羁押可能会继续发生新的犯罪行为,故刑事诉讼法将之规定为有社会危险性而逮捕。曾经故意犯罪的认定没有时间间隔,无论前一次犯罪过去了多久,都属于曾经故意犯罪。对于主观上是故意犯罪的要求,只是针对之前的犯罪故意而言,对于本次涉嫌犯罪的主观方面属于故意还是过失没有作出限制性规定。证明犯罪嫌疑人曾经故意犯罪的证据包括法院的判决书、全国违法犯罪人员信息资料库摘录等。实践中对于犯罪嫌疑人自己供述曾经故意犯罪,但缺乏相关证据材料的情况,有人认为一般情况下犯罪嫌疑人不会虚构对自己不利的事实,而加重自己的处罚,因此对于这种情形应当予以认定。如果其供述属实,则符合曾经故意犯罪的逮捕条件;如果其故意作虚假供述,则说明其有包庇他人或者扰乱侦查的故意,存在妨害诉讼顺利进行的社会危险性,而有逮捕必要。笔者认为,对于这种情形应当通过讯问犯罪嫌疑人认真核实其在什么时候、因为何罪、被哪里的人民法院判处什么刑罚。如果犯罪嫌疑人符合一般逮捕的五种情形,则以《刑事诉讼法》第81条第1款的规定依法作出逮捕决定。

三是有证据证明有犯罪事实,可能判处有期徒刑以上刑罚,身份不明的犯罪嫌疑人、被告人的逮捕。身份不明是指不讲本人姓名、住址等身份信息，或者提供虚假的姓名、住址等信息，导致身份无法查明的情形。大部分身份不明的犯罪嫌疑人拒绝提供身份信息的主观心态就是为了逃避侦查和刑事打击，而且身份不明也导致其不具备取保候审等非羁押强制措施的条件。因此，为了保障诉讼活动的顺利进行，有必要对有证据证明有犯罪事实，可能判处有期徒刑以上刑罚，身份不明的犯罪嫌疑人、被告人采取逮捕的强制措施。

对身份不明的犯罪嫌疑人、被告人逮捕要同时满足两个必要条件：一是身份不明包含两种情形，即犯罪嫌疑人、被告人拒不供述其身份和犯罪嫌疑人、被告人虽然供述了自己的身份，但经调查属于虚假供述的；二是对于这两种情形都要导致公安机关无法查明其真实身份的后果。虽然犯罪嫌疑人、被告人不供述自己真实信息，但同案犯有交待且查证属实的，则不属于身份不明的情形。只有同时符合以上两种情形的，就可以作出径行逮捕决定。

对于公安机关以犯罪嫌疑人"身份不明"的提请批准逮捕的，应当要求公安机关提供查找、核实犯罪嫌疑人身份信息过程和结果的材料。认为犯罪嫌疑人"身份不明"的情形有两种：一是犯罪嫌疑人不讲身份信息，公安机关通过指纹比对、网上户籍信息查询等方式无法确定其真实身份的；二是犯罪嫌疑人虽有供述，但经网上户籍信息查询或向户籍派出所调查，核实不相符的，或者明显虚假、无法核实的。

（三）转捕

《刑事诉讼法》第81条第4款规定："被取保候审、监视居住的犯罪嫌疑人、被告人违反取保候审、监视居住规定，情节严重的，可以予以逮捕。"该规定对犯罪嫌疑人、被告人违反取保候审、监视居住规定转为逮捕情形进行了明确。《刑事诉讼法》第71条、第77条分别对犯罪嫌疑人在取保候审或者监视居住期间应当遵守的规定进行了明确。《刑诉规则》第101条、第111条规定对转捕的具体情节进行了明确，并细化了违反取保候审、监视居住规定应当转捕和可以转捕的两种情形。

法律规定转捕情形，是由于犯罪嫌疑人、被告人严重违反取保候审、监视居住的规定，说明犯罪嫌疑人、被告人的社会危险性发生了变化，之前对其采取较轻的取保候审、监视居住强制措施已经无法保障诉讼活动顺利进行，故决定对其采取逮捕措施。根据逮捕前强制措施的不同，转捕分为取保候审转捕和监视居住转捕两种情形。

第一，取保候审转捕。对于这类转捕的情形，一是要求犯罪嫌疑人被取保候审；二是犯罪嫌疑人在取保候审期间存在违反相关规定的行为；三是违反规定的行为必须达到"造成严重后果""严重妨害诉讼正常进行""两次"等情形。《刑诉规则》第101条规定，犯罪嫌疑人有下列违反取保候审规定的行为，应当予以逮捕：故意实施新的犯罪；企图自杀、逃跑；实施毁灭、伪造证据、串供或者干扰证人作证，足以影响侦查、审查起诉工作正常进行的；对被害人、证人、鉴定人、举报人、控告人及其他人员实施打击报复。犯罪嫌疑人有下列违反取保候审规定的行为，人民检察院可以对犯罪嫌疑人予以逮捕：未经批准，擅自离开所居住的市、县，造成严重后果，或者两次未经批准，擅自离开所居住的市、县；经传讯不到案，造成严重后果，或者经两次传讯不到案；住址、工作单位和联系方式发生变动，未在二十四小时以内向公安机关报告，造成严重后果；违反规定进入特定场所、与特定人员会见或者通信、从事特定活动，严重妨碍诉讼程序正常进行。

第二，监视居住的转捕情形。对于监视居住不区分是否属于指定居所监视居住还是一般监视居住。《刑诉规则》第111条规定，犯罪嫌疑人有下列违反监视居住规定的行为，应当予以逮捕：故意实施新的犯罪行为；企图自杀、逃跑；实施毁灭、伪造证据或者串供、干扰证人作证行为，足以影响侦查、审查起诉工作正常进行；对被害人、证人、鉴定人、举报人、控告人及其他人员实施打击报复。犯罪嫌疑人有下列违反监视居住规定的行为的，人民检察院可以对犯罪嫌疑人予以逮捕：未经批准，擅自离开执行监视居住的处所，造成严重后果，或者两次未经批准，擅自离开执行监视居住的处所；未经批准，擅自会见他人或者通信，造成严重后果，或者两次未经批准，擅自会见他人或者通信；经传讯不到案，造成严重后果，或者经两次传讯不到案。

四、审查逮捕的工作要求

(一) 坚持少捕慎捕的司法理念

逮捕作为最严厉的一种强制措施,它不是刑事诉讼的必经程序。逮捕的功能和目的只是保障诉讼活动的顺利进行,不能将逮捕作为一种打击手段,更不能期望通过逮捕的震慑力来突破口供。在决定逮捕时要考虑到司法资源的合理配置以节约宝贵的司法资源。强制措施包括拘传、取保候审、监视居住、拘留和逮捕,这五种不同的强制措施对犯罪嫌疑人、被告人人身自由的限制是不同的,不同的强制措施所耗费的社会成本是不同的,在作出强制措施的决定时,要综合全面考虑,合理使用各种强制措施手段。对如不采取逮捕措施可能使犯罪嫌疑人、被告人无法及时到案,导致诉讼成本不断增加的,就必须果断采取逮捕措施。如果犯罪嫌疑人、被告人没有逮捕必要的,就不能随意采取逮捕措施,而是应该采取低成本的强制措施。对于采取取保候审、监视居住已经防止社会危害性发生的,不能随意转化为逮捕,要在坚持所采取的强制手段与犯罪行为的严重性相对应的前提下,尽量采取那些社会成本较低同时又有利于诉讼程序顺利进行的强制措施。

(二) 动态把握逮捕的两大任务

逮捕是最严厉的一种强制措施,保障诉讼顺利进行和保障人权是其两大任务。对犯罪嫌疑人批准逮捕,意味着犯罪嫌疑人将面临较长时间的羁押,如果不能正确适用逮捕措施,就会严重侵害公民的人身权利。审查逮捕阶段处于刑事诉讼的初期,是打击犯罪、保障人权的前沿阵地。只有准确把握逮捕的证明标准,才能实现逮捕在打击犯罪和保障人权的两大任务,最终促进和维护社会的稳定。

1. 坚持较高的逮捕标准

逮捕这种最严厉的刑事强制措施本质上就是有时限地剥夺犯罪嫌疑人、被告人的人身自由。在国家公权力面前,公民的个人私权利处于弱势地位。因此,在保障公民基本权利时,要认真考虑如何防止国家公权力的滥用，以及如何通过公民的私权来制约国家公权力。在把握逮捕证明标准时，要避免出现两种偏差：一种是标准把握太严，限制了逮捕功能的实现，不利于诉讼活动的顺利进行；另一种是标准把握过宽，对逮捕措施适用的门槛较低，不仅不利于犯罪嫌疑人、被告人权利的保障，也可能会导致大量冤假错案的发生。相对而言，公民的人身自由权不同于物质性的权利，对于物质性权利如财产权利受到的侵犯，受害人还可以通过其他手段获得救济，而公民的人身自由权、生命权利一旦受到侵害就很难弥补。因此，在对犯罪嫌疑人、被告人适用逮捕措施时必须坚持较高的逮捕证明标准，也就是说，侦查机关必须有证据能够证明犯罪嫌疑人、被告人符合法定逮捕条件，才能够对其实施逮捕措施。设置一个较高的逮捕证明标准一方面有利于保证犯罪嫌疑人、被告人及时到案以确保诉讼活动能够顺利进行，另一方面有利于防止逮捕权被办案人员滥用而使犯罪嫌疑人、被告人合法的人身自由权受到侵害。

2. 坚持客观的逮捕标准

我国现行逮捕证明标准的设置事实上采取了客观性的标准，即强调证明犯罪事实的证据是客观存在的，而不是办案人员凭借主观想象作出的。它是建立在客观存在的证据基础上的，对犯罪嫌疑人采取逮捕措施时必须严格按照逮捕证明标准的要求来进行，必须是有证据能够证明犯罪嫌疑人符合法定逮捕条件。这种以证据为基础的逮捕证明标准，一方面要求证据是客观存在的，而且这些证据是案件事实在案情的发展过程中显示出来的能够证明案件事实的证据；另一方面要求案件事实也是客观真实的，也就是说案件事实必须是反映案件本来的面貌。这就确保了办案人员对犯罪嫌疑人采取逮捕措施时必须有证据可以证明有犯罪事实，以防止司法人员滥用逮捕权侵犯犯罪嫌疑人的人身自由权。就我国的逮捕证明标准"有证据证明有犯罪事实"来说，其客观性表现为：不仅仅强调有犯罪事实的"存在"，而且特别强调有"证据"来证明。也就是必须要有客观存在的证据证明犯罪嫌疑人符合逮捕条件，才能够对犯罪嫌疑人、被告人实施逮捕措施，这对于防止警察违法滥用逮捕权而侵害犯罪嫌疑人、被告人的人身自由权来说是非常重要的，同时也有利于防止滥捕以及冤假错案的出现。

五、审查逮捕的工作流程

人民检察院负责捕诉的部门受理案件，明确案件承办人后，依照下列工作流程开展审查逮捕工作。

一是审查法律文书及管辖。公安机关移送检察机关审查逮捕的案卷分为诉讼文书卷和证据卷。受理案件后，首先要对诉讼文书卷的法律文书是否齐全进行审查，包括受案、立案、破案、强制措施等法律文书。通过查看拘留相关文书，明确犯罪嫌疑人是否被拘留，确定审查逮捕办案期限。对于文书材料不全的，应当及时通知公安机关补充移送。其次对案件的管辖进行审查，经审查发现案件不属于提请批准逮捕的侦查机关管辖的，应当及时要求公安机关说明管辖理由。属于上级公安机关指定侦查的，应当要求公安机关及时移送指定侦查的文书；公安机关对管辖有争议的，经审查认为公安机关侦查管辖理由不能成立的，应当将案件退回负责案件管理的部门处理。最后对强制措施和侦查措施的合法性进行审查，发现存在违法情形的，依法提出监督意见。

二是审查证据。对于公安机关移送的证据材料，要进行单个证据的"三性"审查、矛盾证据的判断审查和全案证据的综合审查。对于证据合法性存在问题的，应当要求公安机关进行补正或者合理说明，如果涉及刑讯逼供或者暴力取证的，应当依法进行调查，并作出是否排除的决定。对于案件的矛盾证据应当综合其他证据和已经查证属实的事实进行判断，排除虚假证据或者对矛盾点进行合理说明。要对取证活动的合法性进行审查，发现是否存在取证违法情形，并依法提出监督意见。

三是审查逮捕条件。要全面审查公安机关提请批准逮捕犯罪嫌疑人的犯罪事实，围绕逮捕的证据条件、刑罚条件和社会危险条件进行全面审查。对公安机关说明的社会危险性情形，应当审查是否有证据证实。审查是否存在遗漏报捕的犯罪嫌疑人，如果存在漏捕犯罪嫌疑人且符合逮捕条件的，应当依法提出纠正漏捕的意见。

四是作出逮捕决定。对于公安机关提请批准逮捕的犯罪嫌疑人已被刑事拘留的，承办检察官应当在收到提请批准逮捕书后7日内作出是否逮捕决定。未被拘留的，应当在15日内作出逮捕决定，重大、复杂案件不得超过20日。对于批准逮捕案件，承办检察官应当制发《逮捕案件继续侦查提纲》，对不批准逮捕案件，承办检察官应当制发《不捕案件补充侦查提纲》，一并送公安机关执行。

五是逮捕决定的执行监督。人民检察院批准逮捕后，应当监督公安机关是否立即执行，是否在3日内将执行回执及时送作出决定的人民检察院；如果因为犯罪嫌疑人在逃或者存在不宜羁押的疾病等情况没有执行的，也应当要求公安机关注明不能执行的原因，将执行回执送作出决定的人民检察院。对于不批准逮捕的，应当监督公安机关在当天释放或变更强制措施，并要求公安机关3日内将执行回执送作出决定的检察院，并在回执上注明释放或者变更强制措施。

六是跟踪监督。人民检察院作出批准逮捕决定制发《逮捕案件继续侦查提纲》，或者对不批准逮捕案件制发《不捕案件补充侦查提纲》送公安机关后，应当监督公安机关是否根据提纲要求开展侦查工作，对公安机关未按提纲开展侦查取证工作，应当及时要求公安机关进行取证。

第二节 逮捕条件的基本内涵

一、逮捕的相关规定

我国《刑事诉讼法》第81条将逮捕的条件分为逮捕的证据条件、逮捕的刑罚条件和逮捕的社会危险性条件。准确理解和适用逮捕条件，是确保逮捕案件质量的关键环节。

（一）逮捕的证据条件

1. 证据条件的内容

根据《刑事诉讼法》第81条规定，逮捕的证据条件是指"有证据证明有犯罪事实"。《刑诉规则》第128条，将逮捕的证据条件细化为三方面。一是有证据证明发生了犯罪事实。这里所说的犯罪事实，既可以是单一犯罪行为的事实，也可以是数个犯罪行为中的一个犯罪行为的事实，以及共同犯罪中，已有证据证明的犯罪事实。二是有证据证明该犯罪事实是犯罪嫌疑人实施。逮捕必须落实到具体的人，因此，必须有证据足以证明该犯罪行为是某一犯罪嫌疑人实施的，以确保不会抓错人。三是证明犯罪嫌疑人实施犯罪行为的证据已经查证属实。这里查证属实的犯罪事实，有两层意思：一是"量"上的查证属实。这里既可以是单一犯罪事实的已经查证属实，也可以是数个罪行中的一个罪行已经查证属实，只要有任何经查证属实的证据证明犯罪嫌疑人实施了犯罪行为，就达到了逮捕的证据条件。二是"度"上的查证属实。即查证到什么程度算是查证属实。我们要求"查证属实"，即侦查人员依照法定程序采集的证明犯罪嫌疑人实施犯罪行为的证据，有其他合法证据与之印证，而不是孤证。"已经查证属实"，强调采用的证据中，只要对定罪起关键作用的证据查证属实即可，无须全部查证属实，不要求所有证据间形成闭环锁链，更不要求证明发生犯罪行为的证据达到"确实、充分"的程度。

2. 不符合证据条件的情形

刑事诉讼法将逮捕条件和类型进行了细化，分为一般逮捕、径行逮捕和转捕三种类型。无论是哪种逮捕，都必须具备的首要条件就是逮捕的证据条件。《刑事诉讼法》第81条和《刑诉规则》第128条规定了逮捕证据条件的认定情形，为了准确适用逮捕证据条件，最高人民检察院2010年8月发布的《人民检察院审查逮捕质量标准》第3条，对不属于"有证据证明有犯罪事实"的情形进行了细化，具有下列情形之一的，不属于"有证据证明有犯罪事实"：（1）证据所证明的事实不构成犯罪的；（2）仅有犯罪嫌疑人的有罪供述，而无其他证据印证的；（3）证明犯罪嫌疑人有罪和无罪的主要证据之间存在重大矛盾且难以排除的；（4）共同犯罪案件中，同案犯的供述存在重大矛盾，且无其他证据证明犯罪嫌疑人实施了共同犯罪行为的；（5）没有直接证据，而间接证据不能相互印证的；（6）证明犯罪的证据中，对于采用刑讯逼供等非法手段取得的犯罪嫌疑人供述和采用暴力、威胁等非法手段取得的证人证言、被害人陈述依法予以排除后，其余的证据不足以证明有犯罪事实的；（7）现有证据不足以证明犯罪主观方面要件的；（8）虽有证据证明发生了犯罪事实，但无证据证明犯罪事实是该犯罪嫌疑人实施的；（9）其他不能证明有犯罪事实的情形。

在办理审查逮捕案件过程中，要坚持从正反两个方面对逮捕的证据条件进行全面分析判断，从而准确得出是否有证据证明有犯罪事实的结论。

（二）逮捕的刑罚条件

1. 刑罚条件的内容

根据《刑事诉讼法》第81条的规定，逮捕的刑罚条件为"可能判处徒刑以上刑罚"。其是指根据有证据证明的犯罪事实、犯罪情节、悔罪表现，法定或者酌定从轻、减轻情节等，依照刑法的有关规定，对行为人可能适用有期徒刑以上的刑罚，而不能是可能判处拘役、管制或者独立适用附加刑。这是逮捕作为最严厉的强制措施，其适用的谦抑性原则和比例原则，要求逮捕措施的严厉程度与犯罪的严重程度要相适应。对于那些罪行较轻，其法定刑为有期徒刑以下刑罚的轻微案件，就不能逮捕。

在这里需要注意两个问题：一是根据最高人民检察院的相关规定，"可能判处徒刑以上刑罚"是指犯罪嫌疑人可能判决的刑罚，而不是指其涉嫌罪名和量刑档次的法定刑。这是因为根据我国刑法的规定，除了危险驾驶罪、代替考试罪和使用虚假身份证件、盗用身份证件罪的最高刑为拘役以外，其他所有罪名都是可能判处徒刑以上刑罚，如果我们以法定刑来判断是否可能判处徒刑以上刑罚，就会导致逮捕这一条件成为事实上的睡眠条件，不能发挥刑罚条件在一般轻微犯罪审查逮捕中的筛除过滤作用。二是刑罚条件的判断只能根据审查逮捕当时查证属实的证据和事实进行判断。这是因为大量的侦查工作是在逮捕以后进行，证据的补充、罪行的变化，甚至包括刑法和政策的变化都有可能影响到审判时被告人刑罚的实际判决。因此，刑罚条件只能是对审查逮捕时案件事实和证据的初步判断。

2. 刑罚条件的例外

根据我国刑法规定,危险驾驶罪、代替考试罪和使用虚假身份证件、盗用身份证件罪最高只能判处拘役。但是在司法实践中,有部分涉嫌危险驾驶罪的犯罪嫌疑人在取保候审期间,违反取保候审规定,再次实施危险驾驶的犯罪行为,严重影响了诉讼活动的正常进行。但是由于不符合《刑事诉讼法》第 81 条规定的逮捕刑罚条件,是否能逮捕一度存在争议。2014 年 4 月 24 日,全国人大常委会根据司法实践中适用逮捕的问题公布了《关于〈中华人民共和国刑事诉讼法〉第七十九条第三款的解释》规定:对于被取保候审、监视居住的可能判处徒刑以下刑罚的犯罪嫌疑人、被告人,违反取保候审、监视居住规定,严重影响诉讼活动正常进行的,可以予以逮捕。这个立法解释解决了实践中存在的可能会判处徒刑以下刑罚的犯罪嫌疑人、被告人,出现确实有严重影响诉讼顺利进行的可能性时,是否可以予以逮捕的问题,这是对逮捕刑罚要件"轻罪不捕原则"的例外性规定,充分考虑了逮捕的必要性,有效保障了逮捕功能的实现。

(三) 逮捕的社会危险性条件

1. 社会危险性条件的内容

《刑事诉讼法》第 81 条第 1 款规定了逮捕的社会危险性条件,这是逮捕的又一个实质性条件。社会危险性条件的具体分为五种,分别是"可能实施新的犯罪的""有危害国家安全、公共安全或者社会秩序的现实危险的""可能毁灭、伪造证据,干扰证人作证或者串供的""可能对被害人、举报人、控告人实施打击报复的""企图自杀或者逃跑的"。逮捕的社会危险性条件是 2012 年刑事诉讼法对逮捕强制措施进行的最主要修改,也是贯彻逮捕"必要性"原则的具体体现,即对于不捕就不足以防止发生社会危险性的才予以逮捕。反之,如果采取取保候审等较轻的强制措施就足以防止发生社会危险性,就不应该逮捕,它体现了逮捕的谦抑性原则。为加强对逮捕社会危险性证据的审查工作,准确适用社会危险性条件,最高人民检察院、公安部联合颁布了《关于逮捕社会危险性条件若干问题的规定（试行）》，就社会危险性是否要证明、证明责任由谁承担以及如何证明进行了明确和规范。2018年修改刑事诉讼法在逮捕社会危险性审查中增加了一款，"批准或者决定逮捕，应当将犯罪嫌疑人、被告人涉嫌犯罪的性质、情节、认罪认罚等情况，作为是否可能发生社会危险性的考虑因素"，进一步完善了逮捕社会危险性的审查、判断标准。

2. 涉嫌犯罪的性质、情节，认罪认罚等因素

上述2018年刑事诉讼法增加的一款规定对逮捕的社会危险性条件的正确适用作了明确。对于犯罪嫌疑人涉嫌犯罪的性质恶劣、情节严重、拒不认罪认罚的案件，可以作为其具有社会危险性的考虑因素。而对于犯罪性质一般、情节较轻且认罪认罚的案件，可以认为不具有社会危险性。证明犯罪嫌疑人涉嫌犯罪性质的证据，主要有犯罪嫌疑人涉嫌的罪名是否严重危害社会公共安全、社会管理秩序，是否属于严重的暴力犯罪、是否属于涉黑涉恶案件。证明犯罪嫌疑人涉嫌犯罪情节的证据主要有犯罪嫌疑人的行为是否对他人的人身、财产造成了严重影响，以及作案的手段是否残忍、是否造成了严重后果。证明犯罪嫌疑人是否认罪认罚的相关证据有：犯罪嫌疑人认罪认罚的相关文书以及犯罪嫌疑人的供述中是否有认罪认罚的内容，要防止将犯罪嫌疑人正常的辩解片面理解为不认罪认罚，而将之作为有社会危险性而逮捕，要结合案件的证据材料能否证明嫌疑人涉嫌犯罪等来综合判断。

二、逮捕条件审查的工作要求

（一）不能以公诉条件代替逮捕条件

随着捕诉一体化工作模式的推进，一名检察官将同时办理审查逮捕和审查起诉两个阶段的工作，在审查逮捕中，为了确保案件质量不出问题，容易出现人为拔高逮捕条件，甚至以公诉条件替代逮捕条件的情况。对此要准确理解逮捕条件与公诉条件的差异，准确理解在侦查早期逮捕条件的特殊性，准确适用逮捕条件，做到不枉不纵。

1. 刑事诉讼证明标准是一个不断趋严的证明过程

刑事诉讼过程是一个对案件进行不断淘汰的审查过程。因此，刑事诉讼法在立案、审查逮捕、公诉和审判各个阶段规定的审查判断证据标准并不完全一致，而是随着诉讼过程的不断发展越来越趋向于严格和严密。比如，立案的标准是有犯罪事实存在，需要追究刑事责任或者发现犯罪嫌疑人的；逮捕的标准则是有证据证明有犯罪事实存在，可能判处徒刑以上刑罚，采取取保候审不足以防止发生社会危险的；公诉的标准则是事实清楚，证据确实、充分，包括"认定的所有案件事实都有证据证实、定案的所有证据都已查证属实，所有定案的证据相互印证且能排除合理怀疑"，其内涵和要求更加严格。随着诉讼的进行，证明标准越来越严格，要求收集的证据越来越多，使得进入诉讼程序的案件处于一个不断被筛选和淘汰的状态，最后进入法院审判程序的案件会越来越少，以此实现刑法的谦抑性。

如公诉条件与逮捕条件的差异就体现在多个方面。首先，对于犯罪嫌疑人有多个犯罪行为，逮捕时只需要查明其中一个犯罪事实即可，而公诉和庭审则必须查明所有的犯罪事实。其次，逮捕阶段不要求查明所有涉案人员的犯罪行为，只要求查明报捕犯罪嫌疑人的某一次罪行即可，这一点低于公诉或者是审判的标准。如运输毒品案件，我们经常遇到无法查获毒品上线和下线，也没有抓获贩毒共犯，其本人只供述是有人让他带东西去给某某人，现有证据无法认定其是贩毒团伙成员的情况，于是就以其持有的毒品数认定其非法持有毒品而逮捕。但在公诉和审判中，法院要认定其行为是贩毒就必须证明将上线或者下线抓获归案，查明其运输毒品是以贩卖为目的，否则就难以认定其构成贩卖毒品罪。还有走私武器、弹药罪，资助危害国家安全犯罪活动罪等也会经常遇到这样的问题。最后，逮捕阶段对于犯罪嫌疑人在共同犯罪中的主从犯地位、是否自首等量刑证据要求也低于公诉和审判阶段的标准。这是因为逮捕的刑罚条件是可能判处徒刑以上刑罚，而目前我国刑法中仅危险驾驶罪等3个罪名的刑罚最高刑为拘役。因此，基本上只要证明犯罪嫌疑人实施了犯罪行为，即可能判处徒刑以上刑罚。而公诉和审判中量刑证据是整个证据体系中非常重要的一部分，必须有充足的证据证明以准确量刑。

2. 逮捕条件的适用符合侦查早期的诉讼特点

审查逮捕工作处于侦查活动的早期，普通刑事案件刑事拘留的期限最长不过30日。因此，公安机关报捕时处于侦查的早期，案件事实并未全面查清查实，证据也并没有全部收集到位。如果脱离这个实际去要求侦查机关的证据达到公诉甚至审判阶段的要求，就是要求公安机关在侦查早期报捕时提供的证据，与侦查终结时移送审查起诉的证据是一致的，是一样充分的，这显然不符合司法实践。这也就会导致另一个恶性循环，即公安机关觉得逮捕标准这么高了，那案件一旦批捕后，是否继续侦查对于定罪量刑没有多大影响，容易导致案件出现捕后不侦的现象，这也就是公安干警经常说用公诉标准来替代逮捕标准的由来。比如，在侦查阶段公安机关报捕的案件中发生毁灭、伪造证据，干扰证人作证或者伪证的可能性，与公诉阶段决定追捕的犯罪嫌疑人发生毁灭、伪造证据，干扰证人作证或者伪证的可能性，明显不同。一方面，由于公诉环节证据已经收集到位，达到了事实清楚，证据确实、充分的程度，那么其毁灭证据、干扰作证和伪证的可能性就会比侦查阶段小得多。另一方面，审查逮捕不像公诉及法院审判，有较长的审查期限能够彻查案件事实，7日的办案时间决定了无法对案件事实和证据作出全面的复核和判断。如果在审查逮捕阶段掌握的标准就是公诉和审判的标准，那么逮捕就失去了作为强制措施的定位，失去了保障诉讼顺利进行的法律价值所在。所以在逮捕阶段对于证据的审查，一定要紧紧围绕逮捕的3个条件进行，防止把关过严导致打击犯罪不力，也要防止过松而引发冤假错案。

【案例】张某盗窃案

2016年7月25日，被害人郭某在某单位上班时，放在抽屉里的华为P20手机被盗。案件有以下证据：（1）被害人郭某关于在单位被盗走华为P20手机一台的报案材料；（2）购买手机的发票，1个月前购买时价格为5588元；（3）鉴定意见，该手机被盗时价值5000元；

（4）证人曾某证言，证实从一男子手中1000元收得一华为P20手机；（5）被害人辨认手机笔录，证实在曾某处查获的华为手机为其被盗手机；（6）证人曾某对犯罪嫌疑人张某的辨认，确认是其于案发的第二天来卖手机；（7）案发时单位的监控录像，证实一青年男子在7月25日从某单位被害人办公室里进出；（8）犯罪嫌疑人张某的有罪供述三份；（9）犯罪嫌疑人张某的户籍资料一份，证实生于1981年2月21日。

在公安机关立案阶段，只需要证据（1）和证据（7）即可，即被害人到公安机关报案，称在单位被人盗走一台手机，价值2000元以上；公安机关观看了监控发现确实发生了被盗的事实，公安机关就可以据此立案侦查，在这个时候的证明程度要求是最低的。

在审查逮捕阶段，则除了证据（1）和证据（7）外，至少还必须有证据（8）犯罪嫌疑人供述和证据（3）手机鉴定意见，才可以考虑批准逮捕。

公诉和审判阶段，则上述所有的证据材料都应当收集到位。由此可见，在报捕时侦查机关由于侦查时间尚短，往往只能对犯罪的核心事实进行调查、收集证据，对于很多非核心事实的证据收集多依赖于批捕之后进行。

在上例案例中，在单位盗窃手机是核心事实，那么谁，在哪里，偷了什么，价值多少，是批捕时要解决的核心问题，也是报捕时必须要有的证据。至于偷了之后怎么处理，被害人怎么发现，后期怎么进行辨认和固定证据，这些证据在审查逮捕阶段有了更好，没有也不会对核心的事实产生重大影响。这就是逮捕的证据特点，即关注核心犯罪事实的证据是否属实。逮捕证据条件的这个特点，正是由于逮捕在整个诉讼活动中的性质和所处阶段决定的。

3. 以公诉条件代替逮捕条件会导致侦查异化

《刑事诉讼法》第91条规定，公安机关对犯罪嫌疑人刑事拘留后，认为需要逮捕的，应当在拘留后的3日以内，提请检察机关审查批准。在特殊情况下提请审查批准的时间可以延长1日至4日。对于流窜作案、多次作案、结伙作案的重大嫌疑分子,提请审查批准的时间可以延长至 30 日。而检察机关批准逮捕后的侦查时间为 2 个月,如果加上延长侦查羁押期限的时间,则更长。因此,从刑事诉讼法的规定来看,侦查机关的主要取证任务应当在批准逮捕以后。如果以公诉条件替代逮捕条件,就倒逼公安机关最短在 3 日内,最长在 30 日内必须彻底查明犯罪嫌疑人的某一项罪行,这给侦查带来了极大困难,进而可能发生侦查违法情形。同时以公诉条件代替逮捕条件后一旦批准逮捕,公安机关就会认为案件定罪已无问题,出现捕后不侦的情况。绝大部分案件批准时是什么证据,公诉时仍然是什么证据,导致批捕时证据体系的一些问题得不到解决,《逮捕案件继续侦查取证提纲》提出的侦查取证要求得不到落实。这又倒逼捕诉承办人以起诉条件代替逮捕条件,最终出现恶性循环。

(二) 加强对社会危险性条件的证据审查

在执法办案中,承办人往往更多关注对于逮捕证据条件的审查,对逮捕的社会危险性条件往往关注不够,对如何证明逮捕的社会危险性条件,有哪些证据可以证明社会危险性条件把握不准。笔者认为,对于逮捕的社会危险性条件虽然是一种可能、是一种危险,但仍然应当通过证据来加以证明这种危险的现实可能性,而不是没有事实和证据作支撑的空中楼阁。可以通过以下证据来证明是否存在社会危险性。

1. "可能实施新的犯罪"的证据材料

犯罪嫌疑人"可能实施新的犯罪"是对犯罪嫌疑人可能再犯罪的一种预判,其主要目的是保护人民群众不再受极有可能发生的犯罪行为侵害。但是,在审查犯罪嫌疑人社会危险性时,不能将"可能实施新的犯罪"进行扩大化,更不能进行有罪推定。在审查逮捕时,主要是从犯罪嫌疑人实施犯罪的主观恶性和犯罪习性进行分析,综合评估其再次犯罪的可能性,并收集相关的证据,证明其是否已经开始策划、预备实施某种犯罪。根据最高人民检察院、公安部《关于逮捕社会危险性条件若干问题的规定(试行)》第 5 条规定,犯罪嫌疑人"可能实施新的犯罪",应当具有下列情形之一:(1) 案发前或者案发后正在策划、组织或者预备实施新的犯罪的;(2)扬言实施新的犯罪的;(3)多次作案、连续作案、流窜作案的;(4)一年内曾因故意实施同类违法行为受到行政处罚的;(5)以犯罪所得为主要生活来源的;(6)有吸毒、赌博等恶习的;(7)其他可能实施新的犯罪的情形。多次作案是指3次以上作案的,注意这里的多次作案并不要求1年或者2年内的时间限制。根据1989年12月13日,最高人民法院、最高人民检察院、公安部《关于办理流窜犯罪案件中一些问题的意见的通知》规定,流窜作案是指跨市、县管辖范围连续作案,或者在居住地作案后逃跑至外市、县继续作案。故应当有犯罪嫌疑人在多地作案、连续作案的供述、不同地区公安机关的接受报案材料、立案决定书等证据。以下情形不能视为流窜作案:确属到外市、县旅游、经商、做工等,在当地偶尔犯罪的;在其居住地与外市、县的交界处边沿接合部进行犯罪的。

2."有危害国家安全、公共安全或者社会秩序的现实危险"的证据材料

有危害国家安全、公共安全或者社会秩序的现实危险,是指有一定证据或迹象表明犯罪嫌疑人在案发前后正在积极策划、组织或预备实施危害国家安全、公共安全或者社会秩序的重大违法犯罪行为。这种情形是基于对国家安全、公共安全、社会秩序的特殊保护,因为如果发生这种犯罪行为,将会对国家和社会造成严重影响,也会对人民群众的人身和财产安全造成严重的侵害,因此,如果犯罪嫌疑人有危害国家安全、公共安全或者社会秩序的现实危险,即符合逮捕的社会危险性条件,应当依法予以逮捕。根据最高人民检察院、公安部《关于逮捕社会危险性条件若干问题的规定(试行)》第6条规定,犯罪嫌疑人"有危害国家安全、公共安全或者社会秩序的现实危险",应当具有下列情形之一:(1)案发前或者案发后正在积极策划、组织或者预备实施危害国家安全、公共安全或者社会秩序的重大违法犯罪行为的;(2)曾因危害国家安全、公共安全或者社会秩序受到刑事处罚或者行政处罚的;(3)在危害国家安全、黑恶势力、恐怖活动、毒品犯罪中起组织、策划、指挥作用或者积极参加的;(4)其他有危害国家安全、公共安全

或者社会秩序的现实危险的情形。认定犯罪嫌疑人有危害国家安全、公共安全或者社会秩序的现实危险的具体情形及证据或证明材料，主要包括：涉嫌危害国家安全犯罪，恐怖活动犯罪，严重毒品犯罪，爆炸、放火、投放危险物质等严重危害公共安全犯罪，故意杀人、故意伤害致人重伤死亡、强奸、抢劫、绑架等严重暴力犯罪，以报复社会为目的的犯罪，在黑恶势力或有组织犯罪中起组织、领导、策划或其他重要作用的相关证据；证实犯罪嫌疑人在案发前或者案发后预谋实施危害国家安全、公共安全或者社会秩序等重大违法犯罪行为的犯罪嫌疑人供述、证人证言或书证、物证等证据。

3. "可能毁灭、伪造证据，干扰证人作证或者串供"的证据材料

可能毁灭、伪造证据，干扰证人作证或者串供，是指有一定证据证明或迹象表明犯罪嫌疑人在归案前后，已经着手实施或者企图实施毁灭、伪造证据，干扰证人作证或者串供行为。根据最高人民检察院、公安部《关于逮捕社会危险性条件若干问题的规定（试行）》第 7 条规定，犯罪嫌疑人"可能毁灭、伪造证据，干扰证人作证或者串供"，应当具有下列情形之一：（1）曾经或者企图毁灭、伪造、隐匿、转移证据的；（2）曾经或者企图威逼、恐吓、利诱、收买证人，干扰证人作证的；（3）有同案犯罪嫌疑人或者与其在事实上存在密切关联犯罪的犯罪嫌疑人在逃，重要证据尚未收集到位的；（4）其他可能毁灭、伪造证据，干扰证人作证或者串供的情形。毁灭、伪造证据包括积极销毁已经存在的证据、制造虚假的证据或者伪造、变造证据，导致证据的真实属性改变。干扰证人作证主要是指通过对证人施加不当影响，阻碍证人作证或者不如实作证。串供是指犯罪嫌疑人与其他同案犯建立攻守同盟、统一口径的行为。认定犯罪嫌疑人有可能毁灭、伪造证据，干扰证人作证或者串供的具体情形及证据或证明材料，主要包括：证明犯罪嫌疑人制造假象、伪证嫁祸于他人或者在本人所涉嫌犯罪行为的主要事实情节上作虚假供述、拒绝提供本人持有的重要证据、隐瞒同案人的重要罪行、虚构被害人重大过错等证据或证明材料；证明犯罪嫌疑人可能向在逃同案犯通风报信、串供的证据；犯罪嫌疑人在案发前实施毁灭、伪

造证据、干扰证人作证或者串供的犯罪嫌疑人供述、证人证言或书证、物证等证据。

4."可能对被害人、举报人、控告人实施打击报复"的证据材料

犯罪嫌疑人可能对被害人、举报人、控告人实施打击报复,是指有一定证据或迹象表明犯罪嫌疑人可能对被害人、举报人、控告人实施打击报复。根据最高人民检察院、公安部《关于逮捕社会危险性条件若干问题的规定(试行)》第8条规定,犯罪嫌疑人"可能对被害人、举报人、控告人实施打击报复",应当具有下列情形之一:(1)扬言或者准备、策划对被害人、举报人、控告人实施打击报复的;(2)曾经对被害人、举报人、控告人实施打击、要挟、迫害等行为的;(3)采取其他方式滋扰被害人、举报人、控告人的正常生活、工作的;(4)其他可能对被害人、举报人、控告人实施打击报复的情形。为保护被害人、举报人、控告人的合法权益,保障被害人、举报人、控告人在刑事诉讼中能够如实陈述,指控犯罪事实而不受打击报复,保障诉讼活动顺利进行,法律将对被害人、举报人、控告人实施打击报复的行为列为逮捕的社会危险性条件之一,这也体现了强制措施保障诉讼活动顺利进行的功能性特征。认定犯罪嫌疑人可能对被害人、举报人、控告人实施打击报复的具体情形及证据或证明材料,主要包括:对受害人、举报人、控告人实施诬告、陷害、威胁、恐吓的证据,诋毁人格名誉,利用职权刁难、要挟、胁迫等行为,以及采取其他方式滋扰被害人、举报人、控告人正常生活、工作的情形及证据;证实犯罪嫌疑人到案前已经着手实施侵害受害人、举报人、控告人人身权、财产权等打击报复行为,或者到案后扬言要对受害人、举报人、控告人实施打击报复的犯罪嫌疑人供述、证人证言或书证、物证等证据。

5."企图自杀或者逃跑"的证据材料

犯罪嫌疑人企图自杀或者逃跑,是指犯罪嫌疑人归案前后曾经自杀,或者有一定证据或迹象表明犯罪嫌疑人试图自杀或逃跑。犯罪嫌疑人自杀或逃跑是对刑事诉讼活动顺利进行的严重干扰,是逃避法律制裁的行为,具有严重的社会危险性。根据最高人民检察院、公安部《关

于逮捕社会危险性条件若干问题的规定（试行）》第 9 条规定，犯罪嫌疑人"企图自杀或者逃跑"，应当具有下列情形之一：（1）着手准备自杀、自残或者逃跑的；（2）曾经自杀、自残或者逃跑的；（3）有自杀、自残或者逃跑的意思表示的；（4）曾经以暴力、威胁手段抗拒抓捕的；（5）其他企图自杀或者逃跑的情形。认定犯罪嫌疑人企图自杀或者逃跑的具体情形及证据或证明材料，主要包括：证实犯罪嫌疑人曾经自杀、准备自杀工具或曾经扬言要自杀的犯罪嫌疑人供述、证人证言或书证、物证等证据；证实犯罪嫌疑人以暴力、威胁手段抗拒抓捕的证据；证实犯罪嫌疑人居无定所的证据；证实犯罪嫌疑人实施犯罪后逃跑或者企图逃跑的犯罪嫌疑人供述、证人证言或书证、物证等证据。

三、逮捕条件的审查流程

刑事诉讼法规定的逮捕的 3 个条件分别是证据条件、刑罚条件和社会危险性条件。逮捕的这 3 个条件，并不是一个平行的排列关系，而是体现为一个立体的递进过滤关系。证据条件是逮捕最基础的条件；刑罚条件是在案件构成犯罪的证据条件基础上进行的一次过滤，让一部分犯罪情节较轻，可能判处拘役、管制或者免刑的犯罪嫌疑人免受羁押；而社会危险性条件则是在前两个条件之上的再一次过滤，使一部分虽然可能被判刑罚，但是自首、和解、认罪认罚，可能被判处缓刑等没有社会危险性的犯罪嫌疑人不被长期羁押。在审查犯罪嫌疑人是否符合逮捕条件时，必须遵循从证据条件到刑罚条件，最后到社会危险性条件的顺序进行分析。因此，逮捕的 3 个条件是递进关系，社会危险性贯穿其中，其中社会危险性的有无和大小是"有无逮捕必要"的决定性因素。

证据条件是认定社会危险性的前提条件。认定犯罪是否成立是逮捕的直接任务。刑事诉讼法把"有证据证明有犯罪事实"作为逮捕的第一个要件，是将不能证明有犯罪事实的人及时排除在外。这是因为，如果不能证明犯罪事实发生或者犯罪嫌疑人实施了犯罪行为，则社会危险性无从谈起。

刑罚条件是认定社会危险性的重要条件。即使有证据证明有犯罪事实，但可能判处的刑罚低于规定标准的，由于其社会危险性一般较小甚至无社会危险性，法律推定采取取保候审足以防止发生社会危险性。这一条件是为认定社会危险性设定的重要标准，从而对社会危险性的认定起到过滤作用。

犯罪嫌疑人符合证据条件和刑罚条件的，也并不一定符合逮捕条件，而是当社会危险性大到相当程度，不逮捕难以预防的，才应当逮捕。因此，逮捕的3个条件都直接或者间接体现了犯罪嫌疑人社会危险性的有无和大小，社会危险性条件在逮捕三要件中处于关键的地位。①

四、逮捕需要注意的问题

（一）对于可能判处10年以上有期徒刑刑罚是法定刑还是宣告刑

有的人认为应当是法定刑，有的人认为是宣告刑。根据2013年最高人民检察院在全国检察机关第四次侦查监督工作会议精神，将可能判处10年以上刑罚明确为宣告刑，使得对于这一类犯罪的径行逮捕把握标准更为严格。这是因为犯罪嫌疑人往往可能存在法定或者酌定从轻、减轻处罚情节，因此实际可能判处10年有期徒刑以下的刑罚。同样，对犯罪嫌疑人涉嫌数罪，虽然单罪不足判处10年有期徒刑以上刑罚的，但数罪并罚可能判处10年有期徒刑以上刑罚的，也应当适用可能判处10年以上刑罚的规定。犯罪嫌疑人如果涉嫌多个罪名，虽然单个罪名的宣告刑可能均在十年以下有期徒刑，但数罪并罚以后合并执行刑罚可能在十年以上有期徒刑的，适用径行逮捕中关于"可能判处十年有期徒刑以上刑罚"的规定，作出逮捕决定。

---

① 孙茂利、黄河：《逮捕社会危险性有关问题研究——兼对〈最高人民检察院、公安部关于社会逮捕危险性条件若干问题的规定（试行）的解读〉》，载《人民检察》2016年第6期。

（二）被检察机关作出相对不诉处理的事实是否属于曾经故意犯罪

公安机关从打击犯罪角度出发，将检察机关作出相对不诉的事实和法院判决认定的事实均作为犯罪嫌疑人曾经故意犯罪。有人认为，相对不诉是刑事诉讼法赋予的检察机关对于轻微犯罪的程序中止权，在法律上属于已经确认犯罪嫌疑人的行为涉嫌犯罪，只是由于情节相对轻微而不予惩处，其法律属性和后果与法院的判处免刑一样。但是检察机关掌握的证明标准相对更为严格，最高人民检察院孙谦副检察长曾在《〈人民检察院刑事诉讼规则（试行）〉理解与适用》一书中明确，根据"未经法院依法判决，对任何人不得确认为有罪"的这一原则，凡是没有被法院依法判决为有罪的人，都不能认定为"曾经故意犯罪"，包括检察机关作出的不起诉决定以及撤销案件的情形，① 所以对于检察机关的相对不诉犯罪事实，不宜扩大解释为法定的曾经故意犯罪事实。

（三）对曾经故意犯罪的犯罪嫌疑人是否一律径行逮捕

有人认为根据严格主义，只要犯罪嫌疑人曾经故意犯罪，且可能被判处徒刑以上刑罚的，就应当逮捕。不同观点则认为应当综合分析后决定是否逮捕。比如，新罪是过失犯罪，没有《刑事诉讼法》第81条第1款所列的5种社会危险性的，也可以作出不批准逮捕决定；再比如，前罪时间久远，且属于轻罪的范畴，新罪罪名也较轻的，应当全面考虑，从逮捕的谦抑性出发，对确实没有社会危险性5种情形的，也可以作出不批准逮捕的决定。

笔者同意第二种意见，对于曾经故意犯罪的几类特殊情形，应当综合考虑前罪与后罪的具体情形，并对后罪可能判处的刑罚条件进行分析后，作出是否批准逮捕的意见。

---

① 孙谦：《〈人民检察院刑事诉讼规则（试行）〉理解与适用》，中国检察出版社2012年版，第239页。

（四）虚假供述但被查明真实身份的人适用哪种逮捕

对此，笔者认为这种情形虽然不能适用径行逮捕的规定作出批准逮捕决定，但由于犯罪嫌疑人不讲真实姓名、住址等信息，这种主观心态反映了其具有逃避侦查和刑事处罚的心态，或者有隐瞒自己其他罪行的可能，如果具备5种社会危险性情形之一的，为保障诉讼顺利进行，可以依法作出逮捕决定。

（五）犯罪嫌疑人未违反监视居住规定被提请批准逮捕

检察机关则要根据《刑事诉讼法》第81条第1款规定的社会危险性情形进行分析，如果通过侦查，发现犯罪嫌疑人符合径行逮捕的3种情形，那么负责捕诉的部门可以作出逮捕决定。如果犯罪嫌疑人既没有径行逮捕的情形，也没有证据证明存在《刑事诉讼法》第81条第1款的5种社会危险性的，则应当作出不予以逮捕的决定。

第三节 逮捕质量的基本内涵

一、逮捕质量的概念及相关规定

党的十八大以来，司法体制改革有了进一步的发展。习近平总书记指出，全面深化司法体制改革必须牢牢牵住司法责任制改革这个"牛鼻子"。检察官员额制改革以来，员额检察官在职权范围内独立办案、独立承担司法责任，员额检察官要对所办理的案件质量终身负责。而逮捕作为案件质量的第一道环节，也是刑事错案赔偿的第一责任人，保证逮捕案件质量是每一个检察官必须坚守的法律底线。根据最高人民检察院《人民检察院审查逮捕质量标准》的规定，对逮捕质量问题进行了明确和分类，分别是错捕、错不捕和办案质量有缺陷这三类，从而为正确把握逮捕质量，防止逮捕错误提供了遵循。

（一）错捕

错捕，也称之为错误逮捕，是指审查逮捕时，案件证据不能证明有犯罪事实或者依法不应当追究刑事责任而批准逮捕的，为错捕。根据《人民检察院审查逮捕质量标准》第22条的规定，错捕可以依据以下处理结果确认：一是因没有犯罪事实或者依法不应当追究刑事责任而撤销案件的；二是因没有犯罪事实或者依法不应当追究刑事责任而不起诉的；三是因没有犯罪事实或者依法不应当追究刑事责任而被判决无罪并已发生法律效力的。对涉嫌犯罪的县级以上各级人民代表大会代表，未依法报经许可或者罢免而批准逮捕的，以错捕论。由于批准逮捕是以犯罪嫌疑人为单位进行审查，故没有犯罪事实包含了没有发生犯罪事实和犯罪嫌疑人没有犯罪行为（即犯罪事实并不是犯罪嫌疑人所为），这两种具体情况。

【案例】犯罪嫌疑人陈某生过失致人死亡案

犯罪嫌疑人陈某生过失致人死亡案在审查逮捕时，被害人的死亡原因尚未作鉴定，且系轻罪案件。但承办检察官以本案犯罪嫌疑人与死者家属未达成刑事和解，不捕可能引发以涉检信访为由作出批准逮捕决定。最终本案由于死亡原因的因果关系缺乏证据，作出捕后存疑不诉决定。该案就是没有严格把握逮捕的证据条件，在面临信访压力的情况下，人为降低逮捕条件，没有坚持逮捕案件质量的底线，也没有运用法治思维和法治方式化解可能发生的信访矛盾，而是简单的一捕了事，造成了错误逮捕。

在审查逮捕时，有证据证明有犯罪事实，应当依法追究刑事责任，但不能以是否依法追究刑事责任作为是否错捕的唯一标准。《人民检察院审查逮捕质量标准》第23条规定，对于符合逮捕条件的犯罪嫌疑人依法批准逮捕后，因证据不能达到提起公诉或者作出有罪判决的标准，或者出现不应当追究刑事责任的新的事实、证据，或者法律、司法解释有新规定而不认为是犯罪，或者因犯罪嫌疑人有立功表现、真诚认罪悔罪并积极赔偿损失而取得被害人谅解，被依法从宽处理，而撤销案件、决定不起诉或者判决无罪终止追究刑事责任的，不属于错捕。

（二）错不捕

错不捕是指对符合逮捕的3个条件，依法应当逮捕的犯罪嫌疑人错误作出不批准逮捕决定后,导致发生社会危险性或者被上级检察机关改为批准逮捕,或者被人民法院判处有罪的情形。依据《人民检察院审查逮捕质量标准》第25条规定,错不捕具体包括3种情形:(1)对有逮捕必要的犯罪嫌疑人不批准逮捕,致使犯罪嫌疑人实施新的犯罪或者严重影响刑事诉讼正常进行的;(2)对有逮捕必要的犯罪嫌疑人作出不批准逮捕决定后,经上一级人民检察院复核,在案件事实、证据无变化的情况下改为批准逮捕,经法院审理判处有期徒刑以上刑罚并已发生法律效力的;(3)上级人民检察院发现下级人民检察院不批准逮捕的决定违反刑事诉讼法和该标准的有关规定,改为批准逮捕,经人民法院审理判处有期徒刑以上刑罚并已发生法律效力的。

(三)办案质量有缺陷

所谓办案质量有缺陷,是指在正确把握和认定逮捕的3个条件上出现质量不高,但不属于错捕和错不捕,或者违反审查逮捕办案程序规定情形的。依据《人民检察院审查逮捕质量标准》第26条规定,办案质量有缺陷包括以下几种情形:(1)批准逮捕后,犯罪嫌疑人被决定不起诉或者被判处管制、拘役、单处附加刑或者免予刑事处罚的,但犯罪嫌疑人捕后具有从轻、减轻处罚,或者违反取保候审、监视居住转捕的情形除外;(2)对不适宜羁押且无逮捕必要的犯罪嫌疑人批准逮捕的;(3)审查逮捕超办案期限的;(4)对不符合管辖规定的案件作出批准逮捕决定的;(5)根据该标准第23条第3项规定应当撤销批准逮捕决定而不撤销;(6)对采用刑讯逼供等非法手段取得犯罪嫌疑人供述和采用暴力、威胁等非法手段取得的证人证言、被害人陈述未依法排除而予以批准逮捕,但尚未造成错捕的;(7)批准逮捕政协委员而未按规定向其所属政协组织通报的;(8)不批准逮捕而没有说明理由的,或者需要补充侦查而没有向侦查机关送达补充侦查提纲的;(9)违反法律和该标准第二章关于逮捕工作程序规定的其他情形。相对于错捕和错不捕而言,办案质量有缺陷属于情节较轻的质量问题,但其仍然会作为评价检察官办案质量的一项重要指数。

二、正确界定国家赔偿法中的逮捕错案与逮捕质量的错误逮捕

关于逮捕错误的问题，存在国家赔偿法概念的逮捕错案与逮捕案件质量标准的错误逮捕两种不同类型，实践中这两种逮捕错误容易存在混同，也导致在案件质量评查时，以国家赔偿法的逮捕错误标准来认定案件质量不合格，并对承办检察官进行办案质量责任追究不当的情况。

（一）国家赔偿法的逮捕错案

我国《国家赔偿法》第17条第1款第2项规定：对公民采取逮捕措施后，决定撤销案件、不起诉或者判决宣告无罪终止追究刑事责任的，受害人有取得赔偿的权利。第19条规定，属于下列情形之一的，国家不承担赔偿责任：（1）因公民自己故意作虚伪供述，或者伪造其他有罪证据被羁押或者被判处刑罚的；（2）依照刑法第17条、第18条规定不负刑事责任的人被羁押的；（3）依照2018年刑事诉讼法第16条、第177条第2款、第284条第2款、第290条规定不追究刑事责任的人被羁押的；（4）行使侦查、检察、审判职权的机关以及看守所、监狱管理机关的工作人员与行使职权无关的个人行为；（5）因公民自伤、自残等故意行为致使损害发生的；（6）法律规定的其他情形。检察机关对犯罪嫌疑人批准逮捕后，如果出现公安机关撤案、检察机关不起诉、法院判无罪等情形，均应当对受害人进行国家赔偿。

从国家赔偿法的规定来看，其对于逮捕错案的认定采用了诉讼结果说的观点，认为只要出现了公安机关撤案、检察机关不起诉、法院无罪判决等情形，除了法定不赔偿的事由以外，均应当对被害人进行国家赔偿，因此一律认定为逮捕错案。根据国家赔偿法的规定，作出逮捕决定的机关为赔偿义务机关，这大大增加了检察机关审查逮捕环节的国家赔偿风险，也对严格把握审查逮捕案件质量提出了更高的要求。

（二）逮捕质量问题的错捕

由于刑事诉讼中的错捕和国家赔偿中的逮捕错案有很大的区别，很容易出现理解上的混同。实际上，是否存在错捕才是判断逮捕案件质量

的关键。而国家赔偿中的逮捕错案是对受害人进行国家赔偿的依据，即使国家承担赔偿责任，但在审查逮捕阶段不一定就存在逮捕质量问题。

国家赔偿中的逮捕错案是以诉讼结果说为依据，认定起来一目了然。但是刑事诉讼中的错捕是以逮捕当时的事实、证据和法律规定为依据，所以在把握的时候一定要坚持当时条件的客观因素，进行准确的判断。一是以报捕时的事实和证据来正确认定是否存在错捕。捕后的案件事实和证据的变化不能作为判断错捕的依据。由于刑事诉讼的证据条件和证据标准是在不断发展变化的，而审查逮捕又处于刑事诉讼的初期阶段，相关的证据没有完全收集到位，捕后可能会出现很多不可预料的因素。比如，在审查逮捕故意伤害案件过程中，在审查逮捕阶段的伤情鉴定意见为轻伤，但是捕后由于犯罪嫌疑人申请重新鉴定，重新鉴定的鉴定意见为轻微伤，因此犯罪嫌疑人的行为不构成犯罪。在这种情况下，由于案件证据出现了新的情况，导致犯罪嫌疑人被检察机关不起诉、法院判决无罪或者公安机关作撤案处理，也不能认定为该案在审查逮捕阶段存在案件质量问题。二是正确理解错捕时的决定是否符合逮捕条件。在刑事诉讼过程中，刑事诉讼各个阶段的证据标准不同。刑事诉讼的证据标准随着刑事诉讼的进程而不断提高，审查逮捕的证据标准和审查起诉、法院审判的标准有着很大的出入。逮捕的证据条件是"有证据证明有犯罪事实发生"，而审判的证据标准为"案件事实清楚，证据确实、充分"，这两者有很大的区别。因此，在审查逮捕阶段，如果犯罪嫌疑人的行为符合逮捕的证据标准，且符合逮捕的相关条件，那么在对犯罪嫌疑人批准逮捕后，即使后来没有达到审判的证据标准，也不能认定该案为国家赔偿法中的逮捕错案。

【案例】犯罪嫌疑人张某勇容留他人吸毒案

2015年11月至12月，犯罪嫌疑人张某勇先后两次在其租住的房间内容留吸毒人员杨某芳、赵某共同吸食冰毒，被公安机关抓获并移送审查批准逮捕。根据最高人民检察院、公安部2012年5月16日印发的《关于公安机关管辖的刑事案件立案追诉标准的规定（三）》第11条规定，容留他人吸食、注射毒品两次以上的，应予立案追诉，犯罪嫌疑人杨某勇的行为已涉嫌容留吸毒罪。因犯罪嫌疑人杨某勇曾因吸毒被公安机关强制戒毒2次，且无固定收入来源，检察机关审查后依法作批准逮捕的决定。2016年3月17日，案件侦查终结后移送检察机关审查起诉。2016年4月6日最高人民法院下发《关于审理毒品犯罪案件适用法律若干问题的解释》，其中第12条规定，2年内多次容留他人吸食、注射毒品的，以容留他人吸毒罪定罪处罚。在司法实践中，对多次的理解一般为3次。犯罪嫌疑人杨某勇在2016年4月前容留他人吸食毒品2次，达不到《关于审理毒品犯罪案件适用法律若干问题的解释》的3次容留他人吸毒才构成犯罪的标准，因此对该犯罪嫌疑人作出绝对不起诉处理。在这种情况下，不能认定该案在审查逮捕阶段有逮捕质量问题，更不能认定该案属于刑事诉讼中的错捕。

（三）逮捕错案与错捕的区别

我国的国家赔偿法的逮捕错案规定和刑事诉讼法中对于错捕的规定有着很大的区别。在司法办案实践中，犯罪嫌疑人被批准逮捕后，并不意味着其必然被宣告有罪。在后续的诉讼活动中，由于各种各样的原因，如涉案证据发生重大变化、国家出台了新的司法解释等，都有可能导致公安机关撤案、检察机关不起诉或法院无罪判决。因此，不能简单地以捕后是否发生了无罪的结果而认定是否属于错捕。区分刑事诉讼中的错捕和国家赔偿中的逮捕错案，主要区别有：

一是两者的认定标准不同。刑事诉讼中的错捕应当按照逮捕条件说来认定。在适用逮捕措施时，只要在案的犯罪事实和证据能够证明犯罪嫌疑人符合当时的逮捕条件，即使捕后出现了公安机关撤案、检察机关不起诉、法院判决无罪等情况，也不应当认定为错案。国家赔偿中的逮捕错案认定的标准为诉讼结果说。在国家赔偿中，只要出现了公安机关撤案、检察机关不起诉、法院判决无罪等情况，除了法定不需要赔偿的情节之外，就需要对受害人进行赔偿，就应当认定为错案。

二是两者的归责原则不同。刑事诉讼中错捕的归责原则是过错责任原则。只有司法办案人员在办案过程中存在故意或者重大过失，造成认定事实或者适用法律确有错误的案件，或者在办理案件中违反法定诉讼程序而造成处理错误的案件，才会被认定为错捕。国家赔偿法的逮捕错案认定归责原则是无过错责任原则。只要出现了国家赔偿法中应当赔偿受害人损失的情形，即使承办人尽到了审慎义务，没有任何过错，也会被认定为逮捕错案。

三是两者的功能目的不同。在刑事诉讼中认定错捕，其主要目的在于正确评价检察机关的审查逮捕工作质量，通过区分错捕来认定执法办案责任，为检察官的考评提供标准和依据。通过对刑事诉讼中的错捕进行责任追究，以防止错误逮捕情况的再次发生，保障逮捕案件质量。而认定国家赔偿中的逮捕错案，是为了保障被错误逮捕人的合法权益，给国家赔偿提供依据。

四是两者的包含范围不同。国家赔偿法中的逮捕错案是以诉讼结果论，而逮捕质量的错捕是以主客观过错论，因此在两者的内涵和外延关系中，国家赔偿的逮捕错案要大于逮捕质量中的错捕。综上所述，刑事诉讼中的错捕和国家赔偿中的逮捕错案是两个概念。国家赔偿中的逮捕错案不一定是刑事诉讼中的错捕，而刑事诉讼中的错捕也不一定会导致国家赔偿。司法办案中，一定要准确区别两种"错捕"的具体内涵，切不可认为只要捕后进行了国家赔偿，就认为应当追究审查逮捕阶段承办人的错案责任，否则将导致检察官在适用逮捕这种强制措施时畏首畏尾，不利于对违法犯罪的有力打击。

三、错误逮捕的责任和赔偿的认定要点

由于国家赔偿法对错捕的赔偿原则采纳了"诉讼结果说"，意味着只要捕后出现了公安机关撤案、检察机关不起诉、法院判决无罪等情形，除了法定不赔偿的事由以外，都要对受害人进行赔偿，而且赔偿机关为作出逮捕决定的检察机关。由于审查逮捕阶段只是刑事诉讼的初期阶段，在审查逮捕案件时，涉案的证据尚未完全收集到位，而且逮捕只是一种强制措施，其主要功能目的是保障诉讼活动的顺利进行，对犯罪嫌疑人批准逮捕并不意味着犯罪嫌疑人必然被宣告有罪。不能为了避免出现错捕的国家赔偿而人为地将审查逮捕的证据标准拔高到审判的证据

标准，这不符合司法办案规律，也不利于对违法犯罪行为进行严厉打击。

（一）正确认识错误逮捕的司法责任

根据检察官办案终身负责制的要求，作为刑事诉讼第一道关口的审查逮捕环节，就成为司法责任追究的第一线。但要看到，逮捕质量中的错捕认定实质上是一种对内的责任区分，主要用于评价案件质量，对承办人违反相关法律规定造成错捕，应当依法追究相关执法办案责任。而国家赔偿法中的逮捕错案实质上是一种对外的责任，是对犯罪嫌疑人权利的保障和对被错误适用逮捕措施的受害人进行国家赔偿的依据，从保障人权的角度出发，采取了有利于犯罪嫌疑人的诉讼结果说这种较低的证明标准。因此，不能认为只要出现了逮捕的错案赔偿，就认为属于逮捕质量的错捕，就要追究审查逮捕承办人的执法过错责任。此时，必须审查承办检察官主观上是否存在过错，客观上是否存在不认为是错捕的情形。

（二）正确应对错误逮捕的赔偿责任

国家赔偿法对逮捕错案的赔偿原则认定为诉讼结果说，且规定逮捕错案的赔偿机关是检察机关，这是我国对人权保障的重视。虽然在一定程度上给检察机关审查逮捕工作增加了一些挑战，但是也为检察机关进一步提高执法办案水平提出了高要求。通过严格适用逮捕措施，可以有效地减少对犯罪嫌疑人的审前羁押，进一步尊重和保障人权。也可以促使检察机关进一步提升办案水平，确保案件质量。正确应对逮捕的错案赔偿，首先必须树立"少捕慎捕"的执法理念，严把逮捕案件质量关。在执法办案中，要严把案件质量关，严格审查案件是否符合逮捕的证据条件、刑罚条件、逮捕必要性条件。既不能降低审查逮捕的要求，把逮捕当作一种突破口供的手段、简单的维稳措施；也不能人为拔高审查逮捕的标准，影响刑事诉讼的顺利进行。

第四章 审查起诉概述

第一节 审查起诉的基本内涵

在各国刑事诉讼中，通常公诉案件在侦查终结后、交付审判前，需要由检察机关或者其他法定机关进行审查，以决定是否对被告人提起诉讼，这就是审查起诉。在我国，侦查活动与起诉活动相分离，审查起诉成为连接侦查与审判的重要纽带，是刑事诉讼的一个独立阶段，也是检察机关行使公诉权的一项重要的基础性工作。

一、审查起诉的概念和任务

（一）审查起诉的概念和特征

简言之，审查起诉就是对公诉案件进行审查，以决定是否对犯罪嫌疑人提起公诉的活动。具体而言，我国的审查起诉是指人民检察院对侦查机关侦查终结移送审查起诉的案件和监察委员会调查终结的案件进行审查，依法决定是否对犯罪嫌疑人提起公诉的诉讼活动。

审查起诉具有下列基本特征[1]：

一是审查起诉权的专属性。审查起诉一般由检察机关和检察官负责。例如，德国、日本由检察官负责审查起诉，俄罗斯由检察长进行审查起诉。但在一些国家，审查起诉也由法律授权的其他特定机关和人员

---

[1] 汪洋主编：《检察机关公诉业务操作规范全书》，银声音像出版社2004年版，第459—462页。

进行。如在法国，对侦查终结的案件一般由检察官提出公诉意见书，交付预审法官审查决定是否将犯罪嫌疑人提交审判法庭进行审判；如果是重罪案件，经过预审法官预审之后，还将由上诉法院起诉庭重新审查，以裁定是否向重罪法庭提出起诉。在美国联邦和多数州，一般轻罪案件由检察官直接向法院提起公诉，重罪案件的起诉则需要经大陪审团审查批准后，以大陪审团的名义提起公诉。不论各国司法体制有什么差异，公诉案件的审查起诉权都专属于法定的机关或者人员，其他任何机关、团体和个人不能行使这项权力。我国《刑事诉讼法》第169条规定："凡需要提起公诉的案件，一律由人民检察院审查决定。"据此，公安机关、国家安全机关对于经侦查认为应当对犯罪嫌疑人追究刑事责任的案件，必须移送人民检察院，由人民检察院依法审查决定是否提起公诉。

二是审查起诉的目的性。在各国刑事诉讼中，审查起诉的目的都是通过审查案件，根据侦查的结果决定是否起诉。在我国，人民检察院受理移送审查起诉的案件后，绝大多数情况下需要作出起诉或者不起诉的决定。为了保证起诉或者不起诉的正确性，人民检察院必须就侦查机关确认的犯罪事实、证据、犯罪性质和罪名进行全面细致的审查，以保证准确地惩罚犯罪分子，保障无罪的人不受刑事追究。因此，审查起诉是人民检察院决定起诉或者不起诉前的一项最基本的准备工作，目的是正确行使公诉权。

三是审查起诉对象的特定性。在自诉案件中，由于国家将起诉权授予被害人个人行使，也就不存在由专门机关或者人员负责审查起诉的必要性。因此，在各国刑事诉讼中，审查起诉的对象一般限于公诉案件。在一些国家，由于审查起诉的主体包括多种机关或人员，不同主体之间还有审查起诉权限和范围的分工。例如在法国，如果案件并不要求进行特别的侦查即可了解事实真相，并且如果法律并未强制规定采用侦查途径，刑事案件可以由检察官直接向审判法庭提起诉讼；其他的公诉案件则须由预审法官审查起诉，重罪案件还要经上诉法院进行第二级预审后决定是否起诉。在我国，人民检察院是行使审查起诉权的唯一主体，审查起诉的案件范围同样限于公诉案件。从来源看这些案件包括两类：一类是公安机关、国家安全机关和监狱等部门对于所管辖的刑事案件，经侦查终结，认为犯罪事实清楚，证据确实、充分，依法应当追究犯罪嫌疑人的刑事责任，而移送人民检察院审查起诉；另一类是各级监察委员会受理立案的贪污贿赂、渎职侵权案件，经调查终结，认为犯罪事实清楚，证据确实、充分，依法应当追究犯罪嫌疑人的刑事责任，将案件移送检察机关审查起诉。

（二）审查起诉的任务

作为人民检察院履行公诉职能的一项最基本的准备工作，审查起诉的主要任务可以概括为三个方面：一是对侦查机关或者人民检察院负责侦查的部门认定的犯罪事实、犯罪性质、有关的证据以及适用法律的意见进行全面、细致的审查，及时发现和弥补侦查工作中的错误、疏漏和不足，以便作出正确的起诉或不起诉决定。二是对侦查活动实行法律监督，及时发现和纠正侦查活动中的违法现象，保障当事人和其他诉讼参与人的诉讼权利和其他合法权益。三是掌握案件的全面情况，为出庭支持公诉做好准备。

二、审查起诉的地位和意义

（一）审查起诉的地位

在不同的国家，由于法律规定的不同，审查起诉可能发生在不同的诉讼阶段。在有些国家，公诉的审查和决定并不是一个独立的诉讼阶段，而是伴随着侦查进行审查，并在侦查终结的同时决定是否起诉。这种情形一般发生在检察机关是主要的侦查主体，直接承担对刑事案件的侦查任务的国家。例如在德国，检察官既是公诉权主体又是法定侦查主体，可以亲自进行侦查，也可以指挥警察及其他人员进行侦查，始终主导侦查活动，也就没有必要再设立一个专门的程序来对侦查结果进行审查。检察官认为可以发出起诉书提起公诉时，应当在案卷中注明侦查已经终结，同时将侦查结论通知被告人及其辩护人。有些国家将公诉的审查和决定作为连接侦查和审判的一个中间性的诉讼阶段。侦查机关完成侦查任务后，将案件移送负责审查起诉的机关，由后者决定是否向法院起诉。例如，俄罗斯《刑事诉讼法典》第 214 条规定，检察长或者副检察长必须在 5 日内审查已经收到的案件，在认为有理由将案件移交法院审理时，即作出批准起诉书的决定，否则可以根据情况不同决定终止诉讼、退回侦查机关补充侦查、改写起诉书或者变更控诉、亲自制作新的起诉书。在一些国家，案件提起公诉前，必须先后由不同机关或人员审查和决定，而不是一次完成的。例如在法国，对重罪案件的起诉，首先由预审法官进行初次审查。预审法官认为被告人的行为构成重罪时，必须将案卷材料交由共和国检察官移送上诉法院起诉庭进行再次审查，由后者就是否向重罪法庭起诉作出最后决定。在美国，警察对犯罪侦查终结后，首先移送检察官审查是否必要或者有无法定情形提出控诉。许多情况下检察官无权直接向法院提起公诉，需要提交大陪审团审查或者治安法院预审，以确定是否将被告人诉交法院审判。如根据美国《宪法》的规定，对一个人以重罪向联邦法院提出的指控，必须经大陪审团审查起诉。在有的州，检察官将重罪案件送交治安法院预审后，还要再交给大陪审团进行审查。在我国，审查起诉是连接侦查和审判的独立的诉讼阶段。1996 年刑事诉讼法修改前，审查起诉阶段与审判阶段有一定的交叉，虽然以检察机关为主，但审判机关也介入审查起诉，可以退回检察机关补充侦查和要求检察机关撤回起诉。1996 年修改刑事诉讼法后，审查起诉与审判彻底分离，成为一个独立的诉讼阶段。而提起公诉虽然也是独立的程序，但不是一个独立的诉讼阶段，因为决定起诉、制作起诉书、移送起诉书等提起公诉的活动，以及准备出庭公诉的活动，分别与审查起诉和审判阶段并行，并无独立的时空范围。

（二）审查起诉的意义

在我国，审查起诉作为刑事诉讼中一个独立而关键的诉讼阶段，对于保证刑事诉讼的公正性，提高刑事诉讼的效率，实现刑事诉讼的目的，具有重要意义。

一是审查起诉是刑事公诉案件进入审判阶段前的必经程序。无起诉即无审判，这是现代刑事诉讼的一个基本原则。人民检察院通过审查起诉，对那些犯罪事实清楚，证据确实、充分，依法应当追究刑事责任的犯罪嫌疑人提起公诉，使审判程序得以启动，为国家刑罚权的实现奠定了必要的基础。

二是审查起诉是连接侦查与审判的纽带。从刑事诉讼的完整过程看，侦查在先，审判在后，审查起诉则是介乎两者的中间阶段。严格地讲，提起公诉并不是刑事诉讼的一个阶段，而是审查起诉的一种结论。由于人民法院不能驳回公诉，因此，人民检察院决定提起公诉，既意味着审查起诉活动已经结束，也意味着审判程序即将启动。人民检察院通过审查起诉，一方面对侦查活动进行审核把关，及时发现和纠正侦查工作中的错误和疏漏，通过退回补充侦查或者自行补充侦查等方式弥补侦查工作的不足；另一方面为人民法院提供审判的基本依据，确定审判的范围。因此，审查起诉具有承前启后的重要意义，同时也充分体现了公安机关、人民法院、人民检察院在刑事诉讼中分工负责、互相配合、互相制约的关系。

三是审查起诉有利于保证刑事诉讼的公正性和准确性，提高刑事诉讼的整体效率。通过全面审查案件，一方面有利于防止将无罪、依法不应当追究刑事责任或者指控证据不足的人提交审判，保证刑事追诉的准确性，保障公民的合法权益；另一方面有利于准确、及时地将犯罪嫌疑人交付审判，防止刑事追诉上的放纵和遗漏。通过审查起诉，对一些案件依法作不起诉处理，可以减少检察机关和人民法院的工作量，有利于集中精力处理其他性质比较严重的犯罪案件。

四是审查起诉可以为人民检察院作出提起公诉或不起诉的决定和出庭支持公诉奠定良好的基础。人民检察院审查起诉的过程，也是具体承办案件的检察官熟悉案件事实证据和有关法律、法规政策的过程。全面、细致地审查，不仅可以为正确决定提起公诉或者不起诉准备充分的依据，也可以保证公诉人在出庭支持公诉时能够熟练地运用证据和法律证实犯罪，取得良好的公诉效果。

五是人民检察院通过审查起诉对侦查活动是否合法实行监督，可以发现和纠正侦查工作中的违法情况，从而保证刑事诉讼活动的合法性，保障司法公正。

三、审查起诉的基本流程

审查起诉是一项重要的诉讼活动,在整个刑事诉讼过程中,处于承前启后的中间环节。为保证审查起诉得以顺利进行,审查起诉的基本流程应当符合如下基本要求:一是各级人民检察院审查起诉的案件应与人民法院审判管辖相适应;二是人民检察院受理移送审查起诉案件,应当指定员额检察官及检察官助理办理。负责案件管理的部门将受理的公诉案件移送至员额检察官办理,案件审查起诉的基本流程如下:①

(一) 审阅案卷材料

办案人员接到案件后,应当及时地审查侦查机关或监察委员会移送的案件材料是否齐备,有无《起诉意见书》、证据材料和其他法律文书。例如,如果犯罪嫌疑人被拘留、逮捕和被搜查过,审查有无搜查证、拘留证和逮捕证。然后仔细阅读《起诉意见书》,了解犯罪嫌疑人的犯罪事实、情节,犯罪性质和罪名以及要求起诉的理由,详细审阅案卷中的证据材料,按照法定审查起诉的五项内容,逐项进行审查。发现疑问,可以向侦查人员询问。审阅案卷要认真细致,并应在审查报告中摘录案件证据。

(二) 讯问犯罪嫌疑人

讯问犯罪嫌疑人是人民检察院审查起诉的必经程序。这是人民检察院核实证据,正确认定案件事实,监督侦查活动是否合法所必需的。讯问犯罪嫌疑人还有助于直接了解犯罪嫌疑人的精神状态和悔罪态度,为其提供辩护的机会,听取其辩解理由。因此,讯问犯罪嫌疑人意义重大,必须依法进行。根据刑事诉讼法的规定,讯问犯罪嫌疑人时,应当告知其有申请回避的权利。检察人员在讯问时不得少于2人,并且应当

---

① 陈光中:《刑事诉讼法》,北京大学出版社、高等教育出版社2016年版,第327页。

首先讯问犯罪嫌疑人是否有犯罪行为,让其陈述有罪的情节或无罪的辩解,其次根据犯罪嫌疑人的陈述情况和阅卷确定复核证据的重点,向犯罪嫌疑人提出问题让其回答。除对质以外,讯问犯罪嫌疑人应当个别进行,并注意做好笔录。

(三)听取辩护人或者值班律师的意见

《刑事诉讼法》第173条规定,人民检察院审查案件,应当听取辩护人或者值班律师的意见,并记录在案。辩护人或者值班律师提出书面意见的,应当附卷。《刑诉规则》第262条规定,直接听取辩护人意见有困难的,可以通过电话、视频等方式听取意见并记录在案,或者通知辩护人提出书面意见,无法通知或者在指定期限内未提出意见的,应当记录在案。因此,听取辩护人或值班律师、诉讼代理人的意见是人民检察院审查案件的必经程序,对相关口头意见应记录在案,对相关书面意见应当附卷。在司法实践中,有许多犯罪嫌疑人缺乏法律知识或受其文化水平限制,不能准确地陈述和回答检察人员的问题,需要委托他人代为诉讼。因此,刑事诉讼法规定人民检察院审查案件,应当听取辩护人或者值班律师、诉讼代理人的意见,这样更有助于检察人员核实证据,查明案件事实。听取辩护人或者值班律师的口头意见,应当由检察官进行,并须向他们出示人民检察院的证明文件,听取意见前还要告知他们应当如实提供证据和陈述,同时注意做好笔录。主要包含两层意思:一是听取其对案件处理情况的意见,二是听取其对侦查活动是否合法等程序性意见。

(四)听取被害人及其诉讼代理人的意见

刑事案件中的被害人是犯罪行为的受害者,对案件情况比较了解,因而听取他的意见,既有助于查清案件事实,又有利于对被害人合法权益的保护。《刑事诉讼法》第173条规定,人民检察院审查案件,应当听取被害人意见。《刑诉规则》第262条规定,直接听取被害人及其诉讼代理人的意见有困难的,可以通过电话、视频等方式听取意见并记录在案,或者通知被害人及其诉讼代理人提出书面意见,无法通知或者在指定期限内未提出意见的，应当记录在案。办案人员直接听取被害人及其诉讼代理人的意见包括两个方面的内容：一是通过询问被害人及其诉讼代理人进一步查清案件事实，核实其他证据；二是听取被害人及其诉讼代理人关于案件处理的意见以及对惩罚犯罪的要求，告知被害人及其诉讼代理人有权就因犯罪行为遭受的物质损害提起附带民事诉讼。

(五) 复核证据或补充侦查

人民检察院在审查起诉中，对各种证据有疑问的都要进行复核、重新收集或鉴定。比如人民检察院对鉴定意见有疑问或依照当事人的请求，应当自行对犯罪嫌疑人或被害人进行医学鉴定，必要时可以聘请医学机构或专门鉴定机构有鉴定资格的人员参加。人民检察院对物证、书证、视听资料、勘验、检查笔录存在疑问的，应当要求办案人员提供物证、书证、视听资料、勘验、检查笔录获取、制作的有关情况，必要时应当重新收集和制作，对物证、书证、视听资料可以进行鉴定。对证人证言有疑问的，也应当重新进行询问。

补充侦查，在审查起诉阶段是指人民检察院对侦查机关侦查终结移送起诉的案件，或者对监察委员会调查终结的案件，发现有事实不清、证据不足或者遗漏了罪行或同案人，需要补充进行有关专门调查等工作的一项诉讼活动。补充侦查的目的在于查清有关事实和证据，以决定是否将犯罪嫌疑人交付人民法院审判。根据刑事诉讼法的规定，补充侦查有两种形式：一种是由人民检察院退回侦查机关进行。这种形式一般适用于主要犯罪事实不清、证据不足，或者遗漏了重要犯罪事实及应追究刑事责任的同案犯，可能影响对犯罪嫌疑人定罪量刑的案件。人民检察院对需要退回补充侦查的案件，应当制作《退回补充侦查决定书》，写明退查的理由和需要补充查明的具体事项及要求。另一种是由人民检察院自行侦查。这种方式一般适用于只有某些次要的犯罪事实、情节不清，证据不足，侦查机关侦查活动中有违法情况，在认定事实和证据上与侦查机关有较大分歧或者已经退查过但仍未查清的案件。根据刑事诉讼法的规定，对于补充侦查的案件，应当在1个月以内补充侦查完毕。补充侦查以两次为限。这一规定是为了防止拖延结案时间，避免对犯罪嫌疑人超期羁押、久押不决的情况，有利于保护犯罪嫌疑人的合法权益，督促侦查机关的侦查工作。退回补充侦查的案件，如果在主要事实或证据上发生了重大变化，侦查机关就应当重新制作《起诉意见书》；如果只是在个别情节上补充了有关材料，可以书面意见的形式移送人民检察院；如果认为应当撤销案件的，应将决定通知人民检察院。

（六）作出决定

审查起诉，应当首先全面阅卷，找出疑点、矛盾后，再有针对性地讯问犯罪嫌疑人，听取被害人和犯罪嫌疑人、被害人委托的人的意见，以解决案卷中存在的问题。如果发现新情况，根据需要作进一步的调查和补充侦查。检察人员对案件经过一系列审查活动，查清全部案件事实以后，应当拟写《案件审查报告》，根据审查的具体情况，提出起诉或者不起诉以及是否需要提起附带民事诉讼的意见，重大疑难复杂的案件，报请检察长或者检察委员会决定起诉或者不起诉。

第二节　审查起诉的基本方法

审查起诉的基本方法就是证据审查的基本方法。2018年修改刑事诉讼法对于公诉人的证据审查能力提出了更新更高的要求。公诉案件证据审查需要方法论的正确指引，方法论的改革与完善已成为当前公诉工作必须深入研究的议题，最高人民检察院历年来对公（捕）诉案件审查报告的改革完善已经全面融入了方法论的指导。在方法论体系中，逻辑和经验规则是人类认识世界的重要方法论成果，法律方法的发展史及现实需要均昭示着逻辑和经验规则是法律方法论不可或缺的组成部分。"两高三部"《关于办理死刑案件审查判断证据若干问题的规定》已将"逻辑和经验规则"纳入法定证明标准，表明我国现行证据制度已更为关注证明过程的"内省性"和证成方法的科学性。许多公诉人在办案实践中均深刻感受到证据审查方法论的重大现实意义，以及逻辑和经验规则在证据审查方法论体系中的关键地位。笔者尝试以司法实践的经验教训为论据，进行公诉案件证据审查方法论的现状反思和改进设想，探索逻辑和经验规则推广运用于实践的有效途径。

一、问题的提出——证据审查方法论概述及现状

（一）证据审查方法论的含义

方法论是关于认识世界和改造世界的方法的理论与学说。"方法论的任务是说明这样一种方法，凭借这种方法，从我们想象和认识的某一给定对象出发，应用天然供我们使用的思维活动，就能完全地，即通过完全确定的概念和得到完善论证的判断来达到人为自己树立的目的。"① 笔者认为，公诉工作方法论是指引公诉人运用科学的思维方式（实践做法仍是其外化形式），以准确理解和执行法律为目的的方法体系的总和。有学者将公诉方法论分为哲学科学方法论、一般科学方法论、专门科学方法论三个层次。② 第一层次是哲学科学方法论，处于基础性的指导地位，能运用于人类所有的认知活动，如唯物辩证法所揭示的人类认识规律。第二层次是一般科学方法论，是基于司法认知活动一般规律的总结和升华以及横向科学的引入而形成的体系，能普遍运用于所有司法认知活动，如定义法、反证法、归谬法和归纳法、演绎法等逻辑方法③以及物质不灭定律、遗传学规律、概率论、信息论等自然科学成果均已在司法认知活动中起到非常重要的作用。第三层次是专门科学方法论，是以案件审查、出庭实务、诉讼监督等职能实现方法为具体内容的专门方法体系，其围绕公诉业务中的具体问题而展开，既有自身内在规律的

---

① 信春鹰：《当代西方法哲学的认识论和方法论》，载《外国法译评》1995年第2期。

② 何家弘、刘品新：《证据法学（第三版）》，法律出版社2008年版，第46页。

③ 早在古希腊时期，逻辑学即已成为重要的法律方法，并有许多不朽著作流传于世，如"逻辑之父"亚里士多德的《工具论》。可见对于法律方法论的研究在法律发展史中由来已久。

特殊性和极强的针对性，又离不开哲学科学方法论和一般科学方法论的指导。在公诉专门科学方法论体系中，案件审查方法论作为重要组成部分之一，是把好案件质量关的基础性指导，是构建出庭公诉、诉讼监督等其他具体方法论的前提。

（二）证据审查方法论的现状

证据审查方法论体系在实践中日臻完善，历经数十年的不懈追求和深入探究，公诉工作方法于成败得失中持续得到检验和提炼，成为指导办案实践的"利器"。然而，我们在实践中虽然具备充裕的方法论资源，但由于公诉工作方法论资源大部分源自于各人在办案实践中的经验性思考和体会——办案人员个体差异以及所接触个案不同，导致方法论具有"多样性""复杂性"；方法论以个体的经验体会为主要形成途径和存在模式，又导致方法论具有较大的"隐秘性""分散性"；加之各级各地检察机关的执法环境、公诉水平差异以及对于公诉工作方法论的重视程度不一，还导致了方法论的"区域性"。总而言之，司法实践中对公诉工作方法论的研究和传承在很大程度上仍停留在办案个体各自为战、新老人员口口相传、同事之间耳濡目染的"自给自足"状态，缺乏全面系统的科学归纳和梳理进而形成"公诉全局化的方法论大生产"，难以实现公诉方法论资源的有效整合以发挥最佳效应。特别是对于经验规则的研究和运用较为薄弱，对于具备针对性强、实用面广等特点的经验规则缺乏有效的总结和提炼。

（三）从方法论角度解读"审查报告样本"再改革的意义

2011年9月，最高人民检察院针对公诉案件审查报告进行改革，融入方法论理念。公诉案件审查报告是检察人员对侦查机关（或负责部分案件侦查的部门）移送以及（二审、再审、重审）法院通知检察机关派员出庭的案件，以案件证据审查、定罪量刑、诉讼监督为中心进行审查分析，并提出相应处理意见的内部工作文书。审查报告的质量直接关系办案质量。笔者认为，审查报告样本作为最高人民检察院制定的审查报告基本模板，应具备如下作用：一是明确案件审查的目的、内容和要求，起到阐明公诉执法的价值追求、确立执法方向的作用。二是提供科学有效的案件审查思路，引导承办人形成正确的审查思维。即在科学把握公诉工作规律的基础上，进行案件审查方法论的指导，指明实现价值追求的"路径"，此为设置样本的核心功能。三是提供既能兼顾全面又能重点突出、详略得当的案件审查情况叙述样式，便于案件汇报、讨论、审批，提高工作效率。四是强化事实证据和法律适用的评析说理，为庭审打好基础，消除公诉人"说服责任"履职不到位的现象，体现审查报告的综合化功能。五是提升逻辑和经验规则在指导办案中的地位和作用，凸显对实践经验教训的回顾与总结，促进公诉方法论的传承与发展。

在上述五项功能中，"提供方法论指导"应是最高人民检察院制定和改革审查报告样本的核心功能，理由是：（1）"我们不但要提出任务，而且要解决完成任务的方法问题。我们的任务是过河，但是没有桥或者没有船就不能过。不能解决桥和船的问题，过河就是一句空话。不解决方法问题，任务也只是瞎说一通。"① 公诉案件审查是一门实践的艺术，要解决"法条的抽象性"与"实务的复杂性"这一对公诉实践领域"亘古不变"的矛盾，必须有科学的方法论作为联接二者的"桥梁"。否则，法律所体现的价值追求将无法落到实处。（2）"工欲善其事，必先利其器。"司法实践中，存在诸多案件审查思路、审查方法的误区，公诉"产品"的某些"制作方法"已落后于新形势下的新任务、新要求，如此方法之下的"产品质量"令人担忧，诸多冤假错案暴露出的审查方法问题即是力证，方法论的改革和完善已是势在必行。（3）"授人以鱼不如授人以渔。"公诉工作已积累了大量的实践经验，而身处一线的办案人员迫切期盼着从这些宝贵的公诉资源中获益以掌握科学的"捕鱼"方法，方法论的总结和推广具备了丰沃的土壤。审查报告样本

---

① 1934年1月27日毛泽东在《关心群众生活，注意工作方法》一文中对"工作方法"重要性的论断，载《毛泽东选集》（第1卷第二版），人民出版社1991年版，第139页。

作为公诉业务指导的重要内容，只有以方法论指导为核心，才能发挥比个案指导更为全面、更为宏观的指导意义，回应公诉工作和广大公诉人的实际需要。因此，审查报告样本的核心功能在于科学审查方法的确立与推广，而不是仅就审查内容的平铺直叙、机械组合，司法实践中也应以此作为理解和贯彻最高人民检察院对公（捕）诉案件审查报告样本再改革精神、提升证据审查能力的关键要素最高人民检察。

二、逻辑和经验规则引入证据审查方法论的法律依据及现实意义

（一）逻辑和经验规则的含义

1. 逻辑规则

逻辑规则是人类认识世界、发现事实并进行正确推理所应遵循的思维规则。它以客观事物的稳定性为基础，反映出人类思维的确定性和规律性，具有绝对意义上的可靠性和妥当性，是人类认识活动基本规律[①]的科学概括。

通常用于公诉案件审查的逻辑方法主要包括：一是人类认识客观世界的基本逻辑思维形式，即概念、判断、推理。人类的一切思维活动均离不开这些基本逻辑思维形式的运用，如《三国演义》上所谓'眉头一皱计上心来'，我们普通说话所谓'让我想一想'，就是人脑中运用概念以作判断和推理的工夫"[②]，证据审查和定罪量刑分析亦不能离开这些基本的逻辑思维形式。二是形式逻辑基本规律，即同一律、矛盾

[①] 逻辑规则不同于逻辑规律。规律是事物运动过程中固有的、本质的、必然的、稳定的普遍客观联系，人们只能认识、尊重、利用，不能创造、改变、消灭和违背；规则是按照人们需要而制定的大家共同遵守的具体规定，其形式主观，内容客观，人们可以根据需要制定、修改、废止。逻辑规则的提炼和运用也应以逻辑规律为基础，是主体与客体相统一的过程。

[②] 毛泽东：《实践论》，载《毛泽东选集》第二版第1卷，人民出版社1991年版，第85页。

律、排中律、充足理由律，这在证据审查判断过程中的作用尤为重要。（1）同一律要求在同一思维过程中每一概念或者判断都要保持自己的同一，以保证思维的确定性。如在确定作案人的过程中，犯罪嫌疑人的指纹、足迹、工具必须与现场痕迹比对一致。（2）矛盾律要求在同一思维过程中，两个具有矛盾关系的概念不能同时为真，两个具有矛盾关系或者反对关系的判断也不可能同真，不能用它们同时来描述同一对象，以保证思维的无矛盾性。如针对同一事实前后矛盾的供述不能同时作为案件的证据予以采信。（3）排中律要求在同一思维过程中，两个具有矛盾关系或者下反对关系的概念或者判断不能同时否定，对其中之一必须加以肯定，杜绝模棱两可的现象，以保证思维的明确性。如某人是否系完全刑事责任能力人应二者居其一。（4）充足理由律要求论证必须有说服力，以保证思维的论证性。如"由论据足以推导出结论""根据本案证据足以定案"。在司法实践中，应注意综合运用逻辑方法分析问题，一个问题的分析判断往往需要同时运用两个或者两个以上的逻辑方法。如证据体系的确立，需要根据物证的同一认定、证据之间的矛盾排除等多种逻辑规律予以认定。

逻辑规则是人类一切思维活动所应遵循的通用准则，但较为抽象，容易使人误认为逻辑规则是"说起来人人都懂，用起来既大又空的东西"，不能适用于公诉案件审查的"专门性"需要。而这种误解显然是忽略了逻辑规则作为人类认识活动"基础性"规则的重大意义，从而导致案件审查思维有可能偏离人类思维基本规律的轨道。

2. 经验规则

经验规则是指人们从生活经验中归纳获得的关于事物因果关系或属性状态的规则。它是通过个体的反复体验，最终上升为超越个体的对事物规律性的普遍认识，成为一种常识，但不排除例外。

经验规则具备如下特点：一是多样性和复杂性。经验规则来源于生活实践，实践中客观事物的复杂多变决定了经验规则的多样性和复杂性，经验规则不同于逻辑规则可作为思维活动的一般规律而被抽象出来作为一个公共学科进行研究，从而形成极为充裕的理论资源。经验规则以具体化的社会实践分工为土壤，在各自特殊的专业领域内通过实践不断积累和更新，难以形成系统学科，可资借鉴的研究成果较少，故公诉实践中准确掌握经验规则的难度远比准确掌握逻辑规则的难度大。二是主观局限性。经验规则是人们在客观实践中不断总结提炼而形成的主观认知，但受认知主体个体差异（如知识结构、工作阅历、思考方式以及价值标准等）的影响，对经验规则的认知准确性、层次性因人而异，且个体对经验规则的认识一般以"隐性而又相对固化"的"思维习惯"存在，既难以提炼，又不易被人深度认同，故公诉经验规则的传承和发展显非易事。三是盖然性。经验规则是由实践积累归纳而成，因归纳的前提不能涵盖一切客观事实，所以经验规则必然存在一定程度的盖然性，只是有盖然性程度高低的不同，故在重视经验规则的同时防止"唯经验论"、实现经验规则的客观性和判断的主观性之间的平衡也是公诉实践中重大难题。受制于经验规则的上述三个特点，经验规则比逻辑规则更难总结和推广。四是实用性。经验规则与逻辑规则相比，虽不具有绝对意义上的可靠性和妥当性，但仍然在很大程度上或者基本上反映了事物的性质和状态，是一种事物的常态，并且因其来源于生活实践，所以对人类认识活动有比逻辑规则更为具体、更有针对性的指导作用，且对问题的发现和解决往往具有"直觉效应"，并无逻辑规则相对复杂的推论过程。如来源不明的物证，实践经验警示我们，难以排除造假嫌疑而导致证据真伪难辨，故该物证不具备证据能力。

（二）逻辑和经验规则与公诉案件证据审查方法论的关系

1. 历史源流方面

从历史源流来看，逻辑和经验规则均是法律方法论的重要组成部分，案件审查方法论作为法律方法论的分支亦不应例外。法律方法论的研究最早萌芽于古希腊的哲学沃土中，而古希腊哲学中[①]先进的逻辑方法也相应成为法律方法的核心，如亚里士多德创立的演绎逻辑方法、前

---

① 古希腊哲学的三大技术学科：逻辑学、语法学、辩证法，均是运用于法律的方法，但以逻辑学居于主要地位。

期注释法学派的"经院方法"①等。到近现代,大陆法系国家提倡的"概念法学"和以三段论为中心的演绎推理方法,以及英美普通法国家主张以归纳和类比为中心的归纳推理方法,仍是逻辑方法的应用形式,体现了此时的西方法律方法依然以逻辑为中心。在20世纪40年代,"法律现实主义"和"自由法运动"的兴起,带来了批判逻辑方法的思潮,主张法律规则具有不明确性,法官应摆脱长期的逻辑束缚,使法律规则适应社会变化的需要,其宗旨可以霍姆斯的经典名句一言以蔽之:"法律的生命从来不是逻辑,而是经验。"②当然,霍姆斯的话只是说明法律方法不能局限于逻辑这一种工具,而不是纯粹的"反逻辑"主张③。历经短暂的"反逻辑"浪潮之后,经过英国著名法学家哈特等人的"拨乱反正",西方法律方法论步入了以逻辑方法为基础,以经验、直觉等其他方法为补充的"中庸之道"。从而形成了坚持逻辑方法的基础性地位,同时承认经验等其他方法在法律推理中的补充作用的法律方法论体系。

2. 认知活动规律方面

从认知活动的规律来看,逻辑和经验规则是人类认识世界的方法论总结。逻辑规则是人类认识世界、发现事实并进行正确推理所应遵循的思维规则,能正确指导对案件决定者进行证据审查和法律适用分析时的基本思维模式,是奠定公诉案件审查方法论的基石。特别是证据审查过程本身就是一个由已知事实推出未知事实的逻辑推理过程,更需要逻辑规则的正确指引。而经验法则以实践经验积累而成的"常识、常理、常情"辅助证据审查和法律适用中具体问题的发现和判断,"从

---

① 由普通逻辑中的分析概念方法和三段论推理方法组成的法律解释的逻辑分析技巧。

② 美国法官霍姆斯在《普通法》一书中提出的著名论断,虽是基于普通法背景,但揭示了法律必须符合社会现实需要的真理。

③ 美国法官霍姆斯在《普通法》一书中指出:本书的主题是揭示普通法的一般特点。为了达到这个目的,除了逻辑之外还需要其他的工具。一个体系需要表现出一致性,但是这还不够。

经验所得许多要点使人产生对一类事物的普遍判断,而技术就由此兴起",能够因此而提升公诉案件审查方法论的"技术含量",成为逻辑规则的有益补充。

3. 司法实践的现实需求方面

从司法实践的现实需求来看:一是提升执法水平的需要。当前,公诉人运用逻辑和经验规则的理性思维能力,仍有很大的提升空间,许多实践中的认识误区就是由于概念不清、判断有误、推理出错等逻辑方法错误以及审查把关经验不足所导致的,急需改进。二是确保刑法目的可靠实现的需要。"在法律适用过程中,人们追求'同样的情形同样处理',这被认为是正义的一个很重要的特点,而逻辑所具有的思维'保真性'的作用,正好满足人们对'确定性'、'可预见性'的追求。"②可见,逻辑方法符合实现刑法公正适用、保障公民预测可能性的现实需要。同时,由于司法认知活动复杂性,在公诉案件审查活动中不能全盘依赖逻辑来解决一切问题,公诉人通过长期职业修养而形成的经验,仍对司法认知活动有极为重要的意义。

综上,逻辑规则具有确定性但过于抽象,经验规则具有盖然性但强在具体,二者虽各有优劣,但均是公诉案件审查方法论体系中不可或缺的组成部分。

(三)逻辑和经验规则引入公诉案件证据审查方法论的法律解读

最高人民法院、最高人民检察院、公安部、国家安全部、司法部《关于办理死刑案件审查判断证据若干问题的规定》第5条将"证据确实、充分"界定为:(1)定罪量刑的事实都有证据证明;(2)每一定案的证据均已经法定程序查证属实;(3)证据与证据之间、证据与案

---

① [古希腊]亚里士多德:《形而上学》,吴寿彭译,商务印书馆1995年版,第4页。

② 陈锐:《法律方法上的西方经验与本土资源》,载《华东政法大学学报》2009年第6期。

件事实之间不存在矛盾或者矛盾得以合理排除；（4）共同犯罪案件中，被告人的地位、作用均已查清；（5）根据证据认定案件事实的过程符合逻辑和经验规则，由证据得出的结论为唯一结论。该规定是首次将"逻辑和经验规则"引入刑事证据法律规范之中①，并将其作为证明标准的重要内容，明确了"逻辑和经验规则"在刑事证据法律规范中的地位，给公诉案件审查方法论的研究与发展带来了重大机遇。该规定对公诉案件证据审查方法论的科学构建有三个层次的意义：

1. 修正和完善了传统的刑事证据印证证明模式

新证据标准更为明确地排斥证明标准的纯粹客观化，注重认识主体心证形成的内在规律性。强调对证据的认定不能等同于证据内容在形式上的比对一致，而是运用逻辑和经验规则，综合思维、全面评判证据的过程。

龙宗智教授指出，"我国刑事诉讼通行'印证证明模式'，将获得印证性直接支持证据视为证明的关键；注重证明的'外部性'而不注重'内省性'"②。在司法实践中曾存在某些较为机械的证据审查方法——即拿到案卷后，先从言词证据看起，再比对其他证据的内容与言词证据是否印证一致，并据此定案，将证据内容"印证一致"等同于"证成"。而取证程序非法性的"隐患"以及证据内容对案件事实的反

---

① 最高人民法院于2019年修正的《关于民事诉讼证据的若干规定》第85条第2款规定："审判人员应当依照法定程序，全面、客观地审核证据，依据法律的规定，遵循法官职业道德，运用逻辑推理和日常生活经验，对证据有无证明力和证明力大小独立进行判断，并公开判断的理由和结果。"2002年7月颁行的《关于行政诉讼证据若干问题的规定》第54条则规定："法庭应当对经过庭审质证的证据和无需质证的证据进行逐一审查和对全部证据综合审查，遵循法官职业道德，运用逻辑推理和生活经验，进行全面、客观和公正地分析判断，确定证据材料与案件事实之间的证明关系，排除不具有关联性的证据材料，准确认定案件事实。"有学者提出这两部司法解释实际上已接受和采纳了现代"自由心证"制度，并规定心证理由公开制度。

② 龙宗智：《印证与自由心证——我国刑事诉讼证明模式》，载《法学研究》2004年第2期。

映所具备"多样性""隐蔽性""欺骗性"的特点警示我们,证据审查绝不能仅作简单的形式比对,证据内容印证一致并不一定达到了定案标准,仍需要我们运用科学的思维方法辨明真伪。当然,上述情形的出现与证明标准的"抽象性"不无关系,以至于在实践中对证明标准难以理解和把握,从而偏离了证明标准的实质。但证明标准的"抽象性"并不是矛盾的主要方面,而是由于过于偏重于证明标准的客观化而忽视了认识主体的主观因素,对于认识主体如何掌握证明标准的尺度、证成或证伪的科学路径与方法重视不够,即缺乏证明模式的"内省性",造成证明过程中的客观证明标准被"形式化",而与判断主体心证形成过程的内在规律性不相统一。

2. 明确了逻辑和经验规则在"证明的科学"[①]中的价值——兼具评价标准和评价方法的功能

逻辑和经验规则在本质上蕴含着合理合法的内在规定性,不仅能为证明结论正确与否提供评判标准,还可以为证明方法提供指引,这便是据以将其引入证明标准的"独特品质"。新证明标准不仅要求得出证明结论的过程应经得起逻辑和经验规则的检验,同时还要求该认知过程应受逻辑和经验规则的指引,运用符合科学认知规律的"证明方法"得出结论。我们认为,新证明标准的确立体现了立法者对"证明的科学"的重视,也必将带动已被理论界疏离、而为实务界所迫切需求的"证明的科学(主要指证明方法论)"的研究和发展。当然,"证明的科学"问题因实务而产生且须根植于实务中才具有永恒的生命力。

陈瑞华教授指出,"中国刑事审判中存在着一种'以案卷笔录为中心'的审判方式。在这一审判方式下,公诉方通过宣读案卷笔录来主导和控制法庭调查过程,法庭审判成为对案卷笔录的审查和确认程序,

---

[①] "'证明的科学'是先于证据的审判规则的,也是比证据规则更重要的。可是,在法律教育和法学研究中,'证明的科学'被忽略了。"参见[美]约翰·W.斯特龙主编:《麦考密克论证据》,中国政法大学出版社2004年版,第17页。

不仅各项控方证据的可采性是不受审查的，而且其证明力也被作出了优先选择。结果，现代刑事证据规则在这种审判方式下难以有存在的基础，法庭审理只能流于形式，那种通过当庭审判来形成裁判结论的机制和文化难以形成①。"笔者认为，该学说的要旨即是针对证明结论形成过程的科学性提出质疑，司法实践中，司法机关已经在极力避免流于形式的庭审，绝大多数情形下能够得出科学、合理、公正的裁判结论。不可否认，受刑事诉讼体制结构影响，侦查案卷材料在我国整个诉讼流程中均是定案的关键因素，特别是其中信息量极大的侦查笔录，对司法人员的内心确信历来有着重大影响。在审查起诉阶段，如果公诉人仅是"不加鉴别"的"端菜者"或"浅尝辄止"的"试菜者"必然是危险的！② 案卷笔录等案卷材料在表象上能否印证一致的问题，通过比对印证的方式不难解决，但案卷材料的"制作背景"等隐性问题，则需要办案人员具备一定程度的逻辑思维能力和实践经验才能分析识别。这便是学者们的忧虑之源，也是公诉案件质量的隐患所在。

因此，肩负客观公正义务的公诉人，应树立科学的证据观和证据认知观，不仅要关注结论——即证据内容依据逻辑和经验规则能否"证成"，还应关注过程——即证据体系构建的过程是否合乎逻辑和经验规则，以消除"案卷笔录中心主义"带来的认知障碍，确保案件质量。

3. 强调了逻辑和经验规则在证据审查方法论体系中的主导地位

逻辑和经验规则贯穿证据收集、审查、裁判的全过程，侦查、审查起诉、审判均离不开逻辑和经验规则的指导，公诉人面临着"自向证明"与"他向证明"的角色转换、肩负着"指控犯罪"与"诉讼监督"的双重职责，更应加强对逻辑和经验规则的研究，完成其诉讼使命。

---

① 陈瑞华：《案卷笔录中心主义——对中国刑事审判方式的重新考察》，载《法学研究》2006年第4期。

② 有人形容侦查为"做菜的"、检察为"端菜的、试菜的"、法院为"吃菜的"，或是侦查为"杀猪的"、检察为"刮毛的"、法院为"吃肉的"。笔者认为，语粗而理未必粗，在一定层面反映了司法现状。

一是通过掌握侦查逻辑和经验规则能够由表及里全面掌握证据信息,既能知晓证据内容又能了解取证过程。一方面可发现和解决证据不合法、不真实、不可信的相关信息;另一方面可发现证据之间隐含的证明价值,梳理证据与证据之间的内在关系,科学评判和构建证据体系,做好侦查程序的审查把关者。二是通过掌握审判采信证据的逻辑和经验规则便能有的放矢发现监督线索,既能统一证据体系的构建标准、履行好对法庭的说服责任,又能发现审判思维存在的问题,做好审判程序的纠错匡正者。

值得注意的是:有观点认为,"逻辑和经验规则"仅规定于《关于办理死刑案件审查判断证据若干问题的规定》之中,且《刑事诉讼法》第55条①并未将"逻辑和经验规则"纳入"证据确实、充分"的认定标准,故逻辑和经验规则仅是死刑案件证明标准的考量内容,并非所有案件的认定标准。笔者认为,死刑案件较一般刑事案件的证明标准更为严格,在许多国家确有范例,但是"逻辑和经验规则"本身并不像"得出唯一结论""排除一切合理怀疑"等用语可作为划分证明程度的依据,其主要是阐明一种证据审查评价的方法,而此种方法对于所有案件证据审查均具备普适性;而刑事诉讼法规定的证据标准是从结论意义上规定何谓"证据确实、充分",并未对思维方法及认定过程予以明示。因此,刑事诉讼法虽然没有明确将"逻辑和经验规则"纳入证据标准,但其仍然是证据审查过程中不可或缺的方法。

三、逻辑和经验规则在证据审查过程中的实践性思考

实践证明,证据审查绝非证据内容与证明标准的形式比对,而是综合评判、去伪存真的复杂认识过程。陈瑞华教授指出,"证据能力是法

---

① 2018年《刑事诉讼法》第55条第2款规定:"证据确实、充分,应当符合以下条件:(一)定罪量刑的事实都有证据证明;(二)据以定案的证据均经法定程序查证属实;(三)综合全案证据,对所认定事实已排除合理怀疑。"

律问题，证明力是逻辑问题、经验问题和事实问题"。① 从实践层面来看，在证据能力问题中，也仅有合法与不法的结论性判断是法律问题，而证据能力问题的审查发现、分析判断也是逻辑问题、经验问题、事实问题。因此，在证据审查过程中，应当注重逻辑和经验规则的指引以全面掌握证据体系。正确的证据审查方法论必须强化逻辑和经验规则的指引，在证据审查过程中强化逻辑和经验规则的运用应注重以下5个方面的问题，以辩证、宏观地掌握证据体系。

（一）警惕证据的主观性

《刑事诉讼法》第50条规定，可以用于证明案件事实的材料，都是证据。既然证据以证明案件真实情况为目的，其客观性必然成为其基本属性之一。客观性要求作为证据内容的事实是客观存在的，且与案件事实之间的联系也是客观存在的。证据固然要求具备客观性，但证据同时存在主观性。我国传统证据理论从根本上否认证据的主观性，认为凡属证据都是客观的。然而，在司法实践中却不难发现，"绝大多数证据都是办案人员收集、提取的，都体现了办案人员的主观印记。譬如，口供和证人证言都是办案人员所记载的笔录，都体现出一定的主观性。即使是物证和书证，他们的收集和提取也完全与侦查人员的主观努力和侦查方向具有密切联系"。②

1. 证据本身的主观性

其一，证人证言、被害人陈述以及犯罪嫌疑人、被告人供述和辩解。上述证据均直接来源于案发时通过人脑对于客观事实的主观感知，经过储存、记忆到表述，再以证据的形式加以固定。此类证据经过人脑的加工、再现之后，明显会附着一些陈述者的主观意识。

其二，鉴定意见和勘验检查笔录。鉴定意见是鉴定人对特定事实依

---

① 陈瑞华：《刑事证据的审查判断与运用》，载《刑事司法指南》总第44集，法律出版社2011年版，第85页。
② 陈瑞华：《刑事证据的审查判断与运用》，载《刑事司法指南》总第44集，法律出版社2011年版，第82页。

据科学方法进行复杂加工后就专门性问题形成的意见,是主观判断的产物。勘验检查笔录也是未亲历案件事实的人在案发后对案件有关的场所、物品、人身等进行观察、检验的情况进行记载而形成的,仍然要经过人脑的感知,因而难以完全避免出现主观差错,如现场勘查记录与现场照片显示的现场遗留物证的数量、位置等特征不符,导致记录登载的证据来源存疑。

2. 证据收集与运用的主观性

诉讼中收集与运用证据的过程是一个将证据的客观性过渡到主观性的过程。即使有较为直接、明显的客观性特征的证据,如物证、书证、视听资料,此类证据在存在论意义上具备极强的客观性特征,但在认识此类证据的过程中,有可能受收集、调取人员主观意识的影响而改变原有的客观属性。如扣押毒品时,将毒品和底粉和在一起,导致毒品数量和含量无法准确认定;又如在现场提取沾有体液的物证后将其与另一沾有体液的物品放置在一起,导致检材污染从而不能作为证据使用等。因此,应警惕证据收集与运用的主观性对证据内容真实性的影响,注意对物证、书证、鉴定意见、勘验检查笔录不能"绝对信任",应有效排除影响证据真实性、可靠性的主观因素。

【案例】辽宁李某故意杀人案(鉴定意见被篡改导致冤案)

1986年10月29日下午4点多,李某报案称其怀孕6个多月的妻子邢某在家中被杀害。下午5时许,公安人员到达现场发现:邢某身中多刀且体表有多处掐痕,尸温为12摄氏度,地上流出的血未完全凝固,由此判断邢某被杀时间大约在饭后2小时内、15时左右(但是尸检报告关于死亡时间是大约15时左右的记录被涂抹掉了,只留下前半句话"在饭后2小时内"。如果案发时系15时左右则李某在上班无作案时间,结果变为饭后2小时内都是被害时间,恰好李某中午也在家,就具备了作案时间);另从凶器菜刀、碗柜把手和录音机上检出同一人的3枚指纹。后公安机关做了大量摸排工作,侦查仍无起色。侦查人员调查得知李某与其妻子曾有过矛盾,李某在案发当天所穿的衬衣上有一滴血迹(据辽宁有关媒体报道,原法医鉴定的意见是"擦拭",后来在起诉时被人用刀片刮掉,改为"喷溅"血迹,并成为李某"杀妻"的"重要物证"),据此确定李某有杀人嫌疑。后李某在刑讯逼供之下招认。与此同时,侦查人员把李某的母亲也带到公安机关进行审问,逼其承认听儿子讲过他杀死老婆的事实。李某被判死缓,后由死缓改为有期徒刑19年。此后十余年,李家申诉不止,但并未翻案。

2000年7月,李某的邻居江某因涉嫌劫车杀人被捕,江某主动交代了杀害邢某的事实,其当年只有17岁,因看了黄色录像去骚扰邢某被其拒绝,他便到她家厨房拿了菜刀杀死了邢某,怕别人听见就把收音机声音放大了。警方找到了当年有幸保存下来的指纹,经核对系江某所留。据办案人员称,当年警方也提取了李某众多邻居的指纹进行比对,但觉得江某年龄太小、作案可能性不大,仅找他问过话,而没有提取他的指纹进行比对。2003年,江某被执行死刑。2002年6月25日,李某被宣告无罪。

(二)坚持从客观到主观构建证据体系

客观证据是在"意识"之外,不依赖主观意识而存在的用来证明事物的凭据,具有较强的客观性、稳定性、不易失真的特点,不同于主观证据容易受各种主客观因素的影响而出现虚假或者失真。从认识的科学原理来讲,根据证据认定案件事实的过程是对以往事实进行回溯性认识的过程,为确保结论的真实可靠,应以判明为真的客观证据为基点,逐步构建完善的证据体系,如此才能经得起历史的检验。以下案例即是警示:

1. 客观证据不足导致起诉未被支持的案件

【案例】甘肃臧某被控强奸宣告无罪案[①]

该案因被害人向某到公安机关控告臧某将其强奸而案发。证据状况:被害人向某的指证;同村村民李某等人证实臧某平时行为不检点,喜欢对妇女进行骚扰;被害人提供了被强奸时所穿的健美裤,称上面沾

---

① 选自国家法官学院、中国人民大学法学院编:《中国审判案例要览:1998年刑事审判案例卷》,中国人民大学出版社1999年版。

有臧某精液，但经鉴定未检出臧某精液。另向某称在臧某家卧室内被其强行脱衣时扯掉了一粒纽扣，而在现场未发现该纽扣；臧某辩称此前与向某发生过性关系，案发时系向某主动到他家进行勾引，被其妻子撞见后两人发生争吵后才离开。第二日向某报案。

法院宣告无罪的理由：一是客观证据不足，健美裤上未检出精液，不能证明是否发生性关系，对于本案无证明价值，不具备关联性；臧某家未发现向某所称的纽扣。二是先前类似行为的证言不具备证据效力，其证明的臧某先前不检行为与本案待证事实本身就不一致，不具有据以判断本案事实的作用，不具有关联性。三是向某的行为有不合常规之处，案发时向某有条件和机会自救而未有任何反抗迹象，向某被臧某之妻子殴打后第二天才报案，不符合强奸案件被害人的心理特征。

2. 客观证据不足导致改判的典型案件

故意杀人案中确定尸源的客观证据不足，定案数年后被害人回家的案件。如湖南怀化滕兴善故意杀人案、湖北荆州佘祥林杀妻案、河南商丘赵作海案件，均是死者身份确认错误而导致的冤案，时隔多年后"被害人生还"才使得沉冤得雪。而当年据以确定死者身份的依据却是证人就被害人部分体貌特征的描述、被害人家属辨认以及颅骨复原术等可靠性明显不足的证明方式。

（三）注重案件发破经过，重视证据体系的宏观把握

案件发破经过就是构建证据体系的经过，既能在主观层面反映侦查人员从立案到破案的思维演进过程（即发现罪行、获取证据、锁定犯罪嫌疑人的思维判断过程），又能在客观层面表明证据体系的构建、完善过程和犯罪嫌疑人的抓获经过等情况。掌握案件发破经过，对于检察官防范"侦查神秘化"带来的案件"背景"隐患、全面审查案件事实证据、合理构建证据体系、发现侦查监督线索等均具有至关重要的作用。

1. 辨明自首、立功、坦白、逃逸（交通肇事罪）等量刑情节

犯罪嫌疑人的到案经过和到案后表现，关系到诸多量刑情节的认定：一是自首；二是立功（含本人立功、同案人或其他人立功的事实）；三是犯罪嫌疑人坦白；四是交通肇事罪的逃逸情节（逃逸情节既

可能影响定罪,① 又可能影响量刑);五是其他影响量刑的情节,如犯罪嫌疑人家属大义灭亲协助抓捕等。

【案例】吴某、信某假立功案(二人意图通过虚假重大立功以逃脱死刑制裁,一人已被一审判处死缓,后均被查否,二人已被执行死刑)

吴某系信某上线,吴某贩卖毒品海洛因 5250 克,信某贩卖毒品海洛因 1800 余克。在提起公诉后,侦查机关出具材料,证明吴某归案后协助抓捕上线张某(因贩毒被另案判处死缓)。据此,怀化市中级人民法院一审认定吴某有重大立功表现从轻处罚,判处死缓;信某无法定从轻减轻情节,被判处死刑。吴某未上诉。信某见吴某罪行比其重但可通过立功免死,便以其有重大立功表现为由向湖南省高级人民法院提出上诉,其律师提供了侦查机关在一审之后出具的"情况说明",证实侦查机关系根据信某的交代抓获同案缪某(一审判处死刑)等人。

湖南省人民检察院原公诉部门的承办人受案后,便通过审查全案侦破经过,并结合毒品案件前期经营和实施抓捕一般要经过电话监控、手机定位等侦破特点入手进行核实,掌握了有关信某立功事实的相关证据:一是侦查破案报告、补充侦查报告书等原始侦查文书均称本案无人有自首、立功表现。依据逻辑规则,前后材料就同一问题给出相反意见,其中必有一假。二是经核实,技侦部门的监控信息记录证明同案人缪某的手机号码在信某被抓获前就已被监控,直至缪某被抓获为止,即所谓协助抓捕的对象一直在公安监控之下。三是技侦支队民警还证实抓缪某时是通过技侦手段锁定其在一人数众多的美食城内,后公安人员因无法辨认缪某的样貌,便通过打缪某电话的方式锁定其位置。上述材料足以证明缪某系公安机关通过技侦等手段及侦查谋略而抓获归案。尔后,承办人找到"情况说明"的出具单位洪江市公安局禁毒大队调查,

---

① 最高人民法院《关于审理交通肇事刑事案件具体应用法律若干问题的解释》第 2 条第 2 款规定:"交通肇事致一人以上重伤,负事故全部或者主要责任,并具有下列情形之一的,以交通肇事罪定罪处罚:……(六)为逃避法律追究逃离事故现场的。"

侦办民警亦承认缪某等人是通过技侦及其他布控手段抓获，并重新出具情况说明。同时，上述情况使承办人对吴某重大立功的事实更为怀疑。

为此，承办人查阅了吴某"协助抓捕对象"即其上线张某案的案卷材料，张某案的破案报告、抓获经过等材料证实张某系怀化警方采取技侦手段并在云南警方的配合下才将其抓获，张某被捕与吴某归案相隔数月。张某的供述证实其在吴某归案后不久即得知消息潜逃至缅甸，数月后潜回境内时才被抓捕。公安机关出具的情况说明证实系根据吴某的交代抓获张某，显然与客观事实不符。

据此，湖南省人民检察院以原审认定吴某的重大立功事实不清、证据不足为由，建议湖南省高级人民法院将本案发回重审，后该案两被告人吴某、信某均未被认定有立功表现，二人均被判处死刑，现已执行。

2. 破除"侦查神秘化"，辨明是否存在犯意引诱等出罪事由

在我国的检警关系中，检察对侦查并无领导之权，仅可引导侦查，实际由检察引导侦查的案件也为数不多，公诉人难以动态、全面、实时地掌握线索来源、取证过程、抓获经过等侦查工作情况，只能在侦查终结后根据侦查案卷进行事后审查。因此，"侦查神秘化"现象仍在较大范围内存在，并成为导致公诉人职业风险的一大隐患。特别是一些隐蔽性很强的犯罪案件和使用特情、技侦等特殊侦查手段侦破的案件，公诉人更应注重了解发破案经过，谨防"侦查圈套"等陷阱。

【案例】甘肃荆某运输毒品无罪案[①]（设置侦查圈套诱人犯罪，被宣告无罪）

检察机关指控：2001年8月11日，在荆某驾驶的出租车上查获毒品9块，净重3669克，经鉴定均检出海洛因成分。证据状况为：第一，被告人荆某的供述，证实一个姓马的乘客向其提出做毒品生意，帮助送一趟货给其5000元报酬。案发当日其从姓马的乘客手中拿了毒品返回时被侦查机关抓获。第二，扣押的毒品及鉴定意见，证实9块毒品的外

[①] 参见中华人民共和国最高人民法院刑事审判第一、二、三、四、五庭主办：《刑事审判参考》第67集，法律出版社2009年版。

表面、外角部均检出海洛因成分，内部中间均未检出海洛因成分。从9块中随机取样一块从外表面提取2克检出海洛因含量为0.19%，从外角部提取2克检出海洛因含量为0.10%。

法院查明：本案系两名公安干警与马某串谋而设置的"警察圈套"，实属"陷人入罪"；荆某的行为自始至终在公安机关控制之下，无实质性的社会危害。据此，法院宣告荆某无罪。

从本案发破经过来看，荆某运输毒品的线索来源不清，在委托荆某运输毒品的马某并未到案或被公安监控的情况下，侦查机关如何能迅速准确掌握线索并在荆某接手毒品后不久即将其抓获归案？现场扣押毒品数量大，但仅表层涂抹了少量毒品，有刻意制造假案"道具"之嫌。上述侦破经过有违常理，在审查起诉阶段即应引起重视，以防范"侦查神秘化"背后隐藏的"假案陷阱"。

3. 找准判断证据合法性、真实性、可靠性的切入点

只有掌握了侦查破案过程，才可明晰侦查阶段证据体系的构建脉络，以便于通过证据形成的时间、地点、先后顺序等细节有效地探究证据能力和证明力问题，防范证据表象上的"欺骗性"。如提外审即供但到看守所即翻、口供与证言文字表述雷同、讯问时间过长等细节，均会为审查判断证据提供启示。

错案实例表明，应从侦破经过入手重点盯防两类案件：一是侦查机关根据因果关系排查锁定嫌疑对象，依靠突破口供而成案，其后又缺乏客观证据有效支撑的案件。因果关系排查容易导致侦查人员先入为主，且因果关系只是以作案可能性确定嫌疑对象，有较强的假设性。二是客观证据来源存疑的案件。这些证据的存在形式虽然具备客观性，但由于证据来源存问题，既有证据合法性问题，也有证据真实性、可靠性问题。

【案例】云南杜培武故意杀人案

该案证据体系从表面上看证据内容能相互印证，且客观证据较多，迷惑性大。本案也对我们的证据审查思维带来了深刻的反思。

证据状况：杜培武供述因其妻子王晓香与王俊波有不正当关系而怀

恨在心，具备作案动机（作案动机仅表明作案可能，不能直接印证杀人事实）；两死者系被枪杀，经射击火药残留物鉴定，杜培武所穿衬衣右袖口处检出军用枪支射击后附着的火药残留物（杜培武有穿着衬衣打靶的经历，该鉴定不能反映衬衣上火药残留物的形成时间，关联性不确定）；在发现两名死者的昌河面包车的离合器踏板、油门踏板、刹车板上的泥土，经警犬气味鉴别、泥土化学成分分析，与杜培武所穿鞋袜的气味相一致，与其衬衣及衣袋上黏附的泥土痕迹等为同一类泥土（警犬气味鉴别不是证据的法定形式，无证据能力；有两处泥土的检材来源不明）；杜培武对杀人事实有过多次供述（刑讯逼供）。据此，侦查及公诉机关认定杜培武曾驾驶过这辆昌河面包车且开过枪，并指派了11名工程师级的刑侦技术人员出庭作证。

1999年2月昆明市中级人民法院一审判处杜培武死刑，同年10月云南省高级人民法院二审改判其死缓。2000年6月，昆明警方在破获一起特大杀人盗车团伙案时，本案的真凶杨天勇等人落网，公安人员从杨天勇的保险柜内提取到了致"二王"死命的那把"七七"式手枪。后杜培武被宣告无罪。

4. 辨明证据的潜在价值

证据与案件事实的关联具备多样性和隐蔽性，证据的证明力价值需要我们予以探索发现。同等的证据量，但有可能蕴含着截然不同的证据价值。如取证的先后顺序不同，是"先供后证"还是"先证后供"，虽证据数量相等，但证明效果迥异。如"根据被告人的供述、指认提取到了隐蔽性很强的物证、书证，且与其他证明犯罪事实发生的证据互相印证，并排除串供、逼供、诱供等可能性的，可以认定有罪"[①]。根据常理推断，隐蔽性很强的物证、书证所处位置是非作案人不可能知晓的信息，排除获知该信息的其他渠道，据此便可确定供述该信息者即系作案人。在此，证据来源的先后顺序、证据与证据之间的关联性等容易忽

---

① 最高人民法院、最高人民检察院、公安部、国家安全部、司法部《关于办理死刑案件审查判断证据若干问题的规定》第34条。

略的"证据幕后信息"对证据体系的构建产生了决定性作用。

因此,证据体系的构建并不是证据材料的平铺直叙和简单堆砌,而是需要缜密排布、严谨论证,以充分发现证明价值。

5. 发现证据补查和侦查监督线索

全面掌握案件侦破经过,便于掌握侦查取证过程中的疏漏和取证不合法,以确定证据补查和侦查监督的着力点。

需要注意的是,对案件发破经过的审查,不能局限于侦查机关的"一纸说明",应当结合案卷材料、侦破规律、关联案件信息、自行调查情况等进行综合分析,以掌握真实的发破案情况。

(四)注重口供补强规则和推定规则的理解与运用,避免"口供依赖症"

"从本质上讲,证据规则也是一种经验……我们制定证据规则,主要就是要将经过司法实践检验的,能够正确指导法官判断证据的经验上升为规则。"① 口供补强规则和推定规则的出现亦是司法实践经验规则的成果,对于纠正和防范"口供至上"的证据理念有非常积极的意义。但是在实际办案中,对两个规则的运用却有不尽如人意之处,故笔者在此特别强调二者在证据审查方法论中的具体作用。

1. 运用口供补强规则,有口供亦应补强

口供补强规则是指因口供的证据力显然薄弱,为了防止误认事实或者发生其他危险性,必须补充其他证据以补强口供证明力才能定案的规则。《刑事诉讼法》第 55 条即是关于口供补强规则的规定:"……只有被告人供述,没有其他证据的,不能认定被告人有罪和处以刑罚;没有被告人供述,证据确实、充分的,可以认定被告人有罪和处以刑罚……"补强证据应具备合法性、独立性、补充性、充分性,以担保口供的真实性。口供补强规则的确立有利于避免重口供、轻其他证据的现象,强化对口供补强证据的收集。

---

① 江伟、徐继军:《经验与规则之间的民事证据立法》,载《法学》2004年第 8 期。

公诉人运用口供补强规则应特别注意补强证据的独立性，所谓独立性是指证据必须独立于本人供述之外。下列情形不具备独立性：一是本人供述，不管以任何方式重复，仍是被告人供述，无法起到担保口供真实性的作用。如讯问笔录和自书供词不能互为担保。二是在形式上虽然是本人之外的他人陈述，但如果与本人的供述来源相同，只是重复被告人供述的内容，则不能作为补强证据。如同监犯人证明曾听犯罪嫌疑人陈述某犯罪事实的证言等。

2. 运用推定规则，无口供亦可定案

推定是指依照法律规定或者由法院按照经验规则，从已知的基础事实推断未知的推定事实的存在，并允许当事人提出反证予以推翻的一种证据规则。推定规则的运用主要有两种情形：

一是推定"明知"。如《刑法》第219条第2款规定："明知前款所列行为，获取、披露、使用或者允许他人使用该商业秘密的，以侵犯商业秘密论。"最高人民法院、最高人民检察院于2007年5月印发执行的《关于办理与盗窃、抢劫、诈骗、抢夺机动车相关刑事案件具体应用法律若干问题的解释》第6条，最高人民法院、最高人民检察院、海关总署于2002年7月印发执行的《关于办理走私刑事案件适用法律若干问题的意见》第5条，都结合案件具体情况规定了"明知"的认定问题。

二是推定"非法占有的目的"。如最高人民法院于2001年1月21日印发执行的《全国法院审理金融犯罪案件工作座谈会纪要》，规定了可以推定"具有非法占有的目的"的七类情形。

推定规则的确立，可避免对口供的过度依赖，缓解举证压力。比如，有些毒品案件，被告人"时供时翻"，如果仅以其本人是否供认明知为标准，就会造成"唯口供论"，难以认定毒品犯罪嫌疑人或被告人的主观故意，导致判决结果显失公正。

（五）注重开拓审查思路，强化经验积累，逻辑和经验规则的运用和发展也应与时俱进

1. 新的证据载体所蕴含的证据价值有待逐步发现

随着新兴事物的不断出现，证据信息的载体日益多样化，公诉人应

适应新形势的发展,深入了解和分析新型证据载体,有效捕捉新载体所蕴含的证据信息。如电子证据、手机、通话详单等都有着丰富的信息量。

【案例】杜某贩卖毒品二审案(有效发掘通话详单蕴含的证明价值)

2006年1月20日杜某窜至邵阳市,于1月23日贩卖毒品海洛因500余克。3月5日杜某因另外一起贩毒30克的案件被公安机关现场抓获归案。

一审法院认定杜某在邵阳两次贩卖海洛因事实成立,判处死刑。二审时,辩护律师向法庭提交了长沙市某戒毒所的戒毒人员登记表复印件,证明杜某从2006年1月11日至2月24日一直在戒毒所进行戒毒治疗,不可能在1月20日至23日跑到邵阳去贩毒500克。且登记表上签名经笔迹鉴定,确系杜某亲笔书写。律师同时还提供了一名戒毒人员的证言,证明杜某当时确实一直在戒毒所戒毒。针对案件出现的重大疑点,湖南省人民检察院原公诉部门承办人认真审查证据,从卷宗中公安机关提取到的杜某的手机通话详单中找到了关键证据。通话详单的漫游记录显示,杜某的手机从2006年1月20日至25日,一直持续漫游在邵阳地区,并且还和杜某的家人通过电话。这些证据足以证明,杜某作案时间内一直在邵阳,并使用这部手机。其后补充的证据也证明,戒毒所管理较为松懈,对自愿戒毒人员进出没有做到严格管理。而出具证言的另一戒毒人员也仅能证明在戒毒所内见过杜某,并不能确定他一直在所内。最终该案二审维持一审事实认定。

2. 对常见证据问题的对策分析和经验积累应坚持不懈

如年龄问题的查证,《关于办理死刑案件审查判断证据若干问题的规定》第40条第1款规定:"审查被告人实施犯罪时是否已满十八周岁,一般应当以户籍证明为依据;对户籍证明有异议,并有经查证属实的出生证明文件、无利害关系人的证言等证据证明被告人不满十八周岁的,应认定被告人不满十八周岁;没有户籍证明以及出生证明文件的,应当根据人口普查登记、无利害关系人的证言等证据综合进行判断,必要时,可以进行骨龄鉴定,并将结果作为判断被告人年龄的参考。"该规定也是在总结实践经验的基础上提供了认定年龄的具体思路,但实际案例千差万别,也应因案制宜,充分挖掘证据线索,进一步总结案件审查经验。

【案例】永州李某故意杀人案(年龄复核问题)

被告人李某伙同陈某故意杀死被害人邹某而被永州市中级人民法院一审判处死刑。李某是否年满18周岁成为案件焦点,其户籍证明登载的出生日期如按公历计算则作案时已满18周岁,一审便以此为依据判处其死刑;如按农历计算则作案时未满18周岁。而本案并无医院出生证明、学籍档案、无利害关系人的证言等有力证据辨明其出生日期系公历还是阴历,骨龄鉴定的精确度也不能满足本案的证明要求。二审承办人结合当地风俗及李某幼年时被人收养这一个案特殊性入手拓展证据线索,调取关键的书证"李氏族谱"、收送养时订立的"契书"等,查明李某作案时未满18周岁,使其由死刑改判为无期徒刑。

第三节 出庭公诉的基本内涵

公诉权,是检察机关运用公权力对违反刑事法律构成犯罪的人诉请国家审判机关依法追究其刑事责任的权力。就追诉犯罪而言,出庭支持公诉是公诉工作的最后一道工序,也是检察机关行使刑事追诉权最直接的表现形式。公诉人出席法庭最核心的目的是指控和证明犯罪,同时还承担着对法庭审判活动进行法律监督、保障诉讼参与人的合法权益以及法治宣传的任务[①]。

公诉人在法庭上指控和证明犯罪是一项系统工作,通过法庭讯(询)问、示证、质证以及法庭辩论等程序的有机组合,从而完成任务。在以审判为中心的刑事诉讼模式的确立、控辩平等原则不断通过法定化的形式得到强化的背景下,出庭支持公诉工作的对抗性、风险性越

---

① 最高人民检察院公诉厅编、彭东主编:《国家公诉人出庭指南》,法律出版社2013年版,第3—15页。

发明显，对公诉人的考验也越发强烈。

公诉人代表国家出庭履行指控犯罪和法律监督职能，其司法属性十分明显，追求公平、正义、效率等价值是其内在的本质要求。从立足于追诉犯罪的角度，要求公诉人具备良好的法律素养和全面的出庭支持公诉能力；从立足于代表国家履行公务的角度，要求公诉人在法庭上的行为举止符合规范，展示国家公诉人的良好形象；从立足于个案指控成功的角度，要求公诉人做好充足的准备，以驾驭错综复杂的情势。所以，公诉人出庭支持公诉是一项艰苦、细致、要求甚高的工作。

一、出庭公诉的基本任务

出庭支持公诉，是指检察机关对被告人提起公诉后，指派人员出席法庭审判，参加法庭调查、法庭辩论等活动，以证明指控主张的诉讼活动。公诉人在出庭支持公诉的过程中，应当围绕以下几点充分行使职权。

（一）代表国家指控、揭露和证实犯罪

刑罚权包括刑罚创制权、刑罚请求权、刑罚裁量权、刑罚执行权。追诉犯罪是公诉的第一要义，其本质上表现为刑罚请求权。公诉人在法庭上宣读起诉书、示证质证、发表指控意见等活动均是围绕揭露、证实犯罪而设置的。公诉人在法庭上的活动被冠以"国家"的名义。这一特点决定了公诉人出庭支持公诉活动的正当性和受限性。"受限性"意味着公诉人在庭上必须受到诸多制约，除了要展示良好的形象以外，公诉人在庭上所提出的指控意见，有的事前要经过内部汇报和审批程序，并以检察机关的名义当庭发表，其个人不得超越权限擅自更改。

（二）对法庭审判活动是否合法进行监督

根据《人民检察院组织法》第20条的规定，人民检察院有权对诉讼活动实行法律监督。《刑事诉讼法》第209条规定，人民检察院发现人民法院审理案件违反法律规定的诉讼程序，有权向人民法院提出纠正意见。根据《刑诉规则》的规定，出席法庭的检察人员发现法庭审判

违反法律规定的诉讼程序，应当在休庭后及时向检察长报告，由人民检察院在庭审后向人民法院提出意见。在出席未成年人犯罪案件庭审时，公诉人还应当注意按照未成年人刑事案件诉讼程序规定履行职责。

（三）维护诉讼参与人的合法权利

惩罚犯罪的最终目的是保障人权。从这种意义上讲，刑事诉讼法制现代化的进程，本质是不断调整刑事诉讼法制的价值目标，并逐步强化诉讼参与人权利和自由保障的过程。根据刑事诉讼法的规定，被告人、被害人和其他诉讼参与人在法庭审判中享有充分的诉讼权利，人民法院、人民检察院应当保障诉讼参与人依法享有的诉讼权利。诉讼参与人的诉讼权利涉及方方面面，大到被告人的辩护权、被害人的诉讼参与权；小到被告人在法庭上解除戒具权、对证据的查看权等。对于法庭上出现的不利于诉讼参与人权利保障的行为，公诉人应当提出纠正意见。

（四）结合案情进行法治宣传和教育

法治宣传一般在公诉意见中发表，讲究法与理相结合，使法的一般预防和特殊预防功能得到有机统一。具体表现在：一是通过揭示犯罪行为的社会危害性，剖析被告人犯罪原因，促使其认罪悔罪改过自新；二是通过个案警示，教育其他公民引以为戒；三是提出有针对性的社会管理建议，教育公民增强防范意识，从源头上做好犯罪预防工作。上述目的，根据个案的不同特点应当有所侧重。如果说法庭调查和法庭辩论运用的是刑事法学的知识，那么法庭上的宣传和教育更多运用的是犯罪学以及社会学方面的知识。就这个角度而言，良好的出庭形象和庭审效果需要公诉人具备较为全面的综合素能和较强的社会责任感。

二、出庭公诉的基本原则

在当前的刑事诉讼中，公诉人的出庭工作显得相当重要，评价公诉人出庭支持公诉工作的标准绝不仅局限于指控是否成功，形式上的有效性、条理性、规范性也越来越受到关注。在当前形势下，基于对出庭公诉工作的质量、效率和效果的考量，公诉人出庭支持公诉工作大体应当遵循系统性、关联性、规范性、充分性、公正性五项原则。

(一) 系统性原则

法庭审理分为法庭调查、法庭辩论、被告人最后陈述程序。法庭调查和法庭辩论程序又分为宣读起诉书、法庭讯(询)问、示证质证、发表公诉意见抗辩等若干单元。几个单元看似相对独立,但实质是有高度内在联系的整体。为实现有效指控,公诉人出席法庭时首先应当遵循系统性原则,即在庭上不仅要紧密围绕指控的核心,同时还要合理地分配出庭资源,使动态的出庭过程既严密又有效率。为此,公诉人的出庭工作应当围绕一个核心、掌握三个平衡。

1. 一个核心

一个核心是指起诉书认定的犯罪事实以及指控的依据。公诉人从宣读起诉书到法庭辩论终结,应当始终围绕这个核心进行。

2. 三个平衡

三个平衡是指公诉人在庭上应当合理地规划和使用出庭资源,掌握法庭讯问与法庭示证、法庭质证与法庭辩论、发表公诉意见与法庭辩论之间的协调与平衡。

一是掌握法庭讯问与法庭示证之间的平衡。法庭讯问的目的在于使被告人如实交代犯罪事实,示证的目的在于揭露被告人的罪行,两者在功能上有一定程度的竞合,如果不能做到繁简有度,势必会影响到庭审的效率。实践中,对于在法庭讯问时被告人不持异议的犯罪事实,公诉人在示证时可以简化,将重点放在被告人不认可的其他重要犯罪事实上;在通过示证很难将证据与事实之间的关联性直观地展示出来或展示效果不理想的情况下,公诉人在讯问被告人时应当尽量地强化。

二是掌握法庭质证与法庭辩论之间的平衡。通常情况下,控辩双方的争论在示证与质证阶段就已经开始,这就导致法庭质证与法庭辩论的内容之间存在交叉。公诉人在法庭上应当把握明确的界限:法庭质证主要解决的是证据本身的问题,即个证的合法性、客观性、关联性的问题;法庭辩论主要针对证据与待证事实的关联性、对待证事实的证明力以及事实认定、价值判断和法律适用方面的问题。辩方对个证的证明力方面提出的疑问，公诉人应当在质证阶段及时解决，尽量不要将争议留到法庭辩论阶段。因为，如果在辩论阶段与辩护方就此类问题展开辩论往往需要对已经出示过的证据重复说明，从而导致庭审效率降低。同样，公诉人也不应当将法庭辩论阶段的内容前置到法庭质证阶段，造成示证和质证之间的联系中断。

三是把握发表公诉意见与法庭辩论之间的平衡。公诉意见意在全面论证起诉书的主张，而法庭辩论则更多地针对争议问题。对于应当在发表公诉意见时解决的问题，不要留到法庭辩论去处理，尤其是一些对案件的定罪量刑有重要意义的概念，如果被辩方抢先解释，则会给合议庭造成先入为主的影响，导致法庭辩论的难度增大。所以，对定罪有重要价值的概念，公诉人应当在发表公诉意见时予以及时清晰、全面地阐释。此外，在法庭辩论中，辩护方会提出若干个辩护观点，其中有轻有重，有主有次，公诉人在答辩时也应当根据其对指控的影响，做到详略得当，区别对待。对于已经在公诉意见中发表的答辩观点，公诉人可以简要地予以说明或不再赘述。

(二) 关联性原则

强调出庭工作的关联性，目的在于探讨公诉人如何通过科学有效的手段，使各项出庭工作之间的联系更为紧密，使指控的事实与理由更清晰、更有条理，给合议庭和旁听人员更直观的认识。具体而言，应当重点把握以下几个方面：

1. 出庭各环节之间的关联

出庭各环节的价值取向不同，但彼此相互呼应，相互支撑。为体现各环节之间的关联性，公诉人的主要任务是精心策划，在前环节打好基础，在后环节不断提炼前环节的精华，使指控朝纵向不断延伸，使公诉人的证明与说服在发展中不断强化。实践中，讲求策略的公诉人能够合理利用这种关联性，实现揭示犯罪的目的。比如，对于拒不供认犯罪事实的被告人，有的公诉人会在法庭讯问中合理利用讯问策略和技巧，到示证或法庭辩论阶段揭穿其虚假供述的本质，起到事半功倍的效果。

2. 证据之间的关联

证据之间关联性的展示需要通过有条理、有策略的示证来完成。从示证效果出发，公诉人应对证据进行分组，将联系最为紧密的证据分组出示，而不局限于证据种类的限制。在一般情况下，对证据的分组可以待证事实的构成要件属性为标准，在更复杂的个案中，可以在同一犯罪构成要件的事实中根据案件的具体情况做进一步细化。通过这种关联性的展示至少可以实现以下 3 个效果：一是使法庭示证的目的性更明显；二是使法庭示证过程显得更有条理；三是通过证据的组合突出证据的证明力。

3. 证据与事实之间的关联

为体现证据与待证事实之间的关联性，要求公诉人出示证据时，事先应当做示证说明，意在向合议庭说明示证的意图；在每出示完一组证据之后要做证据小结，对证据与待证事实之间的关联性做简要的说明，最后做证据综述。此举使公诉人示证的意图表现得更有目的性和针对性，同时能够使合议庭及旁听人员对繁杂的证据与待证事实之间的关系清晰明了。

4. 事实与法律之间的关联

通过证据将客观事实提炼为法律事实，进而阐明对其进行法律价值评判的理由与依据，这是公诉人履行指控、证明及说服责任的一种重要表现形式，其本质是揭示事实与法律之间的关联性。在此过程中，不仅要求公诉人在制作起诉书、发表公诉意见时务必充分、深入地阐述理由，而且要求公诉人在质证、辩论环节紧紧围绕指控观点，将指控理由进一步深化。

上述各项关联，除了出庭各环节之间是纵向关联，其他方面均是横向关联，在出庭的各环节均可能涉及。因此，公诉人无论在庭前准备出庭预案还是出席法庭过程中，都应当树立很强的关联性意识。

（三）规范性原则

除了应当严格按照法律规定的程序履行职责之外，公诉人代表国家出席法庭的特性决定了其应当规范自身的言行，在法庭上所使用的语言应当严谨,举止要大方、得体,体现国家公诉人应有的气度与风范。首先,公诉人在庭上某些语言的使用有程式化的要求。比如,在庭审每个环节的开始以及向审判长提请某个事项时,公诉人应当使用规范化的语言。其次,为指控的便利,公诉人在与被告人进行交流的时候,应当根据被告人的实际情况使用通俗易懂的语言,既要避免过于口语化,又要避免过于法言法语。再次,公诉人在庭上应当尊重辩护人、被告人,避免使用有损辩护人、被告人人格的语言。最后,公诉人出席法庭时,应当严格按照规定着装,在法庭上的言行应当遵守规范要求。

(四) 充分性原则

公诉人在法庭上承担着指控、证明、说服三大责任,而这些任务是否能顺利完成,有赖于公诉人履行职责的完整性、充分性。首先,起诉书的指控要充分。起诉书应当对被告人的自然情况、案件的诉讼过程、被告人的犯罪事实以及影响量刑的各种法定情节做详细记载,同时引用法律条文要规范全面,不能有丝毫疏漏和偏差。其次,证明要充分。公诉人在庭上应当全面出示证明被告人构成犯罪以及量刑情节的证据,对于辩方对证据提出的质疑,要根据事实与法律进行解释与说明。最后,说理要充分。公诉人在论证己方观点时应当有充分的事实和法律依据,在阐述被告人行为的社会危害性和开展法庭教育时说理要到位。此外,公诉人对辩方的辩护观点应当进行充分的答辩。一方面,答辩要全面。针对辩护人的辩护观点,公诉人答辩的内容要全面且具有针对性。另一方面,说理要透彻。公诉人应当在证据的支撑下挖掘理论深度,不要使说理仅停留在表面。

(五) 公正性原则

根据刑事诉讼法规定,检察官与法官同为客观公正法律准则及实体真实正义的忠实维护者,"勿纵"之外还要"勿冤","除暴"之外还要"安良"。除了打击犯罪,检察官之重要意义乃在于保障被告人权利。公诉人尽管在法庭上作为控方揭示犯罪,寻求法院对被告人的处罚,但检察机关在法庭上并不是简单充当"当事人"的角色。站在国家和法律的立场，公诉人的公正性是毋庸置疑的。第一，公诉人在庭上应当本着客观公正的态度，全面地向法庭出示证据，既要出示不利于被告人的有罪、罪重的证据，也要出示有利于被告人获得从轻处罚的证据。第二，公诉人在发表意见时，应当全面、客观地分析被告人的行为性质，不仅要阐述被告人应当受到处罚的理由，同时也应当根据被告人的犯罪事实以及各种量刑情节客观公正地提出量刑建议。第三，针对庭审中出现需要修正起诉书指控观点的情况，公诉人应当适时地根据庭审发生的变化，对指控观点做局部修正，而不论这种修正是否有利于被告人。对于辩方提出的合理、合法的辩护观点，公诉人应当敢于纳言，向法庭提出公正的处理意见。第四，公诉人在庭上应当正确履行法律监督职责，对审判活动的合法性进行监督，发现审判活动违反了法律规定，或者侵害了诉讼参与人的合法权益的，应当提出纠正意见，保证法律得到公正适用。

三、出庭公诉的基本要求

（一）扎实的庭前准备

公诉人出庭工作的效果取决于公诉人的综合素养与庭前准备情况。庭前准备是否充分又取决于对案情的熟悉程度以及对庭审情况的预测是否准确，继而决定了公诉人在法庭上是否有足够的信心；是否对可能出现的状况有充足的准备；是否能够合理、有效地运用诉讼技巧；是否能够有条理、稳妥地指控犯罪。因此，充分的庭前准备是完成一次好的出庭支持公诉的基础性、根本性要求。

1. 积极引导侦查，提高案件质量

检察机关追诉犯罪的视角不能仅仅局限于对侦查机关移送的案件材料进行审查，而是应当及时介入、引导侦查，有效建立以起诉为中心，侦查服务公诉的新机制。经验表明，案件本身的质量越高，公诉人出庭的信心也就越强。对于重大、疑难、复杂的案件，公诉人适时介入侦查活动，以出庭公诉的标准对案件的取证方向、证据体系、证明标准、适用法律等提出意见，不仅能够有效提升侦查工作的质效，而且能为日后出庭支持公诉奠定基础。

2. 细致审查证据，强化证明效力

审查证据的目的，一是判断证据是否达到起诉标准；二是巩固案件的证据体系；三是排除非法证据以及完善瑕疵证据。通过对证据的个别审查、相互比对、综合分析等步骤，揭示案件中隐藏的非法证据和瑕疵证据。发现非法证据的，应当依照法律予以排除；对于瑕疵证据，要么弃之不用，要么通过其他方式补强其证明效力。在证据不足的情况下，应当列出详细的补充侦查提纲，督促侦查机关补充完善证据。刑事诉讼法确立了较为完整的非法证据排除规则。实践中，对于非法证据，应当确立尽早排除的原则。公诉人应当通过一贯、有效的司法引导，促使侦查行为规范化，从而避免非法证据产生。一旦出现了非法证据，应当在侦查阶段、审查起诉阶段予以排除，不要将问题留到审判阶段，否则处理问题的渠道会越来越窄，处理问题的成本会越来越高，处理问题的成功率会越来越小，造成的危害也会越来越大。

3. 发挥庭前会议作用，进一步做好庭审准备

《刑事诉讼法》第187条第2款规定："在开庭以前，审判人员可以召集公诉人、当事人和辩护人、诉讼代理人，对回避、出庭证人名单、非法证据排除等与审判相关的问题，了解情况，听取意见。"这表明，庭前会议制度将为以后的庭审活动开辟一个纯粹的、不受干扰的实体审查空间，有效提高司法审判效率。启动庭前会议程序的案件，对于公诉人而言，可以在庭前会议中解决以下几个方面的问题：一是可以对案件管辖、回避、出庭证人、鉴定人、有专门知识的人的名单、不公开审理、延期审理、适用简易程序、庭审方案等与审判相关的问题提出和交换意见；二是提前解决非法证据排除的问题；三是了解辩护人收集的证据情况；四是对辩护人收集的证据有异议的，可以提出。这就能使得公诉人的庭前准备工作更有针对性，使后续的庭审更有效率。因此，对于庭前会议，公诉人应当进行充分准备，认真听取辩方的意见，尽量在庭前解决争议问题，为正式庭审做好铺垫。

(二) 精心制作出庭预案

1. 探求行之有效的讯问方式

公诉人在法庭上讯问被告人属于"明知故问",具有很强的功利性。公诉人通过对被告人的庭前提审,一般已能掌握被告人在庭上的认罪态度,对于其关键的辩解已有所预判。因此,公诉人在庭上的每一句发问都应当围绕某个重点进行,讯问的内容与犯罪事实和证据之间要联系紧密,讯问要本着最有利于展现犯罪事实的脉络进行,并且根据被告人可能出现的辩解采用有针对性的讯问方法。在被告人对起诉事实和罪名均不持异议的情况下,公诉人在准备讯问预案的时候,可以简化讯问提纲,通过概述其犯罪事实,让其简要陈述是否属实即可。此时,公诉人的讯问重点应放在其作案动机、目的以及其对于犯罪的认识等方面;在被告人对起诉事实不持异议,但对是否构成犯罪或构成此罪与彼罪存有异议的情况下,公诉人应当针对影响定性的事实进行重点发问,为下一步论证案件性质寻求论据;在被告人拒不供认犯罪事实的情况下,公诉人应当有针对性地对其辩解的事实与理由进行深入发问,使被告人不能自圆其说或无法做出合理的解释,为后面的示证、辩论打好基础。

2. 做好相关人员出庭准备

刑事诉讼法确立了侦查人员出庭说明情况,证人、鉴定人出庭作证以及具有专门知识的人员出庭对鉴定意见提出意见等制度,意味着在庭审中,只要符合法定条件,经法庭传唤,相关人员必须出庭。公诉人出席有证人、鉴定人员、侦查人员出庭案件的庭审时,应当注意以下几点:一是庭前与出庭侦查人员、鉴定人员或本方提请的证人进行充分沟通,对关键证人证言要复核到位,必要时可以通过对取证过程进行录音录像的方式固定证据。同时,要帮助出庭人员详细了解庭审程序,知悉出庭任务、明确发问重点,有针对性地做好庭前准备。二是在庭审中应合理利用庭审规则。对于辩护人不适当提问或者使用诱导式发问的,应当及时提出异议,合理引导作证,保证出庭效果。三是把握好询问方式。根据出庭人员的特质、案件证据情况、辩护要点等,有针对性地选择行之有效的发问方式。四是注重询问的逻辑性和层次性。询问要紧扣起诉指控事实，分层次列明，问题之间要体现一定的逻辑性，不能东一榔头西一棒槌。五是运用好交叉询问。在交叉询问中，公诉人询问辩方证人，要结合辩护人前一轮的发问进行诘问，诘问要有针对性和实效性，才能起到证明和反驳甚至进攻的效果，从而削弱辩方的辩护力度。

对于检察机关提请出庭作证的控方证人，公诉人应当协调做好证人的安全保障工作，除了对出庭作证侦查人员和证人进行常规安全保障以外，对于重大毒品案件、黑社会性质组织案件等，必要时可以协调法院共同采取措施确保其人身安全保障到位。

3. 科学合理布局示证体系

一起案件的示证体系是基于案件及证据自身特点加之公诉人对证据的分析判断而形成的。但不管基于何种考虑，为了科学安排案件的示证体系，应当做到以下几点：首先，对案件事实进行合理分解。在实践中，一般先将案件事实分解为犯罪事实与量刑情节事实，之后再作进一步的细化。对犯罪事实的分解原则上按照个罪的犯罪构成要件为标准进行。其次，将证据进行归类。在对案件事实做单元分解的基础上，需要对证据进行甄别，根据证明的需要将证据归类到各自与之相关的待证事实中。这里关键要把握好证据与事实的关联性，根据这种关联性将相同证明内容的证据放在同一单元内。在有些言词证据内容较多、信息量较大，同时能证明数个构成要件事实的情况下，可以对该证据进行拆解，与其他相关联的证据组合出示。也就是说，一份言词证据可以在多组证据中分段出示。最后，对证据进行排列。第一步是对事实单元做秩序上的安排，一般按照指控犯罪的重要性进行安排，也可以按照犯罪发展的轨迹进行安排。第二步是进行证据排列，对同一事实单元中的证据进行排列时，需要认真考察证据与事实之间关联的紧密程度，将与事实关联最为紧密的置于最前，次关联的次之，再次关联的置于最后。

4. 全面准确预测辩护观点

基于细致的审查起诉工作，公诉人对辩方在庭上可能出现的辩护观点应当有全面、准确的预测，继而有针对性地准备答辩提纲。公诉人在制作答辩提纲时，应当注意以下几点：首先，务求全面。实践中，辩护人的辩护观点不仅仅限于罪与非罪、此罪与彼罪，更多地会放在量刑情节方面。为了求得罪轻处理，辩护人不仅会从主从犯、立功、自首、未遂、中止等法定量刑情节上提出辩护意见，而且会提出被害人过错、犯罪的社会化原因、履行民事赔偿义务、准自首、如实供述等酌定情节。对此，公诉人应当对案件可能涉及的辩护观点做全面预测，并做好答辩准备。其次，务求准确。公诉人应当结合案件事实以及案件所涉及的法律问题进行有针对性的答辩，答辩内容要准确，用语要规范。最后，务求以法、理、情服人。公诉人所发表的意见应当有充分的事实和法律依据，立论要扎实、驳斥要有力、说理要充分，对辩方提出的正确意见，应当当庭表示认可，体现客观公正态度。

5. 准备细致透彻的公诉意见

《公诉意见书》要从事实认定和法律适用两个方面论证被告人的行为构成犯罪，综合被告人的犯罪情节提出合理的量刑建议，根据个案情况开展法治教育和宣传。公诉意见在法庭辩论的第一轮首先发表，格外受到被告人、辩护人、审判人员的关注。因此，在制作这份文书时，应当尽可能地客观、全面、精炼、准确。在对案件做全面的事实认定时，只能根据已经查实的证据得出客观的结论；在对被告人的行为做定性分析时，只能根据现行法律和司法解释得出准确的认定；在对被告人的行为提出量刑建议时，要全面归纳被告人的各项犯罪情节以及犯罪原因、犯罪动机、犯罪后的表现，从而得出相对合理的建议；在开展法治宣传时，要结合个案实际，不仅要有针对性，而且要入情入理。另外，公诉意见用语要精炼，尽可能使用简练、精确的语言将问题阐述清楚。

6. 提出客观公正的量刑建议

量刑建议是检察机关公诉权的一项重要内容，是指人民检察院对提起公诉的被告人，依法就其适用的刑罚种类幅度及执行方式等向人民法院提出的建议。公诉人应当根据被告人的犯罪事实、犯罪性质、情节和对社会的危害程度，依照刑法、刑事诉讼法以及相关司法解释的规定提出量刑建议。量刑建议的提出应当建立在客观全面地审查被告人罪行轻重以及其他与量刑有关的各种证据的基础之上，同时还要顾及同一地区同一时期对案情相同或者相似案件的量刑的基本均衡，以此保证量刑建议的客观公正。

（三）采用适当的方法和技巧

1. 层次清晰地开展法庭调查

法庭讯（询）问不同于审查起诉阶段的讯（询）问。审查起诉阶段的讯（询）问旨在查清案件事实，故而讯问要尽可能详细，以便准确地认定犯罪。而法庭讯（询）问意在证明、揭示犯罪，为后面的示证、质证以及法庭辩论过程打好基础。因此，法庭讯（询）问应当做到以下几点：一是重点问题突出；二是过程一气呵成；三是内容客观全面；四是繁简详略适度。

法庭讯（询）问主要立足于解决控辩双方的争议问题，其目的性很强。因此，在讯（询）问过程中应当做到：一是目的明确。公诉人应当带着目的开展询问，讯（询）问的内容应当与争议问题联系紧密。二是讲求策略。公诉人要根据不同的讯（询）问对象，有针对性地设计问题，所采用的讯（询）问方式应当有利于问题的解决。三是注重配合。公诉人要在庭前与拟出庭作证的控方证人（侦查人员、鉴定人员）进行充分沟通，庭上要给予他们必要的支持。

在法庭示证过程中要注意示证的完整性、系统性。首先，公诉人在庭上应当将证据完整出示，不能仅为了指控便利，只出示对指控有利的证据，对于证明被告人罪轻、无罪的证据也应当出示，以体现指控的客观公正性。其次，公诉人在示证时应当根据证据的重要性系统化地分配庭审资源，并且根据被告人的认罪态度决定示证方式。从指控的有效性以及示证的条理性出发，公诉人应当根据证明对象的重要性将证据做层次上的分类，再合理地分配出庭资源。对被告人认罪的案件，按照简易审的要求，简化示证的过程；对被告人不认罪的案件，将示证的重点放在被告人对起诉不予认可的事实上；对在定性方面容易产生争议的案件，重点出示对案件定性产生影响的证据并做好说明。最后，做好同一认定工作。根据证据的关联性以及证明内容，当证据之间存在矛盾或者不完全吻合时，公诉人可以有策略性地在事前做好同一认定工作，尽可能将证明内容同一的证据放在一起出示,强化证据的证明力。

法庭质证要注意把握两点:一是全面。公诉人针对辩护方对证据提出的质疑,应当全面地进行答辩。否则不仅会使人感觉公诉人底气不足,同时还会使辩方觉得能够通过这种方式获利,从而不断地在证据上挑起争斗。因此,对于辩护人提出的关于证据的质疑,公诉人应当全面答辩。二是及时。公诉人对于辩方的质疑答辩得越及时,就显得越有准备、越有底气,这样不仅能够强化旁听人员的感受,对于公诉人有效地控制庭审局面也能够起到积极作用。反之,则可能会给法庭辩论阶段的答辩增加难度。因此,对辩护人的质疑应当场答辩或说明,不要有任何迟疑。

2. 扎实有效地进行法庭辩论

为了更进一步地揭露犯罪、论证指控观点,展示良好的公诉形象,公诉人在开展法庭辩论时应当做到以下几点:一是客观求实。公诉人代表国家指控犯罪,在出庭过程中应该体现客观公正的立场和原则,对于应当认定的从轻、减轻等情节应客观肯定,对辩方提出的有事实依据、有利于被告人的辩护意见要适时表示认可,在抗辩过程中,公诉人所体现的态势、所使用的语言应当体现客观公正、实事求是的作风。二是突出重点。公诉人的答辩应当有主次之分,公诉人需要分清楚哪些是答辩的重点,对于重点问题要重点答辩。一般来说,将与定罪、量刑有关的重大问题作为重点答辩内容,将与各被告人刑事责任有关的问题作为次重点答辩内容,对于辩护人提及的无关紧要的问题在答辩时可以一带而过。三是有理有节。首先,态度平和。以平和的姿态与辩护人进行抗辩,不以势压人。其次,抗辩有据。在就被告人及其辩护人提出的辩护意见作相应的答辩时,所有的论据应有事实与法律依据。最后,适可而止。对于已经阐述清楚而辩护人不能正面论证的问题不反复追问、纠缠不休。

(四)展示良好的公诉形象,强化出庭效果

在法庭上,公诉人应当通过自身表现努力强化旁听人员的以下5个方面印象:一是用语规范。公诉人应当善于用程式化的法庭语言(包括肢体语言）进行辩论，体现对法庭、诉讼参与人、旁听群众的尊重，体现公诉人代表国家出席法庭的庄严。二是庄重大方。出庭的时候着装要规范、整洁，既不能浓妆艳抹也不能不修边幅；言谈要有涵养、举止要端庄大方，既不以国家公诉人的身份压人，也不因被告人、辩护人的无端挑衅而有失礼节。在得理的情势下，要适可而止，切忌得理不饶人，对被告人或辩护人的不敬之词，提请法庭注意或制止即可，不能同态报复，否则会有损公诉人乃至检察机关的形象。三是措辞精准。公诉人要以事实、法律、证据来论理说法，通过摆事实、讲证据阐述法理和认定依据，既实现指控及释法说理的目标，又要防止因用词不准被辩方抓住把柄。四是客公正。客观公正的态度应当表现在庭审的方方面面，有时表现在细微处，比如，针对庭审中出现需要修正起诉书指控观点的情况，公诉人应当适时根据庭审发生的变化，对指控观点作局部修正，而不论这种修正是否有利于被告人。对于辩方提出的合理、合法的辩护观点，公诉人应当积极纳言，向法庭提出公正的处理意见。五是富有效率。效率是当前社会极为讲求的价值取向，出庭支持公诉也不例外。公诉人在法庭上应当尽可能地简化用语，压缩不必要的时间耗费，有效地配合法庭掌控庭审节奏，从而提高庭审效率。

（五）稳定沉着应变，从容化解危机

随着控辩平等原则不断通过法定化的形式得到强化，公诉人在庭前掌握信息资源上的优势不复存在。同时，辩方的证据突袭有时会使公诉人猝不及防。这些给公诉人出庭工作带来了更大挑战。为此，公诉人应当加强庭前审查起诉工作的充分性和细致程度，从而为出庭支持公诉储备足够的信心。公诉人在法庭上遇到突发情况时，切忌乱了阵脚、草率答辩，要沉着冷静地应对，认真听清辩方的观点和意见，认真分析存在的法律漏洞和事实错误，从法律基础和事实依据上寻求答辩途径和抗辩依据，从而从容地化解庭审中出现的"危机"。

此外，"捕诉一体"工作机制始终贯穿着检察机关的重要职能——诉讼监督工作，对此我们将在后文专门加以论述。

第二编　捕诉一体办案工作指引

第一章　捕诉一体通用办案流程及技巧

第一节　受理案件

一、受理案件的基本内涵

捕诉工作中的受理案件，是指负责捕诉的部门检察官在案件审查逮捕和审查起诉过程中，对移送的证据材料和文书是否齐全、是否具有管辖权、与受案有关的诉讼程序是否合法等进行的程序性审查工作。受理案件的相关规定主要包括：

《刑事诉讼法》第 87 条规定，公安机关要求逮捕犯罪嫌疑人时，应当写出提请批准逮捕书，连同案卷材料、证据一并移送同级人民检察院审查批捕。第 169 条规定，凡需要提起公诉的案件，一律由人民检察院审查决定。第 170 条规定，人民检察院对于监察机关移送起诉的案件，依照本法和监察法的有关规定进行审查。

《人民检察院刑事诉讼规则》（以下简称《刑诉规则》）第 156 条规定，公安机关提请批准逮捕、移送起诉、提请批准延长侦查羁押期限、要求复议、提请复核、申请复查、移送申请强制医疗、移送申请没收违法所得的案件，监察机关移送起诉、提请没收违法所得、对不起诉决定提请复议的案件，下级人民检察院提出或者提请抗诉、报请指定管辖、报请核准追诉、报请核准缺席审判或者提请死刑复核监督的案件，人民法院通知出席第二审法庭或者再审法庭的案件，其他依照规定由负责案件管理的部门受理的案件，由人民检察院负责案件管理的部门统一受理。第 158 条规定，负责案件管理部门对接收的案卷材料审查后，认为具备受理条件的，应当及时进行登记，并立即将案卷材料和案件受理登记表移送相关办案部门办理。经审查，认为案卷材料不齐备的，应当及时要求移送案件的单位补送相关材料。对于案卷装订不符合要求的，应当要求移送案件的单位重新装订后移送。对于移送起诉的案件，如果犯罪嫌疑人在逃的，应当要求公安机关采取措施保证犯罪嫌疑人到案后再移送起诉。共同犯罪案件中部分犯罪嫌疑人在逃的，对在案的犯罪嫌疑人的移送起诉应当受理。第159条规定，对公安机关送达的执行情况回执和人民法院送达的判决书、裁定书等法律文书，人民检察院负责案件管理的部门应当接收，即时登记。

《刑诉规则》第328条规定："各级人民检察院提起公诉，应当与人民法院审判管辖相适应。负责捕诉的部门收到移送起诉的案件后，经审查认为不属于本院管辖的，应当在发现之日起五日以内经由负责案件管理的部门移送有管辖权的人民检察院。属于上级人民法院管辖的第一审案件，应当报送上级人民检察院，同时通知移送起诉的公安机关；属于同级其他人民法院管辖的第一审案件，应当移送有管辖权的人民检察院或者报送共同的上级人民检察院指定管辖，同时通知移送起诉的公安机关。上级人民检察院受理同级公安机关移送起诉的案件，认为属于下级人民法院管辖的，可以交下级人民检察院审查，由下级人民检察院向同级人民法院提起公诉，同时通知移送起诉的公安机关。一人犯数罪、共同犯罪和其他需要并案审理的案件，只要其中一人或者一罪属于上级人民检察院管辖的，全案由上级人民检察院审查起诉。公安机关移送起诉的案件，需要依照刑事诉讼法的规定指定审判管辖的，人民检察院应当在公安机关移送起诉前协商同级人民法院办理指定管辖有关事宜。"

二、受理案件的工作要求

（一）依法

受理案件必须遵守刑事诉讼法及《刑诉规则》关于受案范围、审判管辖、受案部门等明确规定。在受案环节依法解决权利告知、申请回避等程序性问题，维护当事人的诉讼权利，保障辩护人、诉讼代理人依法履行职务。

(二) 全面

受案审查是证据审查的前置程序，必须进行全面的程序性审查，在前期负责案件管理的部门初步审查的基础上，解决影响证据审查正常进行的诸多问题：案件是否有管辖权；案卷材料是否齐备；物证是否随案移送；犯罪嫌疑人是否在案；羁押的犯罪嫌疑人是否移送了办理换押手续所需材料等。

(三) 合理

受案环节需要解决的一个重要问题就是确定承办人，即将受理的案件分案至员额检察官手中。每起刑事案件的难易程度不同，加之检察官办理相关专业性较强的案件的经验也不一样，如何合理地确定承办人是一项看似简单实则复杂的工作。各地做法不一但大同小异，一般来说是以办案系统自动轮案为主，以部门负责人或办案组长指定为辅。

三、受理案件的工作流程及方法

(一) 公安机关报请批准逮捕案件

受理提请批准逮捕案件是人民检察院审查批准逮捕的基础工作，是第一道工序。在实践中，检察机关受理案件由案件管理部门负责审查受理，但案件管理部门受理案件后，根据罪名分别移送不同的检察部门进行审查处理，各部门在收到案件管理部门移送的案卷材料后，也应当进行必要的受案审查，不能认为案件管理部门已经审查了，就可以不再履行受案审查的义务。在受理案件审查过程中，主要审查三个方面的内容：一是移送的证据材料和文书是否齐全，二是是否具有管辖权，三是案件的诉讼程序是否合法等。

1. 审查文书

对公安机关提请逮捕犯罪嫌疑人的案件，人民检察院案件管理的部门应当审查移送的案卷材料和证据是否齐全，法律手续是否齐备，同时捕诉的部门的承办人对此也应进行复检，包括以下事项：

（1）文书是否齐全；

（2）《提请批准逮捕书》认定的犯罪事实的证据是否随案移送；

（3）案件的刑事诉讼程序法律文书是否齐全；

（4）审查提请批准逮捕的时间是否在刑事拘留法定期限内；

（5）是否由本院管辖。

对符合上述条件的应当受理。如发现公安机关提请批准逮捕的案件，未按照刑事诉讼法的规定移送案件材料和证据，应当通过案件管理部门将案件退回公安机关，或者要求公安机关补充移送[①]。

2. 审查管辖

在受案审查中，应当对案件是否具有管辖权进行审查，包括是否是对应的侦查机关报送，以及对应的侦查机关是否具有侦查管辖权。如果发现侦查机关无案件侦查管辖权的，应当要求公安机关提供指定侦查管辖的相关文件；公安机关未能提供的，应当将情况向公安机关说明情况，退回案卷材料不予受理。

3. 受理案件

依法进行初步审查后，对符合上述条件的案件应当受理，并检查检察统一业务系统的分案情况，符合接受条件的，应当接受案管部门的送案。

（二）检察机关决定逮捕案件

检察机关决定逮捕的案件其受理案件可参照上述流程办理，但具有一定的差异性，主要有三种情况：

1. 公诉阶段决定逮捕犯罪嫌疑人的案件

人民检察院刑事检察部门在审查起诉期间，需要逮捕犯罪嫌疑人的，应当由承办案件的检察官制作《逮捕犯罪嫌疑人意见书》，提出决定逮捕犯罪嫌疑人的意见，根据员额检察官的办案权限规定，自行决定或者报分管检察长决定后，依法启动办案程序。因此，此种情形不存在

[①] 杨振江主编：《审查逮捕实务培训教程》，中国检察出版社2009年版，第38页。

独立的受案审查情形。

2. 检察机关自行侦查决定逮捕犯罪嫌疑人的案件

对于检察机关自行侦查的14个罪名案件的报捕，我们认为应当实行侦查和捕诉相分离。考虑到该14个罪名的侦查与监委负责调查的罪名存在一定程度的关联，此类案件的审查逮捕工作由职务犯罪案件刑事检察部门负责更为适宜。本院侦查部门侦查终结后，由侦查人员制作《逮捕犯罪嫌疑人意见书》一式三份，并将认定的犯罪事实的证据、法律文书及目录随案移送，并报送本院案件管理部门受案。负责案件管理的部门经审查认为符合受理案件条件的，依法转至本院职务犯罪案件刑事检察部门。

实践中，有观点提出检察机关自行侦查的14个罪名案件实行侦捕诉"一条龙"的办案模式，以此提高办案效率。我们认为无论是此前检察机关查办贪贿犯罪案件，还是监察委办理的贪贿渎职案件，均是实行侦查（调查）和捕诉工作相分离的工作机制，通过不同部门的相互制约，确保案件质量，并对案件办理工作的进行监督，确保公正执法。因此对检察机关自侦案件的14个罪名案件，也应当坚持分工负责、互相制约的办案模式，不宜由一个部门一查到底。同时，由于检察机关明确了由市级以上检察院负责对14个罪名行使侦查权，但该类案件普遍难以判处无期徒刑以上刑罚，往往多由基层人民检察院承担审查起诉工作，因此该类案件的决定逮捕应建立市级以上检察机关指导下的"捕诉一体"工作机制。

3. 监委调查移送逮捕犯罪嫌疑人的案件

监委对职务犯罪案件调查结束后，认为涉嫌犯罪需要追究刑事责任的，应当制作《起诉意见书》一式四份以上，并将全案证据材料及法律文书卷等移送检察机关案件管理部门依法受案。检察机关案件应当对移送的证据材料是否齐全进行审查，符合受理条件的，依法受案并交职务犯罪案件刑事检察部门办理。检察机关认为被告人需要逮捕的，应当先行刑事拘留，由承办人制作《采取强制措施审批表》，提出刑事拘留意见，根据员额检察官权力清单的规定，自行决定或者报请检察长决定刑事拘留后，再审查是否作出逮捕决定。

实践中，对于未被留置的犯罪嫌疑人如果需要逮捕的，是否像被留置的被告人一样应当先行刑事拘留存有争议。有人认为应当先行拘留，有人则认为可以不先行拘留。笔者认为逮捕和拘留都属于刑事诉讼法的强制措施，如果在审查中认为未被留置的犯罪嫌疑人需要逮捕的，则说明其具有某种社会危险性，那么为了防止可能发生的妨害诉讼顺利进行的情形，以及对接之后的逮捕羁押，笔者认为检察机关经审查认为需要逮捕的，应当先行刑事拘留。

4. 审查批准逮捕中纠正漏捕的案件

人民检察院在办理公安机关提请批准逮捕的案件过程中，发现有同案犯应当逮捕但公安机关未提请批准逮捕的，应当发出《应当逮捕犯罪嫌疑人意见书》送公安机关。公安机关接到意见书后，同意检察机关意见的，应当对该同案犯提请批准逮捕，认为不需要提请批准逮捕的，应当向检察机关说明不报捕理由，人民检察院经审查认为公安机关理由不成立的，可以直接作出逮捕决定，交公安机关执行，公安机关接到逮捕决定书后，应当立即执行逮捕，并将执行回执于3日内交决定逮捕的检察机关。此类情形也不存在独立的受案审查工作。

（三）审查移送起诉案件

1. 基本流程

需要审查移送起诉的案件，除最高人民检察院另有规定的外，一律由负责捕诉的刑事检察部门受理。刑检部门受理案件，应当与同级人民法院审判管辖相适应。刑检部门收到移送审查起诉的案件，应当首先从程序上审查以下内容：

（1）案件是否属于本院管辖；

（2）起诉意见书以及案卷材料是否齐备，案卷装订、移送是否符合有关要求和规定，诉讼文书、技术性鉴定材料是否单独装订成卷等；

（3）对作为证据使用的实物是否随案移送，移送的实物与物品清单是否相符；

（4）犯罪嫌疑人是否在案以及采取强制措施的情况；

（5）对已经逮捕关押的犯罪嫌疑人是否移送了办理换押手续所需材料。

2. 受案补救

对不具备受理条件的，可以暂时不受理，要求侦查机关及时补充相关材料后再予受理。对起诉意见书、案卷材料不齐备，作为证据使用的实物未移送的，或者移送的实物与物品清单不相符的，应当要求侦查机关在3日内补送。对于案卷装订不符合要求的，应当要求侦查机关重新分类装订后移送起诉。对于犯罪嫌疑人在逃的，应当要求侦查机关在采取必要措施保证犯罪嫌疑人到案后移送起诉。共同犯罪的部分犯罪嫌疑人在逃的，应当要求侦查机关在采取必要措施保证在逃的犯罪嫌疑人到案后另案移送起诉，对在案的犯罪嫌疑人的审查起诉应当照常进行。

3. 报送案件

负责捕诉的部门受理侦查机关移送起诉的案件，经审查认为属于上级人民法院管辖的第一审案件时，应当写出审查报告，并制作《报送案件意见书》，连同案卷材料报送上一级人民检察院，同时通知移送审查起诉的侦查机关；认为属于同级其他人民法院管辖的第一审案件时，应当写出审查报告，并制作《移送案件意见书》，连同案卷材料移送有管辖权的人民检察院或者报送共同的上级人民检察院指定管辖，同时通知移送审查起诉的侦查机关。

4. 交办案件

上级人民检察院受理侦查机关移送审查起诉的案件，认为属于下级人民法院管辖时，可以制作《交办案件通知书》，连同案卷材料交下级人民检察院审查，由下级人民检察院向同级人民法院提起公诉，同时通知移送审查起诉的侦查机关。一人犯数罪，共同犯罪和其他需要并案审理的案件，只要其中一人或一罪属于上级人民检察院管辖的，全案由上级人民检察院审查起诉。

5. 指定管辖

对案件管辖涉及数个人民检察院，并对管辖有争议的，由最先收到移送起诉案件材料的人民检察院将管辖争议情况报告共同的上级人民检察院，由上级人民检察院组织协调后确定管辖；对管辖不明的案件，由上级人民检察院指定管辖。接受移送案件的人民检察院应重新对案件进行审查，审查起诉期限自收到案件之日起重新计算。

四、相关文书制作与应用

依据《刑诉规则》第156条规定，受案审查由人民检察院负责案件管理的部门统一受理，然后再由案管部门将案卷材料等证物移送负责捕诉的部门办理。审查逮捕受理案件涉及的法律文书一般系填充式文书，按照最高人民检察院规定印发的制式文书填写即可。审查起诉受案审查的法律文书主要有：《报送（移送）案件意见书》和《交办案件通知书》两种，其中，前一种文书实质上包含两种情形适用的文书，报上级检察机关管辖的适用《报送案件意见书》，送同级其他检察机关管辖的适用《移送案件意见书》。这两种文书重点在于阐述报送、移送或交办案件的理由，该理由其实就是刑诉法关于刑事案件管辖（级别管辖）的相关规定，因此，文书制作相对简单，现将最高人民检察院相关文书制作样本及制作说明附后。

（一）报送（移送）案件意见书

【文书格式】

××××人民检察院

报送（移送）案件意见书

××检××报（移）诉〔20××〕×号

_____人民检察院：

（监察/侦查机关）于（受理日期）以_____号起诉意见书向本院移送起诉的犯罪嫌疑人_____涉嫌_____一案，经本院审查：

一、犯罪嫌疑人基本情况

犯罪嫌疑人……（写明姓名、性别、出生年月日、公民身份号码、民族、文化程度、职业或者工作单位及职务、户籍地、住址、曾受到刑事处罚以及与本案定罪量刑相关的行政处罚的情况和因本案采取强制措施的情

况等）

二、本院审查认定的犯罪事实及证据

……

三、改变管辖的理由

根据《中华人民共和国刑事诉讼法》第一百七十二条及《人民检察院刑事诉讼规则》第三百二十八条的规定，现将案件报送（或者移送）你院，请予审查。

20××年×月×日
（院印）

【制作说明】

一、本文书依据《中华人民共和国刑事诉讼法》第一百七十二条第二款的规定制作。为人民检察院受理同级监察/侦查机关移送起诉的案件后，认为属于上一级人民检察院或移送同级人民检察院审查起诉的，而报送上一级人民检察院或移送同级人民检察院时使用。

二、本文书一式二份，一份附卷，一份报送上一级人民检察院或移送同级人民检察院。

（二）《交办案件通知书》

【文书格式】

××××人民检察院
交办案件通知书
××检××交诉〔20××〕×号

_____人民检察院（下级院）：

_____（监察/侦查机关名称）于____年____月____日以_____号起诉意见书向本院移送起诉的犯罪嫌疑人_____涉嫌_____一案，（对于负责侦查的部门，写为本院于____年____月____日侦查终结的犯罪嫌疑人_____涉嫌_____一案，）经审查：

……（以下写明查明的案件情况，本院审查认定的该案犯罪事实及其证据、适用法律的意见，以及交由下级检察机关办理的理由。）根据《中华人民共和国刑事诉讼法》第一百七十二条及《人民检察院刑事诉讼规则》第三百二十八条的规定，现将案件移交你院审查办理。

20××年×月×日
（上级院印）

【制作说明】

一、本文书依据《中华人民共和国刑事诉讼法》第一百七十二条第二款和《人民检察院刑事诉讼规则》第三百二十八条的规定制作。为上级人民检察院向下级人民检察院交办需要改变管辖的审查起诉案件时使用。

二、本文书一式二份，一份附卷，一份送达下级人民检察院。

五、受理案件的完善

（一）对审查逮捕案件超管辖范围的处理

承办检察官审查逮捕案件受案审查中发现侦查机关移送的案件超出管辖范围的，应及时将案卷材料退回案件管理部门，由案件管理部门将案件退回原侦查机关。实践中，由于不少的案件公安机关都是在30天的刑事拘留期限用足以后才提请批准逮捕，如果检察机关刑事检察部门通过审查发现本院不具有管辖权，再退回公安机关，则公安机关将面临超期羁押的情况。特别是一些严重刑事犯罪，符合逮捕条件的案件，检察机关是应当退回公安机关，由公安机关监视居住，还是应当作出逮捕决定？实践中也存在分歧，笔者认为检察机关应当作出退回公安机关的决定。此种情形符合《刑事诉讼法》第74条关于对符合逮捕条件，但因为羁押期限届满，案件尚未办结，需要采取监视居住措施的规定。可以在案件退回公安后，公安机关对犯罪嫌疑人决定监视居住，并报请有管辖权的检察院审查逮捕。

（二）关于在受案中解决回避问题

回避制度是确保程序正义的通行法律制度，是确保诉讼程序合法及实体裁判公信力的第一道防线。在受案审查阶段就力争解决回避问题，可以节约诉讼资源，提高诉讼效率，避免不必要的司法资源的浪费。实践中，回避有司法人员主动申请回避和被申请回避两种情形，贯穿侦查、起诉、审判等刑事诉讼全过程。

1. 回避的法定理由

由于我国刑事诉讼法没有规定无因回避，无论是申请回避、指令回避还是作出回避决定，均应以法定理由为依据。回避的理由是指法律规定的申请或者决定回避时应当具备的事实根据。回避来自诉讼公正的司法理念和提高诉讼效率的价值追求，旨在避免参与案件处理的有关人员与案件或当事人有某种利害关系或其他特殊关系而影响案件公正的处理。为了使这一理念和价值追求得以具体化，并在司法实践中具有可操作性，各国刑事诉讼法一般都将回避的事实根据细化为具体的情形，明确其法定理由，以便申请或者决定回避时有章可循。

根据《刑事诉讼法》第29条、第30条以及其他相关规定，侦查人员、检察人员、审判人员等具有下列情形之一的，应当回避：

（1）是本案的当事人或者是当事人的近亲属的；

（2）本人或者他的近亲属和本案有利害关系的；

（3）担任过本案的证人、鉴定人、辩护人、诉讼代理人的；

（4）与本案当事人有其他关系，可能影响公正处理案件的；

（5）接受当事人及其委托的人的请客送礼或者违反规定会见当事人及其委托的人。

除了上面刑事诉讼法明确列举的关系外，如何理解《刑事诉讼法》第29条第4项"与本案当事人有其他关系，可能影响公正处理案件的"规定中的"其他关系"？本着对立法原意的善意理解以及对司法公正的不懈追求，我们认为，审判人员、检察人员或侦查人员如果与当事人是同学、同事、师生等关系可能影响案件公正处理的也应当回避。①

2. 决定回避的实际操作

以审判人员回避为例,院长之外的审判人员的自行回避,或者当事人及其法定代理人申请院长以外的审判人员回避的,是否准许应由本院院长来决定。关于院长如何决定的问题,需把握以下几点:

(1)提交院长决定的回避申请所依据的应当是与刑诉法第29条、第30条规定情形相关的理由,否则,依据最高人民法院《关于适用〈中华人民共和国刑事诉讼法〉的解释》(以下简称《适用解释》)第35条第2款的规定,可以"由法庭当庭驳回",且这种情况的驳回"不得申请复议"。因此,在提交院长决定前,合议庭应对回避申请进行初步审查,看是否与法定理由相关,如果并无关系,则无需提交院长决定。如果确实涉及法律规定的理由,至于理由是否成立,以及是否会影响案件公正审理等问题,则应提交院长考虑并作出是否同意的决定。

(2)由院长决定必须是由院长本人决定,院长因故未在位履行职务的,可以由主持工作的副院长决定。在院长在位履行职务的情况下,不得随意指定副院长来决定。

(3)院长决定并不等于一定要院长到场当面答复。院长的决定可以口头或者书面形式作出。书面作出的,应当入卷;口头作出的,承办人员应当记录在卷。决定作出后,可以由合议庭人员或者独任审判员代表人民法院以口头或书面形式告知申请人。依照《适用解释》第35条第2款的规定,当事人及其法定代理人申请回避被驳回的,可以在接到决定时申请复议一次。

当然,根据《刑事诉讼法》第31条规定,检察长、公安机关负责人决定本单位刑事诉讼参与人的回避同样适用上述操作要点。②

---

① 参见王敏远编:《中国刑事诉讼法教程(第二版)》,中国政法大学出版社2012年版,第102—103页。

② 参见江必新主编:《最高人民法院刑事诉讼法司法解释理解与适用(上)》,人民法院出版社2015年版,第62—63页。

3. 回避的司法裁判规则

（1）申请回避的理由属于审判人员与本案当事人有其他关系，但该关系不影响案件公正审判，故由法院院长决定驳回其回避申请，仍申请复议的，可以由院长驳回。

【案例】贺某某妨害公务案

贺某某不服一审法院以妨害公务罪判处其有期徒刑 3 年，提出上诉。二审开庭审理过程中，上诉人贺某某以审判长张某与案件当事人、被妨害执行公务的人民警察赵某相识，并购买了其一处商品房（房屋已交付、交易已完成）为由，申请审判人员回避，但上诉人申请回避的理由属于审判人员与本案当事人有其他关系，该关系不影响案件公正审判，故驳回其回避申请，继续审理案件。上诉人不服申请复议，该复议申请被该院院长决定驳回。原判驳回上诉人的回避申请符合法律规定，并无不当。

（2）提出的事由不符合审判人员主动申请回避的法定情形，且在庭审期间被告知享有申请合议庭成员回避的权利而未申请，二审期间就此提出的辩护意见，法院将不予支持。

【案例】何某寻衅滋事案中

何某因寻衅滋事一案被提起公诉。一审审理本案的审判人员陆某曾参加与被告人何某相关的行政案件审理，但不符合审判人员主动申请回避的法定情形。在一审审理前的庭前会议及开庭审理时，均明确告知何某享有申请合议庭成员回避的权利，而何某并未申请。在二审庭审中何某的辩护人就此提出的辩护意见，法院不予支持。

（3）判员与被告人熟识而自行申请回避，改由其他审判员独立审判，上诉人也明确表示不申请回避，在二审阶段提出原审没有保障其申请回避的权利的理由不能成立，应不予采纳。

【案例】韦某某非法持有毒品案

韦某某因非法持有毒品一案被提起公诉。一审受案审理的审判员与被告人韦某某熟识遂自行申请回避，改由其他审判员独任审判。在开庭审理前，人民法院依法向上诉人送达变更审判人员告知书。在一审庭时，韦某某同意更换的审判员对本案进行审理，明确表示不申请回避，故二审阶段韦某某上诉提出原审没有保障其申请回避的权利的理由不能成立，二审法院不予采纳。

4. 合议庭组成人员变更须告知

在审理期间，未告知原审被告人变更后的合议庭组成人员名单，剥夺各被告人申请回避的权利，违反回避制度，系程序违法。

【案例】杨某、姚某、张某非法制造、买卖、运输、邮寄、储存枪支、弹药、爆炸物案

一审法院在审理杨某、姚某、张某非法制造、买卖、运输、邮寄、储存枪支、弹药、爆炸物一案期间，两次变更审判组织，均未告知上述被告人变更后的合议庭组成人员名单。二审审理时认为，一审过程中未告知变更审判组织的行为剥夺了各被告人申请回避的权利，违反回避制度，可能影响公正审判，故裁定撤销原判，发回一审重审。

第二节 引导侦查取证

一、引导侦查取证的基本内涵

（一）引导侦查取证的概念

引导侦查取证，是指检察机关为准确认定犯罪、保证侦查活动的合法进行，适时介入侦查机关的侦查活动，围绕案件定罪标准，引导侦查机关确立正确的侦查方向，准确、全面地收集和固定证据，并及时预防、纠正侦查活动中的违法行为活动，以达到侦查机关的刑事侦查与检察机关的侦查监督相协调的目的。[①]

"引导侦查取证"最早出现于 2002 年最高人民检察院原检察长韩

[①] 刘晴主编：《侦查监督实务与技巧》，中国检察出版社 2013 年版，第 190 页。

杼滨在第九届人大第五次会议上的报告中,随后最高人民检察院召开了全国刑事检察工作会议,会议提出了"坚持、巩固和完善适时介入侦查、引导侦查取证、强化侦查监督工作机制改革措施",随后检察引导侦查取证这一名词得到了大家的广泛认可。① 在实践中,与引导侦查取证密切相关的是"提前介入"一词,侦查机关需要检察机关对某些案件引导侦查,就会发出"提前介入"的邀请,检察机关也习惯使用"提前介入"一词来表述该项工作的名称。检察机关"提前介入"侦查活动诞生于20世纪80年代的严打时期,检察机关为配合"从重从快"的刑事政策,进一步提高办案效率,在侦查机关移送审查逮捕和审查起诉前即派员提前审阅案卷材料,参与侦查机关的案件讨论,并对侦查中存在的程序和实体问题提出意见和建议。② 自此"提前介入"一词沿用至今。全国统一业务应用系统并把"侦监适时介入侦查案件"专门规定为一类案件,为该类案件的办理设置了专门的案卡。

在理论界和实务界中,和"引导侦查"相提并论的还有"领导侦查"和"指导侦查"。领导侦查是实行检、警合一的大陆法系国家的检察制度的特点,在侦查程序中,承担起诉职能的检察机关是主导和中心,检察机关不仅可以自行侦查,而且可以命令、指挥警察机关侦查犯罪。我国实行的是分工负责、互相配合、互相制约的检、警模式,检察机关和侦查机关分工负责、相互独立,有利于发挥侦查机关的优势和积极性,同时通过检察机关对侦查活动的参与,有利于防止侦查权的滥用。③ 故我国不采纳领导侦查的说法,这也就成为我们审查逮捕权放在相对立的检察机关的原因之一。

虽然现行的刑事诉讼等相关程序法中没有出现引导侦查一词,但是

---

① 刘晴主编:《侦查监督实务与技巧》,中国检察出版社2013年版,第187页。

② 刘福谦、张忠:《〈人民检察院侦查监督、公诉部门介入职务犯罪案件侦查工作的规定〉理解与适用》,载《侦查监督指南》2015年第4辑。

③ 刘晴主编:《侦查监督实务与技巧》,中国检察出版社2013年版,第191、193页。

却规定了引导侦查的一些工作方式方法。同时《刑诉规则》和最高人民检察院、公安部联合下发的文件中也对适时介入侦查引导取证作出了规定。如《刑事诉讼法》第87条规定，公安机关提请检察机关批准逮捕犯罪嫌疑人的，在必要的时候，人民检察院可以派人参加公安机关对于重大案件的讨论。在司法实践中，检察机关派员介入参加公安机关重大案件的讨论一般在公安机关报捕前。《刑事诉讼法》第134条规定，人民检察院在审查案件的时候，对公安机关的勘验、检查，认为需要复验、复查时，可以要求公安机关复验、复查，并且可以派检察人员参加。《刑诉规则》第256条规定，经公安机关商请或者人民检察院认为有必要时，可以派员适时介入重大、疑难、复杂案件的侦查活动，参加公安机关对于重大案件的讨论，对案件性质、收集证据、法律适用提出意见，监督侦查活动是否合法。这是人民检察院适时介入侦查引导取证的法律依据。虽然现行的刑事诉讼等相关程序法中没有出现引导侦查一词，但是却规定了引导侦查的一些工作方式方法。同时，多年来的司法实践已充分证实，人民检察院通过对重大、疑难、复杂案件（包括新罪名案件的）适时介入，既可以提前了解案情、熟悉证据，确保案件质量，又能够及时向公安机关提出侦查建议，引导侦查取证，防止关键性的证据稍纵即逝；同时还有利于人民检察院依法履行侦查监督的职能，及时发现和纠正侦查活动中的违法行为。

（二）引导侦查取证的类型

1. 捕前介入侦查引导侦查取证

捕前介入侦查引导侦查取证是指人民检察院根据公安机关邀请或者经商请公安机关同意，对公安机关已经立案侦查但尚未提请批准逮捕的案件适时介入，就案件的侦查方向，涉嫌罪名，是否符合逮捕条件等事实和证据情况提出侦查取证意见的活动。捕前介入侦查的时间为公安机关刑事立案后，提请批准逮捕之前。有的县区公安机关在接重大命案的报警后，也会第一时间通知检察机关提前介入，对案发现场的勘验、检查工作进行指导。在引导内容上，包括案件是否可能涉嫌犯罪，可能涉嫌什么罪名，应当从哪些方向去开展侦查取证提出检察建议，也包括公安机关在拟提请批准逮捕前,就在案的事实和证据材料是否符合逮捕条件提出进一步侦查取证的检察建议。在监督任务上,应当对公安机关的侦查活动进行监督,重点就收集证据是否合法,采取强制措施和侦查措施是否符合法律规定进行监督,如果发现存在侦查活动违法行为,依法提出监督意见。

2. 捕后跟踪监督引导侦查取证

跟踪监督是指检察机关在审查逮捕后对侦查机关继续取证情况的跟踪监督。在主体问题上,应该是检察机关;在阶段问题上,应当是指从审查逮捕后到移送起诉前的全部过程;跟踪监督的案件是所有经过审查逮捕程序的案件,不论是证据不足不捕的案件,还是构罪不捕的案件,或者是逮捕的案件,均可以跟踪监督;在任务问题上,就是跟踪监督公安机关取证。故跟踪监督是指检察机关为确保有效指控犯罪,对审查逮捕后认为证据不足需要补充侦查或者构成犯罪需要继续侦查的案件,跟踪监督公安机关进一步侦查取证的活动。跟踪监督的类型包括对证据不足不逮捕案件的跟踪监督和对逮捕案件及构罪不捕案件的跟踪监督两种。

根据《刑事诉讼法》第90条规定,人民检察院对公安机关提请批准逮捕的案件作出不批准逮捕决定,认为需要补充侦查的,应当同时通知公安机关。《刑诉规则》第285条规定,对公安机关提请批准逮捕的犯罪嫌疑人,具有本规则第139条至第141条规定情形,人民检察院作出不批准逮捕决定的,应当说明理由,连同案卷材料送达公安机关执行。需要补充侦查的,应当制作补充侦查提纲,送交公安机关。人民检察院审查逮捕案件,不另行侦查,不直接提出采取取保候审措施的意见。这是检察机关对证据不足不逮捕案件的跟踪监督的法律依据,司法实践中,对于以涉嫌犯罪事实不清、证据不足不批准逮捕的案件,检察机关都会要求公安机关补充侦查,并送达不批准逮捕案件补充侦查提纲。通过补充侦查提纲中列明的补充侦查事项,引导公安机关进一步查清影响案件定罪及其他证据,如犯罪嫌疑人的年龄、犯罪数额、犯罪嫌疑人是否有刑事责任能力、主观目的,等等。《刑诉规则》第284条规定,对公安机关提请批准逮捕的犯罪嫌疑人,人民检察院经审查认为符合本规则第 128 条、第 136 条、第 138 条规定情形,应当作出批准逮捕的决定,连同案卷材料送达公安机关执行,并可以制作继续侦查提纲,送交公安机关。这些都是检察机关为了保障指控犯罪,依法对公安机关捕后侦查活动进行跟踪监督的相关规定。

(三) 引导侦查取证的目的

由于公安机关和检察机关在刑事犯罪打击方面的工作任务、工作重点、工作方法、工作理念等均有不同,以及基层警力少、任务繁杂,侦查机关取证时存在重实体,轻程序,重有罪证据,轻无罪、罪轻的证据,重直接证据,轻间接证据问题,导致案件矛盾突出、疑点重重,捕不下、诉不出。如果所有案件均通过审查逮捕和审查起诉把关会过于滞后,既无法形成公、检两家的工作合力,还容易造成两家之间的矛盾,因此必要的时候,如遇到重大疑难复杂案件、涉众型案件的时候,检察机关应当将把关前移至报捕前,在不干涉侦查权独立行使的前提下,通过动态监督的方式规制其不脱离法治轨道;督促公安机关围绕指控犯罪的需要收集固定证据,推动公安机关确立正确的侦查方向和思路,提升办案质量和侦查效率;在微观层面引导公安机关按照定罪的标准侦查取证,最大限度地优化调配司法资源,最终实现打击犯罪和保障人权的目标。[①]

二、引导侦查取证的工作要求

(一) 邀请参与为主、主动参与为辅原则

由于侦查工作具有较强的封闭性,如果公安机关不主动告知检察机关某一案件的进展,检察机关就无从知晓,更别说介入侦查,这就决定

[①] 刘福谦、张忠:《〈人民检察院侦查监督、公诉部门介入职务犯罪案件侦查工作的规定〉理解与适用》,载最高人民检察院侦查监督厅编:《侦查监督指南》2015 年第 4 辑。

了引导侦查中检察机关多为接受公安机关邀请，被动参与为主的现状。同时，检察机关审查逮捕环节本身具有案件数量多、办案周期短、办案压力大的特点，难以及时顾及公安机关侦查案件，这也决定了检察机关过多的主动参与条件不足。因此，结合侦查行为的特点和审查逮捕工作的现状，引导侦查工作以公安机关主动邀请、检察机关被动参与为主；但是，当检察机关通过某些途径知晓某些案件后，认为有必要介入侦查进行引导的，也可以主动介入侦查，公安机关应当支持。

（二）审阅案卷材料为主、其他介入方式为辅原则

提前介入的方式有很多种，如听取案件情况介绍、旁听公安机关讯问犯罪嫌疑人、询问被害人、证人、查阅证据材料等，检察机关通过这些方式均可以对公安机关的取证提出有针对性的意见，一般提前介入的案件都疑难、复杂的，如果想达到引导侦查机关准确、全面地收集和固定证据并对侦查活动进行监督的效果，仅仅通过听取案情介绍、参与现场勘验是不可能做到的，必须要查阅所有案卷材料，只有全面了解案卷的事实和证据，才能提出准确的引导取证意见，实现提前介入目的。因此，在引导侦查时，应当坚持以审阅案卷材料为主、其他介入方式为辅的原则。

（三）引导取证和监督工作并重原则

审查逮捕的引导侦查的宏观任务有两个，一是引导公安机关取证，二是监督公安机关侦查活动。其实侦查机关取证是否规范和侦查活动是否合法是相辅相成的，侦查机关除了内部呈报工作以外，大部分的工作都是取证工作，取证工作决定了案件的命运，取证规范了，侦查活动就合法了，取证程序不合法，则侦查活动必然违法。因此，检察机关在引导侦查时，要坚持引导取证和监督侦查活动并重。

（四）适度原则

引导侦查的适度原则，是由刑事诉讼法规定的公、检两家分工负责、互相配合、互相制约的原则决定的，应当做到介入不干预、监督不干扰、引导不替代。如果认为公安机关讯问、询问方式方法不对，就替

代公安机关去讯问、询问；认为公安机关的某些行为违法，就要求侦查机关停止所有的侦查活动；甚至于决定公安机关的侦查计划等。事实上检察人员并不一定比侦查人员更懂侦查，这些大包大揽的行为不但起不到引导侦查的效果，无法从根本上引导公安机关转变证据理念，反而会严重干扰了公安机关的侦查活动，引起公安机关的反感。检察机关在引导侦查时除了抓个案外，更应注重执法理念、工作程序和类案侦查的引导。

（五）保密原则

大多数情况下侦查机关会在第一时间邀请检察机关介入，在共同对案件讨论后，检察机关和公安机关对案件的定性、犯罪嫌疑人是否构罪、取证的重点、是否应当抓捕等方面一般会达成共识。需要引导侦查的案件大多为社会关注、敏感的案件，且可能涉及多名犯罪嫌疑人，犯罪嫌疑人本身可能早有警觉，一旦走漏消息，犯罪嫌疑人则可能会逃跑、毁灭证据等，最终延误战机，因此，检察人员对在引导侦查中知晓的内容应当严格保密。

三、引导侦查取证的工作流程及方法

（一）启动引导侦查

检察机关引导侦查以侦查机关邀请为主要启动方式，检察机关认为有必要时也可以主动提出介入侦查启动引导侦查。实践中，检察机关对一个疑难复杂案件在第一时间介入并引导侦查机关确立证据的取证方向，侦查机关收集完证据后，认为有必要时会在报捕前再次邀请检察机关介入，即大多数时候，检察机关对一个案件既会在第一时间介入，也会在报捕前介入。

（二）明确引导侦查任务

引导侦查的宏观任务有两个，即引导侦查机关取证和监督侦查活动；在微观方面就更细，如对案件的管辖、定性发表意见，对证据的收集、固定提出意见，监督纠正侦查机关存在的违法行为等。因此，引导

侦查的检察人员应当具有深厚的理论知识和丰富的实践办案经验，才能在短时间的讨论中提出准确的意见，确保侦查方向、思路不会出错。检察机关指派参与引导侦查取证工作的员额检察官，一般是具有多年的办案经验，同时还经过业务考试和遴选委员会审查等双重考察，具有较高的业务和政治素质，能够很好地完成引导侦查的任务。

（三）确定引导侦查时机

引导侦查的阶段为公安机关立案之后到审查起诉之前，公安机关立案后，检察机关就可以引导侦查。根据取证思路和方向的重要性、取证的紧迫性和侦查期间的规律性等，又可以将引导侦查时机分为案发第一时间的介入、报捕前的介入、审查起诉前的介入。第一时间的介入是指案件立案后检察机关立即介入，引导侦查机关建立取证思路和方向，此时大量的证据还没有来得及取，许多工作尚未展开。报捕前的介入是指在报捕前检察机关介入侦查。此时大部分取证工作已经完毕后，检察机关针对所取的证据综合评判还需要继续完善哪些定罪和逮捕证据，哪些侦查行为可能违法，应当在下一步侦查中避免，有点类似于办理审查逮捕案件。实践中，检察机关对一个疑难复杂案件在第一时间介入并引导侦查机关确立证据的取证方向后，侦查机关收集完证据后，认为有必要时会在报捕前再次邀请检察机关介入，即大多数时候，检察机关对一个案件既会在第一时间介入，也会在报捕前介入，有时候第一时间介入和报捕前介入并不是那么泾渭分明，对于一些特别疑难复杂案件，如组织、领导、参加黑社会性质组织罪、组织、领导传销活动罪，检察人员从案发第一时间到所有犯罪嫌疑人被报捕前会全程介入。审查起诉前的介入是指检察机关在侦查机关将案件移送起诉前介入侦查，就是公诉引导侦查。

（四）介入侦查活动

引导侦查取证的方式有很多种，但是由于介入的时机不同，并不是所有的引导侦查方式都会用上，如在第一时间介入时，很多证据还没有收集，此时就只能听取案件情况汇报、旁听第一次讯问、询问、参与勘验、检查等；报捕前介入时，证据已经基本收集到位，引导侦查人员通过查阅文书和证据可以判断出哪些证据还需要进一步完善、有哪些疑点，则可以旁听讯问、询问，需要复验、复查的参与复验、复查，所以在引导侦查时，要结合案件的具体情况、侦查进展、介入的时机去适用合适的引导侦查方式，并最终发表意见。

1. 熟悉相关法律规定

为了确保介入的效果，尤其是第一时间介入的情形，被指派的员额检察官应当以最快的速度提前熟悉相关法律法规和类似判例，确保在听取汇报后、参加讨论时发表的意见更准确。

2. 听取案件情况介绍，参与公安机关案件讨论

侦查机关接到报案、举报、控告并立案侦查后，认为案情复杂时，会以公安局或者某个办案部门的名义，通过正式的方式第一时间邀请检察机关听取案件情况介绍，参与案件讨论。司法实践中，有很多引导侦查并没有这么正式，公安机关的某个办案部门或者基层派出所的某个办案人员也会通过电话或者当面就案件是否构成犯罪及取证方向进行请教，这种情况在基层公安机关比较常见。在听取案情介绍时，应该知道侦查机关最想解决的问题是什么，围绕着问题去了解犯罪嫌疑人之间的关系、案件大致事实、证据状况等，才能快速熟悉案情，为下一步引导侦查打下基础。

3. 查阅法律文书和证据材料

报捕前证据材料基本收集完成，侦查机关邀请检察机关介入引导侦查，此时的引导侦查和审查逮捕案件类似，在审查案卷时应当注重审查犯罪嫌疑人的行为是否构成犯罪，找出证据的矛盾点和有疑惑的地方，讯问笔录中没有问透彻的地方，瑕疵书证、物证需要补正的地方，还需要哪些证据等，向侦查人员列出提纲，并当面沟通要求完善。

4. 参与勘验、检查及复验、复查和侦查实验

在参与现场勘验、检查、复验、复查时，要注意引导侦查机关在现场、人的身体上收集与犯罪活动有关的重要物体、痕迹、毛发、血液等遗留物、作案工具并依法提取，并注意监督勘验、检查时是否无关见证

人、检查女性身体时是否有女工作人员进行;在参与尸体的勘验时,要注意监督勘验时死者家属是否到场、家属无正当理由不到场或者拒绝签名的,是否进行全部录像并邀请见证人到场见证;① 在侦查实验时要注意监督侦查实验中实验人与当事人的身体素能、天气、时间、地点、使用的工具与案发的情况是否有明显差异,或者是否存在影响实验结论科学性的其他情形,是否有见证人在场等。由于案件可能发生在凌晨、地点有可能在偏远的山区,情况突然,通知检察机关参与可能会延误时机,因此在实践中,这种引导侦查方式很少使用。

5. 旁听讯问、询问

旁听讯问、询问可以熟悉案情、了解案件的争议点和矛盾点,对引导侦查取证意义重大。因此检察人员在参与旁听时应注意以下几点:旁听讯问、询问要着制服;旁听讯问、询问前要了解案情和确定旁听的目的、要解决的问题;旁听讯问、询问时不能干扰、打断讯问、询问;要围绕犯罪构成要件、案件的疑点、矛盾的地方去旁听;要留意犯罪嫌疑人、被害人说出的细节事实。

6. 其他必要的工作方式

参与搜查、陪同侦查人员调取物证、书证,提醒侦查人员调取物证、书证应当遵守法律规定。

(五) 发表意见和请示汇报

在引导侦查时,对于公安机关提出的问题,被指派的检察人员要根据情况发表意见,但要表明是个人的观点;对于罪与非罪、此罪与彼罪有争议的案件发表意见要慎重。不论是发表了肯定性的意见还是因为有争议没有发表的,检察人员应当及时向部门负责人和分管副检察长汇报,必要时也可以邀请员额检察官一起讨论,并以最快的速度回复公安机关。对于涉及重大舆情的特大疑难复杂案件,必要时可以向上级检察机关汇报。发表意见可以以书面形式,署名为员额检察官。

---

① 崔杰等:《检察机关对"命案"第一时间介入侦查探析——以现场勘验为视角》,载《侦查监督指南》2014 年第 3 辑。

（六）交换意见

引导侦查取证至关重要的手段和方式就是与侦查人员进行深入、细致并且及时的交流。侦查分秒必争，时间对于侦查至关重要，对需要从案发第一时间至报捕前以及捕后诉前全程介入的案件，检察机关和公安机关应该确定一个共同办公场所，用于检察人员提前审查证据材料、与侦查人员开展案件讨论和交换意见，以提高引导工作效率。办公场所的选择一般以更有利于侦查工作的开展为原则，实践中办案点一般由公安机关确定。

（七）录入案卡

对于适时介入、引导侦查的案件，应及时将案件的办理经过，包括听取案情汇报、参加讨论发表意见情况、参加侦查机关调查取证情况、审查证据发表意见情况、向有关领导和机关汇报情况，均录入检察机关统一业务应用系统。确保工作留痕，也为其他人提前介入提供参考。

四、引导侦查取证的工作要点

关于各个时期引导侦查的任务应该有所区别，重大案件发案后，第一时间介入的任务是对案件管辖、是否涉嫌犯罪、定性、适用法律和依法收集证据提出意见；报捕前介入侦查任务是审查案件的证据体系和犯罪事实，并就补充、完善证据、是否符合逮捕条件提出检察意见。审查起诉前和捕后的跟踪监督引导取证，主要是针对公安机关是否按照《逮捕案件继续侦查提纲》和《不捕案件补充侦查提纲》的要求，开展侦查取证工作进行的监督和引导。

（一）捕前介入侦查引导取证的要点

1. 确定案件是否具有管辖权

管辖必须具有法律依据，一般案件的管辖并不会有太大争议，但是当案件的犯罪行为发生地和结果发生地、犯罪嫌疑人、被害人均不在本地时，则要判断该案是否和本地办理的其他案件存在关联，如果没有关联，则认定没有管辖权；对于上级公安机关指定管辖的案件，检察机关则要引导侦查机关做好检察机关和审判机关的指定管辖工作。

2. 确定案件定性并决定侦查方向

对案件是否构成犯罪，应当从犯罪构成要件、违法阻却事由、责任阻却事由三个方面进行分析判断；案件的定性决定了侦查方向，是侦查的风向标，案件的定性不同，取证重点也不同，如果方向错了，则整个案件都会出错，对此罪与彼罪的认定要特别慎重，当一个案件可能涉嫌此罪、彼罪和他罪时，则要分析案件符合此罪的构成要件的原因，也要分析不符合其他罪名的构成要件的原因，定性准确了，适用法律才能准确。

3. 对证据收集、固定提出意见和建议

对证据的收集主要从犯罪构成要件要素证据、社会危险性证据和取证的合法性三个方面去引导取证。犯罪构成要件要素证据主要包括证实犯罪主体身份尤其是特殊身份的证据；证实犯罪嫌疑人主观罪过的证据，如证实犯罪嫌疑人具有非法占有的目的的证据；证实犯罪嫌疑人客观行为的证据；证实犯罪数额和犯罪情节的证据。社会危险性证据主要包括证实犯罪嫌疑人前科、家庭情况、身体状况及可能实施新的犯罪、串供、打击报复证人、被害人、逃跑的证据。取证的合法性，则主要是引导侦查机关取证应当符合法律规定。同时，要引导侦查机关注重收集间接证据，如通话详单；还要注重收集犯罪嫌疑人的无罪、罪轻辩解，不能认为犯罪嫌疑人辩解不成立就不记录，这反而会给犯罪嫌疑人翻供提供借口。总之，要从宏观和微观、实体和程序两个层面去提出意见，提高公安机关的证据意识。

4. 确定案件是否符合逮捕条件和提出补正要求

通过审查案件事实和证据体系，确定在押的所有犯罪嫌疑人是否符合逮捕条件。此时要求的逮捕条件和审查逮捕期间的逮捕条件是一致的，要同时具备证据条件、刑罚条件和社会危险性条件。通过审查，对符合逮捕条件的要将结果和需要继续取证的情况及时反馈给公安机关；对不符合逮捕条件的更要及时告知公安机关，尤其是因不具备证据条件和社会危险性条件的，要列出补充提纲，告知侦查机关下一步需要补充哪些证据，确保在报捕前将证据补充到位。

5. 监督纠正违法行为

在审查证据过程中，对发现的非法证据提出依法排除及重新收集的意见；对合法性存疑的证据提出重新收集的意见，防止该证据在法庭调查阶段被排除而导致案件存疑；对瑕疵证据提出补充完善意见。

6. 对在逃人员的处理提出意见

审查过程发现在逃人员的犯罪行为既有同案犯的口供和其他言词证据证实，又有监控录像、录音等试听资料、电子数据等客观证据证实的，建议公安机关将在逃人员和在押人员一并报捕；对于仅有言词证据证实其犯罪行为的在逃人员，为确保案件质量，不能提出报捕意见，待犯罪嫌疑人归案后，再结合证据条件决定是否报捕。

(二) 捕后跟踪监督引导取证的要点

1. 统一侦诉思想认识

检察机关承办人在办理审查逮捕案件时，根据案件事实和证据作出了最终决定，并根据案件的证据状况，对于存疑不捕并需要补充侦查的制作了补侦提纲，列明了应当补充侦查的事项，对于构罪不捕和逮捕需要继续取证的制作了继续取证意见书，列明了应当继续取证的事项，对公安机关来说，这些补充侦查事项和继续侦查事项意味着新的工作任务和新的工作量，尤其是补充侦查事项伴随着存疑不捕决定一起意味着工作被部分否定了，侦查人员产生消极情绪很正常。为此，只有让公安机关明白存疑不捕不是否定其工作，而是为了更准确地打击犯罪，存疑的案件即便逮捕了法院判不下来才是对侦查工作最根本的否定，让侦查人员从心底里接受这个结果是促进其改变消极应付的关键。因此，在作出决定前检察机关要和公安机关多沟通，要多肯定公安机关做出的成绩，还要针对案件不捕的原因作解释，让公安机关做好补侦的心理准备，公安机关才会转变观念，不但不抵触，反而主动侦查、愿意侦查。

2. 确定跟踪监督方式

根据案件需要继续侦查事项的作用不同，跟踪监督可以分为口头和书面两种。对于存疑不捕的案件需要补侦的，必须要制作书面的《不捕案件补充侦查提纲》并送达公安机关；对于逮捕案件需要继续取证的，如果继续取证的事项对案件的定罪量刑有重大作用，必须制作书面的《逮捕案件继续侦查提纲》并送达公安机关，如果需要继续取证的事项属于细枝末节的证据，可以口头告知公安机关；由于没有对应的文书，对于构罪不捕的案件需要继续取证的，可以通过口头的方式告知公安机关，并在审查逮捕意见书需要说明的问题板块中记录继续侦查的事项。在后期的跟踪监督中，则需要根据侦查的进展继续督促公安机关落实需要补充侦查和继续侦查的事项。关于后续跟踪监督的方式，检察人员首先应当将自己办理的需要补充侦查和继续取证的案件建立专门的台账，列明案件名称、审查逮捕结果及需要取证的事项，再通过电话或者见面的方式，口头督促侦查人员及时取证并要求其将补充的证据情况反馈给检察人员，检察人员及时将督促时间、督促的方式、侦查人员反馈的结果等内容记录在案。

3. 跟踪监督的后续处理

检察机关通过跟踪监督，认为需要补充侦查的证据和继续取证的证据均已取证到位，应当督促公安机关及时将案件移送起诉，有逮捕必要的，要求公安机关再次报捕。实践中，很多存疑不捕的案件因查不清楚，公安机关又不能随意撤销案件，故犯罪嫌疑人一旦成为犯罪嫌疑人，就终身是犯罪嫌疑人，严重影响了犯罪嫌疑人权利的行使，尤其是有工作单位的人员，对他们工资待遇晋级、职级晋升等方面都有影响，根据我国疑罪从无的原则，在起诉阶段对事实不清、证据不足的案件应当作出不起诉决定，在审判阶段对事实不清、证据不足的案件应当作出无罪判决，故我们认为对在侦查阶段未进入起诉及审判阶段的证据存疑的案件，公安机关也可以作出撤销案件的决定，实践中公安机关也是这么操作的，只是时间拖得比较久。如果有新的证据出现证明有犯罪事实的，还可以重新立案侦查、起诉、审判。同时为了防止侦查机关滥用撤销案件权力，通过故意不取证拖延时间的方式，包庇或者放纵犯罪嫌疑人，故对于存疑不捕的案件，经过半年或一年后的侦查取证，确实无法补充到定罪的证据，经过检察机关同意，公安机关可以撤销案件，且公安机关必须将撤销案件决定书送达检察机关。

(三)跟踪监督与提前介入在引导侦查取证上的区别

跟踪监督和引导侦查既有相同的地方,又有区别。相同的地方在于:一是二者参与的机关相同,都是由检察机关和公安机关共同参与完成;二是二者的目标相同,都是为了提高案件质量和侦查效率,优化调配司法资源,最终实现打击犯罪和保障人权的目标;三是二者核心内容相同,都是侦查该从哪些方面调查取证工作。区别在于:一是二者的侦查重点不同。跟踪监督的重点在于补充侦查,是对于案件中存疑的地方以及漏查的犯罪事实继续侦查,而引导侦查的重点在于全案所有证据的收集、调取;二是检察机关的作用不同,检察机关在跟踪监督中的作用在于监督,监督公安机关的取证,在引导侦查中的作用在于引导,为侦查机关取证指引一个方向;三是公安机关的主动性不同,在跟踪监督中,公安机关是被督促的对象,补侦主动性不强,甚至有反对情绪,但是在引导侦查中,公安机关不但积极主动取证,而且欢迎检察机关引导侦查。

五、引导侦查取证的实务操作技巧

介入引导侦查的原则是相同的,但对于不同类型的案件,引导侦查的具体方法、要点会有所不同。下面,笔者结合实践中三类常见类型犯罪案件的特点,分析此类犯罪案件侦查实务中通常存在的问题,明确在引导侦查时需要特别关注的要点。

(一)涉毒刑事案件引导侦查

近年来,涉毒刑事案件呈多发态势,且毒品犯罪数量不断攀升,此类案件在介入引导侦查时要注意以下要点:

1. 强化收集证据的时效意识

涉毒刑事案件有些证据时效性强,如果不注意及时收集,后期再想补证已不可能或难度相当大。

(1)在涉及手机等通讯工具的搜查、扣押过程中,要对犯罪嫌疑人所使用手机号码的情况加以及时固定。因为这些手机号码大都不是以涉毒人员本人的名义办理的，引导侦查机关及时对犯罪嫌疑人使用的号码加以固定，有助于在那些将技术侦查所获材料作为证据使用的案件中形成闭合的证据锁链。否则，犯罪嫌疑人一旦否认自己使用过该号码，将会进一步升级证明的难度。需要注意的是，提取短信不能仅由侦查人员看过后随意摘录下来并签上本人的名字，应当着犯罪嫌疑人的面提取，并且有该犯罪嫌疑人和见证人的签字确认。

（2）对于在交通工具上或刚离开乘坐的交通工具就被抓获的犯罪嫌疑人，应立即询问相关司乘人员，证实犯罪嫌疑人上车地点、随行人员情况、随身携带物品以及途中有没有异常表现等事实，这些证言很容易成为指控其运输毒品犯罪的有力证据。如果当时没有取证，事后再找相关司乘人员，一是难度较大，要花数倍的精力；二是即使找到司乘人员，因为他们每天都要接触大量乘客，也很难回忆清楚，证言的准确性和真实性得不到保证。

（3）在第一时间调取相关的视频资料。与案件有关的视频资料应当及时、全面地搜集、调取，如宾馆、网吧或者收费站、停车场等场所的视频监控录像。如果犯罪嫌疑人自驾车辆运输毒品而没有过路、过桥费等书证的，就应该立即提取沿途收费站的监控录像。上述要点，需要提醒侦查人员特别关注。

2. 严格收集证据的程序规范

在涉毒犯罪案件中，搜查犯罪嫌疑人随身物品或者驾乘交通工具、搜查其居住地等几乎是每一个案件都必经的程序。但在这一过程中，侦查机关由于同时关注抓获犯罪嫌疑人及查缴涉案毒品等多个方面，往往在收集证据的程序规范性上有所欠缺，后期可能导致上述证据的收集存在非法和瑕疵情况，从而影响起诉和判决。所以，公诉引导侦查时，要引导侦查人员严格遵守法律规定，规范进行搜查、扣押，固定证据不留瑕疵。

【案例】倪某贩卖毒品案

2011年2月的一天，侦查机关根据线索掌握倪某等人在一宾馆准备贩卖毒品，遂在附近蹲点守候。购毒人周某与倪某派来交付毒品的何某在宾馆外进行毒品交易时，被侦查机关抓获，侦查人员随即上宾馆二楼抓捕倪某，倪某听到动静后，先是将毒品扔至窗外楼下，后又从阳台跳楼逃走，公安机关遂对倪某网上追逃。5个月后，倪某在其临时租住处被抓获归案。

此案中，倪某在第一次从宾馆二楼阳台跳下后，腿骨骨折，未能将所扔毒品带走，后公安机关将其扔至楼下的毒品全部带上二楼宾馆房间内拍照固定。但因该旅馆执业不规范，未登记住宿人员身份信息，故未收集到证实该房间系倪某所登记住宿的证据，在该房间内抓获的倪某的哥哥和另一临时前来的女子对上述毒品的来源陈述无法相互印证，其中一人称毒品系倪某用一个20公分见方的黑箱子带来的，在现场勘查笔录和刑事摄影照片上均未见到此箱子，公安机关亦未对抛扔毒品的第一现场拍照取证，毒品来源、归属均无法查清。上述问题导致300余克毒品无法计入倪某涉毒犯罪数量中。该案中，公安机关虽然做了勘验、检查笔录，但极不规范，未对第一现场勘查、拍照，亦未对证人所提及的倪某前来时所装毒品的黑箱子进行取证、拍照，在二证人对毒品来源的陈述无法印证时，未进一步取证，后期核证时上述证人均无法再找到，收集的证据无法证实大部分毒品的归属及来源，导致本应起诉的重罪不得不轻判。

3. 增强收集证据的敏锐感和细致度

毒品犯罪具有较强的隐蔽性，而且涉毒犯罪人员反侦查意识普遍较强，这种特点决定了公诉引导侦查时需要引导侦查人员注意证据收集的敏感性和细致度。

【案例】吴某甲等人贩卖毒品案

2011年3月，犯罪嫌疑人吴甲某、吴乙某与魏某共谋从广东购买冰毒运输至岳阳后贩卖，3人从广州租用一辆汽车携带2000余克冰毒驾驶回岳阳，在临近岳阳的某收费站时，被守候在此的侦查人员查获，从3人驾乘的汽车后备箱内查获冰毒。但侦查机关并没有对该车辆进行细致、全面的搜查。立案后，侦查机关将该车开去修理厂维修，结果修理工在修理时从车椅的枕内发现一个黑色布袋，袋子里有两把手枪，手枪上未提取到涉案人员的指纹等生物信息。

这起案件因3名犯罪嫌疑人均称手枪不是自己的，不知从何而来，现场搜查又未及时发现，事后又没有足够的条件作物证鉴定，最终有关枪支的刑事责任问题无法追究和认定，放纵了犯罪。

另外，注重指纹、笔迹、银行账单的提取也需要特别注意引导。目前，在部分毒品案件中，有些犯罪嫌疑人意识到了随身携带毒品运输方式的风险，就采取通过物流运输这种比较安全、经济的方式，即使毒品被查获，也无可查证。在大宗毒品交易过程中，只有很少一部分用现金直接交易，大部分还是通过汇款方式。犯罪嫌疑人为了不引起银监部门和侦查机关注意，一般使用不同人的身份证申领多张银行卡，这些卡有的是随身携带，有的是被其亲友控制，侦查机关应当尽可能将发现、查询到的银行卡查扣，并调取完整的银行对账单。

【案例】黄某运输毒品案

2010年，犯嫌疑人黄某在成都市将毒品通过快递公司邮寄回长沙市。黄某具有较强的反侦查能力，其本人连托运单都不填写，由物流公司前台人员代为填写，收件人电话留的是一个平时基本不用的号码，毒品托运到长沙后，黄某委托一个不知情的人帮助取包，取包裹时该不知情人被当场抓获，黄某某归案后拒不认罪。

该案几乎没有直接证据可以证实黄某运输毒品的事实，后检察机关引导侦查机关从邮寄包裹上着手侦查，最后侦查人员在毒品包装袋上提取了一枚黄某某的指纹，又随即让填写托运单的服务人员辨认托运人，快递人员很快辨认出黄某，并证明黄某某以前还多次托运毒品，所留的收件人手机号码还是这个基本不用的号码。后侦查机关又根据这个号码和手机串号确定黄某某以往运输毒品的犯罪事实，案件取得重大突破，公诉引导侦查的效果得到充分体现。

(二) 涉众型经济犯罪案件引导侦查

近年来，随着经济快速发展，非法吸收公众存款、集资诈骗等涉众型经济犯罪案件数量呈快速上升趋势，此类犯罪因波及范围广、犯罪金额大、被害人数多、维稳压力重，致使案件事实难以全部查清，证据量大且复杂，侦查取证难度大。此类案件引导侦查时，需要重视以下要点：

1. 主观故意内容要明确

在涉众型经济犯罪案件中，对于主观上是否具有"非法占有目的"运用何种证据达到何种证明标准，一直是一个实践性难题。有的侦查人员往往简单地认为财产损失就是由行为人的非法占有所导致的，不愿意在收集证明行为人"非法占有目的"的证据上下工夫。当前办案实践中，对于主观上的"非法占有目的"要结合行为人的债务情况、从事相关生产经营或投资的规模、回报、资金去向以及其他与财产有关的细节和内容来加以证明，该类案件的介入侦查，要着重引导侦查机关克服畏难情绪，注意把握可能收集到的每一个证据，抽丝剥茧，才有可能最大限度地还原事实真相。

2. 犯罪数额认定方法要明晰

涉众型经济犯罪案件的社会危害性最直观地体现在犯罪金额上。一般而言，在此类案件中，多数犯罪行为人明知其许诺的高回报率不可能长期兑现，但为获取更多的资金，往往采用"拆东墙补西墙"的连环手法，用后续参与者交纳的资金支付前期参与者的回报或部分本金，骗取被害人信任以维系资金链。在有明确账册记录的情况下，涉案数额较易确定，但在实践中，钱款的借取及利息的支付并非都是通过银行转账，而存在大量的现金交易，更多的是没有账册记录、银行存汇款记录，仅有借条、收条等书证的情况。同时，借条上记载的钱款数额往往是本息混杂，难以区分本、息的具体数额。为了能够更多地挽回损失，被害人也往往会否认借条、收条中包含的利息金额，隐瞒自己已获得的利益。根据相关的法律规定，在该类涉众型经济犯罪中，对于被害人已收取的高额利息应当计入已归还本金数额，而有的被害人则认为已收到的利息不能作为偿还的本金予以扣除，应作为正常的借款或投资收益。这些问题不仅会给司法机关对犯罪数额的认定带来困难，也会由于司法认定数额与被害人期望值不一致而导致矛盾冲突。

【案例】孙某某等人集资诈骗案

2014年4月至2018年7月,被告人孙某某等人虚构种植灵芝开发保健产品将获丰厚回报的集资用途,以高额回报为诱饵,用收到的后期集资款给付返还前期集资款及利息,骗取参与集资人员信任,采用上述手段欺骗社会不特定公众参与非法集资造成1.5万余名集资参与人共计人民币6.5亿元无法偿还。被告人孙某某最终被判处死刑,缓期二年执行。

该案涉案当事人众多,且犯罪行为存续时间较长,案发时犯罪嫌疑人已销毁大部分账目,涉案资金数额庞大但又无法通过审计来解决此问题。经银行监督管理机构协调各商业银行,亦无法对往来资金作出准确的统计认定。犯罪数额的确定主要依赖于被害人陈述及其所持的"投资协议"。为了解决如何收集证明非法集资数额及损失金额证据的问题,检察机关及时介入,就前期收集的部分被害人陈述及书证进行整理,运用Excel、Access等软件对数据进行规范处理及定量分析,从而确定了后期继续收集证据的标准及对涉案损失认定的方法,与公安机关沟通了证据收集的形式标准和处理模式,这样保证了海量证据的收集标准相对统一,涉案损失的认定在审查起诉阶段也进展得较为顺利。通过这个案例我们可以看出,在涉众型经济案件的介入引导侦查过程中,认定犯罪数额的思路及方法尤为重要,及早确定认定方法及思路,可以比较好地解决此类案件中涉及犯罪数额认定的证据收集问题。

3. 赃款赃物去向要查明

在涉众型经济案件中,查清赃款去向有着极其重要的作用,一方面具有认定犯罪嫌疑人主观故意的证明作用,另一方面被害人可能更多地关注自己的损失能否挽回或能挽回多少,如果不能查清或者不能合理解释赃款去向,涉及维稳的巨大压力和定性上的诸多障碍。

【案例】石某某集资诈骗案

2010年至2011年,某证券公司员工石某某虚构理财产品,向其亲友并通过亲友向其他社会公众非法集资3000余万元。经群众举报,某公安分局对该案立案侦查。移送起诉时扣押石某某财物共计1000余万元,主要包括石某某在本市的房产 2 套、宝马轿车 1 辆及银行存款和理财产品。

该案在审查起诉期间,被害人多次上访,认为侦查人员有办人情案的嫌疑,放纵犯罪,理由就是扣押、追缴赃款、赃物不力。在退回补充查期间,检察机关要求公安机关从石某某有无外地房产、有无其他银行服务产品、其亲属名下财产有无异常变动等方向进一步查明赃款赃物去向情况。通过侦查,公安机关又查获石某某在外地银行理财产品以及案发前转移给亲属的巨额钱款等款物 1000 余万元,最终该案为被害人挽回损失的比例从 30% 上升到 60%。

在涉众型经济犯案件的介入侦查过程中,要特别注重对涉案款赃物去向的引导侦查,特别是要让侦查机关克服常见的"好查易查的就查,不好查、不容易查的就懒得想、懒得动"的缺点,让其深挖细掘,对可能藏匿赃款赃物的方式、地点、转移手段加以琢磨、研究,既完善补充定罪证据,又尽可能地挽回被害人的损失,既对犯罪嫌疑人定罪量刑,又能让案件的办理收到良好的社会效果。

(三)常见暴力、侵财类刑事案件引导侦查

盗窃、诈骗、抢劫、故意伤害、故意杀人等常见暴力、侵财类刑事案件,在介入侦查的过程中会因为个案的不同或者特殊情况而有一些值得关注的地方。现从两起具体的案例来看一看引导在应当注意的要点:

【案例】钱甲等人诈骗案

2009 年年初,被告人钱甲因在外玩赌博机而欠债,后其让友李某冒充自己单位的领导(其实钱甲和李某根本不在该单位上班,该单位也不存在),谎称业务经营需要向其父亲钱乙借钱,在将其父钱乙处所借数十万元钱款赌博挥霍后,又以同样的方式即和李某合伙经营为由通过钱乙向钱乙的邻居徐某某借钱。从 2009 年 2 月起,钱乙先后从徐某某处借款 20 余次。2010 年 7 月,在钱乙的主持下,李某以钱甲单位领导的名义给钱乙打下 150 万元的欠条,后钱乙又将钱甲交给其的所有权人为钱乙的某市新建楼盘的房产证(系伪造)交给徐某某以让徐某某放心,此后钱乙又从徐某某处再次借款 15 万元。2011 年年初,徐某某催还借款无果后将钱乙扭送至公安机关，李某此后亦到案，但因证据不足未对钱乙、李某二人提起公诉。钱甲在二人释放后 2 个多月投案自首，2012 年以诈骗罪判处其有期徒刑 12 年。但被害人徐某某对不追究钱乙、李某的刑事责任感到难以理解，不断上访。2013 年，某区检察院再次要求公安机关对该案继续侦查，后以诈骗罪对李某提起公诉。

该案在侦查期间收集的证据主要为钱甲、钱乙、李某及被害人徐某某 4 人的言词证据，但上述证据的收集极其粗糙，同一个人的多份言词证据对部分具体事实的时间节点、所述内容前后矛盾，不同人员间的言词证据对同一具体事实的证明也不能形成印证关系，而侦查机关对上述矛盾之处视而不见，甚至连同一个人为何前后陈述不一都未能在笔录中问明原因。侦查机关和检察机关均关注于 2010 年 7 月李某打下 150 万元欠条这一共同印证的事实来确定犯罪事实和犯罪数额，忽略了 150 万元的欠款是在长达近一年半的时间里通过近 20 余次借款而来，每一次借款的时间、缘由、在场人员及具体场景都未予以核实。案件中的诸多细节让人相信钱乙具有重大嫌疑，但无论是在侦查期间，还是在对钱甲审查批准逮捕、审查起诉期间，都未再对案件的诸多细节加以有效地调查和补证。比如，假房产证上的所有权人是钱乙，钱乙对于自己何时知道房产证系假的这一具体事实在 3 份笔录材料中均有涉及，但 3 次陈述的时间均不一致，同时承认自己知道办理房产证需要本人在场，但该房产本人并未亲自前往办理，并谈及是和女儿一同查询该房产证的真假。究竟是何时知道，知道后又为何还要把房产证交给徐某某，以及知道房产证是假的之后为何还要编造理由向徐某某继续借钱这些内容都未再做进一步的核实、取证工作，亦未找其女儿进行询问以确定钱乙获知房产证系伪造的时间及过程等事实。该案中类似的问题不胜枚举。

该案例的办理说明，在介入引导侦查的过程中，对一些不确定的事实或者细节，不能满足于既有证据证明的基本点，而忽略了全面审查和比对，忽略本应该引起重视，应该及时查明的细节和真相。从审查起诉本身来讲，立足现有证据来判断定罪量刑是否确实、充分，但就介入引导侦查的目的而言，唯有多角度、深层次发现可挖掘、待查证的细节和可能收集证据的方向，才能少许多遗憾，尽最大可能还原事实真相。

【案例】康某故意杀人案

2012年7月，被害人王某在遇害后一周左右被人发现藏尸于郊区一新建楼盘附近的休闲凉亭下。通过技术侦查，侦查机关发现康某的手机与被害人王某的手机在王某死前的最后一段时间位于同一基站范围内，且此后康某的手机SIM卡曾被插入被害人王某的手机内短暂使用，侦查机关据此认定康某有重大嫌疑，遂将康某抓获归案。康某归案后多次供述了自己杀害王某的犯罪事实，并对上述使用被害人手机的过程予以供认，后对犯罪事实予以翻供。

案例中，晨练群众因发现现场有异味而向侦查机关报案，侦查机关在接报后经勘查未能发现王某的尸体，一周左右后群众再次因现场有异味而报案，侦查机关此次经勘查，才发现王某的尸体。由于现场系公共场所，活动人员较多，且气温偏高，尸体已高度腐烂，未能在现场及王某尸体上提取到任何与康某有关的生物痕迹，康某被抓获后供称自己系外来打工人员，与王某素不相识，当晚在凉亭附近遇到王某，王某向其要10元钱回家，后与王某发生争执将其杀害，事后将王某的手机取回并曾将自己的手机SIM卡插入该手机内使用一小段时间，其在案发后将当天所穿衣物全部洗干净并将王某的手机等物品丢弃，公安机关未能查找到该手机。该案件在提请批准逮捕康某时，曾对进一步收集、固定证据提出很多分析和要求包括前往公安部进一步作有关痕迹鉴定。因为鉴定未能有所突破而未果，康某最终被释放。当时证明康某有罪的证据为其本人的供述及侦查机关通过技术侦查手段确定的康某手机在案发时与被害人手机在同一通信基站范围内，案发后康某曾经将自己使用的手机SIM卡插入被害人手机中使用的事实。应当说，技术侦查所获取的材料对于确定侦查方向、排查犯罪嫌疑人具有重要的作用，但在无法收集、固定其他证据的情况下，仅凭技术侦查所获取的上述材料及犯罪嫌疑人曾有的有罪供述，尚达不到证据确实、充分的要求。在介入侦查的过程中，应当就可能收集、固定证据的方向提出建议和思考，但在审查和判断的过程中，还是应当根据现有的证据作出客观的评价。

公诉介入侦查取证不仅提高了办案的质量与效率,而且通过这种介入依法对侦查活动实施监督,能够切实防止片面追诉犯罪,轻视保障人权现象的发生,更好地维护社会公平与正义。同时,公诉引导侦查的工作实践也为调整侦诉关系提供了丰富而扎实的理论依据与实践基础,其最大的积极意义就是一方面利用侦查机关的专业能力及刑侦技术,发挥侦查的长处;另一方面在证据的甄别、分析和补充、固定以及强化、完善构筑证据体系方面,发挥公诉方的长处。这样,侦诉双方既职责分明任务明确,同时又能使侦查、公诉共同构筑形成合力,双方聚结成为一个强有力的"大控方"整体,有利于刑事诉讼任务的顺利完成。

六、引导侦查取证的完善

实践中,介入引导侦查面临诸多外部和内部问题,这种现状进一步促使检察官更加重视介入侦查工作,建构介入侦查的长效机制。

(一) 侦查机关的主要问题

在"侦查中心主义"的模式下,侦查活动游离于公诉和审判之外,在司法体制上不受制约,而检方和法院则处于从属地位,法律监督和制约流于形式。虽然我国刑事诉讼法规定公检法三机关分工负责、互相配合、互相制约,但刑事诉讼的客观规律决定了后续的审查起诉和审判都建立在前期侦查取证的基础之上。从某种意义上来说,侦查成什么样,审查起诉和审判只能"就米下锅"。司法实践中,侦查机关主要存在以下问题:

1. 缺乏证据意识,重抓获犯罪嫌疑人,轻收集固定证据

受传统侦查模式的影响,侦查机关往往只注重查获、追逃犯罪嫌疑人,把所有侦查突破重心放在口供上,过多依赖口供。一旦犯罪嫌疑人"自愿"认罪,供述了侦查人员需要的案件事实,就认为案件已基本成功,从而忽视收集证明犯罪行为的其他证据以及所收集证据的客观性、合法性、关联性。由于口供具有不稳定性,一旦翻供就会影响到案件的证据体系,控诉方就处于非常被动的局面。当检察机关在批捕、起诉阶段发现问题,要求侦查机关补足证据时,往往时过境迁,已错过了最佳

取证时机。

2. 缺乏全面意识，重有罪证据，轻无罪或罪轻证据

在追诉、打击犯罪的传统思维影响下，侦查人员不注重全面收集和固定证据，把重心放在收集证明犯罪嫌疑人有罪、罪重的证据方面，对犯罪嫌疑人提出的辩解，往往视为认罪态度差、无理狡辩的表现。在审查起诉或者法庭审理阶段，辩护人提出无罪、罪轻的证据时，公诉人在无法辨别该证据是否合法有效，也不能排除控方证据的疑点时，就很难有力地指控犯罪。

3. 缺乏程序意识，重视实体结果，轻视程序合法

实践中，侦查人员在取证时，"粗放式"取证模式广泛存在，认为只要"拿到"证据就行，至于"拿到"这些证据的手段、形式、方法是否符合相关的程序性规定，则"在所不问"，导致实践中单人提审、见证人不合法、讯问地点不合法、扣押及搜查程序违反规定等程序违法、程序瑕疵的取证行为屡见不鲜。有些侦查人员为了片面追求破案率，急于求成，甚至采用刑讯逼供或变相刑讯逼供等更为严重的违法取证行为。

4. 缺乏庭审意识，重批准逮捕，轻审查起诉

实践中，由于绩效考核机制的因素，侦查机关在犯罪嫌疑人被逮捕前全力以赴，积极破案，一旦犯罪嫌疑人被检察机关批准逮捕以后，就认为万事大吉，不愿意再多投入人力、物力继续对案件进行侦查，认为即使发生错案，也是由检察机关承担责任，往往批捕后在侦查期限内不进一步完善证据，造成检察机关在审查起诉阶段的退回补充侦查率较高，且时过境迁，有些证据很难再补充到位。

（二）刑检部门的主要问题

1. 对介入侦查时间有困惑

《刑事诉讼法》第 87 条规定，公安机关要求逮捕犯罪嫌疑人的时候，应当写出提请批准逮捕书，连同案卷材料、证据，一并移送同级人民检察院审查批准。必要的时候，人民检察院可以派人参加公安机关对于重大案件的讨论。如前所述，有人据此认为提前介入的时机只能是审

查批捕阶段。刑检部门对于介入侦查的时间存在一定的困惑。逮捕是保证刑事诉讼活动顺利进行的一种强制措施，审查批准逮捕是相当一部分案件特别是重大案件中检察机关把好刑事案件质量的第一个关口，法律明确规定对侦查活动可以提前介入并进行监督是可以理解的，但是该规定并没有排除审查起诉阶段可以提前介入引导侦查。审查逮捕是刑事诉讼活动的重要环节，而审查起诉及审判才最终决定案件的定性与处理，审查起诉阶段证据量相对审查批捕更丰富，提前介入引导侦查，更能结合庭审有的放矢。

2. 引导侦查主动性不强

从刑事案件在检察院内部的流转程序来看，审查起诉毕竟是在审查批捕之后，因此会有应当在批捕阶段介入侦查为主的想法。此外，审查起诉的特点是环节多、任务重，检察官在办理已经移送起诉的案件尚需要加班加点的情形下，更不愿主动对处于侦查过程中的案件提出介入侦查的意见。加之近年来基层院公诉人流动性大、年轻人多的特点比较明显，相比侦查人员，在侦查取证等方面缺乏自信，不愿意主动参与引导侦查，"被邀请介入者多、主动要求介入者少"是基本的状态。

3. 引导侦查定位不准

主要表现在两个方面：一是产生自己主导侦查活动的意识，以领导者的姿态主导整个侦查活动，决定侦查方向及侦查内容，将"提前介入、引导侦查"工作的重心放在破案上，以侦查人员的身份行使职权，以自我为中心，凭借侦查监督干扰甚至干预侦查机关的正常办案活动。更有甚者，代替公安机关决定案件是否提请批准逮捕、移送起诉。二是将提前介入引导侦查单纯理解为协助、配合公安机关办案，对于侦查机关在侦查活动中的违法行为视而不见，或者完全站在侦查机关的立场上，没有切实履行法律监督的职能。

4. 引导侦查制约力不强

刑事诉讼法规定，在审查起诉阶段，检察机关可以将案件退回补充侦查，也可以自行补充侦查。这一规定使退回补充侦查成为司法实践中公诉引导侦查活动的主要形式，以退回补充侦查作为监督和制约侦查的主要手段，引导的手段比较单一。

5. 引导侦查能力不强

部分检察官对引导侦查流于形式，认为侦查阶段的主体是侦查机关，责任本应由侦查人员负责，如果检察官介入会转移案件风险。还有部分检察官经验欠缺，法律功底薄弱，或者沟通能力不强，单纯使用退回补充侦查手段，不能提出具体的补侦方法和目的，不能有效指明补侦方向，也较少考虑补侦的可行性，导致退回补充侦查手段滥用，影响诉讼效率。

6. 引导侦查内部机制不健全

司法实践中，普遍存在着引导侦查规范不足、程序比较随意的问题。在被邀请提前介入时，通常是由部门负责人指定人员前往侦查办案单位。在此期间，作为具体的承办人发表的仅仅是个人意见，如果业务素质有限，能力不够，发表的意见有可能会误导侦查。由于缺乏相对完善的介入机制，对于哪些案件可以提前介入引导侦查取证、如何引导侦查、引导侦查适用何种文书等均没有明确规定。

（三）如何提升引导侦查取证效果的问题

提前介入引导侦查是公安机关邀请检察机关在介入或者案情重大需要和检察机关共同研究，而跟踪监督公安机关不一定欢迎，甚至可能有反对情绪。实践中，确实存在客观无法取证的情况，但是更多的是主观原因，有的侦查人员主观上不作为，导致案件久拖不决。因此，对于这种捕后消极侦查的行为，一是建立与案件管理中心的衔接机制，对检察机关要求公安机关补充侦查或者继续侦查的案件移送审查起诉时，案件管理中心在受理时，可以要求公安机关将继续侦查和补充侦查形成的证据材料单独成卷，如发现公安机关未按照要求补充侦查的，应当要求公安机关按提纲要求侦查取证后，再移送审查逮捕。二是及时向公安机关办案单位负责人、分管副局长、局长通报。对于公安机关故意拖延取证的行为，检察机关承办人应及时将情况报告给部门负责人、分管副检察长、检察长，由部门负责人将情况告知公安机关办案单位负责人进行整改，并要求在7日内回复取证情况。三是及时向政法委、本级人大常委会报告。如果公安机关未对该问题引起重视，检察机关应通过书面的方式将该情况及时告知政法委和本级人大常委会。四是商情上级检察机关告知同级公安机关。检察机关认为必要时，可以商请上级检察机关告知同级公安机关，由上级公安机关督促落实。

第三节　证据审查与复核

一、证据审查与复核的基本内涵

（一）证据的概念

刑事诉讼中的证据是指可以用于证明案件事实的材料。《刑事诉讼法》第50条第1款规定，可以用于证明案件事实的材料，都是证据。第2款规定了8种证据：物证，书证，证人证言，被害人陈述，犯罪嫌疑人、被告人供述和辩解，鉴定意见，勘验、检查、辨认、侦查实验等笔录，视听资料、电子数据。证据在刑事诉讼活动中居于核心地位，证据的审查与判断贯穿于整个刑事诉讼过程之中。其目的在于去伪存真，查明案件的事实真相，从而为刑事诉讼活动提供根据。在审查与判断的过程中，要根据不同种类证据的特点，正确把握对刑事证据进行审查判断的标准和方法，从而保障实现刑事诉讼的任务。

（二）证据的特性

刑事证据有3个特性：

1. 客观性

刑事证据首先应当是客观存在的事实，这是其存在的基础。它的存在形式及其所反映的内容都是客观的，而不依赖于人的主观意志，更不是主观臆想、猜测、错觉等虚幻或虚假的情况。

2. 关联性

关联性的大小直接决定了证据的证明力。刑事证据应当与案件的待证事实之间存在客观联系。如果证明材料同待证事实之间根本不存在关联,则其由于不具备关联性,不能作为证据使用。

3. 合法性

第一,刑事证据的来源应该是合法的,证据必须由法定人员依照法定程序,以及合法方式收集、固定与保全。第二,刑事证据应当是经查证属实的。第三,刑事证据应当具有法定形式,即属于刑事诉讼法所规定的8种法定形式之一。

(三) 证明标准

1. 审查逮捕的证明标准

《刑事诉讼法》第81条规定审查逮捕的证据标准是"有证据证明有犯罪事实"。《刑诉规则》第128条第2款规定,有证据证明有犯罪事实是指同时具备下列情形:

(1) 有证据证明发生了犯罪事实;

(2) 有证据证明该犯罪事实是犯罪嫌疑人实施的;

(3) 证明犯罪嫌疑人实施犯罪行为的证据已经查证属实。

犯罪事实既可以是单一犯罪行为的事实,也可以是数个犯罪行为中任何一个犯罪行为的事实。

《公安机关办理刑事案件程序规定》(以下简称《办案规定》)第134条规定,具有以下情形之一的,不属于"有证据证明有犯罪事实":

(1) 证明所证明的事实不构成犯罪的;

(2) 仅有犯罪嫌疑人的有罪供述,而无其他证据印证的;

(3) 证明犯罪嫌疑人有罪和无罪的主要证据之间存在重大矛盾且难以排除的;

(4) 共同犯罪案件中,同案犯的供述存在重大矛盾,且无其他证据证明犯罪嫌疑人实施了共同犯罪行为的;

(5) 没有直接证据,间接证据不能相互印证的;

(6) 证明犯罪的证据中,对于采用刑讯逼供等非法方法收集的犯罪嫌疑人供述和采用暴力、威胁等非法方法收集的证人证言、被害人陈述依法予以排除后,其余的证据不足以证明有犯罪事实的;

(7) 现有证据不足以证明犯罪主观方面要件的;

（8）虽有证据证明发生了犯罪事实，但无证据证明犯罪事实是犯罪嫌疑人实施的；

（9）其他不能证明有犯罪事实的情形。

有证据证明有犯罪事实是指现有证据能够证明犯罪嫌疑人实施了犯罪行为。但是在审查逮捕阶段，不需要具备证明全部犯罪事实的证据，仅需证明数罪中的一罪、多次中的一次；不要求证据证实所有的犯罪情节，仅需证明基础犯罪构成的事实。但这仅仅是逮捕证明标准在量上的适当放宽，而非逮捕证明标准在质上的降低。

2. 审查起诉的证明标准

《刑诉规则》第 63 条规定，人民检察院侦查终结或者提起公诉的案件，证据应当确实、充分。证据确实、充分，应当符合以下条件：

（1）定罪量刑的事实都有证据证明；

（2）据以定案的证据均经法定程序查证属实；

（3）综合全案证据，对所认定事实已排除合理怀疑。

《刑诉规则》第 368 条规定，具有下列情形之一，不能确定犯罪嫌疑人构成犯罪和需要追究刑事责任的，属于证据不足，不符合起诉条件：

（1）犯罪构成要件事实缺乏必要的证据予以证明的；

（2）据以定罪的证据存在疑问，无法查证属实的；

（3）据以定罪的证据之间、证据与案件事实之间的矛盾不能合理排除的；

（4）根据证据得出的结论具有其他可能性，不能排除合理怀疑的；

（5）根据证据认定案件事实不符合逻辑和经验法则，得出的结论明显不符合常理的。

二、证据审查与复核的工作流程及方法

（一）基本流程

证据审查是审查人根据证据制度原则、证据规则、法律理论知识、逻辑理性和经验法则等对案件定性、犯罪嫌疑人是否应当被羁押作出判

断的一种综合性审查工作。《刑诉规则》第 62 条规定："证据的审查认定，应当结合案件的具体情况，从证据与待证事实的关联程度、各证据之间的联系、是否依照法定程序收集等方面进行综合审查判断。"其基本流程如下：

1. 阅卷审查

阅卷审查主要是对侦查机关收集固定装订成为卷宗的材料进行审阅，获取证据信息，为审查判断和运用证据奠定基础。阅卷审查应包括对讯问犯罪嫌疑人、询问证人的同步录音录像资料进行审查。阅卷审查的主要方式可以是制作阅卷笔录、对主要证据信息进行摘抄以及对证据进行必要的分类概括和组合。证据的分类组合一般参考证据种类、证明事项、证据间的逻辑联系等因素，以判明证据的合法性、关联性和真实性。

对在卷证据审查共分为三个层次：

（1）对单个证据进行审查，主要审查证据的合法性和是否具有关联性，确定单个证据的证据能力，即单个证据是否具有证据资格，是否能够用来证明案件待证事实。

（2）对犯罪构成要件证据进行审查。严格来说，单个证据的审查与犯罪构成要件审查是交叉进行的。在审查单个证据是否合法的同时必然会审查该证据是否证实了犯罪嫌疑人主体身份、客观行为等犯罪构成要件，与此同时才能确定犯罪嫌疑人是否达到了法定责任年龄、是否实施了犯罪行为等。

（3）对全案证据审查。当全案证据没有矛盾和疑点，能相互印证时，根据对单个证据的审查和犯罪构成要件证据的审查，已经基本能够得出一个审查的结果，但是当证据之间存在矛盾，案件事实有疑点时，矛盾证据如何审查、疑点如何排除就成为了审查重点。

2. 讯问犯罪嫌疑人

办理审查逮捕和审查起诉案件过程中，讯问犯罪嫌疑人，可以进一步核实案件事实和证据，排除阅卷时发现的矛盾和疑点，发现阅卷时未发现的新疑点和新问题，深挖漏罪漏犯，发现和纠正公安机关在侦查活动中的违法行为，有效地开展侦查监督。因此，讯问犯罪嫌疑人是证据审查工作的一种重要方式。

根据刑事诉讼法等相关规定，在办理审查逮捕案件中，对具有下列情形的案件必须讯问犯罪嫌疑人：

（1）对是否符合逮捕条件有疑问的。主要包括罪与非罪界限不清的，据以定罪的证据之间存在矛盾的，犯罪嫌疑人的供述前后矛盾或者违背常理，有无社会危险性难以把握的，以及犯罪嫌疑人是否达到刑事责任年龄需要确认等情形。

（2）犯罪嫌疑人要求向检察人员当面陈述的。

（3）侦查活动可能有重大违法行为的。重大违法行为是指办案严重违反法律规定的程序，或者存在刑讯逼供等严重侵犯犯罪嫌疑人人身权利和其他诉讼权利等情形。

（4）案情重大、疑难、复杂的。主要指可能被判处死刑的重大案件，以及争议较大的疑难、复杂案件。

（5）犯罪嫌疑人认罪认罚的。认罪认罚从宽制度是新修订的刑事诉讼法所确立的一项司法制度，从审查逮捕阶段就应当积极开展。这里涉及如何知晓犯罪嫌疑人认罪认罚的问题，我们认为，侦查机关报请批准逮捕时，应当对犯罪嫌疑人认罪认罚情况进行标示。检察人员在提前介入侦查时，也应关注犯罪嫌疑人是否认罪认罚。

（6）犯罪嫌疑人系未成年人的。

（7）犯罪嫌疑人是盲、聋、哑人或者是尚未完全丧失辨认或者控制自己行为能力的精神病人的。

办理审查逮捕案件，讯问未被拘留的犯罪嫌疑人，讯问前应当听取公安机关的意见；对被拘留的犯罪嫌疑人不予讯问的，应当送达听取犯罪嫌疑人意见书，由犯罪嫌疑人填写后及时收回审查并附卷。经审查认为应当讯问犯罪嫌疑人的，应当及时讯问。

在办理审查起诉案件中，讯问犯罪嫌疑人是必经的法定程序。

讯问犯罪嫌疑人时，应当依法告知其享有的诉讼权利，既要认真听取犯罪嫌疑人的有罪供述，也要重视其无罪或罪轻的辩解。犯罪嫌疑人提出受到过刑讯逼供的，要认真核查。查证属实的，对刑讯逼供获得的口供要坚决排除，不能作为逮捕、起诉的依据；一时无法查清的，对口供要持慎重态度，注意审查其他证据是否足以认定犯罪事实。实践中，案多人少矛盾突出的地方对部分审查逮捕案件依法可以不进行讯问，以集中精力办好重大、疑难、复杂案件，确保办案质量。

需要强调的是，讯问犯罪嫌疑人必须是在全面细致阅卷的基础之上，有针对性地进行讯问。实践中，有的办案人员为了加快办案速度，往往是采用先讯问犯罪嫌疑人的方式来熟悉案情，或者一次性集中讯问多个案件的犯罪嫌疑人，然后再回过头来阅卷。这种先讯问后阅卷的方式弊多利少，容易出现阅卷后才发现该讯问的问题没有讯问，已讯问的问题尚不明确的情况。因此，不宜采用先讯问后阅卷的方法。

3. 复核证据

《刑诉规则》规定，在审查案件过程中证据存在疑问的，可以复核有关证据。司法实践中，承办人对于事实、情节不清，证据存在疑问的，可以要求侦查机关加以说明，也可以补充调查核实。调查核实相关证据，可以是对在卷已有证据材料的复核；对于移送起诉案件，也可以通过自行补充侦查形成新的证据材料，以判断证据是否应当得到采信、采纳。实践中，尤其是对罪与非罪、捕与不捕、诉与不诉起决定作用的证据，对定罪数额"踩线"、刑事责任年龄临界、职务身份不明、司法鉴定不实、全凭言词证据定罪的案件，以及一罪一次犯罪案件中犯罪构成要件欠缺的案件，如发现疑点或矛盾，在法定审查期限许可的前提下，应当对关键证据进行必要调查核实，解决疑点、排除矛盾。对于在法定审查期限内需要收集、调取新的证据材料无法完成的，或者具有所取证据系关键证据、取证量大等宜由侦查机关补充侦查取证情形的，依法应当退回侦查机关补充侦查。对涉嫌非法证据的调查核实情况，应当及时通知侦查机关，并要时应建议更换承办侦查员重新开展侦查取证工作。

需要注意的是，在办理审查报请批准逮捕案件中，由于检察机关处于相对消极的居中审查判断地位，因此其能动性职能受到了一定的限制。表现在以下两个方面：

（1）不另行侦查。主要包括：一是对提请批准逮捕罪行不得自行补充侦查。检察官在办理审查逮捕案件时，由于办案期限较短，只对报请逮捕的罪行进行证据复核，不得自行进行补充侦查。二是对提请批准逮捕罪行以外的其他罪行不得自行侦查。对于在办理审查逮捕案件过程中，发现应当逮捕的犯罪嫌疑人但公安机关没有移送审查逮捕的，检察机关只能向公安机关发送《应当逮捕犯罪嫌疑人建议书》，不能自行侦查取证；对于在审查逮捕案件过程中发现的提请批准逮捕罪行以外的罪行，应当将线索移送公安机关侦查。三是对提请批准逮捕案件作出决定前不得退回补充侦查。在审查逮捕案件过程中，检察机关如果认为案件的事实不清、证据尚不充分时，应当依法作出不批准逮捕决定，同时建议公安机关补充侦查后重新提请批准逮捕。

需要说明的是，实践中对"不另行侦查"与"证据复核"之间的界限如何把握常有分歧。笔者认为，"证据复核"是对侦查机关移送的证据根据证据合法性、关联性、真实性的要求，进行必要的调查核实；"不另行侦查"是对侦查机关移送审查逮捕的罪行证据链存在缺失的情况进行调查取证。

（2）不另行提出除逮捕外的强制措施的意见。在侦查阶段，是否对犯罪嫌疑人采取取保候审、监视居住等其他强制措施，主要由侦查机关决定，侦查机关有采取取保候审、监视居住等强制措施的决定权。而且案件在侦查阶段，侦查人员对案件情况最为了解，其能够根据侦查工作的需要来判断采取何种强制措施，若检察机关提出取保候审、监视居住等强制措施的建议，可能不适应侦查办案的需要。因此，在办理审查逮捕案件时，检察官不能直接提出采取取保候审、监视居住等强制措施的意见。

（二）单个证据的审查要点

在审查单个证据时要重点审查证据的证据能力，即证据是否具备了证实案件事实的资格。认定哪些证据具有证据资格，哪些证据不具有资格，必须建立在证据能力规则之上。龙宗智教授在《审查逮捕中的证据审查》一文中将证据分为四种：第一种是非法证据；第二种是证据基本要素欠缺的证据；第三种是瑕疵证据；第四种是合法、规范的证据。此外，他还提出要建立和适用灵活、多元的证据能力规则，既要排除非法证据，也要排除基本要素欠缺的证据，同时还要排除不能补正、合理解释的瑕疵证据，以及不真实、不可靠的证据和不相关的证据。这些都是限制证据的证据能力，以维护证明程序的正当性、合法性和保证案件质量的要求。①

第一种非法证据，属于特定法律概念，仅限于《刑事诉讼法》第54条规定的证据种类。第二种基本要素欠缺的证据，如鉴定人无鉴定资质的鉴定意见就是基本要素欠缺的证据。《适用解释》第四章"证据"中规定了八大类证据具有某些情形即不能成为定案的根据，其中包含了鉴定人不具备法定资质的鉴定意见，同时还包括了一些并非因为基本要素欠缺的而不能定案的证据，如没有个别询问的证人所作的证言不能作为定案的根据，因此该解释中不能定案的证据范围比基本要素欠缺的证据范围更广更全面，更适合作为确定证据是否具备证据资格的参考标准。第三种瑕疵证据，包括收集程序违法可能严重影响司法公正的需要补正或者作出合理解释的物证、书证，还包括《适用解释》中认定的瑕疵证据。第四种合法、规范的证据。笔者认为关于证据种类，还有第五种证据，即虚假的证据和与案件无关的证据。虽然实践中两种证据很少，但是还是存在。

将证据归类的目的在于对证据审查提供方向，在审查中，审查人会有意识去审查证据的证据资格，再根据具体情况，将证据大致归为非法证据、不能定案的证据、瑕疵证据、虚假的证据和与案件无关的证据，对于可能是非法证据或是不能定案的证据或者虚假证据的，要通过和侦查机关沟通、讯问犯罪嫌疑人、询问证人和被害人等方式进一步审查，如果系瑕疵证据应该要求侦查机关补正或作出合理解释。

---

① 龙宗智：《审查逮捕中的证据审查（上）》，载最高人民检察院侦查监督厅编：《侦查监督指南》2015年第4辑。

1. 对物证、书证的审查。物证是指能够以其外部特征、物质属性、所处位置以及存在的状态等,证明案件事实的各种客观存在的物品、物质或者痕迹。书证是指用文字、符号或图画所表达的思想内容来证明案件事实的证据。① 物证、书证一般形成于案发之前或者案发过程中,案发之前形成的物证如犯罪现场的树枝、泥巴、灰尘、油漆,案发过程中形成的物证、书证如作为作案工具的枪支、刀具、钥匙、木棍、书信、照片,作为犯罪对象的伪劣产品、矿产资源、现金、账本,证实犯罪嫌疑人去过现场的指纹、脚印、DNA 等。物证、书证是客观存在的,具有较强的稳定性,不会说谎,但是也容易灭失、变质、易被转移、被伪造,需要侦查机关通过勘验、检查、提取、搜查等方式及时收集,如果侦查机关严重违反法定程序收集,将会导致证据的证据资格丧失,因此在审查物证、书证时要重点审查以下几点:

(1) 审查物证、书证来源。对于侦查机关提供的物证、书证,首先要审查来源,侦查机关是通过勘验现场、尸体、检查身体、搜查人身或其他场地收集到的,还是犯罪嫌疑人、被害人及其家属、其他人主动上交或者提供,即物证、书证总有来源,如果对物证、书证来源有疑问的,则要求侦查机关补正或者作出合理解释。《刑事诉讼法》第 56 条明确规定,收集物证、书证不符合法定程序,可能严重影响司法公正的,不能补正或者作出合理解释的,系非法证据应当予以排除。《适用解释》明确规定,对物证、书证的来源、收集程序有疑问,不能作出合理解释的,该物证、书证不得作为定案的根据。

【案例】韦文某等人运输毒品案

2017 年 2 月,犯罪嫌疑人韦文某、韦立某、韦某 3 人在云南省孟连县,将他人交给的 20 块海洛因藏匿在大挂车车厢底部,然后开着小车一路跟踪该大挂车,当大挂车行驶至沅陵服务区休息时,3 人伺机到大挂车底部取回 20 块海洛因时被大挂车司机发现,后司机报警。侦查

---

① 杨迎泽、孙锐主编:《刑事证据的收集、审查与运用》,中国检察出版社 2013 年版,第 5、32 页。

机关扣押了 20 块海洛因，经称重 20 块海洛因净重 7592 克。在案件审查过程中，承办人发现该案对大挂车进行勘验后制作的勘验笔录中记录提取了 16 块海洛因，但是扣押的却有 20 块海洛因，另有 4 块海洛因来源不明。承办人要求侦查机关作出说明。后查明另 4 块海洛因是大挂车司机在追逐犯罪嫌疑人时，犯罪嫌疑人扔掉的，司机发现后报警，警察赶到现场将该 4 块海洛因带走了。后侦查机关对该 4 块海洛因补充了提取笔录，证实 4 块海洛因的来源。

（2）审查体现物证、书证来源的笔录、清单。重点审查经勘验、检查、搜查提取、扣押的物证、书证，制作的笔录、清单是否经侦查人员、物品持有人、见证人签名，没有物品持有人签名的，是否注明原因，物品的名称、特征、数量、质量等是否注明清楚。如果上述审查结果均为否的话，该证据即属于瑕疵证据，经补正或者作出合理解释的，可以采用。

（3）审查物证、书证的去向。对于侦查机关通过勘验、搜查、提取、检查等方式收集的物证、书证，应当扣押的证据是否扣押，被害人的合法财产是否按规定发还。

（4）审查物证的照片、书证的副本、复制件的重点。一是审查物证的照片、书证的副本、复制件的真实性。对据以定案的物证、书证应当是原物、原件，但是物证的照片、录像、复制品，书证的副本、复制件与原件核对无误，经鉴定或者其他方式确定为真实的，可以作为定案的根据。一般通过目测、查看书证内容、与其他证据比对是否能相互印证等方法来确定物证的照片、书证的副本、复制件的真实性。物证的照片、录像、复制品，不能反映原物的外形和特征的，不得作为定案的根据。书证有更改或者更改迹象不能作出合理解释，或者书证的副本、复制件不能反映原件内容的，不得作为定案的根据。如提供的银行存取款记录的复制件模糊不清，无法确定存取款的实际金额的，不能作为定案的证据。

二是审查物证、书证的照片或复制件的制作过程是否合法。物证的照片、书证的副本或复制件是否由二人以上制作，有无制作人关于制作过程以及原物、原件存放于何处的文字说明和签名、被收集调取人是否有签名、盖章。如果审查结果为否,则属于瑕疵证据,经补正或者作出合理解释,可以采用。

(5) 几类特殊书证的审查

关于侦查机关出具的抓获经过、破案经过、自首、立功等情况说明的证据种类一直有争议,有的观点认为情况说明是证人证言,理由是情况说明是由侦查机关的办案人员将自己的亲身经历用书面的方式表达出来,去证实当时抓获犯罪嫌疑人的经过、案件的破获经过、接受犯罪嫌疑人自首、提供立功线索的经过,其实质是书面的言词证据。有的观点认为情况说明是书证,因为情况说明是用文字表达的思想内容来证明案件事实的证据,符合书证的定义。笔者赞同情况说明是书证的观点。《刑事诉讼法》第29条规定,侦查人员担任过本案的证人的应当自行回避,即侦查人员在一个案件中不可能即是侦查员又是证人,如果将情况说明归类为证人证言,则表示一个人既是侦查员又是证人,则与法律是相冲突的,同时情况说明不符合证人证言的表现形式,相反将情况说明归类为书证,则即不会出现身份适用的尴尬,也符合书证的表现形式。《适用解释》规定,对公安机关出具的被告人到案经过、抓获经过等材料,应当审查是否有出具该说明材料的办案人、办案机关的签名、盖章。对到案经过、抓获经过或者确定被告人有重大嫌疑的根据有疑问的,应当要求公安机关补充说明;证明被告人自首、坦白、立功的证据材料,没有加盖接受被告人投案、坦白、检举揭发等单位的印章,或者接受人员没有签名的,不得作为定案的根据。

2. 对犯罪嫌疑人供述和辩解的审查

犯罪嫌疑人供述和辩解是指犯罪嫌疑人向公安机关所作的有罪、罪重的供认和陈述,以及对无罪、罪轻的辩驳和解释。[①] 既包括对定罪事实的供述,也包含了对量刑事实的辩解。犯罪嫌疑人的有罪供述一般属

[①] 杨迎泽、孙锐主编:《刑事证据的收集、审查与运用》,中国检察出版社2013年版,第114页。

于直接证据能证实整个案件事实,承办人通过审查犯罪嫌疑人的有罪供述很快熟悉案情,对案件事实能得出基本的判断。犯罪嫌疑人供述和辩解由侦查机关通过讯问获得,因此该证据的证据资格和侦查机关的侦查行为是否合法有很大关系,有些侦查员由于欠缺讯问犯罪嫌疑人程序的知识储备,在违反程序的情况下讯问犯罪嫌疑人,如讯问未成年犯罪嫌疑人未通知法定代理人到场,有些侦查员明明知道讯问犯罪嫌疑人的程序,但是出于快速破案、图省事等一些主观想法,故意违反相关程序,即侦查机关侦查员对侦查程序的知晓程度和遵守程度,也会直接影响证据的证据能力。

(1)审查侦查人员是否存在刑讯逼供。《刑事诉讼法》第56条规定采用刑讯逼供等非法方法收集的犯罪嫌疑人供述系非法证据,应当予以排除。当犯罪嫌疑人及其家属提出公安机关有刑讯逼供行为,或者当提讯时发现犯罪嫌疑人有目光躲闪、欲言又止、步伐、体态异常等情形时,即便犯罪嫌疑人没有主动控告公安机关有刑讯逼供,检察机关均应当进行审查。具体的审查方法和处理结果,上文非法证据排除一节中有详细阐述。

(2)审查侦查人员是否使用威胁、引诱、欺骗等非法方法获取犯罪嫌疑人供述。《刑事诉讼法》第52条明确规定,严禁刑讯逼供和以威胁、引诱、欺骗以及其他非法方法收集证据,但是并没有对使用威胁、引诱、欺骗等方法收集的犯罪嫌疑人的供述的效力作出排除或者不排除的规定。所谓引诱取证就是允诺给予犯罪嫌疑人或证人一定利益,以此诱使对方供述或作证。所谓欺骗取证就是指以隐瞒真相或者虚构事实的方式获取证据。所谓威胁取证就是指使被告人精神上剧烈痛苦,违背意愿作出供述。引诱、欺骗取证方法与司法实践中的引诱型、欺骗型侦查谋略界限较难区分。龙宗智教授曾经指出:"使用谋略,意味着在一定程度上允许使用欺骗……适度欺骗是刑事审讯的基本方法之一。"①

---

① 印仕柏主编:《侦查活动监督监督重点与方法》,中国检察出版社2014年版,第137页。

司法实践中如何认定该证据的效力,需要结合具体情况来进行综合判断。

(3) 对重要程序的审查。审查犯罪嫌疑人是否核对笔录,可以通过提审时讯问犯罪嫌疑人在侦查机关讯问时是否核对笔录、核对犯罪嫌疑人签字的笔迹是否相同等方式进行审查;审查侦查机关讯问聋哑人是否提供通晓聋、哑手势的人员;讯问不通晓当地语言、文字的人,是否提供翻译,如果审查结果均为否,则以上情形下收集的证据均不能成为定案的证据。

(4) 对一般程序审查。审查讯问人是否有两人并签名;首次讯问笔录是否记录告知被讯问人相关权利和法律规定;讯问笔录填写的讯问时间、讯问人、记录人、法定代理人等是否有误或者存在矛盾。如果审查结果均为否或则讯问笔录相关要素的填写有误、存在矛盾,为瑕疵证据,经补正或者作出合理解释的,可以采用,不能补正或者作出合理解释的,不得作为定案的证据。

(5) 对未成年犯罪嫌疑人讯问程序的审查。《刑事诉讼法》第281条明确规定,讯问未成年犯罪嫌疑人时应当通知其法定代理人到场,无法通知、法定代理人不能到场的或者法定代理人是共犯的,也可以通知未成年人犯罪嫌疑人的其他成年亲属,所在学校、单位、居住地基层组织或者未成年人保护组织的代表到场。讯问女性未成年犯罪嫌疑人时,应当有女工作人员在场。

司法实践中在讯问未成年犯罪嫌疑人时经常出现以下几种违法情形:一是侦查机关讯问未成年人时未通知适格成年人到场;二是侦查机关虽然通知了成年人,但是通知的成年人不适格,如通知的成年人并非犯罪嫌疑人居住地村民委员会或者居民委员会的代表,而是侦查机关所在地基层组织的工作人员;三是侦查机关讯问女性未成年犯罪嫌疑人时无女性工作人员在场。笔者认为第一种没有通知适格成年人到场所取的证据属于瑕疵证据,因为未成年人心智不成熟,适格成年人到场的目的是防止侦查人员诱导讯问,故应当要求侦查机关作出解释和说明,若笔录内容无法和同步录音录像相互印证且不能作出合理解释的,应当排除作为批捕、起诉的依据;第二种通知到场的成年人不适格的也属于瑕疵证据，侦查机关能作出合理解释的可以作为证据使用。司法实践中，很多未成年犯罪嫌疑人的法定代理人、成年人亲属无法通知或者因对未成年人失去信心不愿意到场，当这些未成年人又无固定住所时，合适成年人到场制度很难实行。由于他们没有固定住所，于是一般以户籍所在地作为他们的居住地，通常犯罪嫌疑人的户籍在农村，犯罪地在县城，或者户籍在一个城市，而犯罪地又在另一个城市，如果一定要通知其户籍地的基层组织代表到场则存在许多障碍，如基层组织工作人员不配合、通知的时间过长会影响侦查等，再加上很多城市目前还没有未成年人保护组织，在综合考虑很多因素的情况下，侦查机关会选择通知侦查机关所在地的基层组织的工作人员到场见证。我们认为如果案件中未成年人犯罪嫌疑人符合上述情形，即使到场的代表并不完全符合法律的规定，但是审查人员通过审查全案，只要犯罪嫌疑人的供述是本人真实意思的表达，且能与其他证据相互印证，犯罪嫌疑人供述可以作为证据使用；第三种讯问女性未成年人时没有女性工作人员在场的证据也是瑕疵证据，经审查系犯罪嫌疑人意思的真实表达，能和其他证据相互印证的，可以作为证据使用。法律规定讯问女性未成年犯罪嫌疑人、询问女性未成年被害人、证人时应当有女性工作人员在场，主要考虑对未成年女性的保护，尤其是一些涉及隐私的案件，女性工作人员更温柔、更具亲和力，她们在场更利于讯问、询问的进行，如果讯问、询问时没有女性工作人员在场，但是经审查，讯问、询问内容系其真实意思的表达，能和其他证据相互印证可以作为证据使用。

（6）对犯罪嫌疑人供述的同步录音录像的审查。同步录音录像有广义和狭义之分，广义的同步录音录像是指在侦查过程中为固定证据对侦查行为进行录像后制作的同步录音录像，包括记录讯问犯罪嫌疑人被讯问过程的同步录音录像，还包括记录证人、被害人被询问过程的同步录音录像、记录称重过程、搜查过程、勘验过程、提取过程的同步录音录像等；狭义的同步录音录像仅指记录讯问犯罪嫌疑人被讯问过程的同步录音录像。此处仅指狭义的同步录音录像。关于同步录音录像证据归类目前也存在争议，有的观点认为同步录音录像应当归属为视听资料，因为它具有视听资料的特征，利用录像、录音所反映出的形象、声音证实案件事实，有的观点认为同步录音录像具有从属性，应当归属为其主证据，因为它证实的内容和主证据证实的内容一致，如其主证据为证人证言，则其应当归属为证人证言，主证据如果为勘验笔录，则其归属为勘验笔录。

《刑事诉讼法》第123条规定，侦查人员在讯问犯罪嫌疑人的时候，可以对讯问过程进行录音或者录像；对于可能判处无期徒刑、死刑的案件或者其他重大犯罪案件，应当对讯问过程进行录音或者录像。录音或者录像应当全程进行，保持完整性。《办案规定》对刑事诉讼法规定的"可能判处无期徒刑、死刑的案件"解释为，应当适用的法定刑或者量刑档次包含无期徒刑、死刑的案件；将"其他重大犯罪案件"解释为，指致人重伤、死亡的严重危害公共安全犯罪、严重侵犯公民人身权利犯罪，以及黑社会性质组织犯罪、严重毒品犯罪等重大故意犯罪案件，有的地区则直接要求对所有的案件在第一次讯问犯罪嫌疑人时必须对讯问过程进行同步录音录像。《刑诉规则》第263条、第264条规定了检察机关在审查逮捕时发现存在侦查机关可能存在刑讯逼供的可以审查同步录音录像，对于讯问笔录与同步录音、录像内容有重大实质性差异的，或者对于出现的问题不能补正或者作出合理解释的，讯问笔录不能作为批准逮捕的依据。在实践中，对于犯罪嫌疑人不论何种原因的翻供，承办人第一时间会审查同步录音录像，该证据既能证明讯问行为的合法性还能证明犯罪嫌疑人讯问笔录的真实性，鉴于该证据的重要性，在审查时应当注意审查以下几点：

一是审查侦查机关是否制作了同步录音录像。对侦查机关报捕的应当适用的法定刑为无期徒刑或者死刑或者量刑档次包含无期徒刑、死刑的案件，以及致人重伤、死亡的严重危害公共安全犯罪、严重侵犯公民人身权利犯罪，以及黑社会性质组织犯罪、严重毒品犯罪等重大故意犯罪案件，审查是否制作了同步录音录像，如果没有制作，则要求侦查机关制作。

二是对同步录音录像的形式审查。是否对讯问的全过程进行了同步录音录像；是否存在部分录音录像的问题；是否存在选择性录音录像的问题，如将犯罪嫌疑人传唤至讯问地点后，先对犯罪嫌疑人做思想工作，但对该过程不进行同步录音录像；是否记载了讯问的起止时间；同步录音录像是否能正常连续、流畅播放，画面是否清楚、音质是否清晰；结合传唤证、提押证、讯问笔录审查，是否向犯罪嫌疑人告知其法定的权利和义务、同步录音录像资料中记载的讯问人员是否与讯问笔录记载的人员一致、同步录音录像资料记载的讯问时间是否与传唤证、提押证、讯问笔录记载的时间一致、是否在法定的讯问场所进行、犯罪嫌疑人是否对讯问笔录予以核对、确认。① 如果存在上述问题，要求侦查机关补正或者作出合理解释，否则不能作为批准逮捕的依据。

三是对同步录音录像的实质审查。在对同步录音资料和询问笔录进行"比对"的过程中，应当结合两者的内容，从侦查活动合法性和讯问笔录真实性两方面进行审查，对侦查活动合法性的审查，要结合是否会导致对讯问笔录的真实性产生怀疑来进行；对讯问笔录真实性的审查，要严格把握讯问笔录的制作并不是对犯罪嫌疑人供述内容的"复制"，而是侦查人员根据案件的实际情况，在忠于犯罪嫌疑人供述原意的情况下的主观能动性活动，其与同步录音录像资料显示的犯罪嫌疑人供述可以存在一定程度的不一致，但不能存在重大实质性差异。具体为侦查人员是否存在刑讯逼供、指明问供的情形；讯问笔录是否全面记录了犯罪嫌疑人无罪、罪轻的辩解；讯问笔录是否记录了犯罪嫌疑人未曾供述的内容，导致对讯问笔录的真实性产生疑问②，如将犯罪嫌疑人对毒品的代称"家伙""东西"均以毒品代替；侦查人员讯问是否存在走过场，如先在没有录音录像设备的场地对犯罪嫌疑人讯问，后再到有录音录像设备的场地"核对"笔录。通过实质审查，发现讯问笔录和同

---

① 邓卫方：《职务犯罪审查逮捕案件同步录音录像资料审查若干问题探讨》，载《侦查监督指南》2013年第3辑。

② 邓卫方：《职务犯罪审查逮捕案件同步录音录像资料审查若干问题探讨》，载《侦查监督指南》2013年第3辑。

步录音录像记录的内容有重大实质差异的，该讯问笔录不能作为批准逮捕的依据。实践中，对"重大实质差异"的理解和认识主要从犯罪嫌疑人是否供述了讯问笔录中记录的罪行、讯问笔录记录内容与同步录音录像不一致导致是否能够认定犯罪嫌疑人涉嫌犯罪存疑等方面去理解和适用。

3. 对被害人陈述、证人证言的审查

被害人陈述是指直接遭受犯罪行为侵害的人，就自己遭受犯罪行为直接侵害的事实和有关情况，向公安机关所做的陈述。证人证言是指知道案件真实情况的人，向办案机关所做的关于案件部分或全部事实的陈述。这两种证据都由具有主观性的人将待证事实传达给接受者，决定了二者较之物证、书证等客观性较强的证据，受到主观因素影响的可能性更大，不仅仅是因为认识主体的认识理解能力限制带来的影响，还包括接受者的接受能力、主观预断等因素。① 对犯罪嫌疑人来说，被害人陈述和证人证言将可能决定其是否能够被追究刑事责任，因此被害人、证人常常面临着被威胁不准讲实话或者被贿赂作假证的境地；对被害人来说，被害人陈述决定着自己的权利能否被救济或者得到救济的程度，对证人来说，证人证言则可能影响和其有利害关系的人的利益，因此被害人、证人有可能会夸大其词、避重就轻或者隐瞒真相，因此被害人陈述、证人证言具有直接性、主观性、易变性等特点。

被害人陈述和证人证言一般情况下由侦查机关取证，因此这两种证据的证据资格和侦查机关的侦查行为是否合法有很大关系，有些侦查员由于欠缺询问证人、被害人程序的知识储备，在违反程序的情况下询问被害人、证人，如询问证人没有个别进行，有些侦查员明明知道询问被害人、证人的程序，但是出于急于快速破案、图省事等一些主观想法，故意违反相关程序，即侦查机关侦查员对侦查程序的知晓程度和遵守程度，也会直接影响着证据的证据能力。

---

① 杨迎泽、孙锐主编：《刑事证据的收集、审查与运用》，中国检察出版社2013年版，第52、83页。

（1）审查侦查人员是否使用暴力或威胁手段。《刑事诉讼法》第56条规定采用暴力、威胁等非法方法收集的证人证言、被害人陈述，系非法证据应当予以排除。侦查机关对被害人、证人使用暴力、威胁的情况情形比较少，但是也不能排除没有，因此在审查时对于证人证言、被害人陈述前后证实反复、与其他在案证据有重大矛盾或者被害人、证人直接指控侦查机关使用暴力、威胁手段取证等情形应当重点审查。关于具体的审查方法和处理方法，本书非法证据排除一节中有重点阐述。

（2）对重要程序的审查。侦查机关询问被害人、证人时是否遵守重大程序意味着被害人陈述、证人证言是否能够成为案件定案的证据，因此应当重点审查。当侦查机关询问被害人、证人时没有个别进行；书面证言没有经被害人、证人核对；询问聋哑人没有提供通晓聋、哑手势的人员；询问不通晓当地语言、文字的人，没有提供翻译的，以上情形下收集的证据均不能成为定案的证据。

（3）对证人、被害人作证能力的审查。证人、被害人作证时的年龄及精神状态及其作证内容，也会影响证据的证据资格，生理上、精神上有缺陷或者年幼，不能辨别是非、不能正确表达的人，不能作为证人，其所做的证言，不得作为证据使用；处于明显醉酒、中毒或者麻醉状态，不能正常感知或者正确表达的证人、被害人所提供的证言，不得作为证据使用。证人、被害人的猜测性、评论性、推断性的证言，不得作为证据使用，但是根据一般生活经验判断符合事实的除外。

（4）对一般程序的审查。询问笔录没有填写询问人、记录人、法定代理人姓名及询问的起止时间、地点的；询问地点不符合规定的；询问笔录没有记录告知证人、被害人有关权利义务和法律责任的；询问笔录反映出在同一时段，同一询问人员询问不同证人、被害人的，属于瑕疵证据，要求侦查机关补正或作出合理解释，不能补正，或作出合理解释，不能作为定案的证据。

关于询问未成年被害人、证人未通知适格成年人到场、通知到场的成年人不适格及询问女性未成年被害人、证人无女性工作人员到场所形成的笔录的效力同上文讯问未成年犯罪嫌疑人的笔录效力。

对被害人陈述、证人证言的同步录音录像的审查方法可以参照对犯罪嫌疑人供述和辩解的同步录音的审查方法。

4. 对勘验、检查、辨认、侦查实验笔录的审查

勘验、检查笔录是指在现场勘验、检查过程中，运用文字、图形和照相、录像、录音等方式，客观记录现场的原始状态和勘查情况的法律文书。包括勘验笔录、检查笔录、现场图、现场照片、现场录像、录音。辨认笔录是指在刑事侦查活动中，侦查机关根据案件侦查需要，在侦查人员或者检察人员的主持下，由证人、被害人或者犯罪嫌疑人对与案件有关的物品、尸体、犯罪场所或者犯罪嫌疑人进行识别、确认的一种活动。侦查实验是指侦查人员为了确定和判明与案件有关的某一事实或现象在某种情况下能否发生或怎样发生，而模拟案件原有条件，将该事实或情况实验性的重新加以演示的一种侦查活动。① 上述四种证据的形式载体均是笔录或者图片、录像等，制作主体均是侦查机关，记录的对象是均侦查活动的全过程及通过侦查活动收集的物证、书证、电子证据。

实践中还有提取、搜查、称量、犯罪现场指认笔录等四种笔录的归类并不明确，笔者认为提取、搜查、称量、犯罪现场指认笔录等四种笔录的形式载体均是笔录或者图片、录像等，制作主体均是侦查机关，记录的对象是均侦查活动的全过程及通过侦查活动收集的物证、书证、电子证据，具有和勘验、检查、辨认、侦查实验笔录相同的特征，同时《刑事诉讼法》第50条表述的是勘验、检查、辨认、侦查实验等笔录，这是一个开放性的表述，对于其他同属性证据的归类留有余地，因此提取、搜查、称量、犯罪现场指认笔录和勘验、检查、辨认、侦查实验笔录属于同类证据。

（1）对勘验、检查笔录的审查。笔录的制作是否符合法律及有关规定的要求；勘验、检查人员和见证人是否签名或盖章；勘验的时间是

---

① 杨迎泽、孙锐主编：《刑事证据的收集、审查与运用》，中国检察出版社2013年版，第198页。

否符合常理、是否拍摄现场照片、制作了现场图；笔录是否准确记录了提起勘验、检查的事由，勘验、检查的时间、地点、在场人员、现场方位、周围环境等情况，以及勘验、检查的过程；是否准确记载了现场、物品、人身、尸体等的位置、特征等详细情况以及勘验、检查、的过程；文字记载与实物或者绘图、录像、照片是否相符；现场、物品、痕迹等是否伪造或者有无破坏或者；人身特征、伤害情况、生理状态有无伪装或者变化等；对现场收集的物证、书证、视听资料是否提取或者扣押。勘验、检查笔录存在明显不符合法律、有关规定的情形，不能作出合理解释或者说明的，不得作为定案的根据。

（2）对辨认笔录的审查。一是对重要程序的审查。辨认是否是在侦查人员的主持下进行的、辨认前辨认人是否见到辨认对象、辨认活动是否是个别进行的（可以通过询问、讯问来核实）、辨认对象是否混在具有类似特征的其他对象中、辨认对象数量是否符合规定、辨认过程中是否给辨认人明显暗示、是否有明显指认，如果以上审查程序不符合规定，则该辨认笔录不能作为定案的证据。

司法实践中，经常出现犯罪嫌疑人或者被害人对某一物证、书证的直接指认，如犯罪嫌疑人在物证的照片上写明这把刀即为我用来杀人的刀，同时也没有辨认笔录。这种对物品的直接指认的证据的种类及其效力如何？首先《办案规定》第262条规定，对辨认经过和结果，应当制作辨认笔录，这种没有制作辨认笔录的对物证、书证的直接指认不具有辨认笔录的形式，不是辨认笔录，而应该认定其为物证。其次《办案规定》第260条规定，辨认物品应当混杂在5个以上同类物品中，只有对场所、尸体等特定辨认对象进行辨认的，或辨认人能够准确描述物品独有特征的，陪衬物不受数量限制。因此对于凶器的辨认，除非犯罪嫌疑人说出非常具体的特征，比如这把刀是我用来杀张三的刀，刀是什么形状，特别的是刀把的上面我刻了一个隶书"忍"字，而且照片上的刀也有一个忍字，同时制作辨认笔录，只有同时满足这两个条件，这种证据才能认定为辨认笔录，才能作为定案的证据。

实践中经常出现被害人对一个案件的多个嫌疑人照片同时进行辨

认，即在辨认时将多个犯罪嫌疑人的照片放在一起，让被害人一次性予以辨认，由于多个犯罪嫌疑人的照片放在一起，会导致整个辨认的辨认对象达不到法定的要求，因此此种情况下制作的辨认笔录也不能作为定案的根据。

二是对一般程序的审查。主持人辨认是否有两人、主持人是否详细询问辨认对象的具体特征、对辨认经过和结果是否制作专门的辨认笔录、侦查人员、见证人、辨认人是否签字、辨认笔录中是否附有辨认对象的辨认照片。如果取证过程违反上述规定，则为瑕疵证据，应当要求侦查机关补正或者作出合理解释，否则不能作为定案的根据。

（3）对侦查实验笔录的审查。一是对重要程序的审查。侦查实验的条件与案发时的条件是否有明显差异、是否有影响实验结论科学性的其他情形的。如个人身体素能、天气、时间、地点、使用的工具有明显差异的，或者存在影响实验结论科学性的其他情形的，侦查实验不能作为定案的根据。

二是对一般程序的审查。主持人是否为侦查员、是否有两名侦查员主持、实验的具体实施者、侦查人员、见证人是否签字；笔录是否记载了侦查实验的时间、环境、地点、实验的目的；是否记载了实验的内容、使用的工具、步骤、次数、方法、实验结果。对于不合理的地方，应当要求公安机关补正或者作出合理解释，否则不能作为定案的根据。

（4）对搜查、提取、称量、犯罪现场指认笔录的审查。一是对搜查笔录的审查。是否有搜查证、是否由侦查员进行、搜查人员是否有两人、侦查员、被搜查人员、见证人是否签字、被搜查人和家属均拒绝签字或者不在场的，侦查人员是否注明；搜查笔录是否详细记载了搜查证的出示经过、搜查的具体经过、搜查的具体地方（人的身体、物品、住处或其他有关的地方）、搜查妇女的身体是否有女工作人员在场；是否搜查到具体物证、书证及搜查到物证、书证、试听资料的具体位置及其特征以及是否被扣押。

二是对提取笔录的审查。提取是否由侦查员进行、侦查员是否有两人、侦查员、被提取人、见证人是否签字、笔录是否详细记载了提取的具体经过、原因、提取的物证、书证、试听资料的特征。

三是对称量笔录的审查。称量是否由侦查员进行、侦查员是否有两人、物品持有人是否在场、侦查员、物品持有人、见证人是否签字、笔录是否详细记载了称量的具体经过、称量物品的特征及包装特征、不同的物品是否分开称重、物品的净重、毛重是否分开、秤的计量是否和被称物品的重量相当及是否会导致大的误差。

四是对犯罪现场指认笔录的审查。犯罪现场指认是否由侦查员进行、侦查员是否有两人、指认过程中是否给指认人明显暗示、是否有明显指认、侦查员是否详细询问犯罪现场的具体特征、对指认经过和结果是否制作专门的指认笔录、侦查人员、见证人、指认人是否签字、指认笔录中是否附有指认现场的辨认照片。

如果取证过程违反上述规定，则为瑕疵证据，应当要求侦查机关补正或者作出合理解释，否则不能作为定案的根据。

5. 对鉴定意见的审查

鉴定意见是指具有专门知识或技能的人接受委托或聘请，运用自己的专门知识或技能对案件中的专门性问题进行分析、判断后做出的结论性意见。鉴定意见具有主观性特点，鉴定意见受到鉴定人的专业水平、经验、学术流派、职业道德甚至是个人情绪、偏好等非理性因素的影响，[①] 具有很强的主观性特点，由于鉴定的市场化，导致很多鉴定机构为了谋求利益而根据委托人的要求作出有利于委托人的鉴定意见，有的人为了逃避刑事打击，要求鉴定人员出具对被鉴定对象无刑事责任能力或者限制行为能力的鉴定意见，因此很多案件出现了对一个问题有几种不同意见的鉴定意见，导致案件的诉讼程序异常复杂，不但严重扰乱了鉴定市场的秩序，而且浪费了诉讼资源。鉴定意见还具有专业性和非专业结合的特点，鉴定意见是由具有专门的人运用专门的知识对专门的问题作出进行分析、判断后做出的意见，这些鉴定程序、方法、过程都非

[①] 杨迎泽、孙锐主编：《刑事证据的收集、审查与运用》，中国检察出版社2013年版，第151页。

常专业。如对笔迹、痕迹、DNA 的鉴定不运用专业的仪器根本无法检测，鉴定人员均是通过专业的培训锻炼出来的，在鉴定环节一般不容易出错，但是送检的人员并不是专业的，有的是当事人、有的是侦查机关，当事人提供的样本可能被损坏、侦查机关提取的送检材料、样本的程序可能违法，导致送检材料、样本被污染，最终导致鉴定意见不能成为定案的证据，因此在审查时注意以下几点。

（1）对重要程序的审查。审查鉴定机构是否具备鉴定资格和条件、鉴定人是否具备法定资格和条件、鉴定人是否违反回避规定、送检材料、样本来源是否查清或者是否被污染而不具备鉴定条件、鉴定对象与送检材料、样本是否一致、鉴定程序是否违反规定、鉴定过程和方法是否符合相关专业的规范要求、鉴定人员是否签名或盖章。如果违反上述程序规定，鉴定意见不能作为定案的根据。

【案例】全某强奸案

2017 年 7 月，犯罪嫌疑人全某趁被害人幼女刘某一人独自在家，利用刘某年幼对性懵懂无知的情形，脱掉刘某的裤子，用生殖器接触刘某的阴部对刘某性侵，并体外射精，精液遗留在刘某家的沙发上。案发后，公安机关提取了刘某家沙发上的精斑，并对刘某内裤的遗留物、刘某的血液、全某的血液和沙发上的精斑做了基因分型，结果为刘某的内裤遗留物未见有效基因分型，但是可以证实该遗留物呈阳性，则表明该内裤上的遗留物有男性分泌物。犯罪嫌疑人到案后辩解自己只有搂抱刘某和射精的行为，其未接触刘某的生殖器，但是刘某内裤的遗留物鉴定结果呈阳性则证实了犯罪嫌疑人全某的辩解不成立。承办人在审查中还发现，案件中的证据只能体现精斑是现场勘验提取得到，但是刘某内裤的遗留物、刘某的血液、全某的血液等检材的来源却无法从证据中体现，承办人要求公安机关补正，后公安机关补充的提取笔录证实上述检材是由法医人员在法医鉴定室从刘某和全某处提取，符合法律规定。

（2）对一般程序的审查。鉴定意见的形式要件是否完备，是否注明提起鉴定的事由、鉴定委托人、鉴定机构、鉴定要求、鉴定过程、检验方法等；鉴定意见是否告知当事人。如果以上审查意见均为否，则该鉴定意见为瑕疵证据，应当要求侦查机关补正，或者作出合理解释，不能补正或者作出合理解释的，鉴定意见不能作为定案的证据。

6. 对视听资料的审查

视听资料是指运用现代科学技术手段，利用录像、录音所反映出的形象、声音，反映为一定的声音和动态的图像，常见的试听资料有监控录像、电话录音、视频、音频。视听资料是以画面和音像将实际情况加以直观地再现，[①] 在各证据中具有绝对的优势，有些证据如监控视频，不但能给破案提供线索，还能证实犯罪嫌疑人是否有犯罪行为。如被害人报案称自己财物被偷后，侦查机关首先会调取监控录像，再顺着线索将犯罪嫌疑人抓获归案，一般惯偷到案后经常会否认自己的盗窃行为，而被害人仅能证实自己的财物被盗，但是不能证实是谁盗窃了自己的财物，则证实犯罪嫌疑人盗窃经过的视听资料则是关键证据，无论犯罪嫌疑人如何辩解也无法逃脱法律的制裁。在司法实践中，扒窃的犯罪嫌疑人被抓获后只供述有监控视频的扒窃事实，对与其他事实则均一概否认，可见试听资料在证据中的地位。不过试听资料也具有易变造、篡改的特点。因此在审查时应重点审查以下内容：

（1）审查试听资料的来源。任何证据都有来源，刑事诉讼法规定的8大类证据中大部分证据由侦查机关直接制作，但是也有部分证据是由侦查机关从证人、犯罪嫌疑人、被害人处提取，不论试听资料的来源如何，侦查机关必须要提供证实试听资料来源的证明材料，最常见的证据就是提取笔录，还有的是在搜查或者现场勘验时提取的，在审查上述证据时要审查是否附有提取试听资料过程的说明，是否写明制作人、持有人的身份，制作的时间、地点、条件和方法。

在司法实践中，有时会遇到侦查机关从网上下载的无法找到来源但能证实案件发生经过的视频，如某人用手机拍下的某寻衅滋事案件案发的经过以及犯罪嫌疑人行为的视频，通过社交软件多次流转后侦查机关

---

① 杨迎泽、孙锐主编：《刑事证据的收集、审查与运用》，中国检察出版社2013年版，第249页。

无法找到视频真正的来源,在认定该证据是否应被采纳时会遇到难题。如果采纳,该试听资料来源不明,如不采纳,则犯罪嫌疑人可能逃脱法律的制裁。由于视频本身就易被篡改,何况网络视频,故对网络视频的合法性、真实性、完整性的要求都比较高,在审查时注意审视频内容上的完整性、是否易被编辑、被编辑后是否存在标记等、是否存在其他合理疑点,是否其他辅助证据对其进行补强,综合审查是否采纳该网络视频,单独的且存有疑问的网络视频证据一般不予采纳。

【案例】黄某某寻衅滋事案

2018年5月,犯罪嫌疑人黄某某等人吃完饭从饭店出来后无故殴打宋某等5人。公安机关最后只抓获上身赤裸的犯罪嫌疑人黄某某。黄某某辩解自己没有实施殴打他人的行为,但是被害人宋某甲、宋某乙、张某某、饭店服务员杨某某、向某某均证实有一个上身赤裸的男子殴打被害人一方的人且多次下车欲殴打他人,对方有人驾驶一辆香槟色汽车驶向被害人一方,且对方有人持有砍刀。侦查机关提供了一份没有来源的网络视频,承办人经审查,虽然该视频来源不明,但是通过审查内容,认为该视频显示的天色、地点与案发时的情况相符,且证实的内容和被害人的陈述、证人证言高度一致,其内容具有真实性和关联性,且有其他证据补强,无篡改情况,可以作为证据使用。

(2)审查视听资料的制作过程。试听资料的内容和制作过程是否真实、有无经过剪辑、增加、删改等伪造、编辑情形;制作过程是存在威胁、引诱当事人等违反法律、有关规定的情形。

(3)审查试听资料是否为原件。如果提取的是复制件,是否附有无法调取原件的原因、复制件制作过程和原件存放的地点的说明,制作人、原试听资料持有人是否签名或者盖章,这和物证、书证的。

7. 对电子数据的审查

《关于办理刑事案件收集提取和审查判断电子数据若干问题的规定》(以下简称《电子数据规定》)对电子数据的定义是:案件发生过程中形成的,以数字化形式存储、处理、传输的,能够证明案件事实的数据。常见的电子数据包括网页、博客、朋友圈、贴吧、网盘等网络平台发布的信息；手机短信、电子邮件等网络应用服务的通信信息；电子交易记录、通信记录、登录日志等信息；文档、图片、音视频、数字证书等电子文件。实践中，电子数据中的音视频和试听资料的音视频很容易被混淆，区分的关键主要是判断该音视频存在的存储形式，以数字化形式存储的即为电子数据。如"快播案"的黄色视频则属于电子数据。以模拟信号的方式进行存储的即为试听资料，如监视器录制的监控录像、电话录音则属于试听资料。

"快播案"暴露了司法实践中在提取、审查电子数据时遇到几个难题，如何确保电子数据提取的完整性；如何确保电子数据提取、分析过程的可回溯性，即电子数据是由何人、何时、在何地、采用何种方式所提取，有无见证人在场等必备细节能够予以完整回溯；如何确保电子数据保管链的可视性，即能够运用证据证明、显现电子数据保管链的状态及形成过程。[①] 这就要求司法机关在收集、提取、转移、使用电子数据时遵守法定程序，且做到时时记录、处处留痕，确保程序之间无缝链接。故在审查电子数据时应着重从以下几个方面进行审查：

（1）审查电子数据真实性。是否移送原始存储介质；原始介质无法封存、不便移动时，有无说明原因，并注明收集、提取过程及原始存储介质的存放地点或电子数据的来源；审查电子数据的转移记录和电子数据使用登记记录是否完备，确定电子数据再转移过程中不会被篡改、污染。

（2）审查电子数据的完整性。审查原始存储介质的扣押、封存状态；审查电子数据的收集、提取过程；比对电子数据完整性校验值；与备份的电子数据进行比较，确保电子数据无遗漏、无毁损。

（3）审查电子数据的合法性。收集、提取电子数据是否由2名以上侦查人员进行、侦查人员是否具有资质，取证方法是否符合相关技术标准；收集、提取电子数据，是否制作并附有笔录、清单，并经侦查人员、持有人、见证人；远程调取境外或者异地的电子数据的，是否注明

[①] 王志刚：《从"快播案"看当前电子数据运用困境》，载《法治研究》2016年第4期。

相关情况；对电子数据的类别、文件格式等是否注明清楚；是否对相关活动进行录像。

电子数据系篡改、伪造或者无法确定真伪的；有增加、删除、修改等情形，影响电子数据真实性的，不得作为定案的根据。电子数据未以封存状态移送；笔录或者清单上面没有侦查人员、电子数据持有人、见证人签名或者盖章的；对电子数据的名称、类别、格式等注明不清的，是瑕疵证据，经补正或者作出合理解释，可以采用，不能补正或者作出合理解释的，不得作为定案的根据。

侦查员获得电子数据提取资格需要经过专门的培训，还要通过一定的考试，同时还要求侦查员所属的侦查机关具有一定规模的实验室和硬件设备，很多基层的公安机关不具备硬件条件，因此都不具备提取电子证据的资格，对于能证实案件事实的QQ、微信聊天记录、手机短信息等证据，公安机关一般通过拍照的方式提取，由于提取的证据的形式不符合电子数据的形式要求，因此在实践中，一般将上述证据认定为书证，而不是电子数据。

(三) 犯罪构成要件证据的审查要点

1. 对证明犯罪主体身份的证据审查

实践中，犯罪主体身份要素包括犯罪嫌疑人的年龄、是否为在校学生、特殊主体、是否为国家工作人员、是否为单位、在单位的职务、是否怀孕或者正在哺乳、刑事责任能力、前科、家庭情况、是否有严重疾病等可能影响强制措施适用和刑事判决的要素，如果这些要素没有查清则可能导致错误的羁押和判决，因此要特别慎重。

(1) 如何审查证实未成年人年龄的证据。《适用解释》第146条规定，审查被告人实施被指控的犯罪时或者审判时是否达到相应法定责任年龄，应当根据户籍证明、出生证明文件、学籍卡、人口普查登记、无利害关系人的证言等证据综合判断。证明被告人已满14周岁、16周岁、18周岁或者不满75周岁的证据不足的，应当认定被告人不满14周岁、不满16周岁、不满18周岁或者已满75周岁。《死刑案件证据规定》还规定审查犯罪嫌疑人的年龄，必要时，可以进行骨龄鉴定，并将结果作为判断被告人年龄的参考。最高人民检察院《关于"骨龄鉴定"能够作为确定刑事责任年龄证据使用的批复》规定，当骨龄鉴定结论不能确定犯罪嫌疑人实施犯罪行为时的年龄，而且鉴定结论又表明犯罪嫌疑人年龄介于刑法规定的应负刑事责任年龄上下的，应当依法慎重处理。

（2）如何审查证实犯罪嫌疑人刑事责任能力的证据。犯罪嫌疑人是否具有刑事责任能力以及具有刑事责任能力的程度，可以决定案件是否需要追究刑事责任及追究的程度。一般通过审查鉴定机构出具的鉴定意见、犯罪嫌疑人的供述、被害人陈述、证人证言、居委会、村委会的证明等综合判断。

（3）如何审查证实特殊主体的证据。刑法分则中大部分的罪名的主体为一般主体，还有些罪名的主体需要犯罪嫌疑人系特殊主体，如职务犯罪需要犯罪嫌疑人系国家工作人员或者非国有单位的工作人员。单位犯罪中的直接负责的主管人员也必须具有特殊的身份。因此可以通过审查证实犯罪嫌疑人身份及工作职责的书证，如公务员登记表、嫌疑人与单位签订的劳动合同、聘任书、单位的工商、税务登记、营业执照、单位的任职通知、单位成员职责划分表，来确认犯罪嫌疑人是否具有特殊身份、是否利用了职务的便利等。

（4）如何审查影响犯罪嫌疑人适用强制措施的证据。关于证实犯罪嫌疑人是否为在校学生的证据，可以审查犯罪嫌疑人的家属的证言、学校的学籍卡、户籍证明、老师的证言等；关于证实犯罪嫌疑人前科的证据，可以审查犯罪嫌疑人的行政处罚记录、强制戒毒记录、判决书、全国犯罪人员信息库信息、释放证明等；关于证实犯罪嫌疑人的家庭情况的证据，可以审查犯罪嫌疑人的供述、家属的证言、居委会、村委会的证明来确定犯罪嫌疑人是否是生活不能自理的人的唯一抚养人、犯罪嫌疑人家属是否具有帮教条件、是否有能力提供保证金等；通过审查医院提供的B超检查单、犯罪嫌疑人的家属、邻居的证言，来确定犯罪嫌疑人是否怀孕、犯罪嫌疑人是否存在生养婴儿但不哺乳的情况；通过审查医院提供的疾病诊断书、查看犯罪嫌疑人状态、家属的证言、看守所出具的不适宜羁押的证明书等确定犯罪嫌疑人是否确有不适宜羁押的严重疾病。

2. 对证明犯罪对象的证据审查

犯罪对象是指犯罪分子在犯罪过程中对之直接施加影响的，并通过影响使某种客体遭受侵犯的具体的人或物。① 实践中，被侵害的物主要是指公私财物，常见的公私财物主要有物品、现金、虚拟货币、有价证券、枪支，特殊的如成为盗窃对象的金融机构。在某些时候犯罪对象被侵害的程度即犯罪结果能决定犯罪嫌疑人的行为是否构成犯罪。如电信诈骗的财物价值需要达到3000元以上。被侵害的人主要是指人的身体，主要表现在人的生命、健康、自由、性自主权、名誉、安全等人身权利和民主权利受到侵害。某些罪名需要的是特殊的被侵害对象，如儿童、妇女、童工、军人的配偶，有些罪名的侵害对象不同，对犯罪嫌疑人的主观明知要求也不同，如强奸12岁以下幼女不需要犯罪嫌疑人有主观明知。同时决定上述特殊被侵害对象的要素包括被害人的性别、年龄、被害人的精神发育程度、性防卫能力等。因此要在审查犯罪对象时应根据对象的性质有所区别。

（1）审查被侵害对象为物时的重点。审查被侵害对象为物时以审查犯罪结果为重点，而证实犯罪结果的证据一般包括犯罪嫌疑人供述、被害人陈述等言词证据，还包括物证、书证、鉴定意见等客观证据，综合审查犯罪结果是否达到了犯罪立案标准。有些案件需要通过鉴定来证明犯罪结果，如非法持有枪支罪，需要通过鉴定来确定犯罪嫌疑人持有的确实是枪支，还有故意毁坏财物罪，需要通过鉴定来确定犯罪嫌疑人毁坏的财物达到了立案追诉标准。故对鉴定意见的核对就非常重要，在实践中可以审查讯问犯罪嫌疑人供述和辩解、被害人陈述、证人证言、被鉴定物体的照片、物品清单，查阅相关鉴定标准，与鉴定人员的沟通、了解被鉴定物品的市场价，查阅文证审查结果等方式来确定被鉴定

---

① 张少林、王延祥、张亮：《审查逮捕证据审查与判断要点》，中国检察出版社2014年版，第230页。

物品的价值。在办理故意毁坏财物案以及类似案件中,要特别注意财物的毁坏程度是否全部毁损还是部分毁损、可以修复还是不能修复,如果以鉴定意见的结果论则可能导致错案。

【案例】张某故意毁坏财物案

犯罪嫌疑人张某因其母亲和某小区物业管理人员发生纠纷,遂前去该小区了解情况,发现小区的车牌识别器的栏杆并未打开,于是驾驶车辆冲过保安岗亭的车牌识别器的栏杆,导致车辆识别器损坏,到达现场后,与已经在现场执法的公安民警发生冲突,并损坏门禁组装电脑、花钵等。经鉴定,张某损坏的物品价值 19800 元。但是犯罪嫌疑人辩解其只是冲过栏杆并未损坏识别器,承办人要求侦查机关提供证明识别器已经完全损坏、现场被损坏的清单、照片等证据,但是侦查机关无法提供,最终承办人未认定该物品的鉴定价值。

(2) 审查被侵害对象为人时的重点。当被侵害对象为人时,应重点审查被侵害人的性别、年龄、被害人精神发育程度、性防卫能力、被侵害的损伤程度等。对证实被害人的年龄的证据审查和对证实犯罪嫌疑人的年龄的证据的审查应该是一致的,上文已阐述。证明被害人的精神发育程度、性防卫能力、被侵害的损伤程度等需要通过鉴定来证实,因此要认真核对鉴定意见,对鉴定意见的核对和上文中的方法类似。

3. 对证明主观方面的证据审查

犯罪主观方面,是指犯罪主体对自己所实施的犯罪行为及其危害结果的心理态度,包括罪过、犯罪目的、犯罪动机。其中,罪过即犯罪的故意或过失,是犯罪主观方面最核心的内容,也是任一犯罪所必备的主观要件;犯罪目的只是某些犯罪构成所必备的主观要件,具有选择性;而犯罪动机不是犯罪构成必备的主观要件,一般不影响定罪,但可能会对量刑、案件的侦查产生一定的影响。[①]

我国大部分的犯罪为故意犯罪,即犯罪嫌疑人必须明知自己的行为

[①] 张少林、王延祥、张亮:《审查逮捕证据审查与判断要点》,中国检察出版社 2014 年版,第 232 页。

会发生危害社会的结果，并且希望或者放任这种结果发生，由于"明知自己的行为会发生危害社会的结果"是必备条件，且大多数的"明知"是显而易见的，因此在大部分的刑法条文中并没有规定"明知"，只对少部分的罪名在罪状中规定了"明知"，如销售假冒注册商标的商品罪规定销售明知是假冒注册商标的商品，因此是否明知则影响罪与非罪，有些"明知"会影响此罪与彼罪的认定，如洗钱罪规定犯罪嫌疑人必须明知是毒品犯罪、黑社会性质组织犯罪等犯罪所得，如果上述"明知"不清楚，则只能认定为掩饰、隐瞒犯罪所得罪。有些犯罪行为的明知包括知道和应当知道，知道必须直接证明，应当知道可以推定，但是必须有法律的明确规定，如在某些具体环境和条件的贩卖、运输、走私毒品行为可以推定犯罪嫌疑人应当知道携带、运输、邮寄的即是毒品。因此在审查判断犯罪嫌疑人是否"明知"时应当根据法律的不同要求，综合审查全案证据来确定犯罪嫌疑人是否"明知"。《关于依法惩治性侵未成年人犯罪的意见》规定，对于已满12周岁不满14周岁的被害人，从其身体发育状况、言谈举止、衣着特征、生活作息规律等观察可能是幼女，而实施奸淫等性侵害行为的，应当认定行为人"明知"对方是幼女。

在故意犯罪中，有些犯罪必须满足特定的犯罪目的，如非法转让、倒卖土地使用权罪规定犯罪嫌疑人必须以牟利为目的，否则不构成该罪；有些犯罪必须具有"以非法占有为目的"，如信用卡诈骗罪中恶意透支，要求持卡人以非法占有为目的，且《关于办理妨害信用卡管理刑事案件具体应用法律若干问题的解释》明确了6种可以认定为"以非法占有为目的"的情形。因此在审查犯罪嫌疑人的目的时，应当结合司法解释的要求，综合审查全案，确定犯罪嫌疑人行为是否符合法律规定的"目的"。

【案例】李某信用卡诈骗罪

犯罪嫌疑人李某2014年在中国工商银行某县支行办理了一张信用卡，截至2017年9月18日，李某透支的本金约4万元，中国工商银行某县支行多次对李某进行短信、电话、上门等方式进行催收，李某均未还款，公安机关将该案报捕。承办人经审查，李某办理信用卡时具有还款能力，后因自己承包的工程亏损无法及时归还信用卡所透支本金，且一直未外逃、变更联系方式。承办人认为没有证据证实犯罪嫌疑人主观上具有司法解释规定的以非法占有为目的的任何一种情形，最终对李某作出不捕决定。

我国刑法中还有少部分犯罪是过失犯罪，即犯罪嫌疑人应当预见自己的行为可能发生危害社会的结果，因为疏忽大意而没有预见，或者已经预见而轻信能够避免，以致发生这种结果的。在审查证据时，也应当综合审查证实犯罪嫌疑人的生活阅历、生活经验、在单位的职务、与被害人的关系等事实的证据，来确定犯罪嫌疑人是否有"过失"的罪过，如果证实没有"过失"或者不能证实其有"过失"，不能认定犯罪嫌疑人有罪。

4. 对证明犯罪行为的证据审查

犯罪行为，是指犯罪嫌疑人基于意志自由而实施的违反刑法有关规定的行为，主要包括犯罪预备行为、犯罪实施行为、逃离现场行为、处理赃物行为等，其中，犯罪实施行为是整个犯罪行为的核心环节。[①] 大部分的刑法条文直接规定的是犯罪实施行为而没有规定犯罪预备行为，如盗窃罪只规定了盗窃公私财物的行为，而没有规定为盗窃准备工具的预备行为；也有一些法条直接规定了预备行为，如准备实施恐怖活动罪规定了5种构成犯罪的预备行为，刑法对这种预备行为的量刑有专门的规定，不是比照既遂犯进行量刑。犯罪行为有犯罪预备、犯罪未遂、犯罪中止、犯罪既遂四种形态，犯罪形态决定了对犯罪嫌疑人的量刑。因此不但要审查犯罪嫌疑人是否具有犯罪行为的证据，还要审查证实犯罪嫌疑人犯罪形态的证据。在审查证实犯罪嫌疑人实施犯罪行为的证据时，一定要确保犯罪嫌疑人的实施行为符合相关法律的规定，否则认为其行为不符合犯罪构成要件，如《全国法院毒品犯罪审判工作座谈会

[①] 张少林、王延祥、张亮：《审查逮捕证据审查与判断要点》，中国检察出版社2014年版，第234页。

纪要》规定犯罪嫌疑人帮助他人代购毒品并获取"劳务费""介绍费"的行为可以贩卖毒品罪定罪处罚，因此在审查证据时不但要审查证实犯罪嫌疑人具有"代购行为"的证据，还要审查证实犯罪嫌疑人具有"获利"的证据，只有二者证据结合才能将犯罪嫌疑人的行为以贩卖毒品罪处罚。又如拒不执行判决、裁定罪，犯罪嫌疑人拒不执行必须是生效判决、裁定才构成该罪。

5. 对其他证明量刑情节的证据审查

犯罪嫌疑人主体身份、主观动机、侵犯的犯罪对象的不同、犯罪行为的具体形态等会影响对犯罪嫌疑人的量刑，还有一些犯罪事实也会影响对犯罪嫌疑人的量刑。如犯罪后犯罪嫌疑人的自首、立功、积极赔偿行为、被害人的谅解行为等，证实这些事实的证据主要有公安机关出具的关于犯罪嫌疑人自首、立功的情况说明、体现犯罪嫌疑人投案自首的证据、立功内容的犯罪嫌疑人供述、被害人出具的谅解书、和解协议书、收条等，不仅要在形式上审查，如情况说明是否加盖公章和接收人签名，谅解书是否有被害人签字或按手印；还要进行实质审查，通过当面讯问犯罪嫌疑人核对其到案经过、立功线索的来源、协助抓获同案犯的经过、直接联系被害人核对是否自愿和解、犯罪嫌疑人赔偿情况及是否收到赔偿款等，确保证实犯罪嫌疑人的量刑情节的证据的真实性。

(四) 全案证据的审查要点

我国没有专门的刑事证据法，所有关于刑事证据的收集、审查、运用的原则和规则、法则都体现在我国的《刑事诉讼法》《刑诉规则》《适用解释》《关于办理死刑案件审查判断证据若干问题的规定》《关于办理刑事案件排除非法证据若干问题的规定》等法律、司法解释的法律条文中。证据原则主要有证据裁判原则、程序法定原则、质证原则。证据规则主要有非法证据排除规则、瑕疵证据运用规则、最佳证据规则、任意性规则、证据真实性、关联性、合法性规则。证据法则主要有系统思维、矛盾法则、印证法则、经验法则、逻辑法则、口供证明力法则等。① 证据规则更多地运用在审查证据是否能被采纳，证据法则更多地运用在审查证据是否能被采信。司法人员只有牢记这些原则和规则、法则才能准确收集、审查、运用证据，在审查逮捕案件时，只有严格按照法律规定审查证据，才能做出证据的判断和决定。

1. 审查证据的合法性，排除非法证据和不能定案的证据

在审查全案证据时，首先应当审查证据是否具有证据资格，证据的采纳问题，其次才能去审查证据的证明力问题，即证据的采信问题。采纳解决的是证据的准入问题。法律往往有着明确的规定，如哪些证据属于非法证据、不能定案的证据，法律有明确的规定，是法律适用问题；采信解决的是运用证据认定案件事实的问题，要对所有被采纳的具有证据资格的证据的真实性、相互之间的关系等予以更进一步的审查，一般由证据审查主体根据经验法则和逻辑理性作出，是一个事实判断问题，法律无从预先规范。采纳是采信的前提和基础，但采纳不一定导致采信。② 对没有证据资格即不被采纳的证据应当被排除。在上文中提到，对证据是否具有证据资格的判断要从单个证据的审查开始，并且详细地阐述该如何审查刑诉法规定的 8 大类证据的证据资格，这些证据在什么情况下属于非法证据、不能定案的证据应当绝对排除，在什么情况下属于瑕疵证据可以裁量排除。

2. 审查证据的真实性和关联性，排除虚假证据和与案件无关的证据

对证据的真实性和关联性的审查，往往都要从全案证据的相互关系入手予以审查，分析他们之间的一致性、矛盾及其根源，去伪存真，最终做出正确的判断。最基本的审查判断方法就是将各个证据所能证明的内容加以比对，分析其是否一致，如果一致，是否存在为了一致而为伪

---

① 张少林、王延祥、张亮：《审查逮捕证据审查与判断要点》，中国检察出版社 2014 年版，第 66 页。

② 杨迎泽、孙锐主编：《刑事证据的收集、审查与运用》，中国检察出版社 2013 年版，第 325 页。

造证据的情况；如果不一致，分析出现的矛盾的原因。① 通过审查发现证据是虚假的、与案件无关联的应当排除。在实践中，被强制隔离戒毒的人员的涉毒案件成为虚假证据出现的高发案件，由于我国强制隔离戒毒的时间一般为两年，隔离地都在市一级城市，而情节较轻的涉毒案件如"零包贩毒"案、容留他人吸毒案的处刑较轻，大多数为 6 个月有期徒刑或者拘役，且关押地都在基层看守所，因此很多被强制隔离戒毒的人员串通同时被强制隔离戒毒的人员为自己做假证，再向强制隔离戒毒所干部主动报告自己"有罪"要求被立案侦查，最终成功因为"涉嫌犯罪"被刑事拘留，从而达到逃避强制隔离戒毒的目的。

3. 审查证据之间的矛盾和疑点，确定证据是否能采信②

司法实践中，大部分案件事实比较清楚，证据之间均能相互印证，但是也有少部分案件证据之间存在矛盾和疑点，不能相互印证，审查人员需要比对所有证据进行分析，确定采信哪些证据，不采信哪些证据，最终做出决定，这是审查证据的难点。在实践中，经常出现的矛盾和疑点的案件主要有以下几类：一是犯罪嫌疑人在侦查阶段供述稳定，在审查逮捕环节翻供的案件；二是犯罪嫌疑人在侦查阶段先供述后翻供，在审查逮捕阶段继续翻供的案件；三是犯罪嫌疑人的供述和被害人陈述相矛盾的案件；四是犯罪嫌疑人一直不供认又无其他直接证据的案件；五是犯罪嫌疑人不在案，其他同案犯的供述高度一致的案件。在审查证据有矛盾和疑点的案件时经常使用的证据法则有矛盾法则、印证法则、口供力证明法则、经验法则、逻辑法则。

（1）运用矛盾法则审查证据。矛盾法则的内容是：单一证据材料内容自相矛盾，必有问题；两个证据材料相矛盾，必有一假或者两个证据材料都有虚假成分；一证据材料与众证据材料矛盾的，多属假证；一

---

① 杨迎泽、孙锐主编：《刑事证据的收集、审查与运用》，中国检察出版社 2013 年版，第 326 页。

② 张少林、王延祥、张亮：《审查逮捕证据审查与判断要点》，中国检察出版社 2014 年版，第 69—112 页。

证据材料与案件事实相矛盾的一定是假证。在运用矛盾法则时,要结合证据来进行判断,如犯罪嫌疑人供述和被害人相互矛盾,二者必有一假或者两个证据材料都有虚假成分,通过和其他证据比对当无法确定哪一个是假的情况下,两个证据材料都不能采信。又如当犯罪嫌疑人的供述中大部分内容与案件事实相矛盾,则可以判断犯罪嫌疑人的供述属于假证。

【案例】唐某盗窃案

犯罪嫌疑人唐某以讨债为名雇佣万某为其开车并每天给予其固定租金,到某地后唐某以要讨债为由天未亮就离开2人住的宾馆,天黑后才回宾馆,唐某实际的行为是出去盗窃。2018年5月份唐某在某医院病房盗窃病人8000余元现金后离开现场,归还之前向万某借的2000元以外,还给予万某200元租金。后唐某被抓获,但是其一直否认其去过医院且盗窃过他人钱财,但是医院的监控证实唐某不但去了医院还盗窃了病人的钱并有数钱的动作,只是不能证实唐某准确盗窃的金额,且为其开车的万某称当天收到了唐某归还的欠款2000元和200元租金。由于唐某的辩解和监控证实的事实相互矛盾,则唐某的辩解在很大程度上为假证,因此不能采信,相反被害人陈述被盗窃的金额有其提供的发票金额、证人万某的证言相互印证,可以采信。故全案证据能证明犯罪嫌疑人唐某盗窃的金额达到数额较大。

(2)运用印证法则审查证据。印证法则是指在运用证据来证明案件事实的过程中,根据证据之间存在的相互吻合、相互印证等关系的情况,来判断全案证据是否确实、充分。体现印证法则的法律规定主要有,《适用解释》第91条规定证人当庭作出的证言与其庭前证言矛盾,证人能够作出合理解释,并有相关证据印证的,应当采信其庭审证言;不能作出合理解释,而其庭前证言有相关证据印证的,可以采信其庭前证言。第96条,被告人庭审中翻供,但不能合理说明翻供原因或者其辩解与全案证据矛盾,而其庭前供述与其他证据相互印证的,可以采信其庭前供述。被告人庭前供述和辩解存在反复,但庭审中供认,且与其他证据相互印证的,可以采信其庭审供述;被告人庭前供述和辩解存在反复,庭审中不供认,且无其他证据与庭前供述印证的,不得采信其庭前供述。在审查逮捕阶段针对犯罪嫌疑人翻供或者证人翻供的情况也适用上述法则。虽然犯罪嫌疑人翻供且不能说明合理理由,且其之前的供述与同步录音录像、证人证言、被害人陈述等证据能相互印证的,仍然可以认定犯罪嫌疑人涉嫌犯罪的事实清楚、证据充分。

【案例】黄某寻衅滋事案

2018年5月,犯罪嫌疑人黄某等人吃完饭从饭店出来后无故殴打宋某等5人。公安机关最后只抓获上身赤裸的犯罪嫌疑人黄某。黄某辩解自己没有实施殴打他人的行为,但是被害人宋某、宋某军、张某、饭店服务员杨某、向某、录像视频均证实有对方一个上身赤裸的男子殴打被害人一方的人且多次下车欲殴打他人,对方有人驾驶一辆香槟色汽车用力驶向被害人一方,且对方有人持有砍刀。本案中,虽然黄某本人不供认,但是其他言词证据和客观证据在证实赤膊男子殴打他人且对方有人持刀的事实上能相互印证,故本案认定黄某随意殴打他人且有人持刀的事实清楚、证据充分。

有时候高度印证的证据证实的内容不一定是真实的,因为这种印证有可能是虚假印证。尤其是对在逃人员的证据审查,当犯罪嫌疑人不在案时,即便其他在案人员均供认在逃人员参与实施了犯罪,且内容能相互印证,也不能认定在逃人员一定实施了犯罪行为,除非还有试听资料等客观证据印证,因为言词证据很容易造假,因此在审查证实在逃人员是否有犯罪行为的证据时要特别慎重。

【案例】李某、黄某、陈某盗窃案

李某、黄某两人因盗窃他人财物被抓获后,同时供认陈某和他们共同实施了犯罪,公安机关将李某、黄某、陈某一同提请批准逮捕,检察人员审查后将3人批准逮捕,陈某到案后辩解自己没有作案时间,案发时他本人正在外地,并提供了人证,经核实,陈某确实无作案时间,系李某、黄某2人诬告陷害陈某,李某、黄某2人也承认了诬告陷害陈某的事实。本案就是一个非常典型的同案犯供述虚假印证的案例。

(3)运用口供证明力法则审查证据。口供证明力法则包括了孤证不能定案法则、先供后证关系法则、口供细节性法则、最先口供具有较大真实性法则。

孤证不能定案法则体现在《刑事诉讼法》第55条的规定,对一切案件的判处都要重证据,重调查研究,不轻信口供。只有被告人供述,没有其他证据的,不能认定被告人有罪和处以刑罚,没有被告人供述,证据确实、充分的,可以认定被告人有罪和处以刑罚。实践中,对于仅有同案犯的供述证实的情况能否认定犯罪嫌疑人涉嫌犯罪,《全国部分法院审理毒品犯罪案件工作座谈会纪要》第2条规定对毒品、毒资等证据已不存在的毒品犯罪案件,只有被告人的供述和同案其他被告人供述吻合,并且完全排除诱供、逼供、串供等情形,被告人的口供与同案被告人的供述才可以作为定案的证据。因此,笔者认为仅有同案犯供述印证犯罪嫌疑人的供述,没有其他证据印证的情形只能适合毒品犯罪案件,其他案件不能适用。先供后证关系法则,即利用口供与口供之外的其他证据的取得时间先后顺序,来判断口供的真实性,进而判断案件事实的一种方法。体现在《关于办理死刑案件审查判断证据若干问题的规定》第34条,根据被告人的供述和指认提取到了隐蔽性很强的物证、书证,且与其他证明犯罪事实发生的证据相互印证,并排除串供、逼供、诱供等可能性的,可以认定有罪。

口供细节性法则是指犯罪嫌疑人口供做到具体明确、能说出犯罪的时间、地点、手段、动机、目的以及其他具体细节如赃款、赃物的数量、去向等,并且前后多次陈述内容基本一致,口供真实性就大。反之,口供如果抽象笼统或者模棱两可,或者顺着讯问人员的意思交代,叙述不出犯罪的具体细节,并且反复较大或者前后矛盾,口供就有虚假的可能。

最先口供具有较大真实性法则,是指在破案的初期,在犯罪嫌疑人尚未设立心理防线之前,讯问人员同犯罪嫌疑人初次接触时形成的材料,往往具有较高的真实性,但应注意查明审讯行为是否合法有效,有无逼供诱供等情况,犯罪嫌疑人是在什么情况下供认的,供述的完整性。

（4）运用经验法则审查证据。经验法则是指从生活经验中归纳出来的被广泛认知的，并可被运用来查明案件事实的具有高度盖然性的作为判断事物的一般知识、经验、法则和规律。有些经验是一般人都知道的，有些经验的获得必须具有特别知识或经验才能获得，如医学经验、经济学经验。有些经验是绝对的，如日常生活常识，有些经验是相对的，如知道自己权利被侵害的人会在第一时间报案，但是也不排除因为担心犯罪嫌疑人再次侵害自己而不敢报案的情形。

（5）运用逻辑法则审查证据。逻辑法则是基于某一确定事物，而推知和确定另一不明事实的存在。可以分为法律推定和事实推定。我国法律、司法解释中出现的法律推定主要有对巨额财产来源不明罪、"明知""非法占有为目的"的推定。

由于证据法则是从法律、司法解释及办案经验中总结出来的东西，很抽象，但是在实践中经常会用到，有时候办理一个案件会同时运用到多种证据法则，只是自己有时候意识不到自己在使用这些证据法则，在实践办案中如果能有意识地去运用这些法则，尤其是对证据存在矛盾和疑点的案件，作出的决定会更准确。

4. 审查证据的充分性，确定证据是否达到了有证据证明的标准

排除了没有证据资格和与案件无关的证据、补正了瑕疵证据、补充了定案需要的证据，下一步就是审查所有具有证据资格的证据的充分性，确定全案证据是达到了逮捕的证据条件即有证据证明的标准。这在上一章节逮捕的证明标准中已经详细阐述。

三、相关文书制作与应用

从证据审查复核的阶段性特征来看，对单个证据的审查在审查逮捕和审查起诉阶段并无实质差异，但审查起诉阶段由于证明标准要严于审查逮捕的证明标准，因此审查起诉阶段的对证据综合化的审查与复核要求更高，审查过程与结论会集中体现在公诉案件审查报告之中。公诉案件审查报告是证据审查与复核工作完成之后形成的综合性报告，是整个审查起诉工作的集中、全面体现，是提起公诉和出庭公诉的基础。

2002年10月，最高人民检察院公诉厅下发了《关于公诉案件审查报告制作说明》（以下简称《制作说明》）和《公诉案件审查报告（样本）》，对于规范审查报告的制作发挥了十分重要的作用。2011年9月，为进一步加强公诉基础性工作，推动公诉工作宏观指导的综合载体——公诉案件审查报告样本的与时俱进，最高人民检察院公诉厅在深入调研和广泛征求意见的基础上，对原样本进行了修改，并为使用方便，将《制作说明》中的有关内容纳入样本的有关要求之中，制定了《公诉案件（一审）审查报告（普通版样本）》和《公诉案件（一审）审查报告（简化版样本）》，以便公诉部门承办人制作审查报告时可以根据案件具体情况来选择适用。下面，我们按照高检公诉厅《公诉案件（一审）审查报告（普通版样本）》的大致顺序，介绍一下公诉案件审查报告的制作与应用。

（一）案件审查经过部分

此部分主要包括收案、权利义务告知、案件退补及延长审限几项内容。设置这部分的意义在于防止案件审查过程中出现程序性错误，这部分内容的撰写质量，能反映承办人办案的责任心。撰写这部分内容要重点把握以下几个方面：（1）对告知权利义务要写清楚，说明是否在法定期限内告知；（2）对审查报告模板的内容要与本案进行比对，不要照搬。比如，有的案件根本没有被害人，不存在被害人告知问题，但在审查报告中却叙明对被害人的权利义务进行了告知；盗窃案等不存在提起附带民事诉讼问题，审查报告却叙明对附带民事诉讼的当事人及其法定代理人已告知有关权利；（3）退回补充侦查的案件，要对退补侦查是否超期予以说明。

（二）犯罪嫌疑人基本情况及诉讼过程部分

此部分的主要包括犯罪嫌疑人的基本情况、前科情况、犯罪嫌疑人涉嫌罪名、强制措施、发破案经过情况。设置此部分的意义在于，对案件的程序性问题进行监督，考察承办人对于程序性法律规定的理解、掌握和运用情况。

1. 犯罪嫌疑人的基本情况。犯罪嫌疑人基本情况部分有以下几点需要注意：

（1）不能只叙明犯罪嫌疑人案发时的身份，还要注意叙明其身份变化情况。对职务犯罪尤其如此。有的承办人只是根据预审卷宗中的户籍证明进行描述，实际上这种方式是很不全面。犯罪嫌疑人和身份情况，特别是职业情况经常发生变化，有些身份对定罪量刑会或多或少地产生影响。职务犯罪中，不少犯罪嫌疑人案发时的职务与作案时的身份并不一致，而有的承办人只叙明其案发时的职务，没有说明其实施犯罪时的职务，往往会让阅读者根据案发时职务对案件性质和量刑情节作出判断，极易产生歧义。

（2）要把通过讯问、调查获得的犯罪嫌疑人的身份信息与预审卷宗记载的身份信息进行比对，不能照搬预审卷中的身份信息。特别是14周岁、16周岁、18周岁等对定罪量刑可能发生重大影响的临界年龄时，更不能掉以轻心。

（3）要对犯罪嫌疑人合理排序。侦查机关移送审查起诉时，对于多名犯罪嫌疑人参与的案件，都进行了排序。承办人对案件审查之后，应当对各犯罪嫌疑人所实施的行为、在共同犯罪中的地位作用、各种影响量刑的情节以及应当承担的责任等有了进一步的认识和判断，应当根据自己的判断进行排序，不能照搬侦查机关的排序。审查起诉阶段排序原则一般是：按照主从关系，主犯在前，从犯在后；按照在犯罪中的地位和作用，由重至轻排列；涉及多个罪名时，先重罪后轻罪；涉及单位犯罪时，按照先单位犯罪嫌疑人后自然人犯罪嫌疑人的顺序排列。

2. 前科情况。前科情况一般包括刑事处罚和行政处罚两种。对于刑事处罚，应叙明受处罚的时间、原因、种类、决定机关；构成累犯的，还要叙明刑罚执行完毕或者假释、赦免的时间。对于行政处罚，应注明受到处罚的时间、原因、种类、决定机关、被处罚个人或单位；对定罪量刑有影响的，说明影响。例如，根据《刑法修正案（七）》的规定，经税务机关依法下达追缴通知后，补缴应纳税款，缴纳滞纳金，已受到行政处罚的，不予追究刑事责任；但5年内因逃避缴纳税款受过刑事处罚或者被税务机关给予两次以上行政处罚的除外。遇到这种情况，必须叙明。刑事处罚与行政处罚并存时，应按照先行政后刑事的顺序叙写。

3. 强制措施部分。这一部分通过对强制措施的描述，重点解决两个问题：一是强制措施是否正确。比如被采用逮捕措施的犯罪嫌疑人是否有不适合羁押的情形，取保候审的犯罪嫌疑人是否符合取保候审的条件等。二是所采取的强制措施是否超期。比如批准或决定逮捕后是否在24小时内进行讯问，对于逮捕后超过两个月移送审查起诉的案件是否办理过延期等。因此，在撰写这一部分内容时要认真核对，注意发现其中存在的问题。

4. 发、破案经过。此部分通过综合全案证据材料，客观叙写本案发案、立案、破案的时间、经过等情况，特别是犯罪嫌疑人的到案经过，重点解决以下四个主要问题：

（1）叙明侦查机关的侦查期限是否合法；

（2）侦查过程中采取的留置盘查、传唤、拘传等措施的时间、程序是否符合法律规定；

（3）犯罪嫌疑人是否具有自首、立功等法定从轻、减轻处罚情节；

（4）为审查法院的判决裁定，核对刑期提供帮助。因为刑期的计算是从被告人人身自由受到限制之日起开始计算的。一些承办人认为，审查报告的证据摘录部分有归案经过的内容，没有必要单独设置发、破案经过部分。实际上这是个认识上的误区，承办人正是通过对案件侦破过程的审查，发现侦查机关侦查过程中可能存在的问题，落实公诉环节的诉讼监督。

此外，该部分还要根据案件具体情况，写明其他诉讼参与人的基本情况，主要包括被害人、辩护人、委托代理人、附带民事诉讼原告人等。

（三）侦查机关认定的事实与意见部分

实际工作中，一些承办人撰写这部分内容时，往往照抄起诉意见书的内容，不注意对起诉意见书表述的内容进行加工和二次创作，或造成过于简略，或拖沓冗长，缺少概括与凝练。尤其是一些大案，所涉及的犯罪事实往往十几起甚至几十起，如果完全照搬起诉意见书的内容，会占用大量篇幅，也反映出承办人工作责任心不强。正确的撰写方式是，承办人应对侦查机关在起诉意见书中认定的事实作概括性摘录。

（四）相关当事人、诉讼参与人意见部分

此部分需如实扼要地反映被害人、被害人委托人及辩护人对案件事实、证据、定性、量刑等问题的观点和对案件处理的意见。这部分内容具有重要意义：一是从实体方面看，对公诉办案风险评估、预测辩方主要观点及庭审重点、查明案件事实证据情况具有重要意义；二是从程序方面看，《刑事诉讼法》第173条规定"人民检察院审查案件，应当讯问犯罪嫌疑人，听取辩护人或者值班律师、被害人及其诉讼代理人的意见，并记录在案。辩护人或者值班律师、被害人及其诉讼代理人提出书面意见的，应当附卷。"因此，这一部分绝非可有可无，应当引起高度重视。

（五）审查认定的事实部分

这一部分的写作质量，反映承办人对于案件证据的掌握程度和逻辑严密程度。一般情况下，承办人对全案证据进行综合分析后，应当根据已经采信的证据材料，对整个案件事实经过进行客观、全面、准确地表述，力求做到完整、准确、严谨、清晰。高检公诉厅对于此部分的撰写提出了明确要求：即经审查后认定的事实中应包括犯罪嫌疑人实施行为的时间、地点、动机、目的、行为过程（具体手段）、犯罪情节、数额、危害后果、犯罪嫌疑人作案后的表现等有关罪与非罪、罪行轻重、从重从轻或者免除处罚的事实，以及其他情节要素、犯罪构成条件。例如，一起两人共同盗窃仓库电缆的案件，应该这样表述：犯罪嫌疑人张三、李四系某地来本市务工人员。某年某月某日上午，在本市某区张三暂住地，张三因未找到工作，遂提出当晚前往某仓库盗窃电缆线，李四表示同意。当日中午二人前往某五金店购买钢锯两把。次日凌晨2时许，二犯罪嫌疑人携带钢锯两把、手电一支，骑三轮车一辆前往某仓库。趁库房管理人员熟睡之机，二人翻墙进入仓库院中，由张三望风，李四用钢锯锯断存放电缆的库房的门锁，二人进入库房内盗割某型号电缆线 20 米，价值人民币 1100 元。二人携带赃物翻墙出院，将所盗电缆线装车后，欲进行销赃。行至某路口处，与某派出所联防巡逻队相遇，联防队员对二人进行盘查，二人弃车逃跑，联防队员将张三当场抓获。后在审查中张三交代其伙同李四共同盗窃的犯罪事实，并于某年某月某日 13 时许带领民警前往本市某区某村李四暂住地将犯罪嫌疑人李四抓获归案。被盗电缆线均已起获发还被害单位，作案工具钢锯两把、手电一支、三轮车一辆均扣押在案。这样表述，可以清晰地看出案件的全部过程，包括了犯罪预谋、犯罪实施过程、归案情况、赃证物的处理情况。这才符合我们对于认定事实部分的要求。上面是单一事实的撰写要求，对于多起事实的案件，对于每一起事实的撰写与单一事实案件的要求是一样的。同时可根据案件不同情况，按照先单位犯罪后自然人犯罪、先共同犯罪后单独犯罪、先重罪后轻罪或犯罪行为发生时间的先后等合理顺序进行表述，做到层次清晰，突出逻辑性。

撰写经审查认定的事实，要注意以下几个问题：

一是认定事实不能过于笼统简略。部分检察官，特别是基层单位的检察官的审查报告中，经审查后依法认定的事实与起诉书中对犯罪事实的表述非常接近，甚至完全一致，往往对案件的发生、犯罪嫌疑人的主观方面、实施犯罪的具体情节、被害人情况、归案情况没有全面反映，经审查后认定的事实显得十分笼统简略，让阅读者弄不清案件发生的来龙去脉。常见的问题主要有：（1）在故意伤害案中，对双方发生争执、互殴的原因仅表述为因琐事发生争执，至于为何发生争执、被害人是否存在过错等问题没有表述；（2）在共同犯罪中，对共同预谋的情节仅表述为犯罪嫌疑人经预谋，至于谁先提起犯意、如何预谋、如何分工等问题没有表述；（3）在财产型犯罪中，没有表述赃物、赃款损失情况；（4）在具有自首、立功情节的案件中，没有叙明其自首归案以及立功的详细情况。

公诉实务中，有些案件的案情确实很简单，审查报告中的认定事实与起诉书描述的事实虽然是同一事实，但制作要求不一样，审查报告认定的事实比起诉书描述的事实更具体、细致,所以,必须按照要求撰写,不能把两者混为一谈。

二是注重与在案证据材料的结合。审查起诉工作的根本原则就是重证据,所以,审查报告中认定的每个事实,同一事实的每一个环节都必须有相应的证据予以支持,不能根据个人理解甚至杜撰来认定。一些案件审查报告中,承办人认定的事实,缺乏证据支持主要有两个方面的原因:一是对案件证据没有全面把握,凭着自己的感觉撰写认定的事实,这种情况相对较少;二是对证据的判断出现错误,没有对在案的证据材料进行深入、全面的分析,根据自己不正确、不准确的判断认定事实。在审查起诉过程中,相当一部分承办人是在摘录证据之后,开始撰写案件事实,其实这样做是不妥当的。按照办案和思维规律,只有在排除非法证据,采信合法证据,完成证据分析之后,才能对案件事实有一个全面、综合的认识和判断,完成一个完整的认识过程,这时才能撰写审查后认定的事实。也只有在此基础上,才能还原案件的真实过程,才能撰写出客观、完整准确的案件事实。

三是加强叙述的逻辑性和严谨性。对于经审查后认定的事实的表述不仅要客观、真实,还要具有逻辑性和严谨性。所谓严谨性,就是对于认定的事实应表述清晰、准确、完整,用语严谨,不能使审阅者产生歧义或不解。在一些较为复杂的案件中,在叙述案件事实时,对于一些重要背景与环节应当进行必要的说明和交代。例如,在经济犯罪案件中,经常涉及多家单位,而且它们之间往往存在比较复杂的经济关系,有控股、参股、折抵、委派等,这就要求必须将这些单位之间的关系予以说明,才能把认定的事实表述清楚,否则,审阅者无法理清它们之间盘根错节的关系,也无法弄明白认定的事实。所谓逻辑性,就是对案件事实的表述要条理清晰,环环相扣,符合逻辑的认识规律。叙写经审查认定的事实时,一般应当按照事实发生的先后顺序撰写,不提倡采用倒叙、插叙、夹叙夹议等修辞方式。撰写这部分内容时,经常出现以下两方面的问题:一是对认定的多起犯罪事实没有按照逻辑顺序予以表述。例如,对于同一犯罪嫌疑人实施的同一类犯罪没有按照时间顺序表述,甚至在第一起事实就是犯罪嫌疑人被抓获的那一起,这种表述方式颠倒了逻辑关系,明显不妥;二是对同一事实中,对事实的发生、发展过程表述混乱,这往往是对案件阅卷不细致所造成的。

四是加强用语的规范性。案件审查报告虽然不是对外的法律文书,但是在撰写过程中仍应使用法言法语,力求用语规范。有的审查报告中用语过于随便,口语化现象明显,例如:把被害人称为事主、把特情人员称为点子、线人等。另外,有的承办人为了把案件事实叙写的更加完美,大量使用文学化、新闻化的文字。但是审查报告毕竟不是文学作品或者新闻报道,所以要避免此类语言的出现。

五是叙写事实要有确定性。经审查后认定的事实是承办人通过对全案证据材料进行梳理、甄别、判断后所作出的总结性概括,其所列明的应该是通过证据证实的、客观上存在的事实。但对于一些疑难复杂、定性存在争议的案件,承办人对于案件事实往往没有明确的认定,而是将有利于和不利于犯罪嫌疑人的证据均一一罗列出来,实际上没有认定的事实。诚然,一些较为复杂的案件,尤其是证据不扎实,存在疑问的案件,很难对事实作出准确认定,对案件性质作出结论。但是,对于认定事实的表述与证据罗列不能混为一谈,对于证据的分析、判断以及是否采信等问题应在证据综合分析论证部分予以论述,而在审查后认定的事实部分应当采用客观表述的方法来认定事实,将客观存在的事实、结果表明。

(六)证据摘录部分

这一部分要求案件承办人对于在案证据材料进行实体性和程序性的审查并进行摘录,为证据分析奠定基础,考察的是承办人对证据的审查能力和逻辑性。要完成好这部分的写作需要注意以下几点:

1. 注重证据材料的完整性

正确认定案件事实的基础是证据,因此摘录证据时应遵循全面、完整、真实的原则。目前一部分案件中存在着证据摘录不完整的情况,主要有两方面的问题,一是结构性不完整和局部性不完整。所谓局部性不完整,是指除了围绕犯罪构成要件进行摘录之外,没有对案件中必要的相关情况予以记载，包括案件起因、赃款、赃物及作案工具的下落等。例如，某一故意伤害案中，证据摘抄全部集中在犯罪嫌疑人殴打被害人的过程，而在犯罪嫌疑人供述中没有说明双方产生矛盾的原因、为何殴打被害人、作案凶器的下落，被害人陈述中亦没有双方产生矛盾的陈述，仅有一名证人证言反映犯罪嫌疑人与被害人在案发前一天曾产生矛盾。如果仅靠审查报告中所摘录的证据，很难准确认定此案为故意伤害案件还是寻衅滋事案件。又如，某盗窃案中，在犯罪嫌疑人供述和辩解部分，仅摘录犯罪嫌疑人承认盗窃的情况，对于盗窃数额和赃款下落没有任何摘录。盗窃数额是认定盗窃罪的关键，证、供是否吻合是认定数额的重要组成部分，供述中必须要包含此项内容。二是结构不完整。所谓结构性不完整，是指摘录证据时，对于涉及事实认定及定性的关键证据未进行摘录。一些审查报告中，仅对认定犯罪嫌疑人构成犯罪的证据进行摘录，而对有利于犯罪嫌疑人的证据不进行摘录，包括犯罪嫌疑人作无罪或罪轻的辩解、证人证言发生变化等问题，这种做法不仅违背了摘录证据时应遵循全面、完整、真实的原则，同时也不利于准确认定事实，正确论证犯罪嫌疑人是否构成犯罪。

2. 注重证据材料的关联性、真实性、合法性

证据摘录部分与证据分析部分之间有着紧密的联系，证据摘录部分中，在每一项证据之后除说明证据的来源等事项外，都要说明此项证据是否存在问题，确定所摘录的证据是否有效，即对此项证据的合法性、真实性和关联性进行说明，为证据分析奠定基础。这里需要注意：证人与犯罪嫌疑人、被害人有特殊关系的应予以注明。司法实践中，对证据进行审查的一项重要内容，是证据是否真实可信。言词证据，尤其是与犯罪嫌疑人、被害人有特殊关系的证人证言，因存在着利害关系，或多或少带有一定的倾向性，影响其真实性。例如，故意伤害案件中双方亲友的证言，多是有利于本方。因此在摘抄此类证人证言时，应在证人身份中注明其与犯罪嫌疑人、被害人的关系，以利于在证据分析部分正确评价证人证言的可采信度。

3. 注重摘录证据材料的逻辑性

案件审查报告中证据摘录部分体现的是承办人对在案证据材料的审查、梳理、甄别的过程，逻辑性是十分重要的，摘录的原则是清晰明了。摘录时应注意以下几点：（1）对同一类型的证据要按照证明力，由强到弱或按照时间的先后排列。始终有一个清晰的脉络，各个证据之间层层递进，相互印证，形成证据体系。（2）对于多起事实的要分事实摘录，要按照"一事一证"的要求进行摘录。当前庭审过程中对举证的要求是一事一证，对案件审查也要树立这种意识。在多起犯罪事实的案件中，每一起事实实质上是一个单独的案件，按照一事一证的摘录方式，有利于对每一起犯罪事实的审查，能够清晰地体现出认定该起事实所必需的各项证据材料是否具备，每项证据是否达到提起公诉的要求。（3）对于同一起事实的多种证据，一般按照刑事诉讼法规定的证据种类的排列顺序进行摘录。

4. 摘录要繁简得当

摘录是对案件证据材料进行浓缩提炼的过程，将卷宗中的证据反映在案件审查报告中必须进行必要的取舍。一方面，一些审查报告繁简不当。有些证据尤其是言辞证据的摘录过于细碎，大量的全文摘抄，甚至把笔录中一问一答式的内容直接粘贴到审查报告中，缺少必要的总结，关键证据不突出。另一方面，有的审查报告过于简单。特别是对书证、鉴定类证据的摘录，仅摘录结论部分，对其他部分不予摘录。例如，摘录诊断证明时，没有摘录出具该证明的医院、诊断时间；伤情鉴定中只有轻伤或重伤，但没有具体伤情等。规范性的方法是：对于言词证据，在真实反映其原意的基础上进行必要的凝练和概括，对于书证、物证的摘录应写明书证、物证的来源，对于鉴定结论要写明出具单位、时间、文书编号、鉴定人员，以利于审查。

（七）综合分析论证及需要说明的问题部分

对案件的综合分析论证即定性分析、证据分析、量刑情节分析是案件审查报告的精华和核心，这一部分的质量如何，能反映承办人对于案件证据、法律规定、立法精神的理解、掌握和运用的能力与水平。不少承办人反映，这一部分的撰写较为困难，根据实践经验，应当着重把握以下几点：一是在证据分析方面，要从证据的来源合法性、内容真实性、相互关联性入手，排除非法证据，找出证据之间的矛盾点，说明采信证据的依据。进一步确定是否有犯罪行为发生，犯罪行为是否为犯罪嫌疑人所为。二是在定性分析方面，要紧密围绕犯罪构成的四个要件，结合在案证据材料，从法理和证据两方面，充分论证犯罪嫌疑人主体是否符合要求，主观故意是否明确，客观行为是否达到犯罪标准，所侵害的客体是否准确，进而确定犯罪嫌疑人的行为是否构成犯罪，构成何罪。三是在量刑分析方面，要依照刑法和相关司法解释，全面分析犯罪嫌疑人犯罪的事实、行为的性质、各种法定情节和酌定情节等，提出相应的量刑建议，包括刑种、刑幅、数额等。四是在需要说明的问题方面，此部分主要是审查报告其他部分无法涵盖而承办人认为需要说明或者报告的事项，高检样本列举了13项，主要是围绕着法律监督、赃款赃物的处理、维护当事人合法权益等问题撰写。在撰写这一部分时，需要注意以下几点：

1. 定性分析与证据分析并重

部分承办人十分重视案件定性，在制作案件审查报告时侧重于对案件定性，即罪与非罪、此罪与彼罪的论证，而对证据的分析较为薄弱。正确定性固然是审查起诉工作的核心，但是正确定性的前提，是证据材料真实有效，在案证据能够形成完整的证据锁链。对证据的分析、审查、确认是准确认定事实的基础，只有在对在案证据进行充分分析，排除了非法证据、确定证据能否被采信、所采信的证据对于所证明事项的证明程度之后，方可进行定性分析。重定性分析轻证据分析，甚至只有定性分析，没有证据分析的现象应当杜绝。

2. 论述犯罪构成既要全面，又要有所侧重

在对案件定性分析时，不少承办人对犯罪构成的论述存在两种问题。一是面面俱到，但不分主次轻重，把握不住重点；二是不全面，把主要的笔墨集中在论述犯罪构成的个别要件上，对其他要件的论述很少甚至没有。对此，要抓住案件的重点、难点，对犯罪构成要件的论述既

要全面，又要有所侧重。例如，对职务犯罪，要侧重论证主体；对诈骗类犯罪，要侧重犯罪的故意；对未成年人犯罪要注意法定责任年龄等。

3. 法律规定与分析论述并重

目前，承办人的法律素养一般比较高，对法律、司法解释进行了深入的学习，熟知相关规定，在报告中能准确引用了有关条文和规定。但更为重要的是把法律规定运用到所办理的案件中，对法律法规对案件进行具体的分析和论述，而不是将法律条文规定进行罗列，形成一种法律规定和案件证据两张皮，让审阅人自行判断的印象。

4. 分析意见要明确、适当

案件分析意见是承办人通过对案件的审查，结合证据和法律规定，对犯罪嫌疑人是否构成犯罪、构成何罪、应当如何处罚等作出的结论性意见。所谓明确，就是承办人对于犯罪嫌疑人是否构成犯罪、构成何种犯罪要在充分的分析后提出明确的意见。对于有争议的案件，要将产生争议的原因、不同观点的法定理由和依据予以说明，并提出个人的倾向性意见。所谓适当，就是审查报中的分析意见，应围绕案件中的证据材料和相关法律规定进行，问题要集中、系统，表述要清晰，论述要完整，既不能过于简单，把应当分析的问题忽略了，也不能过于复杂，引经据典，把分析意见做成学术论文。

5. 分析意见用语要严谨、规范

对案件的分析是一个主观判断的过程，审查报告作为司法工作文书应体现出中立的态度，根据证据、法律规定论述案件，不能把承办人个人的情绪或者倾向体现在文书中。不能使用煽情的语言。

6. 量刑情节不遗漏

遗漏量刑情节，主要是遗漏酌定量刑情节。量刑情节包括法定情节和酌定情节，对于酌定情节如赃款已退赔、初犯、被害人是否存在过错、犯罪嫌疑人认罪态度等问题绝大多数案件审查报告均没有涉及。另外对于共同犯罪中主、从犯问题也较多被遗漏，一定要注意。

（八）承办人意见暨审查结论部分

此部分出现的问题较少，不再赘述。

由于公诉案件审查报告不是对外公开的法律文书，而是主要体现检察官审查、报告案件的内部工作文书，因此最高人民检察院的样本只供制作审查报告时参照使用，不必完全拘泥于样本格式，制作审查报告时可以根据案件汇报的需要及案件本身的特点作适当的调整。但是，由于公诉案件审查报告是讨论案件、处理案件以及之后制作起诉书、不起诉决定书等检察法律文书的基础，其制作质量直接影响检察官对案件的审查和检察长或检委会对案件作出处理决定，因此提高制作审查报告的质量，对正确处理公诉案件意义重大。

四、证据审查与复核的实务操作技巧

（一）"命案"客观性证据的审查思路

以审判为中心诉讼制度改革的大背景下，检察机关应在坚持证据裁判原则的前提下，明晰"命案"证据审查判断的一般思路。即建立体现案件"四个方面"联系的客观性证据体系，并遵循确凿性优先、证明力确认、真实性重塑、关联性排疑、合法性审查五个原则依次进行审查，以确保案件办理质量。

1. 客观性证据审查的四个联系

一般情况下，刑事案件发生后（尤其是命案），除言词证据外，在客观性证据方面必须建立至少四个方面的联系。一是建立被害人与案件的联系，即确保被害人主体身份准确，通常依靠辨认、鉴定来完成；二是建立物证与案件现场（广义）的联系，即确保物证来源于案件现场，一般依赖现场勘验、检查笔录，也可能依赖提取、扣押、搜查笔录等；三是必须建立物证与犯罪嫌疑人之间的联系，一般会依赖指纹鉴定、血迹鉴定，痕迹、足迹、毛发、精液鉴定等；四是必须建立犯罪嫌疑人与案件有责性的联系，既包括犯罪嫌疑人的认定无误，也包括犯罪嫌疑人身份的确认无误，还包括刑法有责性阻却事由的排除（责任年龄、责任能力、防卫、时效、意外事件等）。建立了这四方面联系的证据，基本上就解决了"何人、何地、何手段、何后果"的问题，而体现上述四方面联系的证据恰恰都是客观性证据。至于"何时、何动机目的、

何行为"等还需要通过言词证据查明诸如作案时间、动机、经过，行为人作案着装，被害人着装及状态，凶器种类、特征及去向，有无同案犯，侦查合法性等内容，作为案件事实框架的填充。建立上述四方面联系的证据之于案件准确办理的重要性，犹如建筑学中"四梁八柱"之于房屋的重要意义，是案件的支撑，"被害人是谁、物证来源于现场、物证与犯罪嫌疑人有关联、犯罪嫌疑人应该担责"这四个方面属于案件的"四梁"，而支持这四个方面的证据则属于"八柱"。

2. 客观性证据的理性审查

近年来，检察机关与审判机关"重口供、轻客观性证据"的情况大幅改善。因此，案件的错诉、错判最重要的因素一般源自客观性证据的审查不到位、把关不严。我们拟结合司法实践，分析在办理"命案"中如何对客观性证据进行理性审查。

（1）确凿性优先。在刑事案件客观性证据的审查中，对于能够查实的确凿性证据应当优先使用。关于"证据确凿"问题，通过言词证据一般是难以实现的，而通过客观性证据在一些案件中可以认定某些证据是确凿的。

【案例】窦某等人涉嫌聚众斗殴案

案发现场一小卖店门口的监控录像记录了双方进出及打斗情况。对于该类证据，应遵循优先使用的原则，并以此为基点验证案件中的其他证据。在案件中不具备有效的确凿性证据的，则按照以下审查方法及顺序进行理性审查。以办理的一起涉嫌故意杀人案为例。该案客观性证据中有确凿的证据，也有与指控相反的证据。基本案情如下：犯罪嫌疑人许某（女）于某日15时许，与被害人张某至某小宾馆207房间住宿。次日14时许，该小宾馆业主催缴住宿费时，听到房间内有女人的喊叫声，其立即拿钥匙打开房门见一男一女躺在床上、地上有血迹，遂报案。经公安机关侦查确定，死者系张某，伤者系许某（女）。经法医鉴定，被害人张某系被他人用易挥动锐器砍击致右颈静脉离断，失血性休克死亡，许某头部及双上肢损伤致失血性休克系重伤。该案证据情况有：许某经救治后到案，即对杀害张某的犯罪事实供认不讳。现场提取一把菜刀，经许某供述，系其杀害张某所用凶器，经许某丈夫辨认系许某家菜刀，其上所检血迹 DNA 与许某 DNA 一致。张某胃内容检出喹硫平成分，经许某供述，系其给张某服用。许某供称与被害人张某系情人关系，到案后始终认罪，但对犯罪动机、犯罪过程和细节，有的不供述，有的供述后多次出现反复，且无相关证据印证。经审查，该案中有大量证据存在疑点，但能够认定的确凿性证据有三：一是案发现场勘查显示，被害人张某头面部、颈部被砍 20 余刀（已死亡），犯罪嫌疑人许某（女）头部受伤、双上肢受伤，由 120 施救（此证据有现场勘查照片、尸体检验报告、医院接诊救治记录及现场勘查人员、报案人、施救人等证言印证）；二是被害人张某的胃内检出喹硫平成分（一种致身体无力的药物）、犯罪嫌疑人许某的尿液经检测无此成分；三是案发现场房间经勘查，出入口只有一窗一门，案件被发现时，门（报案业主陈述）与窗（案发时为冬季，外封塑料布完好）均呈闭锁状态，侦查实验证实，在门外不通过钥匙无法打开房门。根据此三份证据，能够确认伤者许某在该案中的犯罪嫌疑人身份，她与该案无法脱离关系的事实已经确定。对确凿性证据的优先提炼、使用，很大程度上帮助办案人把握住诉讼的正确方向。

（2）证明力确认。可以说，任何一起刑事案件的证据，其证明力的确认至为关键。一些冤错案件中，出现亡者归来和真凶再现的尴尬大多是采信了不具有证明力的客观性证据所致。因此应当充分提高警惕，对基础性客观证据是否具有证明力进行必要的确认，依靠科技手段对刑事案件被害人和被告人的身份认定进行严格把关。上文提及的许某涉嫌故意杀人一案中，也涉及证据的证明力确认问题。该案证据中"现场提取一把菜刀，经许某供述，系其杀害张某所用凶器，菜刀上所检血迹 DNA 与许某 DNA 一致"，此份证据结合物证照片、现场勘验笔录显示的证据信息是：现场提取的一把染有大量血迹的菜刀，经犯罪嫌疑人供述是其杀害被害人的凶器，但是菜刀上检测的血迹是犯罪嫌疑人的、不是被害人的；而现场勘查、尸检及照片均确凿地证实被害人头面部及颈部被砍 20 余刀，根据此证据认定所检菜刀系该案凶器不符合逻辑和经验法则，且缺少能够合理排除矛盾的证据。为此，侦查机关反复补证，经当地、省级、公安部、中国刑警学院的四个鉴定机构对菜刀上的血迹进行鉴定，均未检出被害人血迹，相关鉴定机构对该证据的判断仍是根据此证据认定所检菜刀系该案凶器不符合逻辑和经验法则，且缺少能够合理排除矛盾的证据。具体分析相关情形，可能有三种：一是凶器（菜刀）上有血迹但未检出（已检不少于 19 处）；二是凶器经过处理（洗涤）；三是另有凶器和他人作案。第一种情形的可能性基本为零。第二种情形的可能性存在，经咨询法医学专家，此菜刀上血迹如经过洗涤可致无法检测出被害人血迹符合逻辑和经验，从现场勘查平面示意图显示，案发现场房间斜对面即是卫生间，即具备对凶器进行洗涤的客观条件，需要证据印证的是，如，犯罪嫌疑人行凶后对凶器进行处理的供述（无）、邻近案发现场的卫生间内发现洗涤凶器血迹的痕迹（但当时未对邻近房间的卫生间进行勘查）。第三种情形的可能性不能排除。如：该案有作案嫌疑的相关人员（如许某丈夫和儿子）是否有作案动机并有作案时间？能否固定证据进行佐证？对于前两种情形，经过补证与分析没有实质性进展。对于第三种情形，经过补充许某丈夫和儿子的证言、其丈夫就职单位同事证言及单位考勤簿、通讯设备等证据，也均未能得出确定结论。至此，菜刀作为该案凶器不能确认其具有证明力，还需要通过已经确凿的证据对案件进行进一步审查。

（3）真实性重塑。侦查机关的勘验、检查、辨认、侦查实验等笔录与证人证言、被害人陈述等主观言词证据相比，是司法人员在查证案件事实过程中所记录的客观事实情况，具有客观性特点，但由于司法人员的认知会随着外部环境和内在动机的变化而发生改变，这种"客观性"也是相对的，应辩证看待这些对案件有重要证明作用，但其本质上依赖于"人"的客观性证据，除对证据资格、形式、程序等进行常规审查外，还应对其实质上的真实程度进行审查，排除侦查人员、记录人员对案件事实的分析、推测、判断和评价等主观性内容，审查各种笔录的同步录音录像内容是否能与笔录相佐证。有疑问的，应对证人、见证人进行询问，以对该证据的真实性进行重塑。上文所述许某涉嫌故意杀人案中涉及三个证据的证明力不能确认的问题，一是犯罪嫌疑人供称凶器是现场提取的菜刀，但上面仅有犯罪嫌疑人血迹，其到底是不是凶器？这个问题涉及物证与案件的关系、物证与犯罪嫌疑人的联系问题；二是犯罪嫌疑人供称与被害人系情人关系，但案发后由于未及时固定二人系情人关系的客观性证据，能否认定二人的情人关系，需要明确；三是犯罪嫌疑人供称被害人胃内容检出的喹硫平成分系其所为，但没有其他证据佐证，能否认定其供述的真实性？该案被害人及犯罪嫌疑人都是正常身材，此点关系到犯罪嫌疑人作为一名女性独自砍杀男性20余刀，并致男性死亡是否符合客观逻辑？这是公诉要素中"何行为"的问题。关于第一点，犯罪嫌疑人在侦查机关的供述中称是被害人先砍自己，自己夺下被害人手中的刀砍死被害人的，这与菜刀血迹鉴定不符合。经过公诉人的开导，犯罪嫌疑人供述是其砍死被害人后，用现场的袜子、被褥擦拭菜刀血迹，又采取自杀方式砍伤自己。根据此供述，公诉人要求侦查机关补充对犯罪嫌疑人所受伤情进行鉴定，得出了系自伤的鉴定意见，进而佐证了现场菜刀是凶器的证明力问题。关于第二点，通过引导侦查机关查找案发时犯罪嫌疑人的着装，尤其是内衣裤，后在犯罪嫌疑人案发时所着内裤上检出被害人血迹及精液，确定了二人的情人关系，以排除仇杀等其他动机。关于第三点，通过提讯，与犯罪嫌疑人深入交谈，获知喹硫平的来源，并获知被害人胃内的喹硫平是犯罪嫌疑人在等待被害人过程中，用携带的菜刀木把将药片碾成碎末溶入被害人饮品中，让被害人服下致使被害人无力的，据此引导侦查机关对菜刀木把进行拆卸性鉴定，得到了确定性结论。通过隐蔽证据佐证犯罪嫌疑人的行为经过，这些都是对案件证据的真实性进行重塑的过程。

（4）关联性排疑。在办案中出现了指向他人的证据线索时，必须对该证据与所办案件的关联性进行分析，排除疑问。检察人员办理的一起涉嫌故意杀人案件，曾出现勒颈的绳索上检出除犯罪嫌疑人以外的第三人的DNA，所幸该案的绳索上不仅有第三人的DNA，也有犯罪嫌疑人的DNA。采取的办法是，不仅查实了犯罪嫌疑人的犯罪事实，也查明了第三人与案件产生DNA关联的时间、原因、第三人有无杀人动机等问题,排除了第三人与犯罪嫌疑人是共犯的嫌疑。

(5)合法性审查。基于防范冤错案件的角度审查、筛选证据,笔者认为客观性证据合法性的审查难度最大。可以说,对于证据合法性的审查仅从形式方面审查并不困难,但由于侦查作为刑事诉讼的第一个环节,首先是关联性使得某些材料或人员进入了侦查机关(和当事人)的视野,侦查人员为了反映证据同待证事实之间的关系,进而对证据的合法性进行构建,因而经过侦查人员专业化构建的证据,其深层次的合法性问题,在审查、审判中较难判断和作出结论。在司法进程中,防范冤假错案件是每名司法人员的职责。因而在具体案件中,对客观性证据的合法性进行理性审查,是借助"过程正当性"来保证结果正义、实现实体公正的必要手段,也是办理"命案"防止冤错的根本防线。

(二)毒品犯罪案件常见证据问题及审查要点

1. 毒品犯罪案件的证据特点

从毒品犯罪案件的证据来看,主要呈现以下特点:一是因毒品犯罪案件的单向性特征,直接证据少,取证较为困难,易形成孤证;二是零口供案件居多,供述稳定性差,翻供率较高。据统计,犯罪嫌疑人归案后零口供案件占比达37%,翻供案件占31%,且呈逐年上升趋势;三是特情使用率高,80%以上的毒品案件主要依赖公安特情手段侦破,围绕特情使用所产生的证据往往成为案件的直接证据。

2. 毒品犯罪案件常见证据问题

依据前述分析,可见证据问题是毒品犯罪案件不捕或不诉的重要原因。有的案件,办案人员虽然能够内心确信犯罪嫌疑人参与了犯罪,但由于证据矛盾无法得出排他性唯一结论而使得一些毒品犯罪分子逍遥法外。同时,在以审判为中心的背景下,坚持证据裁判原则,以及案件质量终身负责制的要求,检察官、法官对有证据缺陷的毒品犯罪案件的处理甚为谨慎。因此,应当高度重视毒品犯罪案件的证据问题。

(1)证据收集不规范。在毒品犯罪案件中,有的勘查笔录缺乏记录人及其签名,有的毒品称量时混合称重或是部分去了包装物部分又不去包装物,有的有犯罪嫌疑人的尿检结果但却没有尿液提取过程的证据，有的忽视物证指认或虽经指认但无笔录和照片，有的毒品鉴定存在特征描述与实际不符、编号与扣押清单不一致、检材提取方法不正确等。凡此种种，均为证据收集不规范，降低了诉讼效率，影响了对毒品犯罪的打击力度。如郭某某制造、贩卖毒品案，办案单位第一次仅对扣押液体的上层取样，送检后未检出毒品成分，随后又进行了第二次取样，方检出毒品成分和含量，但毒品的整体含量却成为案件争议焦点。再如田某某等3人贩卖毒品案，办案人员查获10包疑似冰毒物品，后办案人员将这10包疑似冰毒的物品全部混合在一起称重，共计802克，但3名犯罪嫌疑人对这10包物品的来源、归属等情况供述不一。庭审中，辩护人对此提出质疑，而再行称量因混合后已无可能，每包物品的含量也不能确定，致使法官在审判中无法准确认定每一名被告人的涉毒数量，最后只能以最低数量适用刑罚。

（2）未全面及时收集证据。一是忽视对重要证据的保护和收集。有的办案人员在进入毒品犯罪现场控制涉案人员后，就直接翻找现场，却未安排勘查技术人员参与，难以准确反映现场原貌；有的办案人员在收集证据时忽视提取指纹、毛发等生物检材样本，为以后对关键物证的认定埋下隐患。如钟某制造毒品案，涉案3人均为零口供，办案人员从现场搜出36瓶溶液，外用胶带缠绕，从搜查视频中可看到侦查人员直接徒手从口袋中取出盛装有溶液的瓶子，没有注意保护和提取胶带上犯罪嫌疑人的指纹。

二是忽视犯罪主观故意证据的收集。犯罪的认定需主客观相统一，有的犯罪嫌疑人虽然从表象上看参与了制造毒品的辅助性工作，如帮助搬运工具、看守大门等，但办案人员在侦办案件过程中未收集相关证据，无法认定犯罪嫌疑人是否存在主观故意；有的犯罪嫌疑人确因对其所从事工作的性质并不知情，缺乏主观故意，不能按犯罪处理，但办案单位却一并移送检察机关审查逮捕。如马某某涉嫌制造毒品案中，马某某曾帮助前夫将制毒工具从一楼搬到二楼放置，但无相应证据证明其知晓前夫制造毒品，故马某某搬运制毒工具的行为不能按犯罪处理。

三是忽视对无罪或罪轻证据的收集。刑事诉讼法的目的是打击犯罪与保障人权并重，要求办案单位应全面搜集证据，包括收集有罪证据，也包括收集无罪或罪轻的证据。而办案单位往往出于追诉毒品犯罪的需要，对证明无罪或罪轻的证据怠于收集，这样做既有悖于保障人权，又有损于公平正义。

四是未及时收集固定证据。办案人员在收集毒品犯罪案件证据时，严重依赖言词证据，对一些本应当及时提取的能够印证言词证据的相关间接证据未及时提取，而事后亦无法弥补，行为人一旦翻供，必将造成指控乏力，影响定罪。如陈某某涉嫌贩卖毒品案，陈某某供述称其曾携带一个装有毒品的黑色塑料袋进入一个小区，办案人员由于疏忽大意未赶在第一时间调取该小区门卫处的监控录像。后陈某某翻供，办案人员再行前往调取该证据时，该段监控录像已无法找寻。

（3）未妥善保管证据。出于指控犯罪需要，有些物证需在审查起诉或庭审中进一步核实，但由于保管不善等原因导致物证核实困难。如对毒品及包装物，应妥善保管至不起诉或判决、裁定生效后方可处置，以防犯罪嫌疑人、被告人对毒品成分、含量的鉴定意见或毒品数量提出异议。在李某、龙某贩卖毒品案中，李某在庭审时对其贩卖的毒品数量提出质疑需要重新称量，但由于办案单位保管不善致使所涉毒品灭失，无法再行称量。

（4）讯问笔录及同步录音录像证据问题。因毒品犯罪的特殊性，言词证据在毒品犯罪案件中的重要性不言而喻。在侦查实践中，因办案人员对毒品犯罪案件过于依赖言词证据而导致该类证据存在的问题较为突出：一是有的讯问时间过长，存在变相刑讯逼供的嫌疑。二是讯问内容简单化、程式化，涉及案件内容的细节缺乏深入讯问，讯问笔录复制粘贴现象频频出现，讯问时将事前已制作好的笔录直接交由被讯问人签字的情形也偶有发生。三是录音录像不完整，仅对认罪的部分录像。个别案件中还存在先讯问后录像，供则录，不供不录的情形。四是录音录像内容与讯问笔录内容不一致，如笔录中出现犯罪嫌疑人未供述的内容，而有些供述了的内容，笔录中却无任何反映。五是录音录像的时间与笔录记载的时间不一致，"全程同步"成疑。六是录音录像制作不规范,有的表现为同步录音录像缺少说明材料,如录制的时间、人员、单位、正本保管地点等,有的录音录像只有声音没有画面,有的只有画面没有声音,但未能说明缺失原因。七是录音录像移送不规范,有的案件未按规定移送同步录音录像。

3. 毒品犯罪案件证据审查要点

(1) 对线索来源的审查。对于该类证据的审查,应将重点放在真实性和客观性方面,主要审查线索的提供者、提供时间以及公安机关获取线索后开展的侦查活动等内容。对办案单位采用特情介入、技侦手段或者其他特殊侦查手段获取线索证据的,应当注意审查其合法性。采用技侦措施的,需审查是否属于技侦范围,审批手续是否完备,期限是否符合规定,措施对象、种类是否依照批准严格执行等。采用特情介入的,需审查是否有引诱犯罪行为,是否采用了危害公共安全或严重危及他人人身安全的方法等,必要时检察机关案件承办人可以在侦办人员陪同下对相关特殊身份人员进行当面核实。如郭某某制造、贩卖毒品一案,线索来源于一名特情人员,侦办单位在移送审查起诉时随案另行组装了密侦卷,用于反映"特情"的真实身份以及证明本案线索使用的合法性证据。如此既保护了"特情人员"的安全和其工作的连续性,又客观真实地反映了案件线索的来源及相关证据的合法性。

(2) 对现场勘查、搜查的审查。案发现场往往是直接反映案发经过的地方,也是第一时间收集案件直接证据的关键场所。但案发现场一般存在易被污染、破坏等特点,审查毒品犯罪案件的现场搜查、勘查等证据时需要重点审查现场勘查、搜查的客观性、勘查主体的合法性、见证人的真实性以及勘查、搜查是否全面细致、是否有破坏现场原貌的行为。审查时还应当注意现场称重时称重工具的性能、称重过程是否客观、是否是犯罪嫌疑人、见证人在场时当场称重、是否制作笔录并拍照或录像等细节,尤其要注意称量器具的鉴定证书是否附卷。在2016年7月"两高一部"《办理毒品犯罪案件毒品提取、扣押、称量、取样和送检程序若干问题的规定》中,针对毒品犯罪案件中的毒品提取、扣押、称重、取样和送检程序均进行了详细的规定,为审查该类案件相关证据提供了规范依据。

（3）对言词证据的审查。《刑事诉讼法》第118至123条详细规定了讯问的主体、地点、时间、程序、笔录制作以及录音录像等方面内容。讯（询）问笔录既是证明案件事实的直接证据，同时也是排除非法证据的重要线索来源。如果因为审查不仔细未能发现非法证据线索，或者遗漏了某个重要细节，审判时很有可能会由于某一份有罪供述的讯问笔录被认定为非法证据而被排除，或者某一个重要的细节因讯（询）问的疏忽而造成最终指控的犯罪事实难以被认定。因此，言词证据审查的重点在于，一是审查笔录形式要件，尤其要注意讯（询）问的时间和地点，长于12小时的有没有提供必要的休息时间，讯（询）问地点是否符合法律规定，侦查人员是否全程在场，有无代签名情形等；二是审查笔录内容，应注意笔录内容与其他相关证据的印证情况，陈述的名词、术语是否与犯罪嫌疑人的身份相符；笔录内容是否存在讯问内容、问答次序、回答内容等基本一致，复制粘贴痕迹明显的现象，如有，应要求办案单位说明原因；三是注意矛盾证据的排除。言词证据前后矛盾，在侦查阶段未予解决，也无法通过检察人员讯问排除疑问的，言词证据与书证、物证等其他证据之间存在矛盾需进一步核实清楚的，可通过退回办案单位补充侦查或自行侦查的方式解决；四是重视对讯问笔录与录音录像资料的比对审查，讯问是否全程录制、有无删减等。有的案件通过讯问笔录和录音录像对比发现，笔录用语相近，但实际意思与供述存在差别，有些关键事实也非犯罪嫌疑人亲自说出，在审查证据时应予特别注意。

（4）对鉴定意见的审查。毒品犯罪案件中的鉴定主要是毒品成分鉴定、毒品含量鉴定、指纹鉴定等。应重点审查鉴定人、鉴定机构的资质，检材来源、检材的编号是否一致，检材的提取方法是否科学，检材是否受到污染，鉴定的方法是否客观等。同时对鉴定意见不能一味盲目采用，应当结合其他证据进行客观性审查。《办理毒品犯罪案件毒品提取、扣押、称量、取样和送检程序若干问题的规定》规定了抽样送检的方法，但这一方法是仅适用于含量鉴定还是成分、含量鉴定均可，应当谨慎对待。如果适用于成分鉴定，应当限定一定的适用条件，并考虑异议成立时排除适用的情形。

（5）对其他新型证据类型的审查。随着侦查技术的发展和侦查手段的更新，证据类型也在不断扩展，审查方式也因证据类型的变化而应当有所侧重。

（6）对电子证据的审查。针对电子证据的审查，应根据电子证据自身不同于其他证据的特点，有针对性地重点审查。一是针对电子证据容易被篡改，且不易留下篡改痕迹的特点，重点审查其真实性。其一审查证据的来源，并与其他相关证据进行比对，掌握电子证据所展示的信息与犯罪嫌疑人实施该犯罪行为在时间、空间及内容上是否具有一致性；其二审查储存该电子证据的载体，即储存设备的质量、性能等，以确保不会因储存设备自身的问题导致电子证据在储存过程中发生变异。二是针对电子证据与主体行为之间的关系不容易确定的特点，重点审查二者之间的关联性，即所获取的电子证据与行为人实施行为之间是否存在关联性。对此，需借助鉴定人员和专业人员的技术支撑，排除行为人之外的其他人使用计算机进行犯罪的可能性。

（7）对技侦证据的审查。技侦措施目前被较多地应用于刑事案件侦查，特别是重特大毒品案件侦查。《刑事诉讼法》第154条规定："依照本节规定采取侦查措施收集的材料在刑事诉讼中可以作为证据使用。如果使用该证据可能危及有关人员的人身安全，或者可能产生其他严重后果的，应当采取不暴露有关人员身份、技术方法等保护措施，必要的时候，可以由审判人员在庭外对证据进行核实。"但在司法实践中，对通过技侦手段获取的证据材料在证据认定时存在诸多争议，尤其是该类证据的合法性是争议的焦点。因此，对技侦证据的审查，主要审查其合法性，排除非法证据，如技侦措施的采用是否经过合法性审批、审批技侦号码与实际侦控号码是否一致、侦控内容与嫌疑人之间的同一性认定等。对于审查后合法的技侦证据，尤其是重特大案件、可能判处死刑案件、涉及罪与非罪的定罪案件，办案单位应当将通过技侦手段获取的录音资料附卷移送。同时，办案单位在技侦证据的转化中应当考虑到技侦录音中的内容所涉具体指向的转化，比如技侦监听中犯罪嫌疑人对毒品"冰毒"通常用"肉"代替，数量通常用"条""块"等代替，未结晶的"冰毒"液体用"油"来代替，对于这些隐晦的专用代替词，办案单位应当通过讯问犯罪嫌疑人予以固定。

（8）同步录音录像的审查。同步录音录像是侦查单位在讯问犯罪嫌疑人过程中，利用音、视频技术，对讯问全过程进行不间断监控，并同步录制的影像资料。同步录音录像具备逼真的显示能力，具有客观性、同步性、完整性、动态连续性的特点，对于固定犯罪证据、查明案件事实、增强证据可信性方面具有重要意义。对同步录音录像的审查应当掌握几个重点：一是内容的客观性，注意审查犯罪嫌疑人在录音录像中是否是本案嫌疑人，是否与笔录供述一致，是否有过无罪或者罪轻的辩解，是否是在清醒真实自愿的状态下供述的，录音录像是否经过剪辑等；二是程序的合法性，包括讯问时有无刑讯逼供、威胁、引诱、欺骗等方法，讯问时间、地点、讯问人身份、人数是否规范，是否告知犯罪嫌疑人权利义务，讯问特殊人群（未成年人、少数民族、外国人、聋哑人等）时是否保障其权利等。另外，通过审查录音录像，还可以筛查侦查人员因疏忽而未发现的一些有价值的证据线索，拓宽证据补强方向。

（三）合同诈骗犯罪案件证据审查要点

从司法实践来看，合同诈骗犯罪案件罪与非罪争议较大，多数案件存在犯罪竞合、证据材料多等情况。检察机关在办理合同诈骗犯罪案件过程中，除应审查经济犯罪案件的共性因素即主体及刑事责任能力、主观方面的犯罪故意及犯罪目的、客观方面的行为手段等外，还应着重对合同诈骗案件中特定情形证据的审查。

1. 犯罪构成证据审查

（1）合同范围的界定及证据审查要点。合同诈骗罪侵犯的法益是公私财物所有权和国家合同管理制度，该罪中的"合同"必须能够体现一定的市场秩序，只有那些涉及社会主义市场经济秩序的合同才能成为合同诈骗罪中的合同。以口头形式约定的合同，只要发生在生产经营、流通领域，双方就货物的名称、数量、价格、交货条款等内容达成协议，并有证据证明确实存在合同关系的，应认定为合同诈骗罪中的合同。在审查合同诈骗案时，应重点审查犯罪嫌疑人、被告人供述和辩解，被害人陈述、被害单位证人证言和其他证人证言。审查过程中，应注意合同约定的双方权利义务及标的是否具有市场流通性等实质内容。有书面合同的审查书面合同条款，采用电子数据约定方式的需固定书证，口头合同需审查双方言词证据。

（2）主观方面证据审查要点。合同诈骗罪的主观方面应重点审查以下证据：犯罪嫌疑人、被告人的供述和辩解，以证实其作案动机、预谋过程、犯罪目的、作案过程及赃款去向、是否有偿还能力等；证人证言，以证实行为人签订履行合同的过程及不想偿还、不能偿还的有关情况等；物证、书证、鉴定意见，如现金、作案工具、合同、票据、存折、账本、会计鉴定意见及文检鉴定意见等，证实行为人对合同款项的使用用途，是否用于挥霍，或进行高风险经济活动造成重大经济损失，或进行违法犯罪活动以及款项是否被转移到境外，行为人是否携款逃跑等。

合同诈骗犯罪是目的犯，必须以行为人具有非法占有目的为构成要件。非法占有目的应是指永久性地非法掌握、控制他人财物的意图。刑法规定了合同诈骗罪的5种情形，认定其是否具有非法占有之目的时，应当结合案情，坚持主客观相一致的原则，从以下方面进行分析：行为人在签订合同时有无履约能力，即行为人在签订合同时是否具备履约能力或在合同规定的期限内能否筹集到履行合同所需要的资金、物资或技术力量，或能否提供足够担保；行为人在签订合同过程中有无诈骗行为；行为人在签订合同后有无积极履行合同的行为，如为全部（或大部分）履行合同积极寻找货源、筹措资金、联系业务等；行为人对合同标的物处置情况，是否有挥霍、挪用等行为；行为人在违约后有无承担责任的表现，如行为人携款潜逃则表明其不愿承担履行合同的责任。

（3）赃款赃物及被害人损失的审查认定。针对合同诈骗案，有关机关应查明合同约定标的额、行为人实际所得额、被害人直接损失数额、赃款赃物的实际去向等。主要审查犯罪嫌疑人、被告人供述和被害人陈述等关于数额的言词证据；金融机构间转账、票据流转情况；提货单、收据等证明货物流转书证；赃物的鉴定意见；查封、扣押、冻结等书证；涉及销赃的，还应审查收赃人的证言；复杂案件中司法会计、审计的鉴定；等等。

2. 特定情形合同诈骗案证据认定

（1）以单位名义实施犯罪情形。对于可能成立单位犯罪的案件，应重点审查以下证据：①单位是否为了实施犯罪而成立，成立后是否主要实施犯罪活动，犯罪所得是归个人所有还是归单位所有；②证明国家机关、事业单位、社会团体性质的相应法律文书，机关、团体法人代码；③企业法人营业执照、法人工商注册登记证明、法人设立证明、税务登记证、享受税收减免优惠政策的有关证明，办公地和主要营业地证明、法定代表人等。从事特殊行业的，应当有相应的批文或许可证；④单位内部组织的有关合同、章程及协议书等，证明单位的组织形式、直接负责的主管人员和其他直接责任人员的证据；⑤银行账号证明、注册资料、年检情况、审计或清理证明等，证明单位管理情况及资产收益、流向、处分等情况的证据；⑥单位已经被撤销的，应有其主管单位出具的证明；⑦其他证明单位相关情况的资料。

实践中，较难判断的是一人公司的单位犯罪问题。一人公司是否具备单位犯罪的主体要件，主要应从以下标准来把握：一是财产是否独立。一人公司如与股东财产混同，则丧失独立人格，以公司名义进行的犯罪行为是股东个人行为，而不是单位犯罪。二是意志是否独立。一人公司如违背公司利益或者超出法定权限、程序，则股东行为意志就与公司意志相背离，公司就失去了独立意志而与股东、管理人员混同，这种情况下成立自然人犯罪。三是法人治理结构是否符合公司法规定。行为以公司名义实施，但实质上并非追求公司利益或履行公司职责，不能作为单位犯罪处理。四是公司运行是否依章程运转。当单一股东或其他成员实施的行为与公司目标相悖时，不能构成单位犯罪。五是公司是否依照法定条件和程序成立。合法性要求实体合法与程序合法，在实体或程序方面不合法的一人公司属于应当予以撤销的对象，不具备法律承认的独立人格，不能成为单位犯罪的主体。

（2）虚构单位、冒用他人名义签订、履行合同情形。此类情形涉及的证据主要有：①犯罪嫌疑人、被告人的供述和辩解。证明与对方当事人签订合同是以虚构的单位或假冒他人的名义而签订的，以及犯罪的时间、地点、过程、情节、骗取财物的数量及其他共同犯罪人在具体实施犯罪过程中的地位和作用等；②工商部门出具的证明。证明犯罪嫌疑人、被告人用于签订合同的单位系虚构，或者是假冒其他单位或他人的名义；③被假冒的单位出具的证明材料。证明此合同是他人假冒其单位签订的；④被假冒的个人的证言。证明其没有签订或授权他人签订此合同；⑤鉴定意见。证明合同上的印章、签名等系伪造、变造的。

虚构单位或冒用他人名义签订、履行合同，骗取对方当事人财物的行为不难认定，实务中需要注意业务员冒用公司名义或以代理人的身份私自与他人签订合同并骗取合同有关款项的情况，此时是否构成合同诈骗罪，要从以下几方面进行判断：行为人是否未经授权而私盖公司印章，是否使用过期的、伪造的印章；是否具有代理权；是否具备履行合同的能力；是否符合公司正常运行程序及习惯；是否具备非法占有款物的主观目的；等等。

（3）虚假担保情形。针对虚假担保的情况应重点审查以下证据：①犯罪嫌疑人、被告人的供述和辩解。证明与对方当事人签订合同是以伪造、变造、作废的票据或者其他虚假的产权证明作担保，以及犯罪的时间、地点、过程、情节、骗取财物的数量及其他共同犯罪人在具体实施犯罪过程中的地位和作用等；②有关金融机构或产权管理部门出具的证明材料。证明用于担保的票据或产权证明系伪造、变造、作废或虚假的；③出票人或产权所有人出具的证明材料。证实用于担保的票据或产权证明系伪造、变造、作废或虚假的；④鉴定意见。证明用于担保的票据或产权证明系伪造、变造、作废或虚假的。

（四）盗窃案证据审查的重点问题

盗窃案件作为最普通、常见的案件，其证据情况也是大家所熟知的，但并不是说，普通、常见的案件就不容易出现问题，相反，在审查起诉盗窃案件过程中，经常出现这样或那样的问题。在对盗窃案件进行证据审查判断时，应当注意以下几个方面的问题：

1. 对价格鉴定意见慎重考察采用

公诉人在审查盗窃案件证据时，应当从鉴定程序、鉴定意见并结合自身的生活经验对价格鉴定机关出具的鉴定意见的证明效力进行判断。有实物或者实物残片的情况下，是否向鉴定机关移送了该实物和残片、是否扣除了相关的折损；在实物灭失的情况下，是否向鉴定机关提供了被害人陈述、证人证言、犯罪嫌疑人供述以及购买物品的有效凭证。在盗窃古董、古玩等有收藏价值物的案件中，能否排除盗窃的是赝品的可能。实践中，因为价格鉴定意见的问题退回补充侦查或者存疑处理的案例经常发生。

2. 在作案次数多的情况下，要认真做好复核工作，避免张冠李戴

一幢居民楼经常被盗，而且手法基本相同，如果侦破了一起案件，犯罪嫌疑人供认自己在这幢楼内盗窃了好多次（具体几次，在哪一家记不清），侦查机关很自然地将其他盗窃行为都认定到犯罪嫌疑人头上，而犯罪嫌疑人也因为记忆不清或抱无所谓的态度，按照侦查机关的意愿承认了所有的犯罪事实。但这里不排除其中一些案件不是该犯罪嫌疑人所为的可能。所以在这种情况下，公诉人在审查起诉过程中，应当认真做好犯罪嫌疑人的供述与被害人陈述、现场勘验和检查笔录、证人证言之间的比对工作，避免张冠李戴。

3. 证据产生矛盾时，对盗窃数额作有利于犯罪嫌疑人的认定

在盗窃现金的案件中，除非对现金的数量有准确的记忆，被害人对现金数量陈述一般会比实际丢失的数额大，而犯罪嫌疑人的供述一般较实际数额要小。这方面的原因，可能需要社会学家、心理学家进行解释。但从证据标准来看，应当就低认定，采信犯罪嫌疑人的供述。

4. 在作案时间、地点的认定上存在其他矛盾证据时，不要轻易地排除矛盾

一般来说，在犯罪嫌疑人供述、被害人陈述、报案材料吻合的情况下，关于作案时间、地点的认定不会存在问题，但当案件出现相反的证

据时,案件承办人应当认真进行复核,不要轻信侦查结论。

5. 排除被盗物品为遗失物、遗弃物的可能

如果犯罪嫌疑人窃取的是他人的遗弃物、遗失物,理论上一般认为不能作为盗窃犯罪处理。因此,案件承办人在审查起诉时,应当排除这方面的可能,尤其是在缺乏被害人陈述的案件当中需要关注(实践中,缺乏被害人供述的案件极少能够进入审查起诉环节,但存在一案多笔事实中,有少数几笔事实的证据中缺少被害人陈述的情况)。案件承办人应当将犯罪嫌疑人供述的作案地点与被害人的物品存放地认真地对比,必要的时候,应当到现场进行勘查,以确定被害人是否确实对财物失去控制。

6. 犯罪嫌疑人辩解称自己是受他人胁迫不得已实施盗窃的情形如何处理

对这类辩解,笔者认为应当给予充分的关注,在犯罪嫌疑人能够交代出对方姓名、联系方式等情况下,认真做好复核工作。如果犯罪嫌疑人只是提出了这项辩解,但不能提供对方的姓名等信息或者信息得不到证实的,应当终止这方面的调查复核工作,不采信犯罪嫌疑人的此项辩解。

五、证据审查与复核的完善

(一) 如何审查"证据锁链"

对于"证据锁链"一词,检察实务中的办案人员几乎人人耳熟能详,盖因在案证据能否环环相扣、相互印证,形成一个完整的证据链条,是检察办案人员断案、定案的前提和依据。无论侦查、批捕抑或公诉,办案检察官敢于作出批捕、不起诉或起诉决定等相关法律处分,必定是因为其内心确信该案的在案证据业已形成证据锁链。然而,深入调研发现,有的检察办案人员对证据锁链的理解和认识还有待改进,其证据审查、判断的重点指向是与定罪量刑有关的证据,他们所理解和把握的证据锁链,实际上仅仅是指定罪量刑的证据锁链,而没有认识到由于检察环节办案任务的多重性,实务中证据审查、判断工作的对象除了上述定罪量刑的证据锁链之外,至少还应当注意以下三条证据锁链:

1. 第一条证据锁链：案件的客观真实性

司法实务中，刑事案卷材料的内容是比较丰富的，根据实务中的做法，侦查机关的立案登记表、破案经过、抓捕经过等材料也要求作为证据入卷备查。有观点认为，上述材料在案卷中主要是作为量刑证据使用的，因为发案、破案经过主要是犯罪嫌疑人、被告人到案情况（是否主动投案及到案时的认罪态度等）的客观记载和书面说明，用来证明犯罪嫌疑人、被告人的量刑情节。然而，我们认为这一观点是片面的，因为上述材料除了用作量刑证据之外，更重要的功能实际上是证明案件的客观真实性。从证明原理上讲，刑事证明活动的基本任务是通过证据证明犯罪事实之成立，但要证明案件事实之成立，首先应当证明该案件的客观真实性，换言之，该案件不能是假案，所指控的、待证明的犯罪事实不能是子虚乌有、人为捏造的，这是刑事证明的前提，否则，该案的所有在案证据都将丧失证明价值和意义。因此，对于在审前程序中承担查证责任并在审判程序中承担举证责任的检察官而言，审查、判断案件的客观真实性，是其司法办案的首要任务；此外，作为法律监督者的检察官，在办案的同时还承担着防止冤假错案的任务。既要防止冤假错案，那就意味着既要防止冤案、错案，更要防止假案。因此，对于检察官而言，审查、判断案件的客观真实性，也是其履行法律监督职责的基本要求。

从司法办案的既往经验来观察，检察官要在办案中发现并揭露假案，最为重要的方法和手段就是对案发原因、破案经过、抓捕经过等材料进行认真、细致的审查，通过审查案发原因是否真实、自然以及破案经过、抓捕经过是否合理等来甄别、发现案件侦办过程中的各种疑点，进而对案件的真实性作出判断。所以说，案件的客观真实性，是检察官在办案时首先应当关注的问题，而立案登记表、侦查机关的破案经过、抓捕经过等材料，正是检察官据以判断案件真实性的重要证据。实务中，办案检察官正是通过对上述证据材料的审查，判断其能否形成一个完整、封闭的证据锁链，进而认定案件的真伪。由于在操作流程上，办案检察官往往需要先行审查有关案件客观真实性的证据锁链，之后才能对定罪量刑的证据锁链展开审查、判断，因而，从这个意义上说，是否有确实、充分的证据证明案件的客观真实性，这是检察官在办案中首先需要关注的第一条证据锁链。

2. 第二条证据锁链：犯罪嫌疑人、被告人的人身同一性

有关司法解释明确要求，侦查环节首次讯问应当查明犯罪嫌疑人的身份。例如，《刑诉规则》第187条规定："讯问犯罪嫌疑人一般按照下列顺序进行：（一）核实犯罪嫌疑人的基本情况，包括姓名、出生年月日、户籍地、公民身份号码、民族、职业、文化程度、工作单位及职务、住所、家庭情况、社会经历、是否属于人大代表、政协委员等；……"同样，庭审中也要求审判长开庭伊始即应查明被告人的身份。例如，《适用解释》第235条规定："审判长宣布开庭，传被告人到庭后，应当查明被告人的下列情况：（一）姓名、出生日期、民族、出生地、文化程度、职业、住址，或者被告单位的名称、住所地、诉讼代表人的姓名、职务；（二）是否受过刑事处罚、行政处罚、处分及其种类、时间；（三）是否被采取强制措施及强制措施的种类、时间；……"问题在于，为何有关司法解释不厌其烦、一再要求侦查或审判讯问都必须首先查明犯罪嫌疑人、被告人的身份等基本情况？其用意何在？笔者认为，这主要是因为司法实务中可能发生公安机关张冠李戴"抓错人"、犯罪嫌疑人冒名顶替充当"替身犯"，以及犯罪嫌疑人盗用他人姓名、企图蒙混过关等现象。如果公安司法机关不先行查明犯罪嫌疑人、被告人的真实身份，则办案对象可能发生错误，后续的证据审查工作尽皆沦为无用功，甚至酿成错案、冤案。正因为如此，公安司法机关在办案时首先应当通过讯问犯罪嫌疑人、被告人核实其身份，以确认到案接受讯问或审判之人确系本案真正的犯罪嫌疑人、被告人，进而保证犯罪嫌疑人、被告人的人身同一性，即俗称的"验明正身"。无论张冠李戴"抓错人"抑或冒名顶替的"替身犯"，实质都是冤案、错案，而作为法律监督者的检察官的基本职责就是防冤纠错，因此，"验明正身"也是检察官在办案时的一项重要任务。为了验明正身，确保犯罪嫌疑人、被告人的人身同一性，侦查机关应当将证明犯罪嫌疑人身份的相关材料入卷

备查，而检察官则应通过对在案卷证的审查，形成确证犯罪嫌疑人身份的证据锁链，此即检察官在办案中应当注意的第二条证据锁链。实务中，办案检察官只有在认定相关证据材料已经形成证明犯罪嫌疑人人身同一性的证据锁链的情况下，才能进入对该案其他证据的审查、判断。值得注意的是，司法实务中犯罪嫌疑人、被告人被采取强制措施的相关法律文书也要求入卷备查。部分观点认为，此举主要目的是便于检察官实施侦查监督，对强制措施的合法性进行审查。但实际上，强制措施法律文书入卷，除了便于发挥侦查监督的功能之外，更主要的目的还是查明犯罪嫌疑人、被告人的人身自由状态，此亦属于广义的验明正身的范畴，其间的差异不可不察。因为，这涉及对此类法律文书证据地位和功能的不同认识。实务中，有的办案人员习惯于在庭审的法庭调查环节将本案被告人被采取强制措施的相关法律文书作为证据向法庭出示。这表明，其并未真正理解此类法律文书的证明对象和意义。实际上，将被告人被采取强制措施的相关法律文书入卷，主要目的和功能是用于验明被告人身份，而非用于证明本案案情，因此，此类法律文书根本无需在法庭调查环节作为证据出示，而只需由审判长在开庭查明被告人情况时依职权核实即可。

3. 第三条证据锁链：物证、书证来源的客观真实性及其同一性

在强调"不轻信口供"而以物证（广义的）为"证据之王"的时代背景下，物证、书证成为办案中查证犯罪事实的重要证据类型。然而，物证、书证的证明力虽高，却往往不能独立证明犯罪事实，因为，物证、书证与案件之间的关联性要靠其他证据来建立。例如，在一起故意杀人案中，侦查人员从犯罪嫌疑人家中搜出一把带血的刀，经鉴定，刀身残留的血迹系来自被害人身上。该案中，刀及血迹当然可以用作物证指证被告人，但前提是有证据（侦查人员的证词、搜查扣押笔录、扣押物品清单）证明该刀系从犯罪嫌疑人家中搜出，如此方可建立该物证以及犯罪嫌疑人与案件事实之间的关联性，该物证也才能作为指控被告人的证据使用。对于这一证明机理，域外证据理论和实务称之为"验真"，即验证物证本身的真实性并确保其可以用于指证被告人。我

国证据理论和实务上并不采用"验真"这一概念，但也明确要求证据审查、判断必须确保物证、书证来源的客观真实性。从证据原理上讲，之所以强调物证、书证来源的客观真实性，其目的仍然在于"验真"，即验证物证、书证本身的真实性并确保其可以用于指证被告人。

以前述故意杀人案为例，证明该刀系从犯罪嫌疑人家中搜出的侦查人员证词、搜查扣押笔录、扣押物品清单等证据固然是"验真"证据，同样亦是证明物证、书证来源客观真实性的证据，因此，强调物证、书证来源的客观真实性与"验真"，虽然两者的表述角度不同，但殊途而同归。也正因为这一证明机理的存在和要求，实务中办案检察官在对物证、书证进行审查时，首先应当关注其来源的客观真实性问题，若无相关证据能够证明物证、书证来源的客观性和真实性，造成物证、书证来源不明的，则该物证、书证不得作为定案根据。不仅如此，如果物证本身没有特殊性，而属于一般种类物，那么办案检察官还应当确保在法庭上作为证据出示的物证，就是之前侦查机关所查获的物证，两者具有同一性。例如，检察官在法庭上出示了一把带有被害人血迹的刀，并声称该刀系从被告人家中搜得，但被告人否认。此时检察官该如何证明其当庭出示的刀与侦查人员之前从被告人家中搜得的是同一把？换言之，物证的同一性该如何证明？从证明原理上讲，检察官此时必须出示相关证据证明该刀自从被侦查人员扣押、封装后，一直处于严密且未中断的保管状态，这期间不存在被调包、栽赃的可能。因此，对于物证，检察官不仅要通过证据证明其来源的客观真实性，还应当证明其保管过程的连续性和严密性，并由此形成一个从物证提取、封存、保管直至送检的完整、封闭的证据链条，此即为检察官办案时应当注意的第三条证据锁链。基于此，对于办案检察官而言，必须要对物证、书证来源客观真实性及其保管的连续性和严密性进行认真审查，只有在确保物证、书证从提取、封存、保管到送检整个证据链条完整、封闭的前提下，才能将物证、书证作为本案的定案证据，才能据此作出相应的法律处分。

最后，需要特别指出的是，前文论及的三条证据锁链，在证据学上都可归入"验真"的范畴。这就提示检察官，在办案实务中，一定要有"验真"意识,并将其作为司法办案的首要职责和任务。只有在依次完成对案件客观真实性、犯罪嫌疑人人身同一性以及物证、书证来源客观真实性及其同一性的"验真"任务的前提下,检察官才能进行与定罪量刑有关的证据锁链的审查、判断。经验表明,这是防止冤假错案的有效方法。

(二)如何交错适用刑法与刑事诉讼法审查刑事证据

刑事证据审查是办理刑事案件的重中之重,从某种意义上说,刑事案件的办理过程就是刑事证据的审查过程。传统观点认为,刑事证据审查主要是运用刑事诉讼法规定的程序、方法、标准以及相关的刑事证据规则,对证据的客观性、关联性、合法性进行审查,和实体刑法没有太多关联。司法实践中,对刑事证据的审查,也往往从刑事诉讼法的角度加以考量,存在重视实体刑法不足甚至是忽视实体刑法的问题。然而,司法实践中办理刑事案件需要并且必须将实体刑法和作为程序的刑事诉讼法紧密结合,正如有学者提出:"真实案例,或者说,具体法律争端的解决,从来都是实体与程序的交错适用。"作为办理刑事案件的关键环节,对刑事证据进行审查也不例外,也需要将刑法与刑事诉讼法、证据法等法律规范交错适用,思维和目光不断往返顾盼于实体与程序、定罪与量刑、惩罚与再社会化等视域。办理刑事案件,应当遵循刑事一体化至少是刑法与刑事诉讼法交错适用的方法理念。由此,笔者认为,刑事证据审查应从三个方面坚持刑法与刑事诉讼法交错适用。

1. 以实体刑法为指向审视在案证据

实体刑法是审查刑事证据的指南针和施工图,是"按图索骥"中的"图",脱离实体刑法指引,刑事证据审查就会迷失方向,变成只注重对单个证据的形式审查而忽略其实质指向。在对具体案件证据进行审查的过程中,审查者不能"眉毛胡子一把抓"地对证据进行客观性、关联性、合法性判断,这样的审查对诉讼程序意义不大,甚至是毫无意义。因为,审查证据的目的,是为了判定在案证据能否构建起符合实体刑法规定的犯罪构成要件要求的犯罪事实证据体系,而不是单单对证据的"三性"进行判断,刑事证据客观性、关联性、合法性的判断必须以证明实体刑法规定的犯罪构成要件为目标指向，否则"关联性"的判断将成为空中楼阁——关联性主要是证据与实体刑法规定的犯罪构成要件之间的关联性，而不仅仅是证据与证据之间的关联性。因此，审查者在对具体证据进行审查之前，会在头脑中形成一种关于案件定性的"模糊的先见"，对案件进行实体刑法角度的审视和判定，然后以刑法规定的犯罪构成要件为指导去寻找足以证明所确定罪名的相关证据，并对相关证据的客观性、关联性和合法性进行审查；并在审查相关证据过程中以客观、关联、合法的证据为支撑形成对案件事实的认定。可以说，在整个刑事诉讼过程中，实体刑法提供的是一种目标指向和法律标准，对整个案件进程具有决定性的指导功能，指引并制约着刑事诉讼的侦查取证、证明、审判等整个诉讼程序，特别是决定着侦查的范围和案件处理方式。如，面对财物被抢的案件，审查者首先会形成一个抢夺罪或抢劫罪的"模糊的先见"，然后去寻找证明暴力的程度如何、暴力是对人还是对物的证据，如果暴力不危及人身而纯粹是对物的暴力，审查者则会初步认为行为人的行为构成抢夺罪；在此基础上，再去寻找证明财物价值是否达到抢夺罪追诉标准的证据、行为人年龄是否达到刑事责任年龄、是否具有刑事责任能力等方面的证据。如果没有实体刑法关于犯罪构成要件的指引，对证据的审查必将是盲目的，必将是形式性的就证据审查证据，失去了在实体刑法指导下对证据关联性进行审查的方向和基石，这样的证据审查在理论上和实践中都是毫无意义的。

2. 以证据和程序为基石建构实体要件判断

对刑事证据进行审查的终极目的是"实体形成"，即对行为人的行为是否符合犯罪构成要件、符合哪个具体罪名的犯罪构成要件，如果符合实体刑法规定的犯罪构成要件，那么如何对其进行量刑等作出实体上的判定。实体刑法有关定罪量刑的确认，需要证据和程序的支撑，这是不言自明的：一方面，刑事诉讼法规定的依法取证、无罪推定、配合制约等诉讼原则，与刑事证据方面的非法证据排除规则、直接言词原则等相结合，为审查证据的客观性、合法性提供了明确的标准和遵循。通过对这些原则的坚持和贯彻，能够最大限度地保障据以定罪量刑的证据客观、合法，使得依据证据认定的案件事实真实客观，能够有效防范冤假错案的发生，能够经得起法律和历史的检验。另一方面，刑事诉讼法确立了证据确实、充分的证明标准：定罪量刑的事实都有证据证明，据以定案的证据均经法定程序查证属实，综合全案证据，对所认定事实已排除合理怀疑。这一关于证明标准的规定，第一项体现了证据裁判原则，第二项体现了对程序合法性和单个证据客观性的要求，第三项通过排除合理怀疑来对前两项进行进一步的检验。可以说，前两项强调证据的"建构性"与"可信性"，第三项则强调对前两项证据和证据体系的"排疑"，具有"解构"的性质。正向的"建构"和反向的"解构"有机统一，能够有效解决将实体刑法规定的犯罪构成证明到何种程度的问题，使得对实体刑法规定罪名的证明精确化、规范化。如，对故意杀人案件的证据进行审查，要通过审查是否有人死亡、是自杀还是他杀、他杀的证据有什么，犯罪嫌疑人是谁，证明具体行为人实施杀人行为的证据是否依法取得、是否有需要排除的非法证据，这些证据的组合是否达到了刑事诉讼法规定的"确实、充分"的证明标准，能不能排除合理怀疑，等等。通过对证据的客观性、关联性、合法性的审查和对"确实、充分""排除合理怀疑"证明标准的判断，来建构实体刑法规定的故意杀人罪的构成要件。对其他犯罪的审查亦然。

3. 以双向验证为方法定罪量刑

实体刑法是犯罪法律要件及其法律后果的实体法规范，作为程序法的刑事诉讼法则是对行为人进行侦查、起诉、审判和启动刑罚权的程序规范。尽管刑法和刑事诉讼法的概念有别，但实体刑法唯有通过刑事诉讼程序才能够得以实践，离开了作为程序法的刑事诉讼法，实体刑法作用的发挥将失去依托；而获致一个实体刑法上的正确裁判，正是刑事诉讼的任务，是进行刑事诉讼程序的目标所在。因为，刑事诉讼程序的终极目标，是对行为人行为的罪与非罪、此罪与彼罪、罪刑轻重等进行判定。

在整个刑事诉讼过程中，实体刑法指导审查证据的方向，使审查者根据具体犯罪的犯罪构成要件判断哪些证据有用、哪些证据无用，哪些是关键证据、哪些是次要证据等。当然，作为程序法的刑事诉讼法也非完全被动，具有自身独立的价值，对实体刑法上定罪量刑的形成也具有反向的制约作用。一方面，对刑事证据进行审查需要严格遵循刑事诉讼法确定的证据规则和证明标准，坚决排除非法证据，不得恣意变通执行甚至是各行其是；另一方面，实体刑法指导下的证据审查是存在合理或者不合理的"前见"的，而不合理的"前见"可能使审查者对案件事实认定和法律适用产生误解，进而导致冤假错案的发生，而充分运用侦查、起诉、审判相互制约的刑事诉讼程序，特别是以审判为中心的庭审实质化程序，通过不同主体间的沟通交流和博弈，能够最大限度消除不合理的"前见"，形成"重叠共识"，及时修正对定罪量刑的判断，使得认定的案件事实达到确实、充分的证明标准，使得判决结果能够得到公众认同，实现政治效果、法律效果、社会效果的有机统一。如对盗窃罪证据的审查，实体刑法规定的盗窃罪构成要件决定了其和抢劫罪的审查重点不同，盗窃罪实体定性的初步确定，指明了下一步的证据审查是围绕盗窃行为、盗窃财物价值、盗窃故意、刑事责任年龄和责任能力等证据，而对这些证据的审查当然要受到非法证据排除等相关证据规则的制约；同时，在审查证据过程中，如果发现采取的手段是使被害人陷入错误认识而处分财物，或者是行为人获取财物的主观故意是毁坏而非占有，那么就可能将"模糊先见"的盗窃罪修正为诈骗罪或故意毁坏财物罪。这在理论上是存在的，在实践当中也存在着为数不少的随着证据审查不断深入而改变"模糊先见"定性的案件。理论上和实务中，都需要将实体刑法的定性和作为程序的刑事诉讼进行双向验证。

综上，刑事证据审查，需要在刑事实体法的框架内，以实体刑法规定的犯罪构成要件为指导，遵从刑事诉讼法对证据本身和证明标准的要求，认真全面地审查在案证据，将实体刑法与刑事诉讼法交错适用，避免偏重实体或程序一方或者将两者截然分开而导致实体不公或程序不公。可以说，刑事证据的审查过程，是以某种犯罪的构成要件为指导，在诉讼法规定的程序框架内去辨明案件，并就其实体性质逐步形成判定的过程。

第四节 非法证据排除

一、非法证据排除的基本内涵

（一）非法证据排除的概念

非法证据排除，是指司法办案人员在审查案件过程中，对于证据的收集的合法性进行审查，对非法取得的言词证据和非法搜查、扣押取得的证据予以排除，不得作为定案证据的活动。《刑事诉讼法》第50条规定："可以用于证明案件事实的材料，都是证据。"但是并非所有的证据都属于刑事诉讼中的证据。能够在刑事诉讼中使用的证据，除了必须符合证据的形式之外，还必须符合证据的三性：客观性、关联性、合法性。证据的合法性是指证据必须是按照法律规定的要求和程序而收集的相关材料。因此，证据的合法性要求证据的提取、收集必须符合法律规定的程序，严禁通过刑讯逼供和以威胁、引诱、欺骗以及其他非法的方法收集证据。对于不按照法定程序取得的证据不具有证据效力，也不得作为定案的依据。如《刑事诉讼法》第56条规定："采用刑讯逼供等非法方法收集的犯罪嫌疑人、被告人供述和采用暴力、威胁等非法方法收集的证人证言、被害人陈述，应当予以排除。收集物证、书证不符合法定程序，可能严重影响司法公正的，应当予以补正或者作出合理解释；不能补正或者作出合理解释的，对该证据应当予以排除"。《刑事诉讼法》第57条规定："人民检察院接到报案、控告、举报或者发现侦查人员以非法方法收集证据的，应当进行调查核实。对于确有以非法方法收集证据情形的，应当提出纠正意见；构成犯罪的，依法追究刑事责任。"这些都是刑事诉讼法对非法证据的类型和排除的规定。

非法证据排除规则是针对证据的合法性进行审查和判断，主要考虑的内容包括证据收集的主体、证据收集的程序是否合法，以及证据的种类、来源、形式是否合法，这直接关系到证据能否作为认定案件事实的依据。如果证据不符合法律规定的合法性要求，应当依法予以排除。在司法实践中，非法证据的范围和非法证据排除的范围是两个概念。非法证据不一定全部都会被排除，一些证据虽然具有部分违法性，但是可以通过补正或合理解释等方式进行完善。对于能够进行补正和合理解释的部分证据，也能够作为刑事诉讼中的证据。

（二）非法证据的种类

准确把握非法证据排除规则的内涵，关键在于准确认定"非法证据"。根据《刑事诉讼法》第56条规定的非法证据主要包括三种。一是指采用刑讯逼供等非法方法收集的犯罪嫌疑人、被告人供述；二是采用暴力、威胁等非法方法收集的证人证言、被害人陈述；三是不符合法定程序，可能严重影响司法公正，且不能补正或者做出合理解释的物证、书证。

对于采用刑讯逼供等非法手段取得的犯罪嫌疑人、被告人供述和采用暴力、威胁等非法手段取得的证人证言、被害人陈述，确认为非法言词证据。对物证、书证的取得明显违反法律规定、可能影响公正审判的，确定为瑕疵证据。对于瑕疵证据应当先要求侦查机关予以补正或者做出合理解释。只有当无法补正或者不能作出合理解释时，该物证、书证不能作为定案的根据。

（三）非法证据的排除规则

对于确定属于非法证据的，应当根据其具体类型采用不同的排除规则。一种为直接排除，即对采用刑讯逼供等非法方法收集的犯罪嫌疑人供述、被告人供述和采用暴力、威胁等非法方法收集的证人证言、被害人陈述，一旦查证属实，应当直接予以排除。另一种为间接排除，即对收集物证、书证不符合法定程序，可能严重影响司法公正的，应当予以补正或者作出合理解释；不能补正或者作出合理解释的，对该证据则应当予以排除。具体如下：

1. 对非法言词证据的排除规则。言词证据属于学理上对于证据分类的一种，主要是指以人的语言为表现形式存在的证据，主要包括犯罪嫌疑人、被告人供述和辩解，被害人陈述，证人证言等。《刑事诉讼法》第56条规定的非法的言词证据是指采取刑讯逼供和暴力、威胁等非法方法得到的言词证据，对于这类非法证据应当直接予以排除。

2. 对非法实物证据的排除规则。实物证据主要是指以实物形态存在的，具有静态性、稳定性、不易失真的客观存在的证据。其中主要指物证，书证等证据。非法实物证据主要是指违反了法律规定的程序收集的实物证据。我国《刑事诉讼法》规定了书证、物证的排除范围，即程序上违法并且对司法公正可能产生严重影响的证据。但是由于物证和书证的客观属性和在构建以客观证据为中心的证据体系中的重要性，排除前物证、书证对补正或合理解释作出了前置性规定。对于未依照合法程序收集的、且无法补正或者作出合理解释的，才应当依法予以排除。如果可以通过补正或者能够作出合理解释的实物证据则可以使用。

3. 对"毒树之果"的排除规则。"毒树之果"起源于西尔沃索恩木材公司诉美国一案，后来美国最高法院霍姆斯大法官确定以非法证据为依据获取的证据不应当被法院采用。"毒树之果"意指以非法行为作为条件或者以非法证据为线索而得到的其他证据。"毒树之果"是一种衍生证据，既包括通过非法证据为线索收集的言词证据，也包括以非法搜查、扣押等非法行为收集的实物证据。我国《刑事诉讼法》对毒树之果的排除规则没有明确的规定，在司法实践中，对"毒树之果"是否采信往往会具体问题具体分析，既不是对毒树之果一律采信，也不是对毒树之果一律排除。对于轻微程序违法收集到的对证明案件事实有关键性作用的证据，可以予以采信。但是对于严重侵害案件当事人的人身和财产权利而取得的衍生证据，则应当依法予以排除。

二、非法证据排除的工作要求

证据是案件的基石，非法证据就是摧毁整个案件质量的基础。为贯彻落实非法证据排除，公诉人要着力转变和更新执法理念：

（一）强化人权意识，坚持惩治犯罪与保障人权并重

刑事诉讼法关于非法证据排除的规定，是保障人权的司法理念在刑

事诉讼活动实践中具体体现。检察人员在审查逮捕和审查起诉过程中要做好排除非法证据工作，首先须树立人权意识，应进一步清醒认识到，在坚决依法惩处刑事犯罪的同时，要更加尊重和保障人权，在自身执法办案中，全面加强刑事诉讼中的人权保障。

（二）树立程序意识，坚持程序公正与实体公正并重

刑事诉讼法的修改使程序公正、程序的独立价值得到更充分的体现。检察人员程序意识的树立，是落实非法证据排除工作的思想利器。只有真正重视程序，把程序公正作为保证办案质量、实现实体公正的前提和基础，才能更好地完成非法证据排除，更好地履行国家赋予公诉人的职责。

（三）树立证据意识，坚持全面客观收集审查证据与坚决依法排除非法证据并重

证据是刑事诉讼的核心，为保证案件质量，证据意识的树立是贯彻刑事诉讼法的重点。检察人员在审查逮捕和审查起诉时，要做到重证据，重调查研究，不轻信口供，要更加注重证据合法性的审查，提高依法收集和运用证据的能力，坚持全面客观收集审查证据，把排除非法证据真正落实到审查起诉及审判环节。[1]

三、非法证据排除的工作流程及方法

最高人民法院、最高人民检察院、公安部、国家安全部、司法部通过了《关于办理刑事案件严格排除非法证据若干问题的规定》，确立了检察机关在审判前程序中对非法证据排除程序的主导权，明确了检察机关启动非法证据排除程序，给审查逮捕阶段进行非法证据排除提供了依据。

---

[1] 伍颖颖：《公诉人对非法证据排除的理念转变与实务应对》，载正义网，最后访问日期：2014年3月13日。

(一) 非法证据排除程序的启动

1. 依职权启动

检察机关发现捕诉阶段办案人员在办理案件过程中存在非法取证嫌疑的，应当及时启动非法证据排除程序。在司法实践中，存在部分犯罪嫌疑人遭到了刑讯逼供等非法取证行为，但是由于害怕遭到进一步的迫害或者不懂得依法维护自己的权利，导致不敢或者不能提出要求排除非法证据。这就需要案件承办人在审理案件时进行认真审查，通过对案件的事实和证据进行全面的分析，发现可能涉嫌非法取证的线索。

依职权启动非法证据排除程序，需要捕诉阶段的承办人在办案中注意收集以下几个方面的线索：核实言词证据是否存在反复、前后矛盾。对于存在反复和前后矛盾的言词证据，要重点审查存在反复或前后矛盾的原因，以及是否能够进行合理解释；仔细审查同步录音录像，核实同步录音录像是否全程覆盖未中断，核对同步录音录像中的时间、地点是否与讯问笔录中的时间、地点一致，重点审查同步录音录像中供述的内容是否与讯问笔录中的内容相一致；通过查阅入所体检报告，了解在押人员身体状况的方式发现非法取证的线索；通过网络舆情或者其他当事人控告的方式发现非法取证的线索等。

2. 依申请启动

依申请启动非法证据排除程序是非法证据排除程序启动的重要方式，我国刑事诉讼法规定了犯罪嫌疑人及其辩护人有申请启动非法证据排除的权利，《刑诉规则》规定：当事人及其辩护人、诉讼代理人报案、控告、举报侦查人员采用刑讯逼供等非法方法收集证据并提供涉嫌非法取证的人员、时间、地点、方式和内容等材料或者线索的，人民检察院应当受理并进行审查。在《关于办理刑事案件严格排除非法证据若干问题的规定》中，将法律援助律师制度扩大适用到犯罪嫌疑人、被告人申请排除非法证据的场合。

在捕诉阶段，检察机关办案人员应当通过给犯罪嫌疑人提供《权利义务告知书》的方式告知犯罪嫌疑人其有权对非法取证行为进行控告、有权申请非法证据排除，并询问其是否受到了刑讯逼供等非法取证行为，以及是否需要申请排除非法证据。对辩护律师提出要求的，应当及时听取辩护律师意见。对确实存在非法取证行为的，应当及时启动非法证据排除程序。

（二）非法证据的调查核实

对是否存在非法取证行为进行调查核实，既是对非法证据依法进行排除的依据，也是提高办案质量、加强侦查活动监督的重要方法。根据非法证据排除程序启动方式的不同，调查核实的侧重点也有所不同。对于依职权启动非法证据排除程序的，检察机关承办人发现侦查取证行为可能存在违法行为的，应当及时调查核实。对于依申请启动非法证据排除程序的，应当要求申请人提供涉嫌非法取证的人员、时间、地点、方式和内容等材料或者线索。检察机关应当受理并进行审查，对于根据现有材料无法证明证据收集合法性的，应当及时进行调查核实。

检察机关决定对非法证据进行调查核实时，应当及时通知办案机关。对于非法证据的调查核实要求通知办案机关，主要是因为在调查核实过程中，需要办案机关对其取证合法性进行证明或者作出合理解释，并对检察机关的调查核实活动进行配合。同时，由于对非法取证行为进行调查可能会涉及追究相关办案人员的办案责任，因此及时通知办案单位，也是确保监督效果的重要途径。

《刑诉规则》对检察机关进行非法取证行为进行调查核实的方式有明确的规定，检察机关办案人员可以通过讯问犯罪嫌疑人、询问办案人员、询问在场人员及证人、听取辩护律师意见、调取讯问笔录、讯问录音、录像、调取、查询犯罪嫌疑人出入看守所的身体检查记录及相关材料、进行伤情、病情检查或者鉴定等方式进行调查核实。讯问犯罪嫌疑人主要核实是否存在非法取证行为以及具体的细节。对办案人员的询问主要是询问其收集证据的具体过程。询问在场人员及证人、听取律师意见主要是对羁押场所干警、同监人员以及其他相关知情人进行询问，进一步了解案情。调取相关的讯问录音、病历资料等客观证据，主要是使整个调查程序更加的客观和公正，更有利于查清是否存在非法取证行为。

（三）非法证据的补正与合理解释

1. 补正

根据刑事诉讼法的规定，针对原有物证、书证因收集不符合法定程序可能严重影响司法公正的，应当予以补正。补正的方法主要是针对侦查人员在原收集物证、书证过程中没有履行的程序性行为，在不影响原物证、书证真实性的情况下，要求侦查人员补充履行程序性行为。比如，对于收集调取的物证、书证，侦查人员或者持有人或者见证人没有在勘验、检查笔录、搜查笔录、提取笔录、扣押清单上签名，或者就物品特征、数量、质量、名称注明不详，可以交由未签名的人签名或者补充注明物品特征、数量、质量和名称。

2. 作出合理解释

一般而言，作出合理解释只是针对轻微技术性违法而言。对于严重违反法律程序所获得的言词证据，应当予以排除。如《关于办理死刑案件审查判断证据若干问题的规定》第13条规定，询问证人没有个别进行而取得的证言，不能作为定案依据；第20条规定，讯问笔录没有经过被告人核对确认并签名捺手印的，不能作为定案的依据。但对于存在轻微技术性违法所获得的言词证据，经过有关办案人员补正或者作出合理解释的，可以采用。例如侦查人员在讯问被告人时存在笔误，或者因疏忽而造成其他错误，可以给予侦查机关解释说明的权利。《关于办理死刑案件审查判断证据若干问题的规定》也规定，询问笔录没有填写询问人、记录人或法定代理人姓名的，没有填写询问的起止时间和地点的，询问证人的地点不符合法律规定的，这些情形通过有关办案人员补正或作出合理解释，可以采用。另外，首次讯问笔录没有记录告知被讯问人诉讼权利内容，电脑打印的笔录事后遗漏侦查人员、记录人签名或制作日期，因沿用上次模板未做修改导致日期错误等都可以就此原因作出合理解释。解释应符合常理并有事实依据。对于补正或解释，应当注意是否符合不影响证据的真实性这一前提条件，如果对证据真实性的质疑仍然不能排除，则不能采信该证据，应另行寻求补充证据的方法。

3. 补充证据

这是指针对已经排除或者可能会排除的非法证据，通过补充取证完善和重新构建指控犯罪证据体系。一是重新取证。即对被排除或将要被排除的证据重新取证。在审查起诉阶段发现侦查机关有非法取证行为、需要退回补充侦查的，也可以建议侦查机关更换办案人员重新侦查取证；二是转化证据。即通过有针对性的依法调取关联证据，弥补替代可能被排除的非法证据。实践中，通常使用的方法是将可能被排除的物证、书证通过获取相关言词证据予以转化，将可能被排除的言词证据通过获取相关的物证、书证予以转化。比如，在原调取的手机通话详单未注明来源、重新调取已无可能的情况下，可以通过调取通话双方当事人的证言予以转化；三是完善证据。即围绕已经被排除或可能被排除的证据，通过调取与该证据相关联的一个或数个证据以弥补该证据并形成新的证据体系。比如，从现场提取的某作案工具因非法收集而被排除，而该作案工具，在现场的情况有目击证人证实，并能明确证明其种类、形状和特征，为犯罪嫌疑人所持有的情况也有知情人予以证实，则可以通过调取目击证人和知情人的证言，形成独立的证据链条弥补被排除的证据。

【案例】陈某某故意伤害案

1999年2月14日，犯罪嫌疑人陈某某因其弟弟与邻居刘某发生经济纠纷后发生打架，后刘某的叔叔被害人刘某某赶过来后，犯罪嫌疑人陈某某与被害人刘某某发生打架事件，打架过程中，刘某某被打成重伤。检察人员在审查案件中发现并没有被害人刘某某的原始病历，构成重伤的法医鉴定书与证人证言均是复印件，未与原件核实，且原件已经遗失无法核对，该证据不具有证明效力。犯罪嫌疑人陈某某的家属及村干部对重伤提出异议，指出刘某某的病历是其亲家的，构成重伤纯属子虚乌有。而事件已经过去十年，伤情无法重新鉴定，公安机关认定的被害人构成重伤并没有物证与书证，仅仅是被害人的言词证言。所以，检察人员认为公安机关认定陈某某将被害人打成重伤的证据应予以排除。该院与公安机关沟通后，经过多方努力，在该市第三人民医院十一年前的资料中找到了案件发生时的一张被害人的头部扫描CT照，对该照片进行了鉴定，才最终确定被害人构成了重伤。该院以故意伤害罪起诉被告人陈某某，陈某某在庭审过程中没有异议，法院判决被告人陈某某犯故意伤害罪，判处有期徒刑三年，缓刑三年六个月。

当然，这里必须再次申明的是，如果瑕疵证据难以补证或者合理解释的，该依法排除的还是应当依法进行排除。

【案例】王某某强奸案

检察机关起诉指控被告人王某某强奸被害人孙某。该案最为关键的一项证据就是被害人的内裤，并且经鉴定系被告人王某某所留，但侦查人员对被害人孙某内裤的收集、复制、保管工作存在多处违反法律规定的地方：一是侦查人员在提取内裤时没有制作提取笔录，或者通过扣押物品清单客观记载提取情况，导致内裤来源的证据不充分；二是根据《关于办理死刑案件审查判断证据若干问题的规定》第8条的规定："据以定案的物证应当是原物。只有在原物不便搬运、不易保存或者依法应当由有关部门保管、处理或者依法应当返还时，才可以拍摄或者制作足以反映原物外形或者内容的照片、录像或者复制品"。起诉书的证据目录中虽然记载提取了被害人孙某的内裤，但未将该内裤随案移送。考虑到该物证的特殊性及所附生物检材易污染需要特殊条件保存，可采用照片形式对该内裤予以复制移送，但相关机关均未做此项工作；三是法律规定对证据的原物、原件要妥善保管，不得损毁、丢失或者擅自处理。由于该起犯罪久未侦破，其间办案人员更换，加之移交、登记、保管等环节存在疏漏，被害人孙某的内裤已遗失，导致出现疑问后相关复核工作无法进行。一审期间，公安机关曾就被害人孙某内裤的收集、复制、保管工作出具了说明材料："案发后，某县公安局将孙某的内裤进行了提取，后一直放在刑侦支队保管。后民警将内裤送到省公安厅刑警总队进行DNA鉴定。现此内裤已作技术处理"。该说明材料没有对未制作提取笔录或者扣押清单、未拍摄照片复制以及为何将内裤处理等情况进行合理的解释。因此，除非通过重新开展相关工作进行补正，否则本案被害人孙某的内裤不能作为定案根据。然而，孙某的内裤已遗失，即使通过询问被害人、被害人亲属，重现提取过程，也无法通过辨认、质证等方式确认被害人、被害人家属所述的内裤与侦查机关曾经提取的内裤的关联关系，被害人孙某的内裤来源存在疑问无法解决，不能作为定案的根据。最终，审判机关就王某某强奸孙某的事实未予认定。

(四) 非法证据的处理

检察机关对是否存在非法取证行为进行调查核实后，应当形成书面的调查报告，根据查明的情况提出处理意见，报请检察长决定后依法处理。依法排除非法证据的，应当在调查报告中予以说明。被排除的非法证据不得作为批准的根据，而且应当随案移送，并注明为依法排除的非法证据。对于不存在非法取证行为的，也应当及时书面告知犯罪嫌疑人及其辩护人。

对于非法证据的处理包括对非法证据的处理和对非法取证的侦查人员处理两个方面。对确属以刑讯逼供、暴力取证等非法方法收集的非法言词证据，不得作为审查逮捕和审查起诉、审判的定案依据，依法予以排除。对于需要补正或者作出合理解释的物证、书证，应当提出明确要求，侦查机关不能作出合理解释或者补正的，不得作为审查逮捕和审查起诉、审判的定案依据，依法予以排除。对侦查人员以非法方法收集证据，或者收集证据程序存在瑕疵的，应当依法向侦查机关提出纠正意见，发出书面的《纠正违法通知书》，详细列明侦查活动中存在的违法行为，并提出纠正意见。同时加强后续监督工作，由督促侦查机关进行整改并将整改情况告知检察机关。对于侦查人员非法取证行为需要追究相关行政或者刑事责任的，依法移送相关部门查处。

四、非法证据排除的实务操作技巧

(一) 常见对证据合法性质疑的情形

在执法实践中，常见对证据合法性质疑的情形有五个方面：

1. 取证主体违法

根据我国刑事诉讼法的相关规定，证据收集的法定人员包括侦查人员、检察人员、审判人员等。只有法律规定有取证资质的人员收集的相关证据，才具备证据能力，才能作为刑事诉讼中的证据使用。其他没有相关资质的人员收集的证据，如果未经转化，则属于非法证据，不能当作刑事案件定案的依据。

2. 取证程序违法

我国刑事诉讼法对证据收集的程序有详细的规定。证据的收集必须符合法律的相关规定，否则不能当作定案的依据。取证程序违法的证据主要包括以非法的手段或方式收集的证据。如以刑讯逼供和以威胁、引诱、欺骗以及其他非法方法收集证据属于非法证据。取证程序违法还包括没有经过法定程序而收集的证据。如对犯罪嫌疑人进行监听需要履行严格的审批手续，如果未经审批而擅自对他人实施监听而收集到的证据，也属于非法证据。

【案例】罗某某贩卖毒品案

罗某某因涉嫌贩卖毒品被侦查人员在其家中将其抓获。抓获罗某某时，侦查人员当场对罗某某的住所进行搜查，未搜到任何毒品。一个多小时后，在将罗某某带离住所的情况下，侦查人员又对其家中进行第二次搜查，搜查笔录记载搜得70多克海洛因和几十粒麻古。罗某某辩称其家中没有毒品，是侦查机关栽赃嫁祸。检察机关办案人员审查后发现，二次搜查只有一次笔录，且搜查笔录时间与现场勘查时间不一致，二者对物品记载有重叠，都没有见证人签名，遂要求侦查人员就此作出说明。侦查人员坚称实际只有一次搜查，所以只有一份搜查笔录，同时解释是因为人手不够，在将人犯送回所后，安排另一批人再到现场搜查，将前后搜查的结果汇总，再分别制作清单，带回所由罗某某签字的。侦查人员的上述解释不能排除非法取证的嫌疑，该收缴毒品的相关证据不能作为定案依据。

3. 不属于法定证据种类

我国刑事诉讼法对刑事诉讼中的证据种类明确为八类，分别是：物证；书证；证人证言；被害人陈述；犯罪嫌疑人、被告人供述和辩解；鉴定意见；勘验、检查、辨认和侦查实验等笔录；视听资料和电子证据。如果证据不符合刑事诉讼法中关于证据的种类要求，则存在证据合法性质疑。

4. 作证主体不适格

我国刑事诉讼法对证据的来源也有详细的规定，如证据必须由法律规定的有取证资格的人员提取、证据的来源对象必须符合法律的规定；证人证言必须来自法律上适格的证人，如果证人在生理上、精神上有缺陷或者为年幼，不能辨别是非、不能正确表达的人，则不能作为刑事诉讼中的证人。至于对案件作出的相关鉴定，则要求提供相关鉴定意见的人员和单位必须具有相应的资质，如果鉴定人员不具备相关资质，或有应当回避的情形而没有回避的，则该鉴定意见不能作为刑事诉讼中定案的依据。

5. 不具备法定形式

我国刑事诉讼法对证据的形式也有明确的要求，证据只有符合法律规定的形式才具有法律效力。如犯罪嫌疑人的供述与辩解必须有讯问人和被讯问人签名或盖章，证人证言、被害人的陈述必须有询问人和被询问人签名或盖章，现场勘验检查笔录必须要有参加现场勘验检查的相关侦查人员和在场的见证人签名或盖章，鉴定意见必须要有鉴定人的签名和盖章，收集、调取的书证、物证应当是原件或原物。采用副本、复制件或拍摄足以反映原物外形或者内容的录像或照片应符合一定的条件：制作人不得少于2人；应当附有关于制作过程的文字说明及原件、原物存放何处的说明；由制作人签名或盖章等。如果证据违反了上述的形式要求，则存在证据合法性质疑。

【案例】殷某涉嫌故意杀人案

1994年8月1日凌晨2时许，沈某夫妇睡在家中卧室的床上被人泼硫酸，沈某子女的卧室着火，沈某被烧成重伤，其妻子因烧伤死亡。案发后，侦查机关以被害人沈某的情妇殷某在要求沈某离婚并与之结婚未果的情况下，曾多次写信扬言欲报复沈某及其全家为线索，将殷某锁定为犯罪嫌疑人。在审查起诉期间，殷某提出自己曾被公安机关提外审刑讯逼供。经调查核实，本案被告人的三次有罪供述都是在提外审期间作出的，其进入看守所即翻供，辩称被刑讯逼供，讯问人员在提外审期间有"车轮战""疲劳审"、强迫签字等行为。虽然侦查机关出具说明没有刑讯逼供,但由于缺少提外审的同步录音录像,且提外审不符合相关法定情形,因此无法排除该三份证据系刑讯所得的可能,对有关证据应当予以排除。

(二)非法证据线索的发现方法

落实非法证据排除规则,最主要的是要有效发现非法证据。在执法实践中,发现非法证据的常见方法有以下几种:

1. 履行告知程序发现非法证据线索。检察机关在受理案件3日内向犯罪嫌疑人告知非法证据排除申请权利的同时,应询问侦查阶段是否存在以非法方法收集证据的情形。

2. 讯问犯罪嫌疑人发现非法证据线索。承办人在讯问犯罪嫌疑人的过程中,对嫌疑人提出被刑讯逼供,或者发现身体有伤痕等非法取证线索的,要抓住细节,深入讯问,完整记录时间、地点、人物、内容、情况,并在整个讯问过程中掌握讯问技巧,突出细节。同时,观察犯罪嫌疑人的表情、语言,防止其为逃避处罚谎称受到刑讯逼供。

3. 依托辩护人发现非法证据线索。检察机关在听取辩护人意见时,可询问其对证据方面的看法,特别是听取犯罪嫌疑人聘请的辩护律师的意见。辩护律师通过会见和阅卷,会发现案件证据的疑点,从而有针对性地开展调查取证。承办人要及时与辩护律师沟通,在法院开庭之前及时发现非法证据,避免因"证据突袭"而被动。

4. 承办人审查案卷材料和两录资料发现非法证据线索。承办人通过审查案卷材料,认真梳理证据,审阅破案经过,比对犯罪嫌疑人供述、查看录音录像资料等方式,综合考证有无非法证据。主要看讯问笔录是否齐全,录音录像是否连贯,犯罪嫌疑人供述是否稳定、清晰,对供述反复变化或者呈阶段性变化的供述,要提高警惕,尤其是其供述的部分内容与现场物证或其他书证存在矛盾的,要作为重点核实的内容。

5. 审查侦查人员的情况说明发现非法证据线索。对于可能存在侦查人员以非法方法收集证据的,可以要求侦查人员就收集证据的合法性作出说明。通过审查其不合逻辑、情理或者自相矛盾的书面或口头情况说明中发现线索。如刘某某故意伤害案，侦查机关将嫌疑人从甲地转押到乙地（两地距离不到100公里）用了一个星期的时间，期间形成了多份讯问笔录，讯问地点都是同一个乡派出所。这个违法过程就应当要求公安机关做出合理解释，否则该证据不能作为定案依据。

6. 利用检察机关内部机构的信息对接来发现非法证据线索。检察机关具有受理对侦查人员的控告、举报、申诉的职责；监管场所检察部门负责对监管执法活动的检察监督职责。在公诉部门受理案件以后，通过案件管理办公室将实施法律监督过程中获取的各种非法证据线索汇聚到承办人手中。

7. 参加庭前会议，听取法官、辩护人、诉讼代理人、被害人提出的有关非法证据的情况反映。

【案例】尹某某等人非法经营案

犯罪嫌疑人尹某某等人因涉嫌非法经营一案被移送审查起诉。审查起诉过程中，检察人员发现本案证人李某某的证言存在未签名的情况，同时发现同一时间段内侦查人员龙某同时讯问两名被告人的情况，遂要求侦查人员进行说明。侦查人员龙某就询问证人李某某过程作出说明：关于证人李某某是否看过询问笔录的问题，龙某说明因为当时李某某说他不识字，所以没有给证人李某某看；关于为什么讯问笔录上出现同一时间段内讯问两名被告人的问题，龙某说记不清楚了。据此，检察人员将相关证据排除作为审查起诉的依据。

（三）非法证据调查核实的方法

根据法律规定，这种调查可以询问有关当事人或者知情人，查阅、调取或者复制相关法律文书或者报案登记材料、案卷材料，对犯罪嫌疑人、受害人进行伤情检查，但不能限制被调查人的人身自由或者财产自由。在实践中，为了增强调查的针对性和有效性，可以依不同线索情况分几条路径展开。

1. 审查案卷材料。应重点关注：各类证据生成的程序瑕疵；相互矛盾的证据；翻供、翻证的供述、证言和陈述；侦查机关及侦查人员有关取证的书面说明；包括破案报告在内的诉讼过程中的瑕疵等，善于从中捕捉可能存在以非法方法收集证据的信息。

【案例】贺某某重大责任事故案

贺某某因涉嫌重大责任事故一案，侦查人员将其提出看守所审讯，时间从 2009 年 4 月 14 日晚上 10 时至 4 月 17 日下午 5 点多钟，期间长达 67 个小时的讯问都是在公安派出所进行，其被脚戴双铐讯问 6 次，中间只有一次间隔时间有 8 小时，其余间隔不到 5 小时。检察机关办案人员通过对讯问地点和讯问时间间隔等细节的认真审查，发现了公安机关长期提外审、疲劳审讯等违法侦查问题，对相关证据予以排除。

2. 调查受害人。对遭受刑讯逼供或者暴力威胁取证的受害人或者因严重违背法律程序实施的侦查措施受到损害的受害人的调查，可以作为调查核实的第一路径。一方面，可以根据其对受害时间、地点、过程、情节、后果的陈述，进一步甄别非法取证行为是否存在；另一方面，还可以由此发现有关非法收集证据行为的线索，确立具有针对性的调查核实思路和方法。

3. 调取相关书面资料和视听资料。主要包括前述犯罪嫌疑人入监、体检、提讯记录、看守所干警和驻所检察人员与在押人员的谈话记录、日志、监控视频等资料以及侦查机关实施侦查措施的内卷资料等。

4. 调查知情人。主要包括看守所干警、羁押场所干警、负责同步录音录像的工作人员、犯罪嫌疑人的辩护律师、犯罪嫌疑人的同监人员及其他知情人。

5. 伤势检查鉴定和现场调查。针对刑讯逼供或暴力威胁取证所留下的伤痕，及时进行现场调查并照相或摄影，对于受害人留有血衣或其他物证的，及时提请固定保全。

6. 直接询问以非法方法收集证据的行为人或违法讯问、询问和实施侦查措施严重违法时的在场人。

【案例】罗某强奸案

检察机关起诉指控被告人罗某违背妇女意志，强行与被害人覃某发生性关系。该案证据中，被告人罗某曾就强奸事实作过有罪供述，但一审没有采纳，原因是罗某辩解曾经受到过刑讯逼供，并提供了照片，确能证实其脖子、手臂等处有明显伤痕。罗某还提出公安人员讯问过程中有诱供行为,亲笔供词是照着公安人员宣读的内容写的。案件在一审期间,上述问题没有相应证据予以排除,导致法院在审理期间对被告人供述的合法性产生怀疑,而直接采信了被告人的当庭无罪供述,一审判决罗某无罪。

二审检察人员就证据合法性进行了全面补证:(1)调取了公安机关对被告人罗某讯问的同步同音录像,查明讯问过中被告人罗某的供述自然,且讯问过程在看守所进行,讯问人员与被告人罗某完全隔离,完全可以排除刑讯逼供的可能;(2)提取了被告人罗某入监时的体检表,查明了其在看守所收押时除脖子、手臂等处有明显伤痕外身体体表并无其他明显伤痕;(3)调取了看守所管教干部对被告人罗某的谈话笔录,查明罗某并未跟管教干部反映其曾受到公安人员刑讯逼供等问题,且其在管教干部谈话期间承认了自己涉嫌强奸的基本事实;(4)补充了拘传过程的见证人唐某某的证言,证实被告人罗某在公安机关拘传过程中,其有不配合反抗行为,公安人员对其采取了强制拘传。(5)责成公安机关出具了情况说明,证实因为被告人罗某在抓捕过程中拒不配合并抗拒抓捕,遂将其制服。根据《公安机关办理刑事案件程序规定》第157条的规定:"对犯罪嫌疑人执行拘传、拘留、逮捕、押解过程中,应当依法使用约束性警械。"因此,对于被告人罗某在拘传过程中拒不配合并抗拒抓捕的,采取适当的制服手段,本身并无违法之处。且该暴力的手段并非是为逼取口供,与刑讯逼供存在根本的区别,不应成为影响被告人口供真实性和合法性的理由。(6)认真对比被告人罗某的供述与被害人覃某的陈述,发现两人的供述并非完全一致,且被告人罗某交代了许多侦查人员当时尚未掌握的情况,通过6个细节的对比,发现被告人罗某是在公安人员尚未掌握的情况下所作出的交代,诱供是无法获取上述情况的。这足以说明其在公安机关的交代不是通过诱供、指明问供的方式获取的。

上述补证工作完成之后,在二审庭审期间,检察人员申请法庭通知了参与本案拘传和讯问过程的4名公安干警出庭作证,说明了拘传和讯问过程中不存在所谓的刑讯逼供、指供、诱供等违法情形，被告人罗某对此没有提出质证意见。同时，通过出示对被告人罗某讯问的同步同音录像、入监时的体检表、看守所管教干部对被告人罗某的谈话笔录、证人唐某某的证言，宣读了公安机关出具的情况说明，论证了侦查行为的合法性，有力驳斥所谓的刑讯逼供、指供、诱供等辩解理由。

二审法院认为：二审期间，检察机关重新核实了被害人覃某的陈述，侦查人员亦出庭作证，证据得以补强，被告人辩解非法取证的问题可以排除。对抗诉机关的抗诉意见予以采纳，将被告人罗某从无罪改判为有罪判决。

7. 审查讯问同步录音录像。刑事诉讼法明确规定，侦查人员在讯问犯罪嫌疑人的时候，可以对讯问过程进行录音或者录像；对于可能判处无期徒刑、死刑的案件或者其他重大犯罪案件，应当对讯问过程进行录音或者录像；录音或者录像应当全程进行，保持完整性。

实践中，侦查机关制作的同步录音录像资料存在问题较多，导致原本侦查机关准备自证清白的录音录像却成为非法取证的"铁证"。主要有以下原因：其一，基本不同步，存在"两张皮"现象。录音内容与纸质笔录内容不一致。如刘某某故意杀人一案，4张碟片面播放的内容与讯问笔录没有一次是吻合的；其二，没有规范封存、再次剪辑拼装现象严重。所有录音录像碟片都没有履行备份封存。如异某案，碟片播放时间是同步笔录时间13倍，且有明显的拼接痕迹；其三，有的录音录像中发现侦查人员有诱供现象。曾在湖南省张家界市举办的全国检察机关公诉论坛上，有与会者就规避和篡改录音录像等问题上一共列出了86种方法，这充分说明同步同音录像中存在的问题不容忽视，承办人若不对每一张碟片进行播放审阅，是不可能发现问题。

【案例】李某某受贿案

侦查单位依法移送李某某受贿一案。承办检察官在审查案卷材料时，从讯问笔录看，内容十分完备：

问：你与行贿人有什么不正当经济往来？

答：他送给我10万元人民币。

问：行贿人为什么送你10万元？

答：因为我的国家工作人员身份，我利用职权帮他办好了事情，他应该在其中赚了不少钱。

问：你是怎么认识自己的问题的？

答：我犯了错误，请求从轻处理。

从这份讯问笔录可以看出，犯罪嫌疑人构成受贿罪的四个构成要件已经齐备，构成受贿罪应该没有问题。随案附有4张讯问光盘，承办人没有审查，就将案件起诉至人民法院。案件开庭审理过程中，被告人当庭否认指控，并坚称自己从未供述过犯罪事实。审判人员将同步同音录像予以播放，与讯问笔录记载差距很大（下文根据录像资料整理）：

问：你是不是收了行贿人送的10万元？

答：（不吭声）。

问：你要老实交代问题，你老婆和行贿人都已经交代了，你如果负隅顽抗，只有死路一条！

答：嗯。

问：你到底收没收行贿人送的10万元？

答：我记不清了。以我老婆说的为准。

问：你不否认就是默认，你要认真交代自己的问题。

答：嗯。

由于当庭播放的同步同音录像，反映讯问的过程存在欺骗、指供、诱供等违法情形，且没有真实记载犯罪嫌疑人的供述内容，该案不得不撤回起诉。

总之，在调查核实中，应当根据线索的不同特点和所选择的不同调查路径选取相应的方法和策略。同时，注意对调查内容保密，既要有效发挥调查核实的应有功能又要注意避免负面影响。[①]

[①] 卢乐云：《非法证据排除与排除的实践把握——以审查起诉为中心》，载《人民检察》2012年第14期。

（四）言词证据非法收集手段的认定

言词证据是否存在非法情形，主要在于如何认定收集手段非法的问题。关于言词证据收集手段非法的常见情形主要有：一是有形力作用于人身的伤害行为，目的是通过这样的手段逼取犯罪嫌疑人、被告人、的有罪供述或证人证言、被害人陈述；二是使"用变相肉刑"的恶劣手段，使犯罪嫌疑人、被告人、证人、被害人等遭受难以忍受的痛苦而违背意愿作出的供述、证言和陈述，主要包括饥饿、寒冷、强光、暴晒能够使人感受到肌体痛苦的其他方法；三是通过对证人、被害人的人身自由进行限制，使证人、被害人陷入恐惧状态，从而强迫其作出不符合其真实意愿的证言或陈述。在《关于办理刑事案件严格排除非法证据若干问题的规定》中第6条明确采取限制人身自由等非法的方式收集的证人证言应当依法排除。对于采取上述手段收集的证人证言、被害人陈述应当依法予以排除；四是采用"威胁"手段获取的言词证据。关于什么是"威胁"？我们认为应该从"威胁"的目的出发，"威胁"的目的是使被害人、证人基于恐惧从而作出违心的证言或陈述。"威胁"的对象既可以是被害人，也可以是证人、被害人的家人、朋友等，仅要求在威胁的程度上以一种无形力强迫了证人、被害人的精神即可。

【案例】张某某涉嫌包庇案

湖南某县人民检察院在审查公安机关报捕的犯罪嫌疑人张某某涉嫌包庇罪一案时发现，公安机关对张某某所作的问话笔录均系2011年8月22日3时至同年8月23日24时期间形成。从询、讯问笔录反映的情况看，公安机关对张某某可能进行了连续问话，而未给予其必要的休息时间，实系变相体罚。该院启动调查程序，提审张某某，核实公安机关的讯问活动是否合法正当。犯罪嫌疑人张某某证实公安机关在讯问过程中对自己采取了上手铐、罚跪、不准休息睡觉等刑讯逼供手段。了解到上述情况后，又对承办张某某包庇案的侦查人员进行调查，侦查人员承认讯问过程中确实对张某某进行了长达35个小时的连续问话，张某某的有罪供述系在未得到必要休息的情况下作出。检察机关遂以公安机关刑讯逼供非法取证，对张某某的供述予以排除，因排除犯罪嫌疑人供述后，其余证据不足以证明张某某实施了包庇犯罪，遂依法对张某某作出不批准逮捕决定，同时向公安机关发出《纠正违法通知书》。

五、非法证据排除的完善

（一）强化审查逮捕阶段的非法证据排除工作

在"捕诉一体"的办案模式下，虽然逮捕和公诉两个环节都有着排除非法证据的职责和义务，由于审查逮捕的办案期限较短，约束了检察官开展非法证据调查和排除工作，但在审查逮捕阶段进行非法证据排除，具有其他阶段无可比拟的优势。

一是审查逮捕阶段进行非法证据排除具有制度上的优势。审查逮捕权本质上属于一种司法权，检察机关在审查逮捕案件中，处于中立地位，能够比较客观中立地对案件证据进行审查。相比较而言，检察机关的公诉权承担着指控犯罪的职能，案件被移送审查起诉之后，公诉阶段的检察官在进行非法证据排除时，自己作为逮捕阶段的承办人，往往会考虑非法证据排除之后是否会影响之前审查逮捕阶段的案件质量。而在审查逮捕阶段，承办检察官在办理审查逮捕案件时能够完全的客观和中立，对案件的处理没有利害关系和主观倾向，因此能够居中审查，客观的作出是否进行非法证据排除的决定。

二是审查逮捕阶段进行非法证据排除具有时间上的优势。非法证据一般产生于侦查阶段，在侦查阶段就发现和排除非法证据，对刑事诉讼的顺利进行有着重要的意义。检察机关在行使审查逮捕权时，尚处于侦查的初期阶段，因此能够及时的发现是否存在非法证据。非法证据在形成初期，由于时间仓促，难免会有所疏漏。因此，在审查逮捕阶段也更加容易发现非法证据。如果非法证据经过了多个诉讼程序的流转，在刑事诉讼过程中不断进行转化、伪装，在后续的诉讼阶段发现非法证据的难度更大。同时，由于检察机关在审查逮捕阶段对犯罪嫌疑人进行讯问时，是犯罪嫌疑人在刑事诉讼中第一次面对不同的权力主体，其要求权利救济的愿望最强烈。因此，如果在侦查阶段侦查机关存在刑讯逼供或者其他的非法取证行为，犯罪嫌疑人在面对审查逮捕阶段的检察官时，进行控告申诉的勇气最大。如果在审查逮捕阶段没有对犯罪嫌疑人反映的情况充分重视，没有对可能存在的违法行为进行严格审查，而是草率地作出批准逮捕决定，将会导致犯罪嫌疑人进行权利救济的愿望受到打击，从而在后续的诉讼阶段消极应诉，不再敢对侦查阶段存在的违法行为进行举报和控诉。

三是审查逮捕阶段进行非法证据排除具有收集证据的优势。证据是证明案件事实的关键，在进行非法证据排除时，也需要有相关的证据为支撑。但是，在刑事诉讼过程中，随着时间的流逝，刑事诉讼中的证据也可能会随着时间的推移而消失。比如在证明侦查机关对犯罪嫌疑人进行刑讯逼供，最直接的证据就是犯罪嫌疑人身上的伤情。在审查逮捕阶段，由于尚处于侦查初期，审查逮捕的承办人能够及时的接触到犯罪嫌疑人，如果犯罪嫌疑人身上确实有伤，审查逮捕阶段的承办人能够及时的对相关证据进行固定和保存。但是如果在审查逮捕阶段没有及时发现和固定相关的证据，到了公诉或者审判阶段，犯罪嫌疑人身上的伤情已经痊愈，因此也就难以证明在侦查阶段存在违法取证的情形，进行非法证据排除的难度也就更大。在审查逮捕阶段，及时发现侦查活动中存在的违法行为，也能引导侦查机关及时的补正，从而保障诉讼活动顺利进行。由于我国对非法实物证据的排除并不是一律排除，对于可以补正和进行合理解释的部分非法实物证据，也能够在刑事诉讼中作为定案的依据。但是由于证据的保存和收集也具有时效性，如果不能及时的发现证据收集过程中存在的问题，也就不能及时的进行补正，随着时间的推移，可能会导致失去了补正的可能性，导致该份证据被排除，从而影响诉讼活动的顺利进行。

（二）关于重复性供述的排除范围

所谓重复性供述，是指通过刑讯逼供等非法方法收集的犯罪嫌疑人、被告人有罪供述之后，再次依法收集的与非法收集的证据内容一致的该犯罪嫌疑人、被告人的供述。实践中，关于犯罪嫌疑人、被告人受到刑讯逼供后，所作的重复性供述能否采信的问题一度存在争议。有人提出只排除调查核实存在刑讯逼供手段获得的非法证据，对之后依法取得重复性供述不予以排除。有的则认为由于犯罪嫌疑人、被告人之前被刑讯逼供之后，心理上被侦查人员所强制，即使其之后属于依法取得的重复性供述也应当予以排除。还有的则提出对于重复性供述是否一律排除应当区别对待，对于犯罪嫌疑人从侦查环节封闭式、无法获得有效救助的环境，到审查逮捕或审查起诉环节，在依法告知其享有的诉讼权利，律师依法介入保障其权益的情况下，其仍然作的重复性供述可以不予以直接排除。对此，最高人民法院在全面推进以审判为中心改革的相关文件中也予以明确，对于犯罪嫌疑人、被告人受到刑讯逼供以后，更换侦查人员并进行了权利义务告知，或者人民检察院在讯问时，告知权利义务以后，仍然作有罪供述的，可以不予排除。《刑诉规则》第68条规定，对于重复性供述如果是受到之前刑讯逼供影响而作出的，应当一并排除，但是对于侦查期间，根据控告、举报和自己发现等，公安机关确认或者不能排除以非法方法收集证据而更换侦查人员，其他侦查人员再次讯问时，告知其诉讼权利和认罪认罚的法律规定，犯罪嫌疑人自愿供述的不予排除。在审查逮捕和审查起诉期间，检察人员讯问时告知诉讼权利和认罪认罚的法律规定，犯罪嫌疑人自愿供述的也不予以排除。这是因为当更换侦查人员或者检察人员讯问后，犯罪嫌疑人已经从孤立无援，无法投诉的环境中解放出来，具备了向相关人员如实反映真实案件事实的条件，在这种情况下，其仍然坚持有罪供述，可以不予以排除。

（三）关于威胁、引诱、欺骗的认定问题

《刑事诉讼法》第52条规定严禁以威胁、引诱、欺骗的非法方法收集证据，强迫自证其罪。如何区分威胁引诱、欺骗与做思想工作、侦查谋略之间的差异一直是非法证据排除实践中的难点。笔者认为，在司法实践中，应准确区分采用引诱、欺骗等非法方法获取的证据与采用引诱、欺骗型侦查谋略所获取的证据，并根据违法危害程度与刑讯逼供、暴力取证危害的相当程度及证据是否具有重新收集的可能等情况，综合分析决定对该类证据是否依法排除。简单的说就是《刑事诉讼法》第52条禁止的是严重侵犯人权的威胁、引诱、欺骗性取证，而并非禁止所有的带有威胁、引诱和欺骗的侦查谋略。如比向其说明其罪行的严重程度及可能判处的刑罚,虽然其内心害怕受到法律的严惩,但这肯定不属于威胁。万毅教授曾提出了四条标准来界定是否属于威胁、引诱和欺骗:

一是不得严重违反法律。例如可以用吸烟引诱,但不得用吸毒引诱,因为教唆、引诱他人吸毒严重违反法律。我们不能用一个违法行为去查证另一个违法行为。

二是不得违反宗教、职业、家庭伦理。例如侦查人员不能伪装成律师与犯罪嫌疑人见面借机套取口供,因为这有违律师的职业道德。

三是不得有损具有社会公信力的基本制度面。例如,侦查人员可以称"现场遗留有指纹,经我们鉴定就是你的"。但是不能伪造鉴定意见文书,因为鉴定意见是具有社会公信力的法律文书,伪造鉴定意见会损害社会公信力。

四是不得导致犯罪嫌疑人违背意愿作出供述。如侦查人员不得以家属相威胁,如可以对犯罪嫌疑人说"你只要配合我们把事情讲清楚,把赃物藏在哪里坦白交待,我们可以不追究你儿子包庇、窝藏的犯罪。"但我们不能说"你不说,就把你儿子抓起来。"因为在心忧亲人安危的巨大心理压力下,犯罪嫌疑人有可能违背自身意愿作出虚假的有罪供述。这四条标准有助于我们在非法证据排除实务中,对正确认定是否属于威胁、引诱和欺骗有一定的借鉴作用。

(四)应用庭前会议解决非法证据排除问题

刑事诉讼法规定在开庭以前,审判人员可以召集公诉人、当事人和辩护人、诉讼代理人,对回避、出庭证人名单、非法证据排除等与审判相关的问题,了解情况、听取意见。这一程序的设置将程序性问题提前解决,以方便庭审能够集中、高效的解决实体问题,原则上要求对非法证据排除问题在开庭之前,由审判人员召集各方代表,听取意见。这种庭前解决方式有助于提高效率、减少不必要的休庭,而且效果更好,有利于开庭时集中审理没有争议的实体问题。因此,公诉人应当高度重视庭前辩方或者审判人员提出的非法证据排除问题,及时做好应对。

【案例】刘某某、谭某某等人故意伤害案

被告人刘某某、谭某某因故意伤害他人身体被提起公诉。该案证据中，对被告人有提外审情况，检察机关通过调查核实和重新补证工作后，建议人民法院召开庭前会议。在主审法官通报庭审方式、程序后，公诉人就举证方式提出意见，11位辩护人就非法证据排除等问题提出32条意见。在主审法官的协调下，决定将有关证据合法性调查集中放在法庭示证的第一阶段，避免不同的辩护人、被告人在不同的庭审阶段提出非法证据排除申请而反复启动该程序。原本预计多日才能完成的庭审，一日就完成庭审，大大节约庭审时间，提升庭审效率。

一旦审、辩方提出了非法取证的问题，并提供了相应线索的，应充分利用审前的准备阶段，复核相关线索：

一是如果是在审查逮捕、审查起诉期间已经提出也经查证不存在非法取证行为的，按照查证的情况（包括调取的其他讯问笔录、同步录音录像、羁押记录、出入看守所的健康检查记录、看守管教人员的谈话记录以及侦查机关对讯问过程合法性的说明等）做好庭审应对准备。

二是如果是未曾受理的新材料或者线索，可以要求侦查机关（部门）提供相关证明，如果认为侦查机关存在懈怠或者需要回避情形的，需自行调查核实上述材料。一旦核实确实存在刑讯逼供等非法取证行为的，即应将涉及的非法证据予以排除，并在开庭前告知审判机关、辩护人和其他当事人。

三是如果系可补正的瑕疵证据的，应及时进行补正或者令侦查人员作出合理解释，无法补正或作出合理解释的，应将该证据予以排除。

四是上述非法证据排除后证据体系不能成立、不能得出被告人有罪结论的，应当依据刑事诉讼法的规定，要求撤回起诉。并在撤回起诉后7日以内作出存疑不起诉的决定。对于撤回起诉的案件，没有新的事实或者新的证据，人民检察院不得再行起诉。

（五）侦查人员出庭作证的问题及应对

《刑事诉讼法》第59条第2款规定："现有证据材料不能证明证据收集的合法性的，人民检察院可以提请人民法院通知有关侦查人员或者其他人员出庭说明情况；人民法院可以通知有关侦查人员或者其他人员出庭说明情况。有关侦查人员或者其他人员也可以要求出庭说明情况。经人民法院通知，有关人员应当出庭。"在实践中，侦查人员出庭作证对非法证据的排除至关重要，因此必须重视侦查人员出庭前的准备工作。一方面，侦查人员出庭情况比较少，经验不足；另一方面，侦查人员为了打击犯罪，实践中确实存在一些存在违反程序规定的情形，如果侦查人员出庭掩饰或讲假话，会影响出庭效果。如一起贩卖毒品案，因被告人对现场勘查笔录的真实性提出质疑，公诉机关准备让3名在现场勘检查笔录上签名的侦查人员出庭说明，但后经查证实际在场的只有1名侦查人员，另2名侦查人员并没有在场，公诉机关被迫取消侦查人员出庭计划，并建议法庭延期审理，开展相应的补证与补救工作。

【案例】杨某某诈骗案

在被告人杨某某涉嫌诈骗案中，辩护律师申请启动非法证据排除程序，审判人员决定启动排非程序。庭审过程中，播放了讯问被告人的同步录音录像，该录像画面标明的日期是某年1月28日，被告人当庭提出该录像应为1月24日的讯问过程，录像标明28日是错误的。法庭通知侦查人员出庭作证，证明录像是否存在问题。侦查人员出庭后陈述说该录像设备因质量不佳，错误将24日的录像在录制画面上标明为28日。但仔细查看该录像发现，录像中出现一个日期牌是28日。同时该录像播放过程中有中断现象，显示存在剪接可能，侦查人员解释为因中间停电所致。后经辩护律师到电力局调取了停电记录，否定了停电的事实。据此，依照刑事诉讼法相关规定，证据存在瑕疵不能做出补正或者合理解释的，应依法予以排除。

上述案例反映出侦查人员出庭作证存在很多值得注意的问题，对此应采取有效措施：

1. 调查核实，预判侦查人员出庭效果。对于侦查人员出庭，都应当事先进行预判，只有能够强化证据合法性证明力，确保出庭效果好的才能采取通知侦查人员出庭作证。如果侦查人员出庭解决不了这些问题，或者出庭效果难以保证的，则不宜采取此种方式。因此，承办人在作出决定通知侦查人员出庭之前，应当进行必要的核实，对出庭效果进行预判。具体工作可以包括：（1）提审犯罪嫌疑人，核实其是否可以提供涉嫌非法取证的人员、时间、地点、方式、内容等相关线索或者证据；（2）调取看守所入监体检表，核实犯罪嫌疑人在入监收押时体表是否有受到刑讯逼供的痕迹；（3）调取讯问过程的同步同音录像，审查讯问过程是否存在刑讯逼供、指控、诱供等违法情形；（4）调取看守所管教干部对犯罪嫌疑人的日常谈话笔录，查明犯罪嫌疑人是否向管教干部反映曾受到公安人员刑讯逼供等问题，必要时可找犯罪嫌疑人的同监犯进行调查核实；（5）调取审查逮捕时对犯罪嫌疑人的讯问笔录，查明当时是否提出受到过刑讯逼供的申诉；（6）责成公安机关出具办案情况说明，以书面形式固定侦查机关对于是否存在违法取证行为的基本态度，等等。前面讲的罗某强奸案就是很好的做好了这些基础工作，才能取得侦查人员出庭的良好效果。

2. 提前沟通，确保侦查人员出庭效果。侦查人员一般都缺乏出庭作证的经验，出庭过程中如果出现紧张或者言语模糊等现象，都会影响到出庭效果。因此，承办人可以在开庭之前采取制作询问笔录或者口头问答等方式对出庭情况进行沟通，依法告知侦查人员出庭作证应当注意的事项、语言规则及答问技巧，并提醒侦查人员注意庭审规则，服从审判人员的指挥。如果案件有辩护人的，还应当对辩护人可能提出的诱导性发问进行预测，告知其在作证过程中应当注意的一些法律常识，如证人仅就自己知悉的情况作证，超出证明范围的提问可以拒绝回答；不宜以猜测性、评论性、推断性的语言回答问题；对于发问方式不当的，可以提出异议；对于损害人格尊严的发问，可以拒绝回答并提出异议；涉及侦查工作秘密的，可以说明原因提请审判人员裁决；等等。

3. 规范发问，提升侦查人员出庭效果。发问方式的不同直接影响到出庭效果的好坏，承办人应当在出庭之前认真制作询问证人提纲，理顺问题之间的逻辑关系，抓住出庭作证需要解决的问题，层层推进，提升出庭效果。通常情况下，我们采取的模式是：（1）询问证人的身份信息，重点是问明其从警工作经历与本案的关系，之前是否因非法取证被投诉或者处理；（2）问明在第一次讯问犯罪嫌疑人时是否告知了其享有的诉讼权利；（3）由证人说明讯问的基本过程，重点是犯罪嫌疑人交代罪行的时机、过程和内容，阐明是否存在违法取证的行为；（4）由证人说明侦查活动合法的依据或者提供相应的证据（如同步录音录像资料、入监体检表等）；（5）问明讯问笔录是否交给犯罪嫌疑人予以核对，犯罪嫌疑人在签署姓名时是否提出修改意见；（6）问明将犯罪嫌疑人送交看守所收押的时间，在看守所是否对犯罪嫌疑人进行讯问以及犯罪嫌疑人回答问题的情况，等等。必要时，可以在询问侦查人员结束之前，问明侦查人员对于犯罪嫌疑人申辩侦查行为违法的基本态度和意见。如在询问结束前，公诉人问侦查人员还有什么要补充的，侦查人员通过详细阐明侦查工作的法律规定和纪律要求，最后说道："我身穿人民警察制服，执法守法是我的第一要务，我不可能也不应当去对犯罪嫌疑人进行刑讯逼供。那样不仅可能造成错案，而且我可能无法继续从事为人民群众保驾护航的神圣工作，我不可能拿自己的职业生命去做赌注！"这种最后归纳，不仅使案件真相得以澄清，而且旁听群众对公安机关执法公信力的认同有所提升，取得了良好的法律效果和社会效果。

第二章　审查逮捕专用办案流程及技巧

第一节　逮捕条件审查

一、逮捕条件审查的基本内涵

逮捕的条件，顾名思义就是采取逮捕强制措施所应当具备的事实要件和符合的法定标准。逮捕的条件分为三种类型：

一是逮捕的一般条件。《刑事诉讼法》第81条第1款规定："对有证据证明有犯罪事实，可能判处徒刑以上刑罚的犯罪嫌疑人、被告人，采取取保候审尚不足以防止发生下列社会危险性的，应当予以逮捕。"

二是径行逮捕的条件。《刑事诉讼法》第81条第3款的规定，对于"有证据证明有犯罪事实，可能判处十年有期徒刑以上刑罚的，或者有证据证明有犯罪事实，可能判处徒刑以上刑罚，曾经故意犯罪或者身份不明的，应当予以逮捕。"

三是转捕的条件。《刑事诉讼法》第69、75条规定及《刑诉规则》第101条、第111条规定，犯罪嫌疑人在取保候审或者监视居住期间，严重违反相关规定应当逮捕，或者有"造成严重后果""严重妨害诉讼正常进行""两次违反"等情形的，可以对犯罪嫌疑人予以逮捕。

逮捕的一般条件是基础条件，径行逮捕的条件是具备逮捕一般条件下的升格条件，而转捕条件则是逮捕的例外条件。

二、逮捕条件审查的工作流程及方法

人民检察院对公安机关提请批准逮捕的案件应当全面审查，在对案

件事实及证据进行实体审查的同时,要认真审查案件是否符合《刑事诉讼法》第81条逮捕的三个条件,从证据条件、刑罚条件和社会危险性条件依此进行审查。

《刑事诉讼法》第81条将逮捕的证据条件表述为"有证据证明有犯罪事实存在",而《刑诉规则》第128条则将这一标准细化为三个证明层次,即"有证据证明发生了犯罪事实,有证据证明犯罪事实是犯罪嫌疑人所为,证明犯罪嫌疑人实施犯罪行为的证据已经查证属实。"应当说逮捕的证据条件这三个层次符合了逮捕处于侦查早期的证据特点,即事实初步查明,实质证据收集到位、证据能相互印证。具体说明如下:

(一) 审查是否有证据证明发生了犯罪事实

这个层次又包含3个小证明层次,第一个层次是发生了什么事?这属于事实确认的客观阶段。第二个层次这个事是否犯罪?这属于法律性质的判断阶段。第三个层次是这个事构成何罪?这属于罪名认定的适用阶段。这三个层次是依次递进发展的,不能够跳过,否则就会导致审查逮捕出现错误。

1. 准确认定发生了什么事,是准确适用逮捕证据条件的基础。只有把发生了什么事搞清楚,才能谈后续的案件性质判断和罪名判断的问题。实践中很多案件也就是在这个问题上出现偏差,导致错捕甚至发生冤假错案。如前些年轰动一时的佘某某杀"妻"案。公安机关认定的事实就是佘祥林因为家庭纠纷,将其妻子杀害并沉尸井中。但这个所谓的事实因为亡者归来而成为错误。这就是在发生了什么事上搞错导致的冤案。

【案例】唐某故意杀人案

2008年7月30日凌晨5时许,犯罪嫌疑人唐某和被害人陈某在某市某区某公寓25016房因感情问题发生争吵,犯罪嫌疑人唐某用双手掐住被害人陈某的脖子,致使被害人陈某死亡。当日上午10时许,犯罪嫌疑人唐某在某商场买到一银色皮箱,并在25016房将被害人陈某的尸体装进皮箱,随后驾车潜逃至外地。在潜逃过程中犯罪嫌疑人唐某将装有被害人陈某的尸体的皮箱丢在广深高速麻涌出口到红梅出口中间大桥下的河里。

本案报捕时主要证据有：（1）被害人陈某的父亲证实接到陈某和唐某的手机短信，说2人被绑架了，其将这一情况告诉了妻子和女儿的同学邓某，并到公安机关报警。（2）证人胡某婷证实：2008年7月29日晚，其同陈某还有她男朋友唐某等5人在雨花亭"某饭店"吃了夜宵后，唐某和陈某就开车走了，去了哪里证人不知情。直到8月1日邓某给发信息说陈某被绑架了，胡某婷才知道她出事了。证实案发前犯罪嫌疑人与被害人一直在一起。（3）证人邓某证实：2008年7月30日凌晨2点多我打电话给唐某，约好30号中午见面，当时没有听出陈某有异常。30号中午2点多联系不到唐某和陈某，打电话发信息他们都没回。到了7月31号下午4点多陈某的母亲打电话给我说陈某被人绑架了。之后，我就报了警。证实案发前他给唐某打电话没有发现异常。（4）证人张某娴证实唐某租住了其在某市某区某公寓25016房间。（5）证人钟某茂证实唐某于2008年7月30日在某商场买了一银色皮箱。（6）公安机关在广东将潜逃的唐某抓获的经过说明。（7）犯罪嫌疑人指认抛尸地点照片及笔录。（8）犯罪嫌疑人对杀害陈某的供述，认罪有反复。（9）对杀人现场及运送尸体车辆的勘查笔录，未发现有价值的证据。

本案最终法院因犯罪嫌疑人唐某当庭翻供，以本案事实不清、证据不足而判决唐某无罪。研究本案的证据情况，结论就是本案证明发生故意杀人的事实缺乏足够的证据证明。法庭审理认为本案缺少证明陈某死亡的直接证据，公诉机关运用间接证据推定陈某死亡证据不能形成锁链。经审查，某公寓的出口不只一楼大堂，且某公寓监控设施不全，公诉机关没有调取、提供所有出入口的监控视频，无法排除被告人唐某辩称的"被害人自行离开了公寓"的可能性，不能得出陈某被唐某杀害后装入旅行箱带出公寓的唯一结论。唐某虽然庭前供述其杀害陈某并抛尸，但庭审中予以否认，现有证据只能证明陈某处于失踪状态。最终法院判决唐某无罪。该案就是在逮捕的证据条件第一个层次，即认定本案是否发生了故意杀人的犯罪事实上出现了问题。

因此，逮捕证据的第一层证明标准"有证据证明发生了犯罪事实"这一条件主要是证明"事"。每当发生一起刑事案件，人们常会说"出事了"，这个事就是刑事诉讼活动启动的原因，是刑事立案的条件，也是我们决定是否逮捕犯罪嫌疑人的基础。如在故意杀人案中，我们以前常说活要见人，死要见尸。如果没有找到尸体或者人体组织，在现场也没有发现杀人的其他证据，则故意杀人的事实可能在证据上只能判断为人口失踪事实，否则就可能出现"亡者归来"的冤假错案。这就是达不到逮捕关于杀人这个"事"这个证明层次的要求。

2. 解决了逮捕证据条件中"发生了什么事"这个小层次问题后，就必须解决第二个小层次问题"这个事是不是犯罪"。"发生了什么事情"是证明事的有无这一初级阶段，相对来说比较通俗，但要准确认定发生的事是否属于犯罪就是比较专业的证明过程。有很多案件检察机关批捕后公诉部门作出绝对不诉处理，就是因为虽然发生了事，但是这个事不是犯罪事实。当然一个行为是否构成犯罪，有的很容易就能认定，有的则不是那么容易。犯罪学对犯罪有自然犯与法定犯之分。自然犯是指在侵害或者威胁法益时明显违反伦理道德的传统型犯罪，如抢劫、故意杀人、强奸等。自然犯往往需要证明的内容不多，故意伤害犯罪只要被害人报案称自己被他人打伤即可认定有证据发生犯罪事实。而法定犯则是由法律规定该行为为犯罪的。对于这类犯罪我们除了证明发生了客观犯罪事实之外，还必须同时援引相关法定条件等证据证明他是犯罪。最常见的就是空白罪状中，违反国家土地法相关规定，非法破坏耕地的犯罪，他同时还要求对于违反相关规定的情况查明。例如在审查逮捕某违法发放贷款案时，办案人员对"国家规定"理解不深、把握不准，误将中国农业银行的内部管理规定认定为"国家规定"，从而对犯罪嫌疑人批准逮捕，后只能作出绝对不诉处理。国家规定是一个特定的法律概念，《刑法》第 96 条将"国家规定"限定在：全国人民代表大会及其常委会制定的法律和决定，国务院制定的行政法规、规定的行政措施，发布的决定和命令。对于国家各部委如中国农业银行以本部委名义下发的相关规则和内部工作要求，不能认定为国家规定，那么这种行为也就不能认定构成犯罪。再如妨害公务案，我们不仅要证明在现场发生了暴力、威胁的行为，还要证明被暴力、威胁的对象是行政执法人员，还要证明该行政执法人员正处于依法执行公务的状态下，证明犯罪嫌疑人暴力威胁的目的是妨害行政执法人员依法执行公务，而不是由于两人发生情感上或者经济上的纠纷引发的冲突等事实。

3. 在解决了行为是不是构成犯罪之后，逮捕的有证据证明发生了犯罪事实就进入了第三个证明小层次，即"发生的犯罪事实构成什么罪名？"实践中有的检察人员对这个问题重视不够，认为只要证明构成犯罪就可以了，至于构成什么罪名，对于逮捕来说没有太大的关系，甚至认为逮捕时适用罪名不准也没问题，认为逮捕处于侦查早期，案件的罪名认定会随着侦查的进展而发生变化，只要嫌疑人构成犯罪则逮捕就没有问题。

【案例】林某某职务侵占案

审查逮捕认定：林某某利用其担任某贸易商行（个体工商户）业务员的职务之便，向客户收取购货款90967元不上交商行，将90967元占为己有并挥霍一空，遂以林某某涉嫌职务侵占罪批准逮捕。

从事实来看，有确实的证据证明林某某拿了本应该属于某商行的90967万元，可以认定。该案提起公诉后，法院认为林某某所服务的商行不属于职务侵占罪规定的公司、企业或者其他单位的范围，其主体身份不属于职务侵占罪的主体身份，应定性为侵占罪，要求检察机关撤回起诉，由被害人提起自诉。我国刑法规定的职务侵占罪，要求主体是公司、企业或者其他单位的人员，该案中林某系贸易商行的业务员，该贸易商行是系依法登记，从事工商业经营的个体工商户，不属于职务侵占罪要求的公司、企业或者其他单位的范畴，因此，侦监部门将林某某利用其担任贸易商行业务员的便利将9万余元货款占为己有的行为认定为涉嫌职务侵占罪，定性不当。这个案件就是发生了侵占了别人财物的客观事实，但是这个事实不是构成职务侵占的犯罪事实。这也就是在逮捕证据条件的"这个事是不是犯罪"第二个小关口上出现了问题，最终导致案件被撤回起诉。

(二) 审查是否有证据证明犯罪事实是犯罪嫌疑人所为

这一条件主要是证明"人"。出事了就要弄清楚是谁实施了犯罪行为，应当追究谁的刑事责任，这就要求我们要把发生的犯罪行为落实到具体的犯罪分子身上。在近年来曝光的几起冤假错案中，如呼格案、张平叔侄案都是在这个关于"人"的证明环节上出现了重大错误，导致"杀错人、关错人"的冤案发生，这也是检察机关在审查逮捕中要特别关注的证明环节。首先这一证明标准决不能简单的以犯罪嫌疑人自己是否承认犯罪为标准。要着力构建以客观证据为核心的证据体系。特别是犯罪嫌疑人虽有供述，但供述的内容与在案的客观证据存在矛盾，或者时翻时供的，务必要足够的谨慎，要仔细审查是否可能存在刑讯逼供的情形。如河北保定顺平县的王玉雷杀人案、内蒙古的呼格故意杀人案等，在犯罪嫌疑人的供述上都存在这样的共性问题。供述的杀人工具、杀人经过、被害人的特征，犯罪现场的细节特征等，与案件中的其他客观证据都存在矛盾等。同样，虽然犯罪嫌疑人不供述，但其他证据能够证明犯罪嫌疑人实施犯罪行为的，依然可能认定。

【案例】王某杰开设赌场案

犯罪嫌疑人王某杰于 2013 年 1 月，伙同赵某、李某、王某等人各出资 10 万元，先后在多地开设赌场，吸引附近村民前来赌博。2013 年 4 月，该赌场被公安机关破获，抓获赵某、李某和王某及赌场相关工作人员。犯罪嫌疑人王某杰外逃后，于 2015 年被公安机关在福建抓获归案。本案报捕的证据有：(1) 犯罪嫌疑人王某杰的供述，到案后犯罪嫌疑人王某杰作为幕后主犯对自己开设赌场一案拒不认罪，声称开设赌场并非他所为，他不知情；(2) 有同案犯关于与王某杰是一起共谋开赌场赚钱的供述；(3) 有参与赌博的目击证人赵某指认王某杰曾经在赌场出现，并安排收银员给其换筹码赌博；(4) 有王某杰的银行账户资料证实其曾向涉嫌开设赌场的账户转入大额资金；(5) 有赌场资金来源及收益去向分配等账目资料书证资料；(6) 其他罪犯被法院作出的有罪判决书。从逮捕的条件来看，开设赌场的犯罪事实并无疑问，但是王某杰是否实施了开设赌场行为有哪些证据呢？在提审时，王某杰辩称同案犯指认他是主犯是因为他在外面而推卸责任，他自己只是借钱给他们，并不知道他们要开赌场，同案犯给他的钱也是他们还的借款和利息等。检察机关经审查认为王某杰虽然未作有罪供述，但是其他证据证实其参与了开设赌场的行为。其辩称系借款给其他同案犯但没有借条作为依据，且没有得到其他同案犯的认可。其获得的分红款远远大于其自供的借款及利息金额，有证人证实其出现在赌场中，并安排赌场人员换筹码。赌场管理人员证实知道其是老板之一。说明其对开设赌场的行为是知情且参与的，遂作出批准逮捕决定。

（三）审查证明犯罪嫌疑人实施犯罪行为的证据是否已经查证属实

这一条件主要是证明"度"。其对应的是公诉和审判阶段的证据确实充分这一标准。这一证明标准是对前两层证明内容标准的明确和归纳，其有两层意思。

一是证明前两层事实的证据必须符合证据三性的要求，不得是非法证据。这是涉及证据的"质量"问题，在这一点上与公诉和审判关于证据要"确实"的要求是一致的，认定有罪的证据必须确实无疑，没有矛盾和非法证据，这要求在审查单个证据时必须首先审查的问题。

二是证明前两层事实的证据不得是孤证，必须要有其他证据证明其内容属实。在这一点涉及证据的"数量"问题。笔者认为在逮捕阶段关于查证属实的数量，可以低于审判的数量要求，不要求达到公诉和审判环节对于证据"充分"的程度。这个在平时的审查逮捕工作中，检察机关实行坚持构建以客观证据为中心的证据体系，运用其他证据来印证客观证据，最终确保证据合法、内容客观。

三、逮捕条件审查的社会危险性证据的审查要点

《刑事诉讼法》第 81 条规定了逮捕的社会危险性情形，如何运用证据来准确认定犯罪嫌疑人是否存在社会危险性，是准确适用逮捕措施的重要前提。逮捕的社会危险性根据其不同类型，可以分为社会危害

性、人身危害性和诉讼危害性三种①。社会危害性是指犯罪嫌疑人已经查明的犯罪事实给社会带来的危害性，主要指已经带来的或者可能继续给国家、社会带来严重危害的犯罪。如暴力犯罪、危害国家安全犯罪等严重犯罪，其罪行本身就足以说明嫌疑人给社会带来的严重危害。因此法律对于该类犯罪的防范措施和审前羁押措施也严于一般犯罪。人身危害性是犯罪嫌疑人犯罪倾向性的人格事实与否定规范评价的统一，他表现的是犯罪嫌疑人主观恶性大小、反社会倾向或者危险倾向程度，如累犯、以违法犯罪为收入主要来源的嫌疑人，具有严重反社会报复社会倾向的心理罪犯等。诉讼危害性是指犯罪嫌疑人基于逃避惩罚的目的，而故意实施使诉讼活动难以进行或者是影响侦查、审判的行为，如逃跑、威胁证人不许作证、毁坏电脑等行为。从这三类危害性来看，逮捕的社会危险性更多的是基于已知信息对未发生的事实的一种判断和预测。因此如何证明社会危险性是应重点审查的问题。具体来说应当从以下三个方面进行把握。

（一）社会危险性证明是对事物存在可能性的推理证明

刑事诉讼活动有两类，一类是事实认定活动，一类是法律适用活动。法律适用活动是裁判者对法律进行解释和适用的活动。它本质上是法律问题，与事实和证据无关。证据学上的事实，是一种已经发生或者现实存在的情况。它由于已经发生才具有确定性和可证明性，才能收集证据加以证明。那么，逮捕环节对社会危险性的判断，是属于事实认定活动还是法律适用活动？笔者认为《刑事诉讼法》第81条对于社会危险性的判断，属于对未来可能发生的事实的一种预测和证明。有人认为既然逮捕的社会危险性是尚未发生的事实，具有不确定性，无法通过现有证据证明。从表面上看，似乎有道理。但是换一个角度来思考，刑事诉讼法及《刑诉规则》关于逮捕社会危险性的法条表述，充满了"可能""企图"和"现实危险"等盖然性的用语，这就意味着我们并不需

---

① 高焕彩：《逮捕中"社会危险性"法律内涵解读》，载《决策和信息》2013年第4期。

要证明有某种社会危险性是否存在或者已经发生，而只要证明这种社会危险性发生的可能性就行了。如"犯罪嫌疑人是否对被害人、证人进行打击报复"这一事实因为尚未发生，故无法证明，但"犯罪嫌疑人是否对被害人、证人进行打击报复"这一可能性，是可以证明的。可以通过运用"客观事实＋公众常识＋逻辑推理＝法律结论"的法律推理来作出判断。例如，犯罪嫌疑人在到案后一直叫嚣要报复举报他的人，并放狠话，谁敢指证我，我就搞死他全家。该犯罪嫌疑人的言语是一种客观事实，表达要报复举报人的心理态度。然后通过常识分析，犯罪分子是藐视法律之人，他敢扬言报复就有很大的可能性去实施，最终推理得出犯罪嫌疑人有对被害人和证人进行打击报复的社会危险性这个结论，这是一种直接证明方式。还有一种间接证明。如犯罪嫌疑人虽然落网，但没有完全如实供述案件事实，其有同案犯在逃。同案犯在逃这一客观事实并不能直接证明犯罪嫌疑人会与其串供，但从逻辑和经验上来看，同案犯在逃，同时犯罪嫌疑人对主要犯罪事实没有如实供述，这两个客观事实结合在一起，可以合理地推断出两者串供的可能性，因此最高人民检察院与公安部《关于逮捕社会危险性条件若干问题的规定（试行）》第7条第3项中，将"有同案犯罪嫌疑人或者与其在事实上存在密切关联的犯罪嫌疑人在逃，重要证据尚未收集到位的"，明确为有社会危险性的具体情形之一。

（二）社会危险性证明标准低于逮捕事实的证明标准

依大陆法系证明原理，对程序性事项的证明可采取自由心证之方式，即对逮捕必要性相关证据并不需要严格按照法定证据规则之要求。逮捕的社会危险性情形作为程序法事实，在对"可能""企图""有现实危险"的证明程度上应低于作为实体法事实的逮捕证据条件的证明标准，仅需达到优势证据标准即可。即基于全部已知证据，犯罪嫌疑人具有法定社会危险性的可能性大于其没有社会危险性的可能性，且采取取保候审不足以防止发生这种社会危险性，那么就可以认定其具有社会危险性。对于"曾经故意犯罪的""身份不明"的径行逮捕情形，因其社会危险性具有事实的确定性，则需要确实的证据证明。

1. 关于曾经故意犯罪。在实践中，人们经常遇到的问题是，只有犯罪嫌疑人本人供述曾经故意犯罪，但没有其他证据印证的，能否认定为曾经故意犯罪。笔者认为是可以的。这是基于人们趋利避害的本性，不会主动供述对自己不利的犯罪事实，否则其将承担相应的法律后果。因此当犯罪嫌疑人供述自己曾经故意犯罪的情况下，其主观上对自己可能被逮捕的后果有了清晰的认识。因此只要犯罪嫌疑人不是被迫自证其罪，且无其他反证的，应当采纳其供述。二是曾经故意犯罪之所以作为径行逮捕的条件，是法律进行特别提示。曾经故意犯罪体现了犯罪嫌疑人的主观恶性较大，如果不捕极可能重新犯罪，即发生《刑事诉讼法》第81条第1款第1项之情形。即使我们不适用径行逮捕条件，也应当根据该项社会危险性作出逮捕决定。

2. 关于身份不明，一般包含两种情形。一种是完全不说明自己身份，只能以甲或乙的代号替代；另有一种是报假身份，公安机关经查证发现其自供身份虚假，但对真实身份又无法查清的。对于后一种情形，公安机关应当出具对其身份进行核实的相关材料，并说明无法查明身份的具体原因。

3. 关于可能判处10年有期徒刑以上刑罚的。这一情形与"可能判处徒刑以上刑罚"条件的证明相当，需要根据案件的事实证据情况综合判断，达到优势证据标准即可。

（三）社会危险性的证明材料范围大于证明案件事实的证据

在证明社会危险性的证据种类上，相比于证明案件事实的证据，其范围更宽泛，一是在严格证明中被排除的"品格证据""传闻证据"都可适用于社会危险性的证据种类；二是一些犯罪事实的证据也可以同时成为社会危险性证据，如严重暴力犯罪中的恶劣情节和残忍手段、多次故意盗窃犯罪等；三是一些与犯罪事实关联不大的相关证据，也可以成为社会危险性证据。如惯窃犯、吸毒人员、无固定收入来源等证据，曾经受到行政处罚的记录等；四是相关的证明材料、说明材料均可作为证明社会危险性的证据。如抓获经过，说明在火车站将犯罪嫌疑人抓获，足以说明其正准备外逃而有社会危险性等。

四、相关文书制作与应用

人民检察院审查逮捕案件的办案人员在认真审阅案卷和复核证据的基础上，制作《审查逮捕意见书》，提出是否逮捕犯罪嫌疑人的意见。《审查逮捕意见书》既是案件承办人业务水平的集中体现，也是刑事检察部门负责人据以审核案件，检察长批准、决定逮捕案件或报请检察委员会讨论决定案件的事实基础，更是日后复查案件，追究错案责任的主要依据。《审查逮捕意见书》应当浓缩案件的全貌，对案情的叙述要突出重点，详略得当；对证据的分析要客观真实，重在证据的证明力；对判断案件的事实要有逻辑性和实用性，得出的结论应当是唯一的，具有排他性。

（一）文书概述

《审查逮捕意见书》是检察人员在办理审查逮捕案件时制作的一种对审查工作进行简要说明、对案件事实进行高度概括、对所有证据进行分析并对所有犯罪嫌疑人提出逮捕或者不逮捕的处理意见的综合性文书。文书共有首部、正文、结尾三部分。首部和结尾由办案系统自动生成，正文共由九个部分组成，正文提纲也已经自动生成，但是具体内容需由制作人根据案件的不同情况去制作完成。文书的事实和证据部分能体现制作人总结、归纳、分析的能力，需要说明的问题、办案风险评估及预案、延伸办案职能的意见和处理意见三个部分能体现制作人发现问题、解决问题的能力，社会危险性分析、处理意见两个部分，则能体现制作人法律理论功底和适用法律政策的水平。值得注意的是，文书制作人在制作文书时对案件已经有了倾向性处理意见，因此会无意识地往偏向于自己的意见的方向去总结事实、归纳、分析证据，有时甚至会把自己认为不重要的证据不摘录，一旦案件的整体方向有误，则会导致决定者做出错误的决定，所以不论制作人是何种意见，一定要把全案所有的证据全部摘录，如此决定者才能从实质上对案件做出决定。一份高质量的文书应该体现案件的全貌，更有利于案件的决定者作出更准确的决定。

（二）文书的基本内容与制作要点和技巧

1. 受案和审查过程

该部分是对审查逮捕工作情况的简要说明，大部分内容由系统自动生成，但是根据案件不同及所做工作的不同，仍有以下几个地方需要注意：

一是犯罪嫌疑人及其涉嫌罪名要保持一致。分情况而论，当一个人涉嫌多个罪名时，则所有罪名都要表述，如张某涉嫌盗窃罪、抢夺罪；当多个人均涉嫌一个罪名或多个罪名，则所有嫌疑人姓名或所有罪名都应该写清楚，如张某、李某、王某涉嫌盗窃罪一案或者张某、李某、王某涉嫌盗窃罪、诈骗罪一案；当多人中有人涉嫌不同的罪名时也应该单独表述，如张某、李某涉嫌盗窃罪，王某涉嫌掩饰、隐瞒犯罪所得罪，而不能表述为张某、李某、王某涉嫌盗窃罪、掩饰、隐瞒犯罪所得罪。总而言之，不论犯罪嫌疑人的数量或者罪名有多少、多复杂，一定要确保人和罪名的一致。

二是承办人的职务要明确。比如承办人员额检察官张某、检察官助理李某、书记员刘某，不能仅表述为承办人张某、李某、刘某。

三是工作情况要全面、准确。自动生成的文书模板中仅体现了讯问犯罪嫌疑人及核实了有关证据情况，如果承办人在审查案件中还做了提前介入、引导侦查、询问证人、被害人、听取律师意见等工作的，也应表述；如果没有讯问犯罪嫌疑人或者仅听取犯罪嫌疑人意见的，也要表述清楚。

2. 犯罪嫌疑人基本情况

该部分也由办案系统自动生成，根据犯罪嫌疑人的具体情况不同，有以下几个地方要特别注意：

一是职业或职务要表述。系统文书未对犯罪嫌疑人的职业或职务进行表述，制作人制作文书时应该将犯罪嫌疑人的职业或职务进行完善，如无业、经商、务农、公务员、公司法人代表、人大代表、政协委员等。

二是区分户籍地和住址。当犯罪嫌疑人的户籍地和住址不一致时应该严格区分，不能混同。

三是刑拘罪名要明确。系统文书未对犯罪嫌疑人刑拘罪名进行准确表述的,制作人应当完善。大多数情况下,犯罪嫌疑人刑拘罪名和报捕罪名一致,但是也有变更的情况,所以刑拘罪名应当以刑拘通知书上面的罪名为准。

四是行政、刑事处罚记录和身体状况应详细。对于有书证证实的行政、刑事处罚情况,应写明处罚的时间和结果,如犯罪嫌疑人张某2016年因犯盗窃罪被某人民法院判处有期徒刑一年;如果仅有犯罪嫌疑人供述证实的,可以表述为犯罪嫌疑人张某自述……;对于有严重疾病的,可以表述为犯罪嫌疑人张某腿部有严重残疾,生活无法自理;如果犯罪嫌疑人在逃,则是否有疾病则不用表述。

五是单位犯罪中单位情况要写明。如果案件为单位犯罪,则应当写明单位的名称、单位性质、单位住所。

六是注意详略得当。部分内容可以根据与案件的关联程度省略。如个人简历、家庭情况对审查案件没有影响的,可以省略;犯罪嫌疑人非人大代表、政协委员的,可以省略该部分的表述;犯罪嫌疑人如果为三人以上的,可以在犯罪嫌疑人前面用阿拉伯数字进行标注,使得犯罪嫌疑人的数量比较直观。

3. 发、立、破案经过

发、立、破案经过应该全面而简要地写明案发的时间、案件来源、立案时间、嫌疑人到案供述情况、破案经过,重点注意以下两个问题:

一是发案情况应根据案件来源写清楚。发案情况应根据案件的具体来源如110报警平台移送、巡特警移送、被害人、报案人直接报案、犯罪嫌疑人自首、侦查机关在工作中自行发现、行政机关移送等情况进行表述。

二是案件的具体内容要简单概括。案件发生的时间、地点、案件性质、涉案金额要简单概括,不能仅仅表述为某某涉嫌盗窃案。

三是破案经过的表述简要合理,对于如何确认犯罪嫌疑人,如何抓获犯罪嫌疑人,嫌疑人是否供认不讳等情况要进行概述。一些冤假错案中就是破案的思路出现偏差所导致。如呼格案就是将报案人当作犯罪嫌疑人进行侦查并所谓的破案，对于侦查机关破案的经过，要进行认真的审查，发现其合理性或者疑点。

4. 经审查认定的案件事实及证据

第一部分侦查机关认定的案件事实。该部分摘抄侦查机关提请批准逮捕书认定的事实即可，如果侦查机关提请批准逮捕书认定的事实过于繁琐，可以精简，按照时间、地点、人物、具体行为、次数、结果等要素来写，要求条理清晰，不失原意。

第二部分经审查认定的案件事实及证据。包括以下几方面：

（1）经审查认定的案件事实部分。一是经审查认定案件事实与侦查机关认定的事实一致。可以不重复表述，直接表述为经审查认定的案件事实与侦查机关认定的案件事实基本一致。二是经审查认定案件事实与侦查机关认定的事实不一致。不一致的情形有很多种：

侦查机关认定的案件事实缺乏前因后果或者太简单、不完善，没有完整表达案件的事实，如侦查机关将查明的实施表述为犯罪嫌疑人于2017年1月至3月在某地入室盗窃三次，盗窃得财物价值共计3000元，没有将每次盗窃的具体时间、地点、犯罪嫌疑人的作案手段、具体结果等进行表述；

侦查机关遗漏部分犯罪事实的，如侦查机关只认定犯罪嫌疑人涉嫌盗窃罪，但是经审查犯罪嫌疑人的行为还涉嫌故意毁坏财物罪；

经审查只认定部分事实，还有部分事实不能认定，如侦查机关认定犯罪嫌疑人实施五次盗窃，但是经审查只能认定犯罪嫌疑人其中三次盗窃事实，还有两次盗窃事实不能认定；

侦查机关认定的案件事实不能成立，但是通过全案证据可以认定有其他犯罪事实的，如侦查机关认定犯罪嫌疑人涉嫌盗窃，但是其他证据证实犯罪嫌疑人涉嫌掩饰、隐瞒犯罪所得罪；

侦查机关认定的案件事实没有证据证实的，如侦查机关认定犯罪嫌疑人违背妇女意志，强行与他人发生性关系，涉嫌强奸罪，但是该事实仅有被害人陈述，犯罪嫌疑人辩解对方是自愿的，又无其他证据证实；

经审查只能认定部分犯罪嫌疑人的犯罪事实，还有部分犯罪嫌疑人的犯罪事实没有证据证实的,如侦查机关认定王某、李某、张某等8人均涉嫌聚众斗殴罪,但是经审查,证实张某涉嫌聚众斗殴罪的事实不清、证据不足;

经审查犯罪事实并非犯罪嫌疑人所为的,如侦查机关认定了王某涉嫌盗窃,但是王某提供了其没有作案时间的证明,则该事实并非王某所为。

虽然不一致的情形有很多种,但是制作人根据案件事实和证据重新整理经审查认定的案件事实是最佳做法,在表述经审查认定的案件事实时,要按照时间、地点、动机、目的、手段、对象、情节、后果等要素全面表述。同时要注意以下几个问题:一是当有另案处理人员时,应按照具体处理情况进行标注,如已被逮捕、已被判决、已被监视居住、取保候审、另案处理、在逃等;二是对量刑情节也需表述。如犯罪嫌疑人自首、退赃、赔偿情况、被害人谅解情况。

最后,不论与侦查机关认定的事实一致还是重新组织语言进行表述,要确保所有的事实都必须有证据证实,二者是前后呼应的关系,有证据才是有事实,没有证据就没有事实。

(2)证据部分。第一,证据罗列的顺序。刑事诉讼法规定了证据的八种类型,制作人可以根据自己对案件的理解来排列证据,既可以先排列物证、书证、鉴定意见、勘验笔录等客观证据,最后排列犯罪嫌疑人供述和辩解、被害人陈述、证人证言等言词证据。也可以反过来,先排列言词证据,再排列其他证据,没有硬性规定。这两种方式各有优点,从确保案件质量的角度出发,可先排列案件的客观证据,再排列主观证据,最后排除犯罪嫌疑人供述的方式,有利于形成从客观到主观的内心确信过程,防止因为先审查犯罪嫌疑人供后,导致先入为主的认定犯罪嫌疑人有罪的情形;从有利于审阅人快速了解熟悉案情的角度出发,可以先排列言词证据,因为一般言词证据系直接证据,能证实案件的全貌,审阅人在了解案件的全貌的基础上能更有针对性地去审阅书证、物证等客观证据,从而更快更准确地做出决定。

当犯罪嫌疑人的多个犯罪事实之间无很大关联的,证据重复利用不大的情况下,可以按照一个犯罪事实一组证据证实的方式将全案的事实和证据进行展示,如犯罪嫌疑人涉嫌故意伤害罪和盗窃罪,可以将故意伤害罪的事实及其证据、盗窃罪的事实和证据按分开进行展示,会使得该部分内容看起来更直观、更清楚。

第二,特殊证据的归类。在制作文书时经常会遇到一些证据不知道归为哪一类证据的情况,如言词证据、搜查过程、物证称量过程的同步录音录像属于视听资料还是其他证据;侦查机关提供的关于犯罪嫌疑人到案经过、破案经过的情况说明属于书证还是言词证据;提取、搜查、称量、指认笔录属于勘验、检查笔录等一类证据还是其他证据等。

本书中"证据的审查要点与技巧"章节中对以上证据的归属作了分析,同步录音录像从属于主证据,如果是根据言词证据制作的同步录音,则归类于该言词证据;如果是为提取、搜查、称量、指认过程制作的同步录音录像,则归类于上述提取、搜查、称量、指认笔录;提取、搜查、称量笔录和勘验、检查等笔录属于同一类证据;指认笔录归属为勘验笔录。

第三,言词证据的摘抄。言词证据主要是指犯罪嫌疑人供述和辩解、被害人陈述、证人证言,趋利避害是人的本能,人对某一事实的证词往往不那么客观,会有意无意回避某些事实,所以各言词证据之间与其他证据之间经常会存在矛盾点,侦查机关为了排除这些矛盾会多次讯问、询问,所以言词证据经常会有很多份,尤其是犯罪嫌疑人供述,因此在摘抄和分析言词证据时应注意以下几点:

一是言词摘抄时注意详略得当。第一次讯问、询问一般是按照权利义务告知、个人简历、家庭情况、案件发生详细经过、对案件的某些事实和情节进行补充讯问、询问的顺序进行,内容比较冗长,一般重点摘抄案件发生详细经过,既可以原文摘抄也可以归纳摘抄,案情简单时可以归纳摘抄,但是涉及对多人行为、多个情节的证实的言词证据,为了确保不漏掉关键环节,尽量原文摘抄;对被害人陈述、证人证言进行摘抄时,应当将被害人、证人的性别、年龄、住址、所在单位的情况表述清楚,如果被害人、证人与犯罪嫌疑人有特殊关系应当表明,如被害人系犯罪嫌疑人的妻子。

二是对言词证据都很稳定的摘抄。如犯罪嫌疑人供述和辩解、证人证言、被害人陈述虽然有多份，但是一直比较稳定，前后证实均一致，对其中一份笔录进行摘录或归纳即可，其他的则可以表述为作了相同的证实；多名证人之间的证言比较一致，可以只摘录或归纳其中一次，其他的可以表述为与某某证实的内容基本一致。

三是对言词证据前后不一致的摘抄。犯罪嫌疑人翻供、被害人陈述前后不一致、证人证言前后矛盾等，需对每一份笔记进行详细摘抄。

四是对同步录音录像审查情况的记录。对于侦查机关提供了同步录音录像的应当在该言词证据后说明侦查机关提供了同步录音录像，如果审查了该同步录音录像还需对审查同步录音录像的数量、时间、经过及同步录音录像与笔录内容是否一致以及发现的问题进行说明。

五是对盲聋哑等特殊对象笔录的摘录。应当在讯问、询问盲聋哑人、不通晓当地方言的人、未成年人笔录后将聘请的翻译人员、合适成年人的到场情况及名字进行说明。

六是已经另案处理的同案犯的供述的摘录。一般将其作为证人证言进行摘抄。

第四，其他证据的摘抄。其他证据是指除言词证据以外的证据，包括物证、书证、鉴定意见、勘验、检查、辨认、侦查实验笔录、视听资料、电子数据。在摘抄其他证据时应当注意以下两个问题：

一是注明来源。应该注明以上证据的来源、出处，由何人、何单位提供。二是注明特征和内容。物证的名称、颜色、长度、外包装等；书证的名称、内容；鉴定意见的文号、结论、鉴定人及其资质、鉴定时间、鉴定机构的资质；视听资料、电子数据的具体内容；勘验、检查、辨认、侦查实验等笔录的勘验、检查、辨认对象、结果、时间、简要工作情况、侦查员、见证人情况。

第五，单个证据的分析、证据之间的比对分析和全案证据分析、社会危险性证据的分析。证据分析是审查证据的结果，是证据部分的关键，是最能体现制作人审查证据能力和语言功底、逻辑分析能力的部分,如何让分析过程条理清晰、分析结果一目了然,应该从单个证据的分析、证据之间的对比分析和全案证据分析、社会危险性情形证据四个层次去进行分析,分析时需要注意以下几个方面:

一是单个证据的分析。分析单个证据就是分析证据的关联性、合法性、真实性,单个证据分析是证据之间对比分析和全案证据分析的前提,如果单个证据分析出错会导致证据之间对比分析、全案证据分析出错,因此单个证据分析是关键。首先应该分析证据的证明能力,在证据审查的要点和技巧一节中笔者已对证据分为非法证据、不能定案的证据、瑕疵证据、与案件无关联的证据、合法、规范的证据进行说明,并对哪些证据属于非法证据、不能定案单证据、瑕疵证据进行简单分析,因此可以根据证据的具体情况将证据作简单归类并提出处理意见,对于非法证据和不能定案的证据应提出排除的意见,对于瑕疵证据应要求侦查机关补正或者给予合理解释,并对违反了刑事诉讼法具体相关规定进行说明,如勘验笔录的侦查员、见证人未签名,该行为违反了《刑事诉讼法》第133条之规定;其次应该分析证据的证明力。即证据与待证事实的证明关系,如户籍信息证明了犯罪嫌疑人的年龄,其是否具备刑事责任年龄,犯罪嫌疑人的供述和辩解证实了犯罪嫌疑人实施了故意毁坏他人财物的行为等。

二是证据之间的对比分析。在确定了证据的证据资格和证明内容后,应该对证据进行对比分析,二者是一致还是矛盾的,证据之间的对比分析既包括单个证据内部的对比分析,如对犯罪嫌疑人时供时翻的分析,最常见的是犯罪嫌疑人在侦查环节供述、在审查逮捕环节翻供的情形;还包括不同证据之间的对比分析,如犯罪嫌疑人和被害人陈述相互矛盾的分析。在对比分析时,既要分析采信其中一个证据的原因,也要分析不采信另外一个证据的理由,理由一定要详尽充分。有的人仅表述为犯罪嫌疑人翻供没有理由、辩解不合理不予采信,而没有对翻供为什么没有理由、辩解为什么不合理予以论证分析。如果证据之间是一致的,能相互印证的,则应该在后面的证据中简单表述印证关系,如该证据与犯罪嫌疑人供述能相互印证。

三是全案证据分析。全案证据分析建立在单个证据分析和证据之间对比分析的基础之上，通过对单个证据进行分析，已经知道案件的哪些证据是非法的、不能定案的，应该排除，哪些证据是瑕疵证据应该要求侦查机关作出合理解释和补正的，瑕疵证据和合法、规范的证据分别证实了哪些事实；通过对证据之间进行对比分析，如对存在疑点和矛盾的证据进行分析，则能进一步筛选证明的案件事实，因此在全案证据综合分析时，首先要对单个证据的分析结果进行说明。如本案的非法证据、不能定案的证据、瑕疵证据分别有哪些及处理意见；其次要对证据之间对比分析的结果进行说明，如对相互矛盾的证据采信其中某个证据的情况，对于全案证据无法证实犯罪嫌疑人实施了犯罪事实的，该部分要详细说明；最后对使用具有合法性、真实性、关联性的证据证实犯罪嫌疑人实施了犯罪事实的情况进行简要说明。

实践中，有少部分制作人不管证据的证据能力如何、证据是否相互印证，在全案证据分析时均表述为："全案所有证据来源合法、客观真实、和案件事实有关，均具有合法性、真实性、关联性，可以作为证据使用，证据之间相互印证，形成锁链。"当证据中有非法证据、瑕疵证据，证据之间有矛盾不能相互印证时，如此表述即是前后相互矛盾，有照搬照抄之嫌。

四是社会危险性情形证据分析。《刑事诉讼法》第81条规定逮捕犯罪嫌疑人除了要求达到证据条件、刑罚条件外，还必须具有社会危险性情形或者曾经故意犯罪、可能判处10年有期徒刑以上刑罚、身份不明或者违反取保候审、监视居住规定情节严重的情形，这些都必须有证据证实，虽然在进行单个证据分析时会分析犯罪嫌疑人具有某种社会危险性情形或其他应当逮捕的情形，但是单个证据的分析是零散的，不立体的，应对全案所有证实社会危险性情形的证据整合分析，不仅和前面零散的分析的呼应，也对后面社会危险性分析提供了更直观全面的证据支撑，尤其对于多人的案件，更利于快速甄别出每一个犯罪嫌疑人应当逮捕的社会危险性情形。如案件有多名犯罪嫌疑人，其中一名犯罪嫌疑人前后反复、时供时翻，故犯罪嫌疑人的多次供述证实犯罪嫌疑人有刑诉法规定的可能串供的社会危险性情形；另一个犯罪嫌疑人虽然供述稳定，但是其因为犯盗窃罪，被判处刑罚，故其被判决的判决书可以证实该犯罪嫌疑人曾经故意犯罪等，如此各犯罪嫌疑人社会危险性情形一目了然。

5. 需要说明的问题

（1）案件背景、有关领导批示情况。一是关于专项打击行动的说明。如案件是在扫黑除恶专项打击行动的背景下查获的案件；二是关于案件督办情况的说明。如案件是省公安厅督办、公安部督办的案件；三是有关领导批示的说明。如上级检察机关的检察长、各级行政机关的主要领导对案件的批示等。

（2）案件的定性分析说明。一是改变了侦查机关认定的案由的情形。既要从犯罪构成要件方面说明制作人认定的罪名的理由，也要说明侦查机关报捕的罪名不成立的理由。

二是没有改变侦查机关认定的案由的情形。虽然没有改变定性，但是案件本身定性存在争议的或者案件存在想象竞合犯、牵连犯或者有其他需要对案件定性进行分析说明的。

三是和案件定罪量刑有关系的其他事项说明。如犯罪嫌疑人属于正当防卫、紧急避险、自首、立功、犯罪属于预备、未遂、中止等或者是否属于上述情形有争议的。

（3）侦查活动监督事项说明。侦查活动监督是对侦查机关在侦查过程中的违法情形进行监督以及对侦查机关遗漏应当报捕的犯罪嫌疑人的情形监督的总和。

一是纠正侦查机关违法事项说明。当侦查机关的违法情形较轻通过口头纠正的，应当说明何时、何地、何人通过何种方式就何问题向谁提出了口头纠正意见、反馈意见如何；当侦查机关的违法情形严重，需要发出书面《纠正违法通知书》的，应当说明侦查机关的何种行为违反了《刑事诉讼法》《办案规定》或者《适用解释》其中某个法条的第×条第×款第×项之规定，建议向侦查机关发出《纠正违法通知书》，该部分应当和证据分析部分的非法证据或者瑕疵证据相呼应。

二是追捕事项说明。可表述为：有证据证明犯罪嫌疑人×涉嫌×犯罪，可能判处徒刑以上刑罚，且有逮捕必要，但是侦查机关没有报捕，根据《刑诉规则》第288条之规定，应当要求公安机关提请批准逮捕。公安机关不提请批准逮捕或者说明不提请批准逮捕理由不成立的，人民检察院可以直接作出逮捕决定。

（4）立案监督事项说明。立案监督事项是对侦查机关应当立案而不立案的情形监督侦查机关立案，对于不应当立案而立案的监督侦查机关撤案，在审查案件过程中，主要监督的是前者，因为后者可以通过做出不构成犯罪不批准逮捕的决定来监督。在说明时可以表述：本案中有证据证明犯罪嫌疑人×实施了×犯罪行为，其行为触犯了《刑法》第×条第×款第×项之规定，涉嫌×犯罪，但是侦查机关未立案侦查，根据《刑事诉讼法》第113条之规定，决定向侦查机关发出《要求说明不立案理由通知书》，监督侦查机关立案。

（5）需要补充侦查、继续侦查事项的说明。补充侦查事项适用于事实不清、证据不足不批准逮捕的案件，内容应当与向侦查机关发出的《不批准逮捕案件补充侦查提纲》一致。

继续侦查事项适用于批准逮捕且侦查机关必须继续取证的案件，内容应当与向侦查机关发出的《逮捕案件继续取证意见书》一致。

在制作时应该根据案件的具体情形适用上述两种说明。具体内容如何制作会在《不批准逮捕案件补充侦查提纲》《逮捕案件继续取证意见书》两种文书制作中详细说明。

（6）其他需要说明的事项。其他需要说明的事项是指除上述5个事项以外其他有必要说明的事项。在实践中一般包括犯罪嫌疑人系人大代表、政协委员的提请许可或者通报的工作说明；犯罪嫌疑人系外国人的层报的工作说明；案件是否具有管辖权有争议或者指定管辖的、案件是否超过时效有争议的、对于超过追诉时效侦查机关报捕时是否报核准追诉等；向犯罪嫌疑人家属转达需要聘请律师的工作说明；对犯罪嫌疑人及其家属提出的被刑讯逼供进行核实的工作说明；听取辩护律师意见的情况说明，在听取律师意见时不仅要概括归纳出律师的主要意见，还必须对赞同或者不赞同律师意见的理由进行分析说明。

6. 社会危险性分析

在上文社会危险性情形证据分析中，已经对能够证实犯罪嫌疑人具有社会危险性情形的证据进行分析，因此可以判断出犯罪嫌疑人是否具有社会危险性情形，如果有具体是哪一种情形，在本部分中只需要利用上文分析结果直接作出结论即可，依据适用的法条不同具体内容可以分别表述为：

犯罪嫌疑人×××涉嫌×罪，可能判处徒刑以上刑罚，其具有《刑事诉讼法》第81条第1款规定的5种社会危险性情形的其中一种（具体情况具体分析），应当予以逮捕。

犯罪嫌疑人×××涉嫌×罪，可能判处徒刑以上刑罚，其曾经故意犯罪、身份不明或者可能判处10年有期徒刑以上刑法，依据《刑事诉讼法》第81条第3款之规定，应当予以逮捕。

犯罪嫌疑人×××涉嫌×罪，在取保候审、监视居住期间其严重取保候审、监视居住规定，情节严重，依据《刑事诉讼法》第81条第4款之规定，可以予以逮捕。

7. 办案风险评估及预案

（1）关于案件反映出的重大社会矛盾问题说明。根据案件是否有被害人、被害人及其家属数量、诉求是否合理、损害程度及是否得到赔偿、所有赔偿是否到位等情况去分析案件是否会引发重大的社会矛盾问题，实践中，一般重大伤亡案件或者涉众型经济犯罪案件中当事人诉求无法满足的时候很有可能会引发重大的社会矛盾问题，承办人应根据具体案件情况进行说明。

（2）关于重大案件的说明。重大案件主要是从涉案的人员的数量、可能判处的刑罚、社会关注度、是否有特殊背景等因素去分析案件是否属于重大案件，一般对于犯罪嫌疑人有多人以上或者可能判处无期徒刑以上刑罚的案件、已经引发社会高度关注的案件、专项打击行动下的案件、涉黑涉恶等案件都可以进行重大案件说明。

（3）对于作出的决定是否有风险进行评估及如何预案。根据案件不捕是否会影响诉讼顺利、是否会引发重大社会矛盾、是否是重大案件、捕后是否会撤案、存疑不诉、绝对不诉、判无罪等方面对于所作出的决定是否有风险进行评估，如果有风险，要说明是何种风险并根据具体案件情况从可能引发风险的情况及原因、拟化解的方案及稳控息诉措施、需要与本院其他部门及有关机关协调的问题等几个方面做好预案。

8. 延伸办案职能的意见和建议

社会管理是政府和社会组织为促进社会系统协调运转，对社会系统的组成部分、社会生活的不同领域以及社会发展的各个环节进行组织、协调、监督和控制的过程。社会管理的基本任务包括协调社会关系、规范社会行为、解决社会问题、化解社会矛盾、促进社会公正、应对社会风险、保持社会稳定等方面。社会管理的实质就是做好对人的服务和管理，不断实现好、维护好、发展好广大人民群众的根本利益，为广大人民群众生产生活营造稳定和谐的社会环境。

在实践办案中根据在案件中发现的政府在社会管理方面存在的工作漏洞和不足，通过向某政府机关发出检察建议提出整改意见和建议，延伸检察机关办案职能。

9. 处理意见

处理意见是审查逮捕意见书最后一个部分，包括案件事实、逮捕和不逮捕的原因、适用法条提出意见三部分，是整个文书画龙点睛的部分，因此非常关键，虽然处理意见只有批准逮捕和不批准（不予）逮捕两种结果，但是由于案件的涉案人员的数量不同、案件涉嫌的罪名不同、批准逮捕的理由、不批准逮捕的理由均有差别，如果不加区分混在一起写，一是导致处理意见出错，二是让审查人一头雾水，无法根据处理意见作出审查决定，因此写处理意见时既要确保人、罪名、批准逮捕理由、不批准逮捕理由准确，也要确保条理清晰、一目了然。

（1）对单个人拟批准（予以）逮捕的处理意见。对案件事实高度概括，应根据犯罪概念、犯罪构成来归纳，具体包括动机、目的、主观罪过、犯罪形态、具体行为、犯罪结果等。对于数额犯罪，除了应写明具体的数额以外，还应当写明数额形态，如数额较大、数额巨大、数额特别巨大。对于情节犯罪，应当写明情节的具体情况，如情节严重、情节特别严重。对于逮捕的原因，可以根据上文对犯罪嫌疑人的社会危险性分析简单说明，如犯罪嫌疑人曾经故意犯罪、有逃跑的可能、串供的可能。

关于适用法条的问题，在认定犯罪嫌疑人涉嫌何种犯罪时会适用刑事诉讼法，在认定社会危险性情形时会适用刑事诉讼法，在适用法律时应当适用法条的全程，不能简称；同时适用的法条应该到条款项，在适用时应当区分款和项，还要注意区分条和条之一，不要把二者混淆；当犯罪嫌疑人涉嫌多个罪名时，多个罪名的条款均要适用，虽然只涉嫌一个罪名，但是一个罪名当中涉及的条款均要适用，如贩卖毒品案件中，经常会忽略量刑、毒品数量累计、毒品再犯条款的适用；对于《刑事诉讼法》第81条的适用应当与上文分析的犯罪嫌疑人的社会危险性情形保持一致，对于有多种社会危险性情形的，承办人可以选择适用法律条款。员额检察官责任清单中，员额检察官可以决定批准（予以）逮捕犯罪嫌疑人，因此结论部分应当使用决定。

综合应当表述为：犯罪嫌疑人×……（对案件事实的概括），其行为已触犯《刑法》第×条×款第×项之规定，涉嫌×罪，……（社会危险性的简要说明），依据《刑事诉讼法》第81条第×款第×项之规定，决定批准（予以）逮捕犯罪嫌疑人×。

（2）对单个人拟不批准（予）逮捕意见。不批准（予）逮捕的情形有很多种，应当根据案件的具体情况，有针对性地写明。员额检察官权力清单中，不批准（予）逮捕的决定由检察长行使，故处理意见部分应当用建议。

对于不构成犯罪或者犯罪事实并非犯罪嫌疑人所为的，应当表述为：犯罪嫌疑人×……（对案情高度概括），其行为不构成犯罪；或者本案犯罪事实并非犯罪嫌疑人×所为，根据《刑事诉讼法》第81条、第90条之规定，建议不批准逮捕犯罪嫌疑人×。

对于符合《刑事诉讼法》第16条情形的应当表述为：犯罪嫌疑人×……（对案情高度概括），情节显著轻微、危害不大，不认为是犯罪；犯罪嫌疑人×……（对案件事实的概括），其行为已触犯《刑法》第×条×款第×项之规定，涉嫌×罪，已过追诉时效期限或者已经特赦令免除刑罚或者系依照刑法告诉才处理的犯罪，根据《刑事诉讼法》第81条、第90条之规定，建议不批准逮捕犯罪嫌疑人×。

对于因证据不足不批准逮捕犯罪嫌疑人的，应当表述为：现有证据不足以证明犯罪嫌疑人×实施了何种犯罪行为，根据《刑事诉讼法》第81条、第90条之规定，建议不批准逮捕犯罪嫌疑人×。

对于有证据证明犯罪嫌疑人有某种犯罪事实，但是可能判处有期徒刑以下刑罚的，应当表述为：犯罪嫌疑人×……（对案件事实的概括），其行为已触犯《刑法》第×条×款第×项之规定，涉嫌×罪，但是其可能判处徒刑以下刑罚，根据《刑事诉讼法》第81条、第90条之规定，建议不批准逮捕犯罪嫌疑人×。

对于有证据证明犯罪嫌疑人有某种犯罪事实，但是犯罪嫌疑人不具备《刑事诉讼法》第81条规定的社会危险性情形的，应当表述为：犯罪嫌疑人×……（对案件事实的概括），其行为已触犯《刑法》第×条×款第×项之规定，涉嫌×罪，但是其不具有社会危险性情形，根据《刑事诉讼法》第81条、第90条之规定，建议不批准逮捕犯罪嫌疑人×。

对于犯罪嫌疑人的行为符合监视居住条件的，应当表述为：犯罪嫌疑人×……（对案件事实的概括），其行为已触犯《刑法》第×条×款第×项之规定，涉嫌×罪，但是其患有严重疾病、生活不能自理、怀孕或者正在哺乳自己婴儿的、系生活不能自理的人的唯一抚养人，符合监视居住条件，根据《刑事诉讼法》第81条、第90条之规定，建议不批准逮捕犯罪嫌疑人×。

（3）涉及多人的处理意见。对于涉及多人的案件，有的案件有多人的，有的要逮捕，有的不能逮捕，有的案件犯罪嫌疑人虽然都要逮捕，涉嫌罪名相同，但是应当逮捕的具体社会危险性情形不同，有的案件所有犯罪嫌疑人均不批准逮捕，但是不逮捕的理由不同，因此对于多人的案件，将犯罪嫌疑人的处理意见按照上面的要求分开写是最佳选择。

关于如何提请检察长审查决定的问题,当一个案件有多人,既有拟逮捕的,又有拟不逮捕的,不能拟逮捕部分由员额检察官决定,拟不逮捕的由检察长决定,应当全案提请检察长审查决定,因为检察长只有在审查全案的基础上才能更准确作出决定。

(三)简化制作文书的情形

根据〔2005〕高检侦监发第 64 号《关于对部分案件简化制作〈审查逮捕案件意见书〉的意见》规定,对于事实、证据清楚,案情简单,定性及适用法律没有争议的案件,制作《审查逮捕案件意见书》实行简化,对于事实、证据较为复杂,案件定性、适用法律存在较大争议的案件,文书制作不能简化。

1. 简化条件。简化制作文书的案件应当同时符合下列条件:案情简单,事实清楚,证据确实、充分;可能判处 3 年以下有期徒刑、拘役、管制或者单处罚金;犯罪嫌疑人承认实施了被指控的犯罪;适用法律无争议。

2. 简化内容。可以进行简化的内容有:认定事实与侦查机关一致的,可以予以简要说明,不必重复叙述;可以简单列明证据的出处及其所能证明的案件事实,不必详细摘录;应当重点阐述认定犯罪事实的理由和处理意见。

第二节 逮捕决定及执行

一、逮捕决定及执行的基本内涵

逮捕的决定和执行是一个程序性概念,涉及逮捕决定的主体与程序、执行的主体与程序以及对决定、执行的变更、纠正与弥补的步骤、方法等。涉及逮捕决定及执行的法律规定包括:

《刑诉规则》第 282 条规定了对公安机关提请批准逮捕的案件,根据报捕的犯罪嫌疑人是否被刑事拘留,作出是否批准逮捕决定的办理期限分别为 7 日和 15 日;同时规定重大、复杂的案件,最长办案期限不得超过 20 日。第 283 条规定了指定侦查管辖的案件应当由谁来办理审查批准逮捕的管辖问题,即上级公安机关指定犯罪地或者犯罪嫌疑人居住地以外的下级公安机关立案侦查的案件,需要逮捕犯罪嫌疑人的,由侦查该案件的公安机关提请同级人民检察院审查批准逮捕,人民检察院应当依法作出批准或者不批准逮捕的决定。第 284 条规定了对公安机关提请批准逮捕的犯罪嫌疑人,人民检察院经审查作出批准逮捕决定的情形,以及批准逮捕后的处理问题。第 285 条规定了作出不批准逮捕决定的情形及相应的处理措施。第 286 条规定了人民检察院批准逮捕或者不批准逮捕决定后的执行问题,以及对执行情况的监督。

按照司法责任制检察官办案权力清单的规定,员额检察官可以对一般刑事案件经审查作出是否批准逮捕的决定;如果员额检察官对案件把握不准,可以提请所在部门召开员额检察官联席会议,对案件进行讨论。部门负责人认为有必要时,也可以决定召开员额检察官联席会议进行案件讨论,但员额检察官联席会议的意见对承办检察官不具有约束力。司法实践证明,对于疑难复杂案件通过集体讨论,可以集思广益,充分发挥集体的智慧,从不同的角度帮助承办人员把关。如集体讨论意见一致,可以作为案件处理的意见;如意见出现分歧的,也可以报请检察长审查。检察长认为必要时,可以提交检察委员会讨论决定。特别疑难复杂的案件,经检察委员会讨论不能作出决定的,应请示上一级人民检察院。

二、逮捕决定及执行的工作流程及方法

(一) 决定批准逮捕

对公安机关提请批准逮捕的犯罪嫌疑人,经审查认为符合刑事诉讼法规定的逮捕条件的,由员额检察官签发批准逮捕决定书,加盖院章,连同案卷材料、证据,一并送提请批准逮捕的公安机关执行逮捕。重大疑难案件,承办员额检察官认为有必要的,可以提请召开员额检察官联

席会议进行研究，但联席会议意见对承办的员额检察官不具有约束力。

职务犯罪检察部门承办人如果认为需要逮捕的，承办人应当立即制作刑事拘留意见书，报分管副检察长决定后，交公安机关执行刑事拘留。被告人被刑事拘留后，承办人应当全面审查证据材料，制作《审查逮捕意见书》，提出是否逮捕的意见，报检察长决定。对决定逮捕的，应当制作逮捕决定书，交公安机关执行逮捕。逮捕决定应当在刑事拘留后10日内作出，重大案件可以延长1—4日。

在办理审查逮捕案件，承办人发现应当逮捕而公安机关未提请批准逮捕的犯罪嫌疑人的，应当建议公安机关提请批准逮捕。公安机关认为建议正确的，应当立即提请批准逮捕，侦查机关认为建议不正确的，应当将不提请批准逮捕的理由通知人民检察院。承办员额检察官应当认真审查公安机关不提请批准逮捕的意见，如果同意公安机关意见的，则在审查逮捕案件意见书中进行说明，结束纠正漏捕程序。如果不同意公安机关不提请批准逮捕的意见，则可以作出批准逮捕决定，交公安机关执行。

（二）决定不批准逮捕

对公安机关提请批准逮捕的犯罪嫌疑人，经审查认为具有刑事诉讼法规定的不应追究刑事责任的情形之一的，或者证据和事实未达到逮捕证据条件的，即证据不足的，不符合刑事诉讼法逮捕条件，或者构成犯罪但无社会危险性的，承办员额检察官应当作出不批准逮捕的意见，并根据检察官权力清单的规定，决定是否报请检察长决定或者检察委员会讨论决定，填写《不批准逮捕决定书》，并加盖院章，连同案卷材料、证据，移送提请批准逮捕的公安机关执行。需要补充侦查的案件，应拟写补充侦查提纲，一并移送提请批准逮捕的公安机关。

（三）备案审查

根据《刑诉规则》、最高人民检察院《关于审查批准逮捕外国犯罪嫌疑人的规定》（高检发侦监字〔2007〕5号）的相关规定，人民检察院办理批准逮捕的危害国家安全的案件、外国人犯罪案件和检察机关直接立案侦查的案件，实行报上级人民检察院备案审查制度。在具体的报备程序上，由于案件性质不同，要求也不同。

上级人民检察院对报送的备案材料应当指定专人进行审查，对于报送材料不齐全的，应当要求下级检察院补报。经审查发现错误的，应当在 10 日以内将审查意见通知报送备案的下级人民检察院，或者直接予以纠正。实施备案审查制度，有利于上级人民检察院及时发现和纠正下级人民检察院逮捕工作中的错误，以保证国家法律的统一正确实施；同时，还有利于加强上下级人民检察院之间的业务联系，有针对性地开展指导工作。

（四）执行决定

公安机关接到人民检察院的《批准逮捕决定书》《决定逮捕通知书》以后，由县级以上公安机关负责人签发《逮捕证》，立即派员执行，并且将执行情况及时通知批准、决定逮捕的人民检察院或者决定逮捕的人民法院，并将执行回执在执行后 3 日内送达作出批准决定的人民检察院；未能执行的，也应当将执行回执送达人民检察院，并写明未能执行的原因。

（五）宣布逮捕

公安机关执行逮捕时，必须向犯罪嫌疑人出示《逮捕证》宣布逮捕，并责令犯罪嫌疑人在《逮捕证》上签字或捺指印，拒绝签字或者捺指印的，应当加以注明。遇有犯罪嫌疑人抗拒逮捕的，可以使用戒具，必要时，可以使用武器。公安机关在异地执行逮捕的时候，应当通知被逮捕人所在地的公安机关，被逮捕人所在地的公安机关应当予以配合。

（六）及时送押

逮捕后，根据刑事诉讼法规定，应当立即将犯罪嫌疑人送看守所羁押。除无法通知的情形外，公安机关应当把逮捕的原因和羁押的处所，在 24 小时以内通知被逮捕人的家属。

（七）及时讯问

人民检察院对于决定逮捕的人，公安机关对于经人民检察院批准逮捕的人，都应当在逮捕后的24小时以内进行讯问。在发现不应当逮捕的时候，必须立即释放，发给释放证明。如果发现对犯罪嫌疑人、被告人采取逮捕措施不当的，应当及时撤销或者变更。公安机关释放被逮捕的人或者变更强制措施的，应当通知原批准逮捕的人民检察院。

（八）依法释放

人民检察院不批准逮捕的，公安机关应当在接到通知后立即释放被拘留的犯罪嫌疑人，并且将执行情况及时通知人民检察院。对于需要继续侦查，并且符合取保候审、监视居住条件的，依法取保候审或者监视居住。

（九）变更措施

对人民检察院批准逮捕的犯罪嫌疑人，公安机关经过继续侦查，发现不应当对犯罪嫌疑人追究刑事责任的，应当撤销案件，立即释放犯罪嫌疑人，并将释放的原因在释放后3日内通知原作出批准逮捕决定的人民检察院。

三、对特殊主体犯罪嫌疑人的审查逮捕决定

（一）对人大代表、政协委员犯罪嫌疑人审查逮捕

根据《全国人民代表大会和地方各级人民代表大会代表法》的规定，非经人民代表大会主席团或常委会许可，不得限制人大代表的人身自由。《刑诉规则》也对审查逮捕人大代表犯罪嫌疑人有明确规定：

人民检察院对担任本级人民代表大会代表的犯罪嫌疑人批准或者决定逮捕，应当报请本级人民代表大会主席团或者常务委员会许可。报请许可手续的办理由侦查机关负责。

对担任上级人民代表大会代表的犯罪嫌疑人批准或者决定逮捕，应当层报该代表所属的人民代表大会同级的人民检察院报请许可。

对担任下级人民代表大会代表的犯罪嫌疑人批准或者决定逮捕，可

以直接报请该代表所属的人民代表大会主席团或者常务委员会许可，也可以委托该代表所属的人民代表大会同级的人民检察院报请许可；对担任乡、民族乡、镇的人民代表大会代表的犯罪嫌疑人批准或者决定逮捕，由县级人民检察院报告乡、民族乡、镇的人民代表大会。

对担任两级以上的人民代表大会代表的犯罪嫌疑人批准或者决定逮捕，分别报请许可。

对担任办案单位所在省、市、县（区）以外的其他地区人民代表大会代表的犯罪嫌疑人批准或者决定逮捕，应当委托该代表所属的人民代表大会同级的人民检察院报请许可；担任两级以上人民代表大会代表的，应当分别委托该代表所属的人民代表大会同级的人民检察院报请许可。

实践中存在着公安机关在报请检察机关批准逮捕人大代表之前，已经通过人大常委会或主席团许可采取了拘留措施，那么检察机关批准逮捕是否还要再通过人大常委会或主席团许可。笔者认为如果人大常委会在对公安机关采取拘留的许可决定中表述为"允许采取刑诉法的相关强制措施"，那么在批准逮捕时，可以不再事先报请人大常委会许可。这是因为人大许可决定中已经说明许可对该人大代表采取强制措施，而逮捕属于强制措施之一，故不需要再报请许可，但检察机关作出决定后应当及时报告人大常委会。如果人大的许可决定表述为"允许采取刑事拘留"，那么检察机关在批准逮捕前应当报请人大常委会或主席团许可，这是因为刑事拘留和逮捕是两种不同的强制措施，许可拘留并不代表许可逮捕。

（二）对外国犯罪嫌疑人的审查逮捕

刑事诉讼法对外国犯罪嫌疑人涉嫌不同罪名的级别管辖和层报工作有明确的要求，《刑诉规则》对此也有明确的规定：外国人、无国籍人涉嫌危害国家安全犯罪的案件或者涉及国与国之间政治、外交关系的案件以及在适用法律上确有疑难的案件，认为需要逮捕犯罪嫌疑人的，分别由基层人民检察院或者分、州、市人民检察院审查并提出意见，层报最高人民检察院审查。最高人民检察院经审查认为需要逮捕的，经征求外交部的意见后，作出批准逮捕的批复，经审查认为不需要逮捕的，作出不批准逮捕的批复。基层人民检察院或者分、州、市人民检察院根据最高人民检察院的批复，依法作出批准或者不批准逮捕的决定。层报过程中，上级人民检察院经审查认为不需要逮捕的，应当作出不批准逮捕的批复，报送的人民检察院根据批复依法作出不批准逮捕的决定。

基层人民检察院或者分、州、市人民检察院经审查认为不需要逮捕的，可以直接依法作出不批准逮捕的决定。

外国人、无国籍人涉嫌危害国家安全和国与国政治、外交以外的其他犯罪案件，决定批准逮捕的人民检察院应当在作出批准逮捕决定后48小时以内报上一级人民检察院备案，同时向同级人民政府外事部门通报。上一级人民检察院对备案材料经审查发现错误的，应当依法及时纠正。

（三）对未成年犯罪嫌疑人审查逮捕

人民检察院办理未成年犯罪嫌疑人审查逮捕案件，应当根据未成年犯罪嫌疑人涉嫌犯罪的事实、主观恶性、有无监护与社会帮教条件等，综合衡量其社会危险性，严格限制适用逮捕措施。对于罪行较轻，具备有效监护条件或者社会帮教措施，没有社会危险性或者社会危险性较小，不逮捕不致妨害诉讼正常进行的未成年犯罪嫌疑人，应当不批准逮捕。

对于罪行比较严重，但主观恶性不大，有悔罪表现，具备有效监护条件或者社会帮教措施，具有下列情形之一，不逮捕不致妨害诉讼正常进行的未成年犯罪嫌疑人，可以不批准逮捕：（1）初次犯罪、过失犯罪的；（2）犯罪预备、中止、未遂的；（3）有自首或者立功表现的；（4）犯罪后如实交代罪行，真诚悔罪，积极退赃，尽力减少和赔偿损失，被害人谅解的；（5）不属于共同犯罪的主犯或者集团犯罪中的首要分子的；（6）属于已满14周岁不满16周岁的未成年人或者系在校学生的；（7）其他可以不批准逮捕的情形。

审查逮捕未成年犯罪嫌疑人，应当重点查清其是否已满14、16、18周岁。对犯罪嫌疑人实际年龄难以判断，影响对该犯罪嫌疑人是否应当负刑事责任认定的，应当不批准逮捕。需要补充侦查的，同时通知公安机关。

讯问未成年犯罪嫌疑人，应当通知其法定代理人到场，告知法定代理人依法享有的诉讼权利和应当履行的义务。无法通知、法定代理人不能到场或者法定代理人是共犯的，也可以通知未成年犯罪嫌疑人的其他成年亲属，所在学校、单位或者居住地的村民委员会、居民委员会、未成年人保护组织的代表到场，并将有关情况记录在案。到场的法定代理人可以代为行使未成年犯罪嫌疑人的诉讼权利，行使时不得侵犯未成年犯罪嫌疑人的合法权益。

到场的法定代理人或者其他人员认为办案人员在讯问中侵犯未成年犯罪嫌疑人合法权益的，可以提出意见。讯问笔录应当交由到场的法定代理人或者其他人员阅读或者向其宣读，并由其在笔录上签字、盖章或者捺指印确认。

人民检察院应当指定熟悉未成年人身心特点的检察人员办理未成年人刑事案件。讯问女性未成年犯罪嫌疑人，应当有女性检察人员参加。

（四）对其他特定犯罪嫌疑人审查逮捕

根据最高人民检察院的规定，对于律师和记者在执业活动中，涉嫌犯罪，公安机关提请批准逮捕后，检察机关经审查认为符合逮捕条件，拟批准逮捕的，应当在作出决定前报省级人民检察院审批。这里应当注意的是，一是嫌疑人主体为律师和记者两类职业人。有的单位明确将"网络大V"也明确为报批的对象，笔者认为"网络大V"虽然影响力较大，但是其职业并不与记者和律师相同，不宜将其纳入这两类职业的范畴。二是注意并不是这两类人所有的犯罪都要报批，而是在其执业活动中，涉嫌犯罪的有逮捕必要的，才报省级院审批。如果是这两类人涉嫌与职业无关的犯罪，如抢劫、杀人等，则不属于报批的类型。三是报批是办案的检察院在作出决定前，向省级院层报批准，不是在作出决定后向省院报备案。

四、相关文书制作与应用

(一) 不批准逮捕理由说明书制作

不批准逮捕理由说明书是检察人员对办理的公安机关提请批准逮捕的案件作出不批准逮捕决定时,向公安机关作出说明不捕理由的对外文书。《刑事诉讼法》第90条规定,人民检察院对于公安机关提请批准逮捕的案件作出不批准逮捕决定的,应当向公安机关说明理由。最高人民检察院《关于加强检察法律文书说理工作的意见》明确规定,作出不批准逮捕决定的案件涉及的法律文书应当着重进行说理。

侦查机关将犯罪嫌疑人提请检察机关批准逮捕积极的追求结果是犯罪嫌疑人被批准逮捕,如果拟作不批准逮捕的不能一概表述为不符合逮捕条件,一定要根据具体情况详细阐述理由。一是阐明事实。要准确说明人民检察院认定的案件事实及相关证据,对证据的客观性、合法性和关联性进行必要分析,说明采信和不采信的理由,注意层次分明、条理清晰;二是释明法理。对所依据的法律、司法解释条文的内容予以列明,解释法律适用的理由和依据;三是繁简适当。对于重大、疑难、复杂案件或者社会关注的案件,以及公安机关对不捕有异议的案件,应当充分阐释决定的理由和依据,对于事实清楚、争议不大、情节轻微的案件,可以简化说理的方式、内容。该文书的格式及制作要点如下。

1. 首部

文书的首部包括标题、文号,这两部分均由系统自动生成,不需要更改。

2. 正文

(1) 自动生成部分。自动生成部分包含了抬头、拟不逮捕的人员、适用法条等部分,应当注意的问题:一是抬头对应的应当是提请批准逮捕的侦查机关的名称;二是案件中有多人的,有的逮捕,有的不逮捕,系统无法自动识别,会自动生成对全案所有人均不逮捕的内容,因此制作时应当根据具体结果来填写该部分内容。

(2) 说明理由部分。不逮捕的理由一般有以下六种:一是犯罪嫌疑人的行为不构成犯罪的或者犯罪事实并非犯罪嫌疑人所为的；二是犯罪嫌疑人的行为符合《刑事诉讼法》第 15 条规定的情形的；三是犯罪嫌疑人的行为可能判处有期徒刑以下刑罚的；四是犯罪嫌疑人不具有刑事诉讼法规定社会危险性情形的；五是犯罪嫌疑人符合监视居住条件的；六是犯罪嫌疑人涉嫌犯罪的事实不清、证据不足的。六种具体的不捕情形又可以概括为三个大类，一是不构罪不捕，二是存疑不捕，三是构罪不逮捕。

不构罪不捕，是指检察机关对公安机关提请批准逮捕的案件，经审查认为不构成犯罪或者依法不追究刑事责任，而依据法律规定作出不捕的决定。无罪不捕中的无罪包括事实上的无罪和法律上的无罪。事实上的无罪是指犯罪嫌疑人的行为不符合任何一个罪名的犯罪构成要件或者犯罪行为并非犯罪嫌疑人所为，如达不到犯罪追诉标准、犯罪对象达不到法律规定的要求等；或者不具有违法性，如存在正当防卫、紧急避险、意外事件等情形；或者不具备有责性，如犯罪嫌疑人系无刑事责任年龄、能力人等。在阐述理由时，应充分围绕上述三个部分重点阐述理由。法律上的无罪是指犯罪嫌疑人的行为构成犯罪，但是依据法律的特殊规定，而不追究其刑事责任，如《刑事诉讼法》第 15 条规定的情节显著轻微、危害不大，不认为是犯罪的；犯罪已过追诉时效的；犯罪系经告诉才处理的，没有告诉或者撤回告诉的；经特赦令免除刑罚的，在阐述理由时，对于情节显著轻微，不认为是犯罪的，应从犯罪性质、犯罪情节、刑事政策、法定从轻、减轻或者免除处罚情节等方面重点阐述犯罪嫌疑人的行为为什么显著轻微，不认为是犯罪；对于已过追诉时效的，要分析法律规定该种犯罪最长追诉时效是多少年，本案过了多少年，为什么本案过了追诉时效；对于系经告诉才处理的，没有告诉或者撤回告诉的案件，对于检察机关改变侦查机关定性，导致案件变成了告诉才处理的案件情形，要从案件的构成要件方面分析为什么该案件系告诉才处理的案件、为什么不构成报捕的案件；对于经特赦令免除刑罚的，应当将特赦令颁布的时间、具体内容予以阐述，再分析本案的情形属于哪一种进行对比分析，得出犯罪已过追诉时效的结论。

存疑不捕，是指检察机关对侦查机关提请批准逮捕的案件，经审查认为事实不清、证据不足，依据法律规定作出不批准逮捕的决定。实践中，存疑不捕的原因主要是因为证实犯罪构成要件的证据不充分，导致案件存疑，如犯罪嫌疑人是否年满16周岁、犯罪嫌疑人是否具有构成要件中规定的非法占有目的、是否明知他人未满14周岁与之发生性关系的、犯罪数额是否达到了追诉标准、犯罪行为是否系犯罪嫌疑人所为不能排除合理怀疑的等没有查清。对于存疑不捕的案件应当从证据的合法性、客观性和关联性、证据锁链的严密程度两个方面进行分析说理，从程序和实体两个方面结合案件实际进行，做到于法有据，逻辑严密。

构罪不捕，是指检察机关对公安机关提请批准逮捕的案件，经审查认为犯罪嫌疑人已经构成犯罪，但是可能判处徒刑以下刑罚或者不具有《刑事诉讼法》第81条规定的社会危险性情形，依法作出不批准逮捕决定。此外依据《刑事诉讼法》第74条规定，对符合逮捕条件但患有严重疾病生活不能自理的人、正在怀孕、哺乳自己婴儿的妇女、系生活不能自理的人的唯一抚养人的犯罪嫌疑人，也可以作出不批准逮捕的决定。针对上述情形，应着重从刑事政策、犯罪性质、社会危害程度、法定从轻或者减轻、免除处罚情节、认罪悔罪表现、社会效果以及具备取保候审、监视居住条件，不羁押不至于危害社会、妨害诉讼或者存在不适宜羁押等情形进行说理。

3. 尾部

注明年月日，加盖院章。

(二) 不捕案件补充侦查提纲制作要点和技巧

不捕案件补充侦查提纲是检察人员对办理的公安机关提请批准逮捕的案件以涉嫌犯罪事实不清、证据不足作出不批准逮捕决定后，要求公安机关补充侦查时制作的对外文书。《刑事诉讼法》第90条规定，人民检察院对于公安机关提请批准逮捕的案件作出不批准逮捕决定的，应当向公安机关说明理由，需要补充侦查的，应当同时通知公安机关。司法实践中，只要是以涉嫌犯罪事实不清、证据不足不批准逮捕的案件，检察机关都会要求公安机关补充侦查，并送达不捕案件补充侦查提纲

（以下简称补充提纲）。制作补充提纲的目的在于要求公安机关进一步查清影响案件定罪及其他证据，如犯罪嫌疑人的年龄、犯罪数额、犯罪嫌疑人是否有刑事责任能力、主观目的等，它和不批准逮捕理由说明书是相呼应的。是哪些原因导致案件事实不清、证据不足，侦查机关下一步就应该从哪些方面补充侦查，但是不批准逮捕理由说明书只阐明了原因，补充侦查提纲则为公安机关下一步取证指明了方向，对于提高侦查质量、及时查处犯罪、保护合法权益有重要作用。补充侦查提纲是引导侦查的重要形式。制作方法是结合案件事实、证据和犯罪构成要件，对审查中发现的问题进行分解、细化，归纳出各种待证事项，逐一写明查什么、怎么查、为什么查三项内容。[①] 该文书的格式及制作要点如下。

1. 首部

文书的首部包括标题、文号，这两部分均由系统自动生成，不需要更改。

2. 正文

（1）自动生成部分。自动生成部分包含了抬头、拟不逮捕的人员、适用法条等部分，应当注意的问题：一是抬头对应的应当是提请批准逮捕的侦查机关的名称；二是案件中有多人的，有的逮捕，有的不逮捕，系统无法自动识别，会自动生成对全案所有人均不逮捕的内容，因此制作时应当根据具体结果来填写该部分内容。

（2）补充侦查事项部分。该部分是公安机关补充侦查的具体事项，包括补充侦查的方向和补充侦查的主要事项和工作两个部分。在制作时应当注意以下几点：一是用语简洁、内容明确、层次分明，如补充侦查方向要明确具体，围绕犯罪构成要件和存疑的事实，要求公安机关进行补充侦查。补充侦查的主要工作部分，则要明确补充侦查的方向，具体提出包含查什么、怎么查及侦查的目的。如对犯罪嫌疑人盗窃的摩托车进行鉴定，查明犯罪嫌疑人盗窃的数额是否达到立案追诉标准。二是对

[①] 刘晴主编：《检察业务文书制作方法与范例》，中国检察出版社2013年版，第20页。

同一个人、同一个物的取证应当整合。如需要对某一个证人取证，既用于印证犯罪嫌疑人的供述，也要印证被害人的陈述，则尽量在同一个事项内将询问证人的内容、目的分别表述清楚。三是具有可操作性。对已经灭失或者丧失取证条件的证据不得提出补充侦查的要求。

3. 尾部

注明年月日，加盖院章。

（三）逮捕案件继续侦查提纲制作

逮捕案件继续侦查提纲是指检察机关对于公安机关提请批准逮捕的案件作出批准逮捕决定后，为有效指控犯罪，认为需要继续侦查的，对公安机关收集证据、适用法律方面提出意见时制作的对外文书。由于审查逮捕环节证据审查是建立综合审查全案证据的基础上，因此对于案件定性、全案证据是否能达到逮捕条件、还有哪些证据尚需要进一步收集能作出基本的判断，大部分需要收集的证据对证实犯罪事实的证据起到补强作用，如盗窃案件中证实某财物价值的发票是对鉴定意见的补强；有些需要进一步收集的证据会影响犯罪嫌疑人的量刑，如犯罪嫌疑人涉嫌几十次盗窃，但是目前查清的只有几次，剩余的盗窃事实如果查清则可能会影响量刑；对于改变公安机关对案件的定性的，也可以通过该文书进行说理，阐明为什么改变定性、应该适用什么法律，为下一步侦查指明方向，引导侦查。该文书的格式及制作要点如下。

1. 首部

文书的首部包括标题、文号，这两部分均由系统自动生成，不需要更改。

2. 正文

（1）自动生成部分。自动生成部分包含了抬头、案件名称、适用法律等部分，应当注意的问题：一是抬头对应的应当是提请批准逮捕的侦查机关的名称；二是系统生成的没有具体的法律条文，根据法律规定，依据的法条是《刑诉规则》第284条。

（2）继续侦查事项部分。该部分主要针对案件中有哪些还需要继续侦查的具体事项进行说明，分为三个部分。继续侦查的方向、继续侦查的主要事项和工作、相关工作要求。大致格式和补充提纲类似，在制作时应当注意以下几点：第一部分要围绕以后出庭公诉可能遇到的辩护意见和案件本身在事实证据上存在的结构性问题提出大的继续侦查方向，因为大量的侦查取证工作在批准逮捕之后，特别是多罪名的案件更是如此，通过明确侦查方向确保案件在定性、取证等方面不发生偏差。第二部分则是针对每个具体的罪行或犯罪嫌疑人的罪名，提出具体的补充侦查意见，主要是解决证据有没有，事实清不清楚的问题，这里列出的要求要具体，甚至可以明确到某一个具体的证据。如嫌疑人曾经向某名证人说过其杀人之事，则可以在本部分列出调取某某证人的证言，证实嫌疑人曾在何时、何地向其说过杀人之事，有无谈到杀人动机等。第三部分解决的是取证取到什么程度。即与其他证据间要相互吻合，嫌疑人的辩解要得到排除和解释，矛盾要得到化解或者合理的说明，要就这方面提出明确的工作要求。

3. 尾部

注明年月日，加盖院章。

第三节 不捕案件复议复核

一、不捕案件复议复核的基本内涵

复议，是指公安机关认为人民检察院的不批准逮捕决定确有错误，而向人民检察院申请重新审议，人民检察院根据公安机关的要求，对本院所作的不批准逮捕决定依法重新进行审议，以决定是否改变原决定的一种诉讼活动。

复核，是指人民检察院根据下一级公安机关的提请，对下一级人民检察院所作的不批准逮捕决定进行审查，以决定是否改变下一级人民检察院的不批准逮捕决定的一种诉讼活动。复议复核程序充分体现了刑事诉讼法规定的公安机关、人民检察院互相配合、互相制约的原则。

对不捕案件的复议复核主要有以下规定：

《刑事诉讼法》第 92 条规定,公安机关认为检察机关的不批准逮捕决定确有错误的,可以提出复议,如果意见不被接受,可以提请复核,但必须将被拘留的人立即释放。

《办案规定》第 141 条第 1 款明确了公安机关提出复议的时限和程序;第 2 款明确了公安机关在复议未改变原不批准逮捕决定有再议必要的情况下,提请复核的时限及程序。

《刑诉规则》第 290 条规定了人民检察院办理公安机关复议案件的时限和程序。第 291 条规定了办理公安机关提请复核案件的时限、程序以及决定后的处理。

二、不捕案件复议复核的工作流程及方法

(一) 办理复议案件的流程

1. 受理案件

公安机关认为人民检察院的不批准逮捕决定确有错误而要求复议后的,应当在收到《不批准逮捕决定书》5 日内提出《要求复议意见书》,送交作出不批准逮捕的人民检察院进行复议。

人民检察院案件管理部门接到公安机关的复议申请后,应当检查其所移送的案卷材料是否齐全,法律手续是否齐备,是否在收到《不批准逮捕决定书》后的 5 日以内提出,以及是否补充新的证据材料。如公安机关移送的案卷材料不齐全,法律手续不齐备,或者提出复议意见的时间已超过 5 日,应建议公安机关补充或者不予受理。如果公安机关在不批准逮捕决定后补充了新的证据材料,应当要求公安机关重新提请批准逮捕,不予受理复议申请。

2. 确定办理人员

根据《刑诉规则》规定,对公安机关要求复议的不批准逮捕案件,人民检察院应当另行指派负责捕诉的部门员额检察官进行复议。因为如复议案件仍让原承办员进行,会局限于原审查意见,不利于保证复议案件的质量,故应当更换办案人员。

3. 审查复议案件

复议案件审查的内容主要是原审承办人认定的事实和作出的决定是否正确，公安机关提出的复议理由是否成立。负责案件复议的办案人员对案件进行审查后，应当制作《复议案件审查报告》。《复议案件审查报告》的内容应包括：复议案件受案的时间，公安机关提请复议的理由，原审承办人作出决定的主要事实依据和法律依据，经过复议审查可以认定的事实和依据，复议的拟处意见。

4. 作出复议决定

根据《刑诉规则》规定，人民检察院应当在收到《要求复议意见书》和案卷材料后的 7 日内作出是否变更的决定并通知公安机关。对复议后维持原不批准逮捕决定的，人民检察院应当制作《复议决定书》，连同案卷材料并退回提请复议的公安机关执行。对于复议后改变原不批准逮捕决定的，人民检察院除制作《复议决定书》外，还应当制作《撤销不批准逮捕决定书》和《批准逮捕决定书》，连同案卷材料一并送达提请复议的公安机关执行。

（二）办理复核案件的流程

1. 受理案件

公安机关在收到同级人民检察院的《复议决定书》后，如认为同级人民检察院维持原不批准逮捕决定有再议必要的，应当在 5 日内写出《提请复核意见书》，连同同级人民检察院的《复议决定书》和案卷材料，一并提请上一级人民检察院复核。

上一级人民检察院案件管理部门收到公安机关复核申请和案卷材料后，应当审查其报送的案卷材料是否齐全，法律手续是否齐备，是否在收到《复议决定书》后的 5 日内提出，是否补充了新的证据。如报送的案卷材料不齐全、法律手续不齐备，或者提出复核意见的时间超过 5 日，应建议公安机关补充完善或不予受理。如果发现公安机关在提请复议、复核期补充了新的证据，应当要求公安机关重新提请批准逮捕，并不予受理复核申请。

2. 指定专人办理

根据《刑诉规则》规定，对公安机关要求复核的不批准逮捕案件，由上一级人民检察院刑事检察部门办理。司法实践中，上一级人民检察院刑事检察部门应当指定员额检察官专人审查，有利于保证复核案件的质量，维护执法公正。复核案件的主要内容是下级人民检察院《复议决定书》认定的事实和作出的维持原不批准逮捕决定是否正确，公安机关提出的复核理由能否成立。

3. 报请检察长审批或者提请检委会讨论决定

《刑诉规则》规定，对公安机关提请上一级人民检察院复核的不批准逮捕案件，由检察长或者检察委委员会作出是否变更的决定。

4. 作出复核决定

根据《刑诉规则》规定，上一级人民检察院应当在收到《提请复核意见书》和案卷材料后的15日内报请检察长或者检察委员会作出是否变更的决定，并通知下级人民检察院和公安机关执行。如需改变原决定，应当通知作出不批准逮捕决定的人民检察院撤销原不批准逮捕决定，另行制作《批准逮捕决定书》。必要时上级人民检察院也可以直接作出批准逮捕决定，通知下级人民检察院送达公安机关执行。下级人民检察院对上级人民检察院的复核决定必须执行。如有不同意见的，可在执行的同时，向上级人民检察院反映。上级人民检察院维持下级人民检察院不批准逮捕决定的，应当在《复核决定书》中写明："本院决定维持×号《复议决定书》关于对×××犯罪嫌疑人不批准逮捕的决定"，分别送达下级公安机关和下级人民检察院执行。

三、相关文书制作与应用

（一）文书概述

不批准逮捕案件复议（复核）意见书是检察人员在办理公安机关不服检察机关不批准逮捕决定而提出复议（不服检察机关复议决定而提请复核）时制作的一种对审查工作进行简要说明、对案件事实进行高度概括、对原不捕理由（复议维持原不捕决定理由）及公安机关要求复议（提请复核）的理由及根据进行简要归纳，并根据经复议（复核）认定的事实及证据对原不捕决定（复议决定）是否正确进行分析，从而提出应否逮捕、是否维持或撤销原不批准逮捕决定（是否维持或变更下级检察机关复议决定）的意见的综合性文书。文书共有首部、正文、结尾三部分。首部和结尾由办案系统自动生成，正文共由八个部分组成，正文提纲也已经自动生成，但是具体内容需由制作人根据案件的不同情况去制作完成。该文书的关键部分在经复议（复核）认定的事实及证据和处理意见部分，需要制作人对全案证据进行总结、归纳和分析，并对原不捕决定（复议决定）的正确与否作出综合判断，确保准确提出维持或撤销原不批准逮捕决定（维持或变更下级检察机关复议决定）的意见。

（二）文书的基本内容与制作要点

1. 受案和审查过程

该部分是对复议（复核）工作情况的简要说明，大部分内容由系统自动生成，制作人只需根据案件具体情况进行修改即可。

2. 犯罪嫌疑人基本情况

该部分也由办案系统自动生成，具体写法与审查逮捕意见书要求类似。但需要增加对犯罪嫌疑人不批准逮捕和强制措施变更情况。

3. 发、立、破案经过

发、立、破案经过应该全面而简要地写明案发的时间、案件来源、立案时间、嫌疑人到案供述情况、破案经过。要求与审查逮捕意见书一致。

4. 对案件事实的认定及证据

（1）侦查机关认定的案件事实。该部分摘抄侦查机关提请批准逮捕书认定的事实即可，如果侦查机关提请批准逮捕书认定的事实过于繁琐，可以精简，按照时间、地点、人物、具体行为、次数、结果等要素来写，要求条理清晰，不失原意。

（2）检察机关原不批准逮捕的理由（提请复核的案件，还应写明复议维持原不批准逮捕决定的理由）。本部分应围绕原案是否有证据证明有犯罪事实，该犯罪事实经查证是否系犯罪嫌疑人所为，犯罪嫌疑人是否可能判处有期徒刑以上刑罚、是否具有社会危险性、是否具有《刑事诉讼法》第16条所规定不追究刑事责任的情形或《刑诉规则》第141条规定的可以作出不批准逮捕决定的情形或具有《刑事诉讼法》第74条第1款第1、2、3项规定符合监视居住条件的情形，列明原不批准逮捕的理由（复议维持原不批准逮捕决定的理由）。

5. 要求复议（提请复核）的理由及根据

本部分应写明公安机关提请复议、复核的理由。包括犯罪嫌疑人是否涉嫌犯罪、涉嫌何罪、是否可能判处有期徒刑以上刑罚、是否具有《刑事诉讼法》第81条所规定的应当或可以予以逮捕的情形。

公安机关提请复议理由与提请复核的理由不同的，应分别写明。

6. 经复议（复核）认定的案件事实及证据

（1）经审查，认为侦查机关认定的案件事实有证据（或认为下级检察机关复议决定错误的，包括部分错误），应当改变原不批准逮捕决定的，写明改变的理由，然后按照证据种类，进行必要的摘抄或归纳，并根据其证明力予以分析。

（2）经审查，认为原不批准逮捕决定正确，经复议维持原不批准逮捕决定（或认为下级检察机关复议决定正确，经复核维持原复议决定），应当结合侦查机关提请复议（复核）的理由，按照证据种类，进行必要的摘抄或归纳，并根据其证明力予以分析。

本部分应注意：一是事实部分既要写明经审查所认定的与是否涉嫌犯罪有关的事实及证据，也要写明是否具有《刑事诉讼法》第81条所规定的具体条款项情形、是否具有《刑诉规则》第140条所规定的可以不批准逮捕及《刑事诉讼法》第74条第1款第1、2、3项的情形及相关证据、材料。二是对证据要进行客观性、真实性、关联性分析。三是对全案证据进行分析，指出本案哪些事实有证据证实，哪些事实缺乏证据证实，根据有关犯罪构成，对犯罪嫌疑人是否涉嫌犯罪进行分析；同时还要阐明是否有证据证明犯罪嫌疑人具有社会危险性。四是经审查，认为应当改变原不批准逮捕决定的，应写明改变的理由；认为原不批准逮捕决定正确拟予以维持原不批准逮捕决定（或拟维持原复议决定）的，应写明维持的理由。

7. 需要说明的问题

（1）上级机关或有关领导对案件的批示、指示意见。该部分要具体说明本案是否涉及相关专项行动、案件是否被上级公安政法机关督查督办、是否有有关领导批示等情况。

（2）需要进行立案监督或侦查活动监督的事项及处理意见。如通过办理复议（复核）案件，发现有需要进行立案监督或侦查活动监督的事项，应一一列明，并提出处理意见。

（3）需要进行补充侦查或继续侦查的事项。对经审查拟维持原不捕决定的案件，如有需要补充侦查事项，应一一列明，内容应当与向侦查机关发出的《不批准逮捕案件补充侦查提纲》一致。

对经审查拟改变原不捕决定而作出批准逮捕决定的案件，如有需要继续侦查事项，内容应当与向侦查机关发出的《逮捕案件继续取证意见书》一致。

（4）对不批准逮捕的犯罪嫌疑人需要作其他处理的建议。对拟维持不捕决定的案件，可提出对犯罪嫌疑人作其他处理的建议，如建议行政处罚、建议直接移送审查起诉等。

（5）其他需要说明的问题。

其他需要说明的事项是指除上述 4 个事项以外其他有必要说明的事项。在实践中一般包括犯罪嫌疑人系人大代表、政协委员的提请许可或者通报的工作说明；犯罪嫌疑人系外国人的层报的工作说明；等等。

8. 处理意见

承办人意见：该部分需对案情进行高度概括，写明适用的具体法律依据，根据犯罪构成要件及逮捕条件，提出应否逮捕的意见及理由，是否维持或撤销原不批准逮捕决定（是否维持或变更下级检察机关复议决定）的意见。

（1）拟维持原不捕决定的案件。不构罪不捕的要写明：犯罪嫌疑人的行为不涉嫌犯罪或犯罪事实非犯罪嫌疑人所为以及犯罪嫌疑人具有

《刑事诉讼法》第 16 条规定情形（其中犯罪嫌疑人具有《刑事诉讼法》第 16 条规定情形应写明属于哪种具体情形并适用相关条款），建议不批准逮捕犯罪嫌疑人××，根据《刑事诉讼法》第 92 条之规定，拟维持原不批准逮捕决定（拟维持原复议决定）。

存疑不捕的要写明：犯罪嫌疑人××的行为，涉嫌×××罪的事实不清，证据不符合逮捕条件，建议不批准逮捕犯罪嫌疑人××，根据《刑事诉讼法》第 92 条之规定，拟维持原不批准逮捕决定（拟维持原复议决定）。

构罪不捕的要写明：犯罪嫌疑人××的行为，涉嫌×××罪，但不符合逮捕条件（写明不符合逮捕条件的理由），建议不批准逮捕犯罪嫌疑人××，根据《刑事诉讼法》第 92 条之规定，拟维持原不批准逮捕决定（拟维持原复议决定）。

符合监视居住条件不捕的要写明：犯罪嫌疑人××的行为，涉嫌×××罪，但（患有严重疾病，生活不能自理等原因）符合监视居住条件，建议不批准逮捕犯罪嫌疑人××，根据《刑事诉讼法》第 92 条之规定，拟维持原不批准逮捕决定（拟维持原复议决定）。

（2）拟改变原不捕决定的案件。犯罪嫌疑人××（表述犯罪事实），根据《刑法》第×条、款、项的规定，涉嫌×××犯罪，可能判处徒刑以上刑罚，同时具有《刑事诉讼法》第 81 条第×款×项的情形，符合《刑事诉讼法》第 81 条规定的逮捕条件，建议批准逮捕犯罪嫌疑人××，根据《刑事诉讼法》第 92 条之规定，拟变更原不批准逮捕决定（拟变更原复议决定）。

9. 尾部注明年月日，案件承办人签名

第三章 审查起诉专用办案流程及技巧

第一节 指定管辖

一、指定管辖的基本内涵

管辖是诉讼程序开始的前提和基础。就刑事诉讼而言,管辖权确认是侦查权得以运行的前提和基础。

我国刑事诉讼法所指"管辖"实质上是所谓的"审判管辖"。《刑事诉讼法》第 27 条规定:"上级人民法院可以指定下级人民法院审判管辖不明的案件,也可以指定下级人民法院将案件移送其他人民法院审判。"在刑事诉讼中,如果说包括级别管辖、地区管辖、专门管辖在内的法定管辖在通常情况下是普遍适用的,因而可以称为普通管辖,那么只能在特殊情况下才能适用的指定管辖无疑就是特殊管辖。作为特殊管辖的指定管辖通常情况下只适用两种情况,一是案件的地区管辖不明(比如多个地区的人民法院都有管辖权),二是有管辖权的人民法院不适宜审判或者不能审判本案,那么上级人民法院就可以指定下级人民法院将其所管辖的某个案件移送到其他人民法院审判。[①]

国家监察体制改革前,在司法实践中,被指定管辖的案件主要集中在三类:第一类是国家工作人员职务犯罪及关联犯罪,主要包括公众熟知的贪污贿赂、渎职等犯罪;第二类是非国家工作人员实施的经济犯

[①] 张云霄、蒋小平、廉彪:《职务犯罪侦查指定管辖制度完善之探析》,载《西南政法大学学报》2016 年第 4 期。

罪，例如职务侵占、洗钱等；第三类是毒品犯罪。三类案件之中，又以第一类最为突出，占比超过七成。除此之外，危害国家安全犯罪案件和黑社会性质犯罪案件，有时也会被指定管辖。

上述三类案件在被指定管辖时又分别有各自的规律。外界相对比较了解的是官员职务犯罪，因担心其在当地的影响，为排除干扰，实施异地侦查管辖较为普遍，这主要是基于司法公正的考虑。特别是在贿赂犯罪案件中，由于行贿与受贿的对合关系，有时受贿案件被指定管辖后，行贿案件也会进行相同的处理。在涉及毒品犯罪的案件中，指定管辖常常是基于对案件破获或者嫌疑人抓捕单位的顺应。对于成功破案，尤其是采取技术侦查、秘密侦查措施破案的侦查机关，或者成功抓捕到犯罪嫌疑人的侦查机关，有时会被顺势指定为侦查管辖机关。这样的指定既体现对办案单位的鼓励，同时也为避免案件移交在衔接与后续侦查方面出现问题。即便司法实务中广泛存在着上述规律，但由于现行法律和司法解释对指定管辖的规定比较含糊笼统，实践中启动指定管辖的随意性较大。如职务犯罪案件，正处级以上干部普遍实行指定管辖，而处级以下干部则很不确定，有一部分科级干部案件也会被指定到其他基层法院审理。

国家监察体制改革前，刑事诉讼法未就职务犯罪侦查管辖做出具体细致的规定，只是2012年《刑事诉讼法》第18条第2款规定贪污贿赂等案件由人民检察院立案侦查。2012年《人民检察院刑事诉讼规则（试行）》（以下简称《刑诉规则（试行）》），对我国职务犯罪指定管辖做出了较为明确的规定。这一司法解释也成为当时我国职务犯罪指定管辖的主要法律依据。

国家监察体制改革后，2019年最高人民检察院重新修订了《刑诉规则》，人民检察院立案侦查案件的指定管辖主要包括以下两类情形：一是由上而下指定管辖的案件。《刑诉规则》第14条第2、3款规定，设区的市级人民检察院可以将案件交由基层人民检察院或刑事执行派出检察院立案侦查。最高人民检察院和省级检察院发现犯罪线索的，可以自行立案侦查，也可以交由指定的省级检察院或者设区的市级检察院立案侦查。这是人民检察院立案侦查案件侦查指定管辖最常见的一种类型。二是其他需要指定管辖的案件。《刑诉规则》第 22 条规定，管辖有争议的、需要改变管辖的、需要集中管辖的特定类型的案件及其他需要指定管辖的案件，上级人民检察院可以指定管辖。

对于监察机关立案调查案件的指定管辖，我国宪法和监察法规定，监察机关依法行使职务犯罪调查的管辖权。《监察法》第 17 条规定："上级监察机关可以将其所管辖的监察事项指定下级监察机关管辖，也可以将下级监察机关有管辖权的监察事项指定给其他监察机关管辖。监察机关认为所管辖的监察事项重大、复杂，需要由上级监察机关管辖的，可以报请上级监察机关管辖。"上述第 1 款规定的就是指定管辖原则。一方面，对于原本属于自己所管辖的监察事项，上级监察机关可以将其指定给所辖的下级监察机关管辖。比如，省级监察委员会可以将自己管辖的监察事项指定本省内的某个市级监察委员会管辖。规定指定管辖，体现了上级监察机关对下级监察机关的领导，同时也能够增强工作灵活性。进行指定管辖的主要原因是根据工作需要，在指定时上级监察机关要予以通盘考虑。比如，上级监察机关的工作任务比较饱满，而下级监察机关的人员和能力又足以承担移交给其办理的监察事项，为尽快保质保量完成工作任务，上级监察机关可以将其所管辖的监察事项指定下级监察机关管辖。另一方面，上级监察机关可以将下级监察机关有管辖权的监察事项指定给自己所辖的其他监察机关管辖。一般适用于以下情况：（1）地域管辖不明的监察事项。比如，涉嫌职务违法犯罪行为由分属两个或者两个以上行政区域的监察对象共同所为，可以由上级监察机关指定其中一个下级监察机关将有管辖权的监察对象的涉嫌职务违法犯罪行为交由另一个下级监察机关管辖。（2）由于各种原因，原来有管辖权的监察机关不适宜或者不能办理某监察事项。比如，为了排除干扰，上级监察机关可以指定该监察机关将该监察事项交由其他监察机关办理，以保证监察事项能够得到正确、及时处理。[①]

[①] 中央纪委国家监委法规室：《中华人民共和国监察法释义》，中国方正出版社 2018 年版，第 118—119 页。

综上，指定管辖是指依据刑事诉讼法、监察法，根据上级监察机关、检察机关和人民法院的指定而确定刑事案件的监察调查、审查起诉和审判事项的管辖机关。本节指定管辖仅探讨审查起诉环节根据公安（国安、监察）机关侦（调）查工作需要，上级检察机关指定审查起诉的下级检察机关，以及与同级法院协商后由同级法院指定与之相适应的第一审刑事审判的下级法院。

二、指定管辖的工作要求

根据我国法律规定和司法实践，指定管辖制度应当坚持以下三个基本要求：

（一）程序法定

程序法定是现代法治国家所共同遵循的基本原则，其基本含义就是国家执法和司法机关的职权及其追诉犯罪的程序只能由立法机关所事先制定的法律来予以明确，非经法定事由不得随意改变。程序法定能够最大限度保证程序正义的实现，避免"人为因素"对诉讼程序的干扰。具体到指定管辖这一问题，程序法定就要求做到"法定管辖"，而非"人定管辖"，即要求检察机关适用指定管辖的依据必须具有法律的明文规定，这其中包括指定管辖的案件范围、程序要求、操作步骤等，否则指定管辖将归于无效。

（二）侦查效率

相对于公诉、审判等刑事诉讼程序，侦查则更加注重效率。从侦查学的角度来讲，侦查效率被誉为侦查工作的"黄金原则"，其基本含义为侦查机关在侦查过程中应以尽可能小的侦查投入（比如时间、人员、经费、装备等）换取尽可能多的侦查成果，从而实现侦查过程的优化以及侦查目标的达成。侦查效率要求检察机关在适用指定管辖过程中应注重侦查成本的投入，以尽可能小的侦查成本获取尽可能大的侦查成果，防止出现侦查阵线过长、侦查人力无法跟上等现象。比如，检察机关在指定管辖的时候应当采取"地域就近主义"，在其他条件相对稳定的前提下，可由地域相近的检察机关对案件实施管辖，以便缩短侦查时间，节约侦查资源，提高侦查效率。

（三）人权保障

人权保障是现代法治国家所明文规定的一项宪法性权利，其基本含义就是国家必须尊重和保护公民的基本权利，当公民权利受到不法侵害时，公民有获得法律救济的权利。人权保障落实到指定管辖程序中来，就是要求检察机关应当确保公民依法、有序地参与到指定管辖过程中来。一方面，检察机关在适用指定管辖过程中须尊重和保障公民的权利，尤其是尊重和保障犯罪嫌疑人的权利，必要的时候听取犯罪嫌疑人及其辩护人的相关意见；另一方面，若公民权利遭受到不法侵害，公民有权就指定管辖程序提出异议并寻求相应救济，以便有效对抗强大的侦查权，从而实现侦查过程的公平和公正，进一步提升侦查的公信力和权威性。

三、指定管辖的工作流程及方法

刑事诉讼法和《刑诉规则》没有对检察机关公诉环节的指定管辖工作程序做出具体规定。根据法律规定和司法实践，在实际办案操作中一般采取以下工作程序：

（一）提请

负责案件办理的下级人民检察院对依法由人民检察院管辖，但对管辖权有争议、管辖不明确或者需要改变管辖的案件，通过《报请指定管辖的请示》，并附送相关立案决定书、采取强制措施的文书等相关法律文书，向需要指定其他办案单位管辖的共同的上一级检察机关，提出书面报告请求对相关案件进行指定管辖。

（二）协商

接受请示的共同的上级检察机关经审查相关材料，通过《商请指定管辖函》并附送相关法律文书，与同级人民法院协商一致，由同级人民法院指定与审查起诉管辖检察院相对应的下级人民法院进行第一审刑事审判管辖。

（三）决定

接受请示的共同的上级检察机关经商请同级人民法院达成指定管辖的一致意见后，通过《指定管辖的批复》指定下级人民检察院对该案审查起诉，同时将收到的同级人民法院的《指定管辖决定书》送达指定审查起诉的人民检察院。

四、相关文书制作与应用

国家监察体制改革前，最高人民检察院公布的检察机关法律文书格式样本里有确定职务犯罪侦查管辖的《指定管辖决定书》。该文书《制作说明》明确规定"本文书根据刑诉法第18条第2款和2012年《刑诉规则（试行）》第8条、第12条、第16条、第18条的规定制作。为对依法由人民检察院管辖，但对管辖权有争议、管辖不明确或者需要改变管辖的案件，由上级人民检察院决定指定某一下级人民检察院管辖时使用。法律依据根据管辖的具体情况，分别引用2012年《刑诉规则（试行）》第12条、第16条、第18条的规定。有权制作本文书的是对案件管辖有争议的几个人民检察院的共同上级人民检察院。本文书共三联，第一联统一保存备查，第二联送达其他对管辖权有争议的人民检察院，第三联送达被指定管辖的人民检察院。"国家监察体制改革后，职务犯罪侦查权交由各级监察委员会行使，上述法律文书相应不再适用。这里重点探讨上级检察机关负责制作的在实务工作中实际运用的三种指定管辖法律文书：《商请指定管辖函》《关于×××案指定管辖的批复》以及《报请指定管辖的请示》。鉴于前两种文书在"检察机关统一业务应用系统"中有相应的模板，在此只举例说明，不再赘述。

（一）《商请指定管辖函》

由上级检察机关商请同级人民法院指定管辖时适用。下面以犯罪嫌疑人彭某涉嫌行贿一案的指定管辖文书作为示例：

【文书示例】

××××人民检察院
商请指定管辖函

×检公诉商指〔2018〕×号

×××人民法院：

　　被调查人彭某涉嫌行贿一案即将由某市监察委员会调查终结。经审查，该案与谭某（正处级）受贿案具有对合关系，谭某案拟商请你院指定某市人民法院审理，根据《关于职务犯罪案件指定管辖若干问题的意见》第五条第二款之规定，现我院拟将该案指定某市人民检察院审查起诉，根据《中华人民共和国刑事诉讼法》第二十六条之规定，现商请你院将该案指定某市人民法院审理。

2018年×月×日

（二）《关于×××案指定管辖的批复》

　　由上级检察机关经商请同级人民法院审判管辖后，指定相应的下级人民检察院审查起诉时适用。同样以犯罪嫌疑人彭某涉嫌行贿案作为示例：

【文书示例】

××××人民检察院
关于彭某行贿案指定管辖的批复

××检公诉指辖批〔2018〕×号

×××市人民检察院：

　　×市监察委员会报请本院指定管辖被调查人彭某行贿案的请示收悉。根据《人民检察院刑事诉讼规则（试行）》第三百六十二条之规定（现为《人民检察院刑事诉讼规则》第三百二十八条，编者注），经与××人民法院商请，现批复如下：

　　指定×市人民检察院对该案审查起诉。

　　此复。

2018年×月×日

(三)《报请指定管辖的请示》

负责案件办理的下级人民检察院对依法由人民检察院管辖，但对管辖权有争议、管辖不明确或者需要改变管辖的案件，向上级检察院报请指定管辖时适用。该文书与上述两种填写式文书不同，属于叙述式法律文书，最高人民检察院没有统一的格式样本，"检察机关统一业务应用系统"里亦无相关模板。在办案实践中总结该文书应当包含以下主要内容：

1. 名称、文号及首部。负责报请指定管辖的检察院的全称，文书名称为《报请指定管辖的请示》，文号需统一格式为：检察院简称＋公诉部门简称＋发括号内年度＋顺序号。在请示的上级检察院全称抬头后写清案件来源。

2. 犯罪嫌疑人基本情况。除类似于起诉书叙写的基本情况外，重点在于：公安侦查案件写明居住地；省（市）管干部职务犯罪案件体现任职地、居住地等。

3. 案件诉讼过程。多个侦查主体多罪名分别立案的均应一一列明。

4. 简要案情。按照侦查罪名的主从一一简要叙述案情。报请指定管辖的罪名明确，公安侦查的案件事实要体现犯罪地，影响量刑的情节即指定基层还是中级法院，省管干部案件事实要体现影响量刑的情节。

5. 请求指定管辖的理由和依据。既要叙述事实依据，也要写明法律依据，理由阐述应层次清楚、简洁明确；法律依据引用具体到法律、司法解释及规范性文件的名称，条款项列明。

6. 时间、签章及附项。报告附项一般要求分项列明附送的相关法律文书及材料。

五、指定管辖的完善

（一）指定管辖制度的主要问题

在司法实践中，检察机关在运用指定管辖的过程中出现了一些较为突出问题，概括起来包括以下几个方面。

1. 指定管辖的案件范围不明

刑事诉讼法对指定管辖案件范围没有具体规定。国家监察体制改革前后，《刑诉规则（试行）》和《刑诉规则》对于我国职务犯罪侦查指定管辖的案件范围的规定均较为笼统和模糊。何为"必要的时候"？何为"情况特殊"？何为"需要的时候"？这些模糊性的法律语言表述固然增加了指定管辖的"灵活性"，以便及时应对错综复杂的案件情况；但是，也导致各地检察机关对于指定管辖案件的范围做出了各自不同的解释，有的省级检察机关普遍适用职务犯罪侦查指定管辖，往往是"逢案必交"；而有的省级检察机关则严格限制职务犯罪侦查指定管辖，几乎很少适用，这样就很容易造成法律适用的混乱。《监察法》第17条关于指定管辖的规定基本上沿用了类似《刑诉规则》的表述方式，亦未对指定管辖的案件范围作出具体规定。

2. 指定管辖的具体流程不清

从目前司法实务的情况来看，指定管辖存在流程不清的问题，这主要体现在以下三个方面：一是指定管辖的启动程序较为随意。在调查中发现，在某些地区，上级检察机关只要主观上"认为需要"即可启动指定管辖程序，而并不需要其他条件的约束；二是确定被指定管辖单位的随意性较大，如何确定改变管辖后的案件承接检察机关，尚无相应的法律法规做出规定。三是指定管辖的方式不规范，在司法实践中，有的地区检察机关采取的是"逐级指定"方式，即上级检察机关指定给下一级检察机关进行侦查管辖，被指定的检察机关再次指定给下一级检察机关；而有的职务犯罪侦查管辖则采取"越级指定"方式，比如省级检察机关不通过地市级检察机关，直接将案件交由县区级检察机关管辖。

3. 指定管辖的衔接程序不畅

指定管辖的衔接程序不畅主要表现为两个方面：一方面，从刑事诉讼之"外"的角度来看，国家监察体制改革前，纪检监察机关和检察机关在职务犯罪侦查指定管辖的衔接方面往往缺乏有效沟通，从而造成两者之间对接不畅，在一些地区，上级纪检监察机关有时没有经过同级检察机关,就将案件线索直接交给下级检察机关来作侦查指定管辖,这显然不符合程序正义的要求。国家监察体制改革后,监察委员会调查的职务犯罪案件也涉及指定管辖的问题,如何与检察机关、审判机关协调目前尚无相关规定。另一方面,从刑事诉讼之"内"的角度来看,由于缺乏程序法律的明文规定以及个案沟通不畅等问题,在司法实践中,指定侦查管辖与后续的起诉管辖、审判管辖的衔接往往容易出现问题。比如,在司法实践中,被指定管辖的检察机关移送到同级法院时,法院往往以没有审判管辖权为由拒绝受理,这就容易造成刑事诉讼资源的浪费以及犯罪嫌疑人超期羁押现象的发生,给刑事诉讼效率和公平打了"折扣"。

(二)指定管辖制度的完善路径

针对我国指定管辖制度存在的主要问题,笔者认为,应从以下三个方面入手进一步完善我国指定管辖制度。

1. 明确指定管辖的案件范围

应从刑诉法这一层面将侦查管辖制度作为单独规定,以区别审判管辖制度。在此基础上,再对指定管辖的案件范围进行明确规定。可以结合司法实践,考虑以下几类案件予以指定管辖:(1)可能影响司法公正的案件;(2)涉及司法机关整体回避的案件;(3)存在侦查管辖争议或者管辖不明的案件;(4)有管辖权的侦查机关久拖不决的案件;(5)上级监察机关指令采取指定管辖的案件。

2. 细化指定管辖的具体流程

指定管辖的流程应当清楚、具体、便于操作。具体而言:一是严格规范指定管辖的启动条件,即检察机关启动指定管辖程序不仅要达到主观上的"认为需要",而且要符合客观上的"法定情形"。二是科学确定被指定管辖的检察机关,即上级检察机关在确定被指定管辖的下级检察机关时应综合考虑被指定管辖的检察机关的各方面条件,尤其是其配备公诉人的资源情况,充分做好指定管辖的评估工作,从而做出科学合理的安排。三是采取"逐级指定管辖"的指定管辖方式,即由上级检察机关确定被指定管辖的下一级检察机关,此外,"逐级指定管辖"应以两次为限,不得采取"越级指定管辖"。四是上级检察机关在尊重和保障被指定管辖的检察机关依法开展审查起诉工作的同时,应加强对指定管辖案件的跟踪和督办,发挥好业务指导和协调职能,以进一步提升指定管辖案件的办案效果。

3. 完善指定管辖的程序衔接

完善指定管辖的程序衔接包括两方面的内容:一方面,检察机关应与监察机关建立健全职务犯罪调查指定管辖协商制度,在职务犯罪立案之前,检察机关应与监察机关协商好调查指定管辖的相关问题,包括案件线索移送、被指定管辖的检察机关等,避免由于互不知情而导致的调查资源浪费;另一方面,监察机关做出职务犯罪调查指定管辖的决定后,应告知相关检察院、法院,相关检察院刑事检察部门应当及时予以备案,做好调查与起诉的程序衔接。

总之,指定管辖制度的完善需从我国国情出发,根植于我国查办刑事犯罪的具体司法实践之中,逐步减少指定管辖在适用过程中的"任意性",确保指定管辖制度完全符合现代刑事诉讼的价值理念和程序要求,真正实现有效打击犯罪和保障人权的统一、追求侦查效率和确保公平正义相统一。

第二节 延长审查起诉期限

一、延长审查起诉期限的基本内涵

刑事诉讼中的期限,是指公安司法机关以及当事人和其他诉讼参与人进行刑事诉讼活动应当遵守的时间限制。《刑事诉讼法》第172条规定:"人民检察院对于监察机关、公安机关移送起诉的案件,应当在一个月以内作出决定,重大、复杂的案件,可以延长十五日;犯罪嫌疑人认罪认罚,符合速裁程序适用条件的,应当在十日以内作出决定,对可能判处的有期徒刑超过一年的,可以延长至十五日。"相比较证据规则、诉讼监督、公诉权、辩护权等关注较多的刑事诉讼问题,对司法实践中刑事办案期限的应用现状缺乏研究，刑事办案期限实际上是融汇于刑事诉讼全过程的一个重要问题。

刑事诉讼中规定一个月的审查起诉期限，是为了迅速、及时地查明案件。可以延长半个月，主要是考虑到司法实践中，案件疑难、复杂程度，工作量大小的差异等，是审限的例外规定，是不需要退回侦查机关的期限延长。在审查起诉期间内，延长半个月期限，将导致案件审查起诉的期间延长。我国刑事诉讼法关于期间的规定包括审查起诉的期限是具体、明确的。在符合法律规定的前提下，审查起诉期限届满后，进行必要的延长是可行的，是为了更好地完成审查起诉工作。然而在司法实践中，存在"非重大、复杂刑事案件延长审查期限""以延期或退查换时间"等问题。经对某基层检察院 2017 年 1—6 月审查起诉的 185 起刑事案件实证分析。其中，普通刑事案件 163 件 233 人，经济犯罪案件 16 件 36 人，自侦案件 6 件 11 人。审查起诉期限首次延长半个月共 38 件，占案件总数 20.5%，退回补充侦查再次移送审查后延长半个月 10 起，占案件总数的 5.4%，占退回补充侦查总数的 21.7%。以上数据也同时说明延长审查起诉期限较为普遍和常见。①

二、延长审查起诉期限的工作要求

（一）遵循追诉效率是现代刑事程序法的基本价值

要实现对时间耗费最小化的诉求，一般而言，在刑事诉讼过程中，都遵循效率和集中原则。效率在刑事诉讼中的表现就是刑事诉讼应当客观公正的前提下迅速进行，集中就是刑事诉讼的过程应当不间断地持续进行。"审判应当在客观、公正的前提下迅速地进行。无论对于国家或被告之利益，迅速裁判对于刑事司法而言至关重要。"日本最高法院制定的《刑事诉讼法规则》第 179 条第 2 款规定：法院对需要审理二日以上的案件，应当尽可能连日开庭、连续审理。诉讼关系人应当严守期

---

① 李新、余响铃：《延长审查起诉期限问题研究》，载《中国刑事法杂志》2013 年第 10 期。

日，避免对审理带来妨碍，由于我国近年来的刑事司法改革逐步向审判中心主义推进，因而，及时高效地将刑事案件移送审判机关进行审理是当前司法活动的一个价值遵循。《刑事诉讼法》第2条规定："中华人民共和国刑事诉讼法的任务，是保证准确、及时地查明犯罪事实，正确应用法律，惩治犯罪分子，……保障社会主义建设事业顺利进行。"查明犯罪事实不仅要准确，而且要及时，即尽量在较短的时间内查明犯罪实施者及有关情况。只有及时查明犯罪事实，才能及时落实国家的刑罚权，这对于有效打击犯罪、预防犯罪具有重要的意义。及时查明案情，还能够使无罪的嫌疑人尽快解脱，从而切实维护公民的人身自由权和其他合法权益。

（二）明确的期限指引是程序公正的当然考虑

刑事诉讼中尤其是审前的具体期限规定，对于办案人员对案件的初步判断和侦查提供了明确的指引。不会因为原则和模棱两可的规定影响案件进程的推进。此外，细致的期限规定使得刑事诉讼的运行更趋于精细化，当事人对自身权利受到限制的尺度和持续时间会有一个准确的判断。明确的办案期限规定，也给侦查、审查起诉和审判权力的行使划定了清晰的界限，除法律规定的特殊情形可以变更、延长外，办案期限在一定意义上而言，就是追诉和审判权力不可逾越的底线，刑事诉讼办案期限不得被突破。明确的时间限制也使被追诉人更容易辨识出多长时间的拘留是合法的，超过几日的羁押是违法的，更利于辩方程序权利的保护。再者，明确的办案期限对于办案机关本身也是一种保障，可以排除案外干扰，强化实施办案期限制度的刚性。也给外界提供了是否按照规定期限办案的评价标准。

三、延长审查起诉期限的工作流程及方法

司法责任制改革前，检察机关的公诉案件无论是实体还是程序实行的都是三级审查制，即承办人、部门负责人、分管检察长层层把关。当然在实际办案中的做法也有很大差别，有的检察院因为"案多人少"充分授权承办人行使延长审查起诉期限审批权；有的需要部门负责人审

查把关;有的严格实行三级审查制。

司法改革实行员额检察官办案责任制后,大多数地方均已授权员额检察官自行决定是否延长审查起诉期限,这也是员额检察官办案责任制的题中应有之义。当然,为了防止部分检察官随意延长审查起诉期限,有的检察院在审查起诉过程中仍然实行三级审查制。比如,某基层检察院作为经验推广的"三级审查制规范适用延长审查起诉期限"。首先要求干警树立诉讼效率理念,在保证案件质量基础上,处理每一个案件,都要尽量提高诉讼效率,避免案件积压。具体到办案过程中,由案件承办人对案件是否符合延长审查起诉期限条件进行审查,审查是否符合重大、复杂要求。若承办人认为符合要求则提交科务会讨论;若案件是犯罪事实基本清楚、定罪证据充分的案件,则要求承办人不要过分拘泥于其中的细枝末节,及时起诉。若承办人审查后,认为符合延长审查起诉期限条件的案件,则承办人要在统一业务应用软件系统上认真填写《延长审查起诉期限审查表》,经科长审批,副检察长审核后才可延长期限。对延迟期限的案件,要求及时通知看守所、监所科、犯罪嫌疑人并进行换押。我们认为,这种不当限制检察官权力的做法与司法责任制改革背道而驰。

四、延长审查起诉期限的完善

(一) 实践困惑

明确办案期限,符合程序法的基本理念,也可能造成一种比较机械、固定的思维。在一些重大、疑难复杂案件中,审查起诉工作的繁重绝不是一般刑事案件的工作量可以相比的,在法律明确的期限规定下,有的案件承办人为了争取时间,可能会采取违背司法精神但是不逾越法律规范的变通方式去争取更多时间,当然,明确办案期限也存在一种被用尽的趋势,有的案件承办人即便是审查起诉完毕,不到期限的最后一两天也不移送法院审理。

1. 非重大、复杂刑事案件延长审查期限

根据刑事诉讼法的规定,重大、复杂的刑事案件,可以延长半个月。有统计中表明，审限延长或者退查的案件中属于轻微刑事案件的比重超过50％，多数属于"两抢一盗"、故意伤害、交通肇事、危险驾驶、聚众斗殴等常见犯罪。嫌疑人多表示自愿认罪，案情简单明了、证据确实充分，适用法律没有较大争议，部分已经出具谅解或者达成赔偿协议。显然不具备重大、复杂的刑事案件的基本特征。由于法律规定是"应当"在1个月内作出决定，这是一种强制性规定，如果不属于重大、复杂刑事案件，而选择延长审查起诉期限，是不符合法律规定的，也不利于尊重和保障人权。不能够体现出细化在审查起诉阶段的尊重和保障人权，审查起诉环节，选择延长期限应当严格把握，尤其对于犯罪嫌疑人被羁押的案件应当慎重，即便是重大、复杂案件，也是选择性的。可以延期也可以不延期，要是不利于尊重和保障人权，应当尽量不延期。

2. 以延期或者退查换时间

相比侦查期间和审判期间的时限而言，检察机关审查起诉期限相对较短。公诉人可能由于案件自身疑难繁琐、自行补充侦查证据、排除非法证据、案件内部报批手续或者自身工作能力和水平等因素的影响，加之在审查起诉时，还需要履行讯问嫌疑人、询问证人、被害人、调取核实相关证据、制作法律文书、内部审批流转等事项，不能在一个月内审查完毕。即便是相对简易的刑事案件，由于公诉人在同一时间内普遍需要承办数起甚至数十起刑事案件，难易程度、轻缓要求各不相同，导致办案时间紧张。在工作压力之下，有人选择将部分不属于重大、复杂的刑事案件延长审查起诉期限，或者通过罗列一两个证据退回公安机关补充侦查以换取更充足的时间。经分析，上述情况特别是在案件相对集中的时候是存在的。

3. 延期或者退查导致羁押期限长

根据刑事诉讼法的规定，逮捕后的侦查羁押期限一般为两个月。属于法律规定的案情复杂的四类刑事案件，期限届满不能终结的，经上一级人民检察院批准延长1个月，最长侦查羁押期限为7个月。而且对于退回补充侦查的期间算不算入侦查羁押期限，各地认知不统一、做法各异,如不计入,嫌疑人可能最长超期羁押两个月。审查起诉时,嫌疑人多数已经被采取了强制措施,包括取保候审、监视居住、逮捕等。由于审查起诉环节延期或者非必要性退回补充侦查而致使嫌疑人在检察环节羁押时限延长,对于嫌疑人特别是已经采取逮捕或者监视居住的嫌疑人是不公平的。虽然法律规定对于判决执行以前先行羁押的,羁押1日折抵刑期1日,判处管制的,监视居住1日折抵刑期1日,判处拘役、有期徒刑的,监视居住2日折抵刑期日。然而对于在审查起诉环节获得谅解、立功、积极赔偿被害人的,即便是判处缓刑,而对于已经被长时间羁押的嫌疑人也是不公平的。刑事诉讼法赋予侦查、检察和审判阶段进行羁押必要性审查,然而,公诉人在审查案件时,由于法律规定不明确、操作性不强、或者不愿意增加工作负担,而忽视上述工作,也未能及时更改强制措施,难以达到救济的目的。

4. 延期或者退查缺乏必要的监督机制

对于延长审查起诉期限和退回公安机关补充侦查的决定,都取决于检察院自身,只需要内部做好相关的报批手续即可。而且各地做法不一,有的检察院只需要报送公诉科长(处长)审批即可,有的则需要再报送主管检察长审批,缺乏外部监督制约机制。《刑事诉讼法》第175条的规定对于需要补充侦查的,可以退回公安机关补充侦查。没有审查起诉延期、退查的必要性审查规定,也缺乏更加细致的操作规则。《刑诉规则》第614条规定,延长审查起诉期限,案件退回补充侦查或者补充侦查完毕移送审查起诉后重新计算审查期限的,办案部门应当在作出决定后10日以内通知本院负有监督职责的部门。但是此条文缺乏具体引导,对于违反上述规定缺乏明确惩罚性规定,实践中难以达到监督效果,存在监督机制不健全等问题。

(二)原因分析

审查起诉环节,出现审限延长或者退回补充侦查是正常的办案方式,而对不属于重大、复杂案件延期或者为了换取时间而退回补充侦查,并因此导致羁押期限过长是不符合法律本意的,也违背法律精神。出现上述情况的原因是多方面的,主要是:

1. 审查起诉期限包含的实际办案时间存在差异

虽然法律规定审查起诉期限为 1 个月，根据《刑事诉讼法》第 105 条第 2 款的规定："期间开始的时和日不算在期间以内。"第 4 款规定："期间的最后一日为节假日的，以节假日后的第一日为期满日期，但犯罪嫌疑人、被告人或者罪犯在押期间，应当至期满之日为止，不得因节假日而延长。"事实上，实际审查起诉的期限可能是不足 1 个月的，还不包括期间的双休日，根据《适用解释》第 202 条规定："以月计算的期间，自本月某日至下月同日为一个月；期限起算日为本月最后一日的，至下月最后一日为一个月；下月同日不存在的，自本月某日至下月最后一日为一个月；半个月一律按十五天计算"审查起诉一个月的时间同样存在差异。对于一个疑难、新型、媒体高度关注的案件，时间是非常宝贵的，一天、两天的时间差异，都可能增加办案人的压力。

2. 重大、复杂案件的范围缺乏具体的规定

《刑事诉讼法》第 172 条规定，重大、复杂的案件，可以延长 15 日。然而对于什么样的案件属于重大复杂，缺乏明确的规定。这不仅属于从宏观上进行价值判断的问题，在司法实践中，是否重大、复杂，介入因素颇多，包括社会危害性、媒体关注度、适用法律、涉案当事人是否缠访闹访等，一个案件在不同阶段，可能由于介入因素的不同、多寡，重大、复杂性不一样。案件自身重大复杂、媒体关注或是新型疑难案件，都可能变成实践中的重大复杂案件。既需要统筹于整个刑法、刑事诉讼法规范去分析，又需要密切结合执法办案实践去厘清。

3. 承办案件的压力不断增大

随着经济社会的不断发展，各种矛盾日益凸显，检察机关执法办案的压力不断增大。公诉人要在执法办案的实践中不断锻炼、成长往往需要比较长的时间，随着一批老公诉人陆续退出一线，相应的执法办案力量增长缓慢。近年来，检察机关特别是广大公诉人不断参与各种打击危害国家安全犯罪、严重暴力犯罪和抢劫、抢夺、盗窃等多发性侵财犯罪。积极参与打黑除恶专项斗争和扫黄打非、打击电信诈骗、禁毒等专项行动，配合有关部门集中整治城乡接合部等重点地区，保障国家安

全、人民群众生命财产安全一批危害巨大、影响深远的刑事案件被提起公诉。一个熟练公诉人一年内承办的刑事案件可达一百余件。与此同时，需要审查的犯罪事实、核实的证据、制作的法律文书等成倍增长。而一个月的审查起诉期限未变，在时间相对固定的审查起诉期限内，一名公诉人可能同时承办十几起甚至几十起案件，特别协同公安机关和行政执法机关开展专项整治和严厉打击违法犯罪专项活动，使得某一时间段内，案件必须集中公诉，办案压力激增。公诉人为了更稳定、扎实地完成案件审查起诉工作，可能会采取这种变通方式，延长审查起诉期限。

（三）规范路径

对审查起诉期限延长和退回补充侦查制度的变通执行，是司法实践中出现的现实问题。对于司法实践中的问题，一定要立足司法实践去解决。要处理好这个问题，保证刑事诉讼法的正确实施，需要处理好普通刑事案件与重大、复杂案件的关系，办案期限固定与灵活的关系，执法办案质量与执法效率的关系、法律监督机关与侦查机关的关系。

1. 明晰延期、退查案件的法律规定

要结合司法实践，正确地认知重大、复杂案件，处理好承办重大、复杂案件与一般刑事案件的关系。重大，一般是指案件涉及区域广、范围大、人数众多、媒体高度关注、社会危害性大、影响深远等，如：重大的危害公共安全、国家安全犯罪、严重暴力犯罪、黑恶势力、犯罪集团犯罪、涉众型经济犯罪等；复杂，一般是指案件涉及法律关系数量多，案件发生、发展过程变化较多，涉及的人和事多，案件证据量大、案件事实、处理意见分歧较大等。或者新型、疑难案件等，普通刑事案件一般不具备上述特征。认定重大、复杂案件，还可以参照《刑事诉讼法》第158条关于期限届满不能侦查终结，可以延期两个月的规定：（1）交通十分不便的边远地区的重大复杂案件；（2）重大的犯罪集团案件；（3）流窜作案的重大复杂案件；（4）犯罪涉及面广，取证困难的重大复杂案件。具备上述特征的案件，依法可以纳入《刑事诉讼法》第172条规定的重大、复杂的刑事案件的范畴。而对于一些轻微刑事案件，事实清楚、证据确实充分、嫌疑人认罪、对案件事实和适用法律争议不大的案件，应当严格按照法律规定的审查起诉期限办理，要严格限制延长审查起诉期限。对于案件之中仅仅是缺少一两个证据，于整个案件而言，关系不大的证据，能在审查起诉期限内自行侦查的，建议不要退回公安机关补充侦查，为减少退回补充侦查对时间的延误，并且能及时补充相关证据，检察院在可能的情况下，应当以自行侦查为主。

2. 注重审限内一般和特殊情况的综合协调

由于法律关于1个月审查起诉期限的固定性和实践中1个月实际天数、实际工作日数不尽相同，加之遇到国家法定节假日以及嫌疑人强制措施的不尽相同等情况，使得承办人在运用审查起诉期限的实际情况差距较大，甚至可达3个工作日。因而，有必要注重审查起诉期限的一般规定和特殊情况的综合协调，既考虑工作的实际情况，又科学测定案件办理需要的实际天数，尽量做到审查起诉期限的一般性与原则性规定相结合，固定月和实际工作日相结合，可以考虑普通刑事案件审限固定，重大、复杂刑事案件审限相对灵活。这样既可以让办案人员对案件的侦查、审查起诉有着明确的指引，又可以保证审查结果的科学性。

3. 科学调动公诉人工作的主动性和积极性

检察机关要进一步加大公诉人队伍的培养和锻炼，促进公诉队伍的良性增长，特别是要帮助年轻公诉人快速成长，积极有效应对当前执法办案对公诉人专业化要求愈来愈高的趋势。要提高案件审查的效率和水平，进一步改进工作机制，减少不必要的工作流程，提高案件流转的效率，降低案件比，特别是利用好简易程序、庭前会议等制度，做到轻微刑事案件和重大、复杂刑事案件的区分办理。强化制度建设，比如建立案件承办公开公示制度，将承办人月度、季度、年度案件承办数量、质量等进行公开，并且直接和年度考核、评优提职挂钩，通过制度建设克服工作中存在的形式主义，形成争先创优的良好氛围。

4. 养成法治思维

检察官法治思维是检察官在行使检察权的过程中，为了能够公正、公平地处理案件，按照法律的逻辑来观察问题、分析问题和解决问题的理性思维方式。检察官是经过专业训练、具有法律职业技能和职业道德的人,其与其他行业人员最大的区别不在于法律知识,而在于法治思维观念。检察官在执法办案时,不能简单地以完成工作任务、不出错等普通的工作思维对待案件,要在法治理念的基础上,运用法律规范、法律原则、法律精神和法律逻辑进行分析、综合、判断、推理和形成结论。

第三节 补充侦查

一、补充侦查的基本内涵

补充侦查,是指审查起诉中,司法机关认为犯罪事实不清、证据不足,或者遗漏罪行、遗漏同案犯罪嫌疑人时,进行进一步收集证据,查清有关案件事实和情节的诉讼活动。

根据《刑事诉讼法》第175条第2款规定,补充侦查有两种形式:一种是退回公安机关或者本院侦查部门进行补充侦查。这种方式一般适用于主要犯罪事实不清,证据缺陷比较严重,或遗漏了重要犯罪事实,或遗漏了应当追究刑事责任的同案犯的案件,因为在这些情况下补充侦查的工作量比较大,以退回公安机关或本院侦查部门补充侦查为宜。对于需要退回补充侦查的案件,应当制作《退回补充侦查决定书》,写明退查的理由和补查提纲,连同案卷材料一并退回公安机关或本院侦查部门补充侦查。例如,发现犯罪嫌疑人有患精神病可能的,应当要求公安机关对犯罪嫌疑人进行精神鉴定。另一种是由人民检察院自行侦查。这种方式一般适用于只有某些次要的犯罪事实、情节不清,补充侦查的工作量不大的案件。

对退回公安机关补充侦查的案件,必须以退查提纲的形式,明确、具体地列明需要补充查明的具体事项和要求,并逐一说明证明的内容,表述必须准确、清楚,避免概括、笼统的语言,以便引导侦查人员正确、高效取证。

哪些案件应当退回补充侦查,哪些案件应当自行侦查,并没有硬性标准,需要承办案件的检察官根据案件具体情况考虑,主要应考虑补查工作量大小，是否需要运用专门的技术手段，是否有能力完成补查工作等。由于自行侦查的时间计算在人民检察院审查起诉期限内，因此通常除补查工作量确实比较小的情况以外，为了减少审查起诉工作负荷，保证案件及时审结，应当退回公安机关补充侦查。但如果发现公安机关侦查人员在侦查中有刑讯逼供等违法情况，或者在认定事实、证据方面与公安机关有较大分歧，认为退回补充侦查不利于案件及时、正确处理的，只要诉讼期限允许，即使补查的工作量比较大，也应当自行侦查。人民检察院自行侦查的案件，需要补充侦查的，一般情况下应退回侦查部门补充侦查；如果补查工作量较小，检察人员有能力进行自行侦查或者认为自行侦查更有利于及时、正确处理案件时，也可以自行侦查。在自行补充侦查中，对各种有疑问的证据都要重新收集或者鉴定，并注意收集可能存在的新的证据。自行侦查过程中，可以根据法律和有关规定适用侦查措施和程序。

根据《刑事诉讼法》第175条第3款的规定，退回补充侦查的案件，应当在一个月内补充侦查完毕。人民检察院在审查起诉中决定自行侦查的，应当在审查起诉期限内侦查完毕。补充侦查以二次为限。这里的"二次"，是指退回补充侦查二次，不包括自行侦查的次数，因为人民检察院自行侦查并不需要专门的期限和程序，也不会导致办案期限延长。案件改变管辖的，在改变前后退回补充侦查的次数总共不得超过二次。

经过补充侦查，公安机关如果对案件事实、证据和适用法律的意见发生重大变化，应当重新制作起诉意见书；如果只是在个别情节上补充了有关材料，可以书面意见的形式移送人民检察院；如果认为应当撤销案件，公安机关有权决定撤销案件，但应当将决定通知人民检察院。

对案件事实已经查清，但尚有个别证据需要查证，且属于法庭审判所必需的，可以要求公安机关提供这些个别的证据材料，一般不需要退回补充侦查。承办案件的检察官应当立足于法庭举证的具体要求，制作《调取证据材料通知书》送达公安机关，要求其补充提供证据。经过两次退回补充侦查，在法院判决之前包括审查起诉阶段和提起公诉后认为需要补充提供法庭审判所必需的证据材料时,还可以书面要求公安机关提供。

对于已经退回公安机关两次补充侦查的案件,如果在审查起诉中又发现新的犯罪事实,因案件依法已不能退查,可以对已经查清的犯罪事实提起公诉,同时将新发现的犯罪事实移送公安机关另行立案侦查。

鉴于实践中人民检察院自行侦查的情形较少,主要以退回补充侦查为主,因此,本节主要探讨退回补充侦查。

二、补充侦查的工作要求

退回补充侦查,是指人民检察院依照法定程序对侦查机关移送的案件进行审查后,要求侦查部门在原有侦查工作的基础上,对案件中的部分事实情况作进一步调查、补充证据的一种诉讼活动。退回补充侦查不是每一件刑事案件都必须经过的程序,退回补充侦查的主要原因是检察院认为案件的事实不清、证据不足,其中证据不足包括定罪的证据存疑和量刑证据存疑两种情形。司法实践中,刑事案件退回补充侦查的现象比较常见,退回补充侦查决定书及退回补充侦查提纲在司法实践中使用的概率非常高。

根据《刑事刑讼法》第175条规定,"人民检察院审查案件,可以要求公安机关提供法庭审判所必需的证据材料;认为可能存在以非法方法收集证据情形的,可以要求其对证据收集的合法性作出说明","对于补充侦查的案件,应当在一个月以内补充侦查完毕"。补充侦查以二次为限。《刑事诉讼法》第170条规定:"人民检察院对于监察机关移送起诉的案件,依照本法和监察法的有关规定进行审查。人民检察院经审查,认为需要补充核实的,应当退回监察机关补充调查,必要时可以自行补充侦查。"上述规定,对退回补充侦查时限、次数及方法作了一个基本规定,为了确实让补充侦查取得实效,对检察机关制作退回补充侦查提纲无疑增加了压力和要求。

一是退回补充侦查的必要性。在实践中,因办案时限到期而借用时间退补的现象偶有发生,这种现象是应当予以制止和纠正的。根据法律规定,只有犯罪事实不清、证据不足或者遗漏罪行、遗漏同案犯罪嫌疑人等情形时，才需要退回补充侦查，因此，退回补充侦查提纲应显示补充侦查的必要性。

二是退回补充侦查的限制性。对于补充侦查，可以退回公安机关补充侦查，也可以由检察机关自行侦查，但都有时间和次数的限制。补充侦查时间为一个月，且以二次为限，不能多次使用退回补充侦查权。需要注意的是，对改变管辖前后退回补充侦查的次数总共也不得超过二次；人民检察院在审查起诉中决定自行侦查的，应当在审查起诉期限内侦查完毕；对于检察机关已经退回侦查机关二次补充侦查的，应当移送侦查机关立案侦查，对已经查清的犯罪事实，应当依法提起公诉。因此，对退回补充侦查的案件，退回补充侦查提纲应明晰补充的内容，从而减少因补充侦查不到位影响退回补充侦查的时间和次数。

三是退回补充侦查的后果。对于二次补充侦查的案件，人民检察院仍然认为证据不足，不符合起诉条件的，应当作出不起诉的决定。人民检察院对于经过一次退回补充侦查的案件，认为证据不足，不符合起诉条件，且没有退回补充侦查必要的，可以作出不起诉决定。因此，退回补充侦查提纲的内容必须与定罪或量刑有重大关系，必须在制作时有针对性地对内容进行归纳、整理，便于侦查机关认识到补充侦查的重要性，从而及时对相关材料进行补充完善。

三、相关文书制作与应用

最高人民检察院《人民检察院刑诉法律文书格式样本（2020版）》规定了三种《补充侦（调）查决定书》格式，分别针对公安（安全）机关、检察机关侦查终结和监察机关调查终结的案件。补充侦查决定书格式是填充式的，司法实践中，办案人员仅根据填充的内容进行简要说明，只写明案由、犯罪嫌疑人基本情况、退回补充侦查理由、送达单位和时间等。退回补充侦查的理由是正文写作的重点，一般包括以下四项内容：一是主要事实不清；二是主要事实不全；三是证据不足或不符合法律要求；四是赃款赃物未予追缴，影响对事实的认定。退回补充侦查的理由其内容较少，文字简单的，可直接在文书"经本院审查认为"

后空格中填写；如需要补充侦查的内容比较多且复杂，用少量的文字难以表述清楚的，可以在文书中概括写明退回补充侦查理由，同时另在决定书后附一份详细的补充侦查提纲。退回补充侦查提纲的格式应采用叙述式，补充侦查事项应当详细、具体，明确补充侦查目的、方向和标准，补充侦查内容越详尽，就越能让侦查人员及时补充侦查完全，防止再次退补或效果不佳的现象发生。

2020年4月2日，最高人民检察院、公安部联合印发了《关于加强和规范补充侦查工作的指导意见》（以下简称《指导意见》）。《刑诉规则》和《指导意见》对检察机关、公安机关做好补充侦查工作提出了要求。做好补充侦查工作对提升案件质效有重要意义，检察机关制作指向明确、有理有据的补充侦查提纲是做好补充侦查工作的前提。检察机关要高度重视补充侦查提纲的制作，要通过细致认真地审查发现案件中存在的问题，要在补充侦查提纲中把补查方向、补查问题和理由、补查目的和取证意义等说清楚，并加强与侦查人员的沟通，采取有效方法切实提高补充侦查工作质量。

为进一步加强和规范补充侦查工作，根据《刑诉规则》和《指导意见》的规定，最高人民检察院规范了补充侦查工作中《调取证据材料通知书》《补充侦查提纲》《继续侦查提纲》和《退回补充侦查提纲》四个工作文书样式，并编选了三个不同类型的补充侦查案例，在介绍简要案情的基础上列出补充侦查提纲作为范例，供各级检察机关在开展补充侦查工作时参照。其中，《调取证据材料通知书》适用于办案全过程；《补充侦查提纲》适用于因证据不足作出不批准逮捕决定的案件，供侦查机关开展补充侦查工作时使用；《继续侦查提纲》适用于作出批准逮捕决定的案件，供侦查机关继续开展侦查工作时使用；《退回补充侦查提纲》适用于审查起诉的案件，需要退回侦查机关补充侦查时使用。最高人民检察院在新版文书样本中亦明确了《退回补充侦查提纲》的写作格式。适用于办案全过程的《调取证据材料通知书》请参照最高人民检察院发布的文书样本及制作要求。下面，重点介绍《退回补充侦查提纲》的文书要求和实务技巧。

【文书示例】

附件：

关于××一案的退回补充侦查提纲

_____（负责侦查的部门名称）：

你部门以_____号起诉意见书移送起诉的犯罪嫌疑人_____涉嫌_____一案，为有效地指控犯罪，根据《人民检察院刑事诉讼规则》第三百四十六条的规定，决定将案件退回你部门补充侦查。

一、补充侦查的方向

本部审查认为……

二、补充侦查的主要事项和工作

根据上述情况，请你部门查明以下事项，并重点做好相关工作：

1. 为查明……，调取（核查、询问、讯问、梳理）……

2. 为查明……，调取（核查、询问、讯问、梳理）……

3. 为核实……，调取（核查、询问、讯问、梳理）……

4. 为核实……，调取（核查、询问、讯问、梳理）……

……

三、相关工作要求

补充侦查过程中，注意以下问题：

1.……

2.……

联系人：

联系电话：

备注：本提纲供开展补充侦查工作参考，不得装入侦查案卷。

20××年×月×日
（部门印）

【制作说明】

一、本文书依据《人民检察院刑事诉讼规则》第三百四十六条的规定制作。为负责捕诉的部门在审查起诉案件过程中，决定将案件退回负责侦查的部门补充侦查时使用。

二、在"本部审查认为……"部分，概括写明对本案进行补充侦查的理由。

三、补充侦查事项应当详细、具体，明确补充侦查目的，具体如下：

1. "补充侦查的方向"部分，主要围绕认定事实、适用法律的疑点和矛盾，概括写明对本案进行补充侦查的理由，阐明补充侦查的方向。

2. "补充侦查的主要事项和工作"部分，详细列明需要补充侦查的各项事实，补充侦查事项应当详细、具体，明确补充侦查目的；同时，针对需要补充侦查的事项，逐一说明需要补充侦查的各项证据、补充侦查的方法、列明补充侦查的各项细节。

3. "相关工作要求"部分，结合具体办案情况，提出工作要求。

四、本文书共三联，第一联统一保存备查，第二联附卷，第三联送达负责侦查的部门。

四、补充侦查的实务操作技巧

（一）补充侦查提纲的制作存在的问题

"退而不补""查而不实"是基层检察院对退回补充侦查案件的客观描述，一方面说明退回补充侦查的效果不明显，检察机关的监督乏力，但是另一方面也需要引起我们重视的是公安机关为何不补？实践证明，补充侦查提纲制作水平的高低直接影响补充侦查效果的好坏，也直接体现办案人审查证据能力、法律运用能力和法律监督能力的强弱，是一项对综合能力要求很高的工作。综合起来，目前补充侦查提纲制作上主要存在的问题有：

1. 目的、方向和方法阐述不清。许多补充侦查提纲只写要求不写理由，或只写工作目的不写开展工作方法，没有具体的目的、方向和方法，补充侦查的效果难以实现。

2. 没有体现补充侦查事项的必要性。按刑事诉讼法、《刑诉规则》

的有关规定，必要性原则是检察机关在将案件退回补充侦查时必须坚持的原则之一。实践中，相当多的侦查人员对退查态度消极，认为公诉人是没事找事甚至是故意刁难。我们也注意到，有的公诉人存在退补权滥用的情况，有的为了延长办案期限而退查，解决审查期限即将届满的燃眉之急；有的过于纠缠案件的细枝末节；有的为了缓解负责捕诉的部门案多人少压力，将一些通过自身努力可以补查的证据，安排侦查机关补查。上述情况既浪费了侦查资源，又无端延长了嫌疑人的羁押期限，更多的是引起了侦查人员的不满。

3. 可查性较差。在部分案件中，由于证据灭失等客观原因，补充侦查事项的可查性较差，已无法进行补充，要求侦查机关完成这类工作明显不妥。

4. 主次不明，重点不突出。对于一宗案件特别是疑难复杂案件，需要补查的待证事项往往是散乱庞杂的，没有进行必要的归纳整理和分清主次。

5. 指导性不明确。部分案件中，在事实不清的情况下，公诉人不清楚具体需要补充哪些证据，对指控犯罪还需要哪一方面的证据，哪些是主要的、哪些是次要的；应如何去收集、固定相关证据，如何确定侦查方向都不明确。

(二) 补充侦查提纲制作应注意的问题

从司法实践来看，退回补充侦查提纲制作的关键在说理。一份优秀的补充侦查提纲的说理要做到全面、充分、透彻。要让侦查人员充分了解现有证据达到什么样的证明程度、在哪些方面存在不足、为什么要补查证据，甚至应怎么去查，说理必须围绕案件争议的焦点和法律规定展开，这可使侦查人员心悦诚服地接受补查要求，积极主动地做好补充侦查工作。

1. 要熟悉案情，掌握相关法律规定。办案人员在退回补充侦查前应仔细认真地阅卷，充分了解现有证据情况和案件事实。同时，根据案件事实和证据，准确掌握相关法律规定，根据犯罪构成要件进行解构，查明有哪些欠缺，现有证据已经达到什么样的证明程度，定罪、量刑等方面存在什么不足。这是撰写好补充侦查提纲的前提和基础。

2. 分解、细化待证事项。在熟悉案情，掌握相关法律规定后，办案人员对案件的事实、证据有了清楚的认识，对案件的证据缺陷有所了解，在没有形成具体的提纲之前，还只是抽象和笼统的，无法落实到侦查工作中。办案人员要根据不同案件的不同的证据情况，将其分解、细化成若干具体、细小的待证事项。必要时，可与侦查人员一起商讨补侦方案，促成共识。

3. 将具体的待证事项进行归类。待证事项经分解、细化后，一般是散乱的，必须对其进行归类。归类的原则和标准是所涉罪名的犯罪构成要件，要从该罪的主体、主观、客体、客观进行思考，归纳出哪些事项是属于哪个方面的证据，这样补充侦查的必要性、方向性可以凸显出来。这是写好补充侦查提纲的关键。

4. 按"查什么、为什么查、怎样查"三项内容写明补查事项。待证事项归类后，办案人对需要补充侦查的事项就十分清楚了，接下来就是要落实到书面，撰写一份阐述详尽、层次清晰、说理清楚、依据充分的补充侦查提纲。具体方法因人而异、因案而异。笔者认为一般应按"查什么、为什么查、怎样查"三项内容安排写明各补查事项的结构。"查什么"，就是告诉侦查人员，检察机关经审查后认为认定在犯罪构成方面哪些证据较为薄弱、哪些存在疑点，哪些存在矛盾的地方，哪些是需要查清的事实；"为什么查"，主要是写明上述内容进行补查的必要性，一般需要结合案件性质及犯罪构成要件，指出哪个构成要件或重要情节没有查清可能导致的后果等；"怎样查"，是根据检察工作中形成的经验，告诉侦查人员补查相关证据的方向、方法等。

5. 要注意退补事项的逻辑结构。《补充侦查提纲》应当厘清退补事项的逻辑结构并详细说明补充侦查的目的和要求，明确载明案件的来源和诉讼过程、案件事实和证据中存在的具体问题、需要补充收集的证据以及补充收集证据应达到的诉讼目的、补充侦查的方向及需要注意的问题、侦查机关遗漏的犯罪嫌疑人或遗漏的同案犯罪嫌疑人的情况及罪行等。

（三）关于补充侦查的说理

最高人民法院、最高人民检察院、公安部、国家安全部、司法部于 2016 年 10 月联合下发了《关于推进以审判为中心的刑事诉讼制度改革的意见》第 7 条规定："完善补充侦查制度。进一步明确退回补充侦查的条件，建立人民检察院退回补充侦查引导和说理机制，明确补充侦查方向、标准和要求。规范补充侦查行为，对于确实无法查明的事项，公安机关、国家安全机关应当书面向人民检察院说明理由。对于二次退回补充侦查后，仍然证据不足、不符合不起诉条件的，依法作出不起诉决定。"审查起诉阶段的退回补充侦查机制对于提高公诉案件质量，提高审判的客观性和正确性有着重大意义，但是司法实践中仍然存在退回补充侦查使用率过高，二次退查居高不下，甚至存在以退回补充侦查借用办案时间的问题，造成了司法资源的浪费，且对当事人的合法权益造成了损害，上述文件的出台，是检察机关发挥职能作用，建立健全退回补充侦查说理机制，对检察机关引导侦查取证的作用得到有效发挥，有利于侦查监督落到工作实处。退回补充侦查说理应注意以下几个方面：

一是注意说理的形式。说理机制需要主体感知和亲历，对于检察机关认为需要退回补充侦查的案件，应先由检察机关制作补充侦查提纲，对需要补充侦查的事项及理由列明，便于侦查人员通过学习提纲，对退回的补充侦查的事项有一个明确的认知。随后，检察机关应与侦查人员确定当面沟通交流的时间，采取座谈的形式，对补充侦查的内容进行沟通，并根据各自对案件的把握进行及时反馈，提高补充侦查效率。

二是注意说理的内容。承办人在决定退回补充侦查前必须深度梳理案件，过滤掉不必要的退查，增强退回补充侦查的针对性，提高补查效果，同时降低退补率。在具体制作说理时，首先，承办人应将退补的背景说明清楚，让侦查人员了解案件承办人的思路，明确侦查方向；其次，承办人要对证据不足进行解释，说明哪些待证事实没有证据支撑，需要补充侦查的证据用以证明犯罪某项构成要件，其在全案证据的证明作用如何；最后，承办人要对证据是证明案件事实还是量刑事实进行简要概述，并对补侦所取的证据要达到什么程度说明清楚。

三是注意补充证据说理回复。侦查机关对检察机关要求补充侦查的证据事项，在实践中可能存在故意拖延、搁置不办或者消极补侦等情况，因此，在侦查机关重报时，必须认真根据退回补充侦查提纲进行检查，查明没有补充侦查事项是属于确实无法查明的情况还是消极应付，对于后者必须进行口头纠正或再次退回补充侦查，如果因侦查人员失职而导致案件主要证据灭失，造成案件处理受到重大影响等违法现象的，要送达《纠正违法通知书》，进行监督补侦工作。

【案例】2011年3月20日，张某到某县人民检察院实名举报，反映该县某集团（国有企业）总经理王某，让其妻弟杨某承揽了某集团的业务大楼建设工程，杨某送给王某60万元。经立案侦查，目前获取下列证据：

（1）王某、杨某的户籍档案资料；（2）杨某公司银行账户的资金往来明细账及交割清单，其中有多笔现金取出、共计200余万元的取款信息；（3）王某及其家庭成员的资产情况，其中有王某妻子赵某个人存款25万元的账户存款信息。（4）王某的供述，承认2009年的春节期间，赵某的表弟杨某请吃饭，提出让其帮忙承揽集团的业务大楼建设项目，其答应后，向分管该项目的副总陈某和办公室主任梁某打过招呼，也是由公司开会讨论决定的。事成后，杨某分三次送给自己共计80万元人民币。其中有25万元是赵某在家收的，后存入赵某的账户。（5）杨某的证言，与王某的供述内容基本一致，还证实送给王某的80万元是交代财务经理于某办理的。

对本案而言，如果指控王某构成受贿罪，那么目前的证据显然不够，案件退回补充侦查，退补侦查提纲内容应要求调取哪些证据，才能形成证据链条？笔者认为，退补提纲应包含如下内容：

（1）王某的国家工作人员主体身份证明材料、职责范围证明材料；（2）某集团的工商档案材料、营业执照；（3）某集团关于该业务大楼建设项目的相关会议纪要或记录；（4）某集团业务大楼建设工程招投标、施工、付款等方面的书证资料；（5）杨某公司关于80万元行贿款来源的财务凭证或证明200万元。取款与25万元存款之间对应关系的凭证；（6）证人赵某的证言；（7）证人陈某、梁某的证言；（8）证人于某的证言；（9）赃款去向的证明材料。

上述证据材料，在具体制作退回补充侦查提纲时，可以按主体身份、主观要件、客观要件等内容进行归纳整理，也可按受贿人的身份证明、行贿的资金来源、谋取利益的行为、收受贿赂的赃款去向等进行汇总，说明补充证据的必要性和重要性，从而有利于侦查人员及时补充相关证据。补充侦查提纲如下：

【文书示例】

关于王某受贿一案退回补充侦查提纲

本院反贪局：

你局于××年×月×日以×号移送审查起诉的犯罪嫌疑人王某收受杨某80万元人民币的犯罪事实，经审查认为事实不清、证据不足，现退回你局补充侦查如下事项：

一、关于受贿罪主体问题

为证明王某的国家工作人员身份，请查明：

1. 王某的国家工作人员主体身份证明材料、职责范围证明材料。

2. 某集团的工商档案材料、营业执照。

二、关于请转托事项问题

关于为他人谋取利益的认定，根据法律规定，明知他人有具体请托事项而收受其财物的，视为承诺为他从谋取利益。为此，需要补充如下事项：

3. 某集团关于该业务大楼建设项目的相关会议纪要或记录。

4. 某集团业务大楼建设工程招投标、施工、付款等方面的书证资料。

5. 证人陈某、梁某的证言。以证明王某向分管该项目的副总陈某和办公室主任梁某打过招呼。

三、关于送收贿赂款问题

6. 杨某公司关于80万元行贿款来源的财务凭证或证明200万元。取款与25万元存款之间对应关系的凭证。

7. 证人赵某的证言。以证明王某妻子收受贿赂款物的情况。

8. 证人于某的证言。证实送给王某的80万元是交待财务经理于某办理的。与杨某的证词相印证。

9. 赃款去向的证明材料。

四、关于赵某的行为定性需要补充的事项

从本案部分证据来看，王某的妻子赵某的行为可能涉嫌掩饰、隐瞒犯罪所得罪，为依法对赵某的行为进行客观评判，还需要补充如下证据：

10. 赵某是否代为转达请托事项，以排除赵某与王某有共同受贿的犯罪故意和行为；

11. 赵某对其收受的25万元性质的认定，是否明知妻弟杨某承揽了江山集团的业务大楼建设工程，王某利用职务便利为他人谋取利益的事项；

12. 杨某的证言，是否请赵某转托帮忙，及送钱时是否告知。

本案是第一次退回补充侦查（或者说，本案是第二次补充侦查，如果不能补充完善上述证据，该案可能作不起诉处理），上述相关证据，请你局认真研究，并及时组织人员进行补充侦查，不明事宜，可以电话联系承办人××，联系电话：×××，或当面沟通交流，请你局补充侦查完毕后，于×年×月×日重报我，确保案件及时审结。

本院公诉处

（印章）

××年×月×日

【案例】被告人周某某与被害人张某某均系某市某镇人。2012年10月份左右，周某某在乙市打工期间，与同在乙市打工的张某某成为情人关系。2013年正月，周某某与张某某两人到湖北省丙市某区打工，并以"夫妻"名义租住在该区，周某某在当地做泥瓦工，张某某在当地"某酒楼"当传菜员。务工期间，周某某将每月的工资收入都交给张某某保管。2014年5、6月份开始，张某某多次提起要回家，周某某未应允。同年7月9日，张某某短信告知在外做泥瓦工的周某某，其回甲市了，要周某某也回甲市。尔后，周某某多次打电话、发短信给张某某，并给张某某的母亲王某某、妹妹张某南打电话，责备张某某没经其同意把钱全部带回甲市，扬言要与张某某一起死。2014年7月22日凌晨3时许，被告人周某某乘火车从武汉回到甲市，并在甲市某办事处汽车站"某招待所"开了6号房间。同日上午8时许，因与周某某有电话和短信联系的张某某也来到该房间。在房间内，两人发生了性关系并就两人关系进行了交谈。交谈中，张某某不愿意同周某某回丙市继续生活，也不愿意将周某某交其保管的钱退还给周某某，周某某便萌生毒害张某某的想法。当日下午4时许，周某某在甲市街头购买了"毒鼠强"老鼠药、加多宝饮料、八宝粥等物品放在招待所6号房间内，当晚两人继续居住在该房间。7月23日上午9时许，周某某趁张某某上厕所时，将事先买好的"毒鼠强"老鼠药放入加多宝饮料中。张某某从厕所出来后，喝下放有"毒鼠强"的加多宝饮料，随即便倒在地上打滚、抽搐。周某某随后也喝了放有"毒鼠强"的加多宝饮料，其准备出房门时因毒性发作倒在房间门口。在走廊上乘凉的招待所老板胡某某发现后，随即拨打了110报警电话、120急救电话。两人随后被送往甲市人民医院抢救，张某某经抢救无效死亡，周某某经抢救治愈并被涟源市公安局抓获。经鉴定：张某某符合毒鼠强中毒致急性呼吸、循环功能衰竭而死亡。

认定上述事实的证据如下：（1）物证：加多宝饮料瓶等；（2）书证：户籍证明、健康体检表、银行交易明细、门诊病历、情况说明、通话详单、短信详单、扣押物品清单；（3）证人证言：证人刘某某、胡某某、陈某、张某南、王某等人的证言；（4）被告人周某某的供述与辩解；（5）鉴定意见：尸体检验鉴定意见书、司法鉴定检验报告书、毒物检验鉴定报告；（6）现场勘验笔录、复勘笔录、提取笔录；（7）视听资料。

此案发生后，某市院审查后，认为证据不足退回补充侦查，补充侦查不理想，此案作了不起诉处理。公安机关申请复议、复核，此案后补充了相关证据，依法提起公诉。

【文书示例（市检）】

关于周某某涉嫌故意杀人罪的
补充侦查提纲

×××县公安局：

贵局侦查终结移送审查起诉的犯罪嫌疑人周某某涉嫌故意杀人一案，经审查，需要补充侦查如下事项：

1. 请加大侦查力度，尽最大努力查明老鼠药"加多宝"饮料的来源；包老鼠药的报纸、另一个"加多宝"饮料瓶的去向。

2. 周某某在侦查机关及审查起诉阶段均供述。其喝了"加多宝"饮料后，将瓶子放在房间内，请查明含有毒鼠强的"加多宝"饮料瓶为何会出现在房间外；周某某为什么要将包毒鼠强的报纸扔出窗外。

3. 请查明户名为张某某、卡号为 xxxxxxxx 的借记卡内款项来源、去向。

4. 查明用于鉴定的张某某阴道内擦拭物的提取经过。

5. 请查明案发前与张某某联系密切人员。特别是手机号为×××的机主及使用人；同时请查明张某某与×××所发众多信息的内容。

某市人民检察院
2015年×月×日

【文书示例（省检）】

关于周某某故意杀人一案
证据完善、补强提纲

×××县公安局：

你局于××年×月×日以×号提请复核的周某某故意杀人一案收悉。经本院审查认为，根据周某某一案证据情况，可以说除了供述外，较欠缺直接证据证明犯罪行为系周某某实施，但根据《关于办理死刑案件审查判断证据若干问题的规定》，对没有直接证据证明犯罪行为系被告人所为的，有间接证据形成完整的证明体系，认定的案件事实、结论是唯一的，足以排除一切合理怀疑也可以对行为人定罪。据此，建议还应完善、补强以下证据：

1. 对周某某、张某某所有的通话记录进行排查，力争查清张某某离开丙市回甲市至死亡（2014年7月9日至7月23日）期间，二人与哪些人通过话，分别说些什么，做过什么，有哪些证据可以支撑，以拓展案件证据。

2. 利用技术手段，查明周某某在购买老鼠药时间段有无电话使用情况，进而查明通话地点、时间，看能否查明与其供述购买毒鼠强的地点相吻合。

3. 调查周某某、张某某的邻居，查明周某某、张某某的为人情况，看是否有结怨，二人是否有精神病史，力争获取是否有情杀、仇杀、自杀等情况。

4. 查清二人中毒前，双方的家属有无到过该招待所，有什么证据证明，力争排除亲属作案的可能。

5. 对二人入住"刘某招待所"期间，该店的入住情况进行调查，根据刘某反映期间入住的人只有几个男的，力争将这几个男的找到，并做好详细的问话记录，既排除他们作案的可能，又能查找到他们的所见所闻。另查明二人入住的房间前一天是谁入住，看能否证明房间的烟蒂是谁所留。

以下两项留在对周某某采取措施后进行：

6. 对周某某进行一次完整的讯问，对其购毒经过、毒鼠强数量、加多宝数量、投毒过程等问题问得更细一点，力争通过其供述提取到隐秘性较强的物证、书证。比如，对其曾供述有血书这一情况进行认真讯问，如果有要依法提取。

7. 对周某某的爱人徐某某进行询问，问清周某某是否与家里有联系，特别是在7月9日至30日是否给家里打过电话，说过什么，被释放后，周某某的表现情况如何，以印证周某某的供述。

××人民检察院

2015年×月×日

从上述两份补充侦查提纲来看,前一份提纲内容过于笼统,对补充侦查内容的必要性、可行性交待不清,有的证据可查性也较差,这也是导致退而不查的重要原因;后一份提纲交代了本案证据现状和退回补充侦查的背景,较好地指明了补充侦查的内容、目的及方法,为侦查机关及时查明案情、排除补充侦查的危难情绪、顺利结案均起到了较好引导作用。

第四节 提起公诉

一、提起公诉的基本内涵

提起公诉,是指人民检察院对监察(公安)机关调(侦)查终结移送起诉的案件,进行全面审查,对应当追究刑事责任的犯罪嫌疑人提交人民法院进行审判的一项诉讼活动。提起公诉是人民检察院的一项专门权力,其他任何机关、团体和个人都不得行使。人民检察院作为国家的控诉机关,应当谨慎地行使控诉权,保证犯罪行为得到应受的惩罚,无罪的人不受刑事追究,以保障人权。

刑事诉讼法对提起公诉的主体、标准以及程序作了规定。《刑事诉讼法》第169条规定:凡需要提起公诉的案件,一律由人民检察院审查决定。这一规定表明,人民检察院对监察(公安)机关调(侦)查终结移送起诉的案件提起公诉必须进行全面审查,作出起诉或不起诉决定,对于需要起诉的案件依法向人民法院提起公诉。人民检察院是提起公诉的唯一合法机关。第176条规定:人民检察院认为犯罪嫌疑人的犯罪事实已经查清,证据确实、充分,依法应当追究刑事责任的,应当作出起诉决定,按照审判管辖的规定,向人民法院提起公诉,并将案卷材料、证据移送人民法院。犯罪嫌疑人认罪认罚的,人民检察院应当就主刑、附加刑、是否适用缓刑等提出量刑建议,并随案移送认罪认罚具结书等材料。由此可见,提起公诉的法定条件和标准是:犯罪事实已经查清,证据确实、充分,依法应当追究刑事责任。《刑诉规则》第355条至第 364 条对提起公诉的证据标准、起诉书的制作、证据材料的移送、以及量刑建议等进行了具体规定。

二、提起公诉的工作要求

（一）与审判管辖相适应

人民检察院决定起诉的时候，应当依法按照审判管辖的规定，向同级人民法院提出，不允许越级起诉。如果人民检察院受理不属于同级人民法院管辖的案件，应当分别情况报送相应的上级或者移送相应的下级人民检察院，由它向其同级人民法院提起公诉。例如，县（市、区）人民检察院受理的属于中级人民法院管辖的案件，应当报送地市级人民检察院审查决定后，由它向其同级的中级人民法院提起公诉。反之，地市级人民检察院受理的属于县级人民法院管辖的案件，应移送县（市、区）人民检察院，由它向其同级的县级人民法院提起公诉。如果需要指定管辖的，须报共同的上级检察院商请同级人民法院决定管辖的检察院和法院。

（二）符合起诉证据标准

1. 犯罪事实已经查清。犯罪事实是对犯罪嫌疑人正确定罪和处刑的基础，只有查清犯罪事实，才能正确定罪量刑。因此，人民检察院提起公诉，必须首先查清犯罪嫌疑人的犯罪事实。这里的"犯罪事实"，是指影响定罪量刑的犯罪事实，包括：（1）确定犯罪嫌疑人实施的行为是犯罪，而不是一般违法行为的事实；（2）确定犯罪嫌疑人是否负刑事责任或者免除刑事责任的事实。比如犯罪嫌疑人的主观状态（包括故意、过失、动机和目的）、犯罪嫌疑人的年龄、精神状态等；（3）确定对犯罪嫌疑人应当从轻、减轻或者从重处罚的事实。查清上述各项事实就符合犯罪嫌疑人的犯罪事实已经查清的条件。实践中，就具体案件来说，具有下列情形之一的，就可以确认犯罪事实已经查清：（1）属于单一罪行的案件，与定罪量刑有关的事实已经查清，不影响定罪量刑的事实无法查清的；（2）属于数个罪行的案件，部分罪行已经查清并符合起诉条件,其他罪行无法查清的;(3)无法查清作案工具、赃物去向,但有其他证据足以对被告人定罪量刑的;(4)言词证据中主要情节一致,只有个别情节不一致且不影响定罪的。对于符合上述第(2)种情况的,应当以已经查清的罪行起诉。因此,对那些并不影响定罪量刑的事实,则没有必要查清,司法实践中那种查清案件的一切事实后才提起公诉的做法是不可取的。

2. 证据确实、充分。证据是认定犯罪事实的客观依据。因此,人民检察院指控犯罪嫌疑人实施了犯罪行为,必须要有确实、充分的证据。证据确实,是对证据质的要求,是指用以证明犯罪事实的每一证据必须是客观真实存在的事实,同时又是与犯罪事实有内在的联系,能够证明案件的事实真相。证据充分,是对证据量的要求,只要一定数量的证据足够证明犯罪事实,就达到了证据充分性的要求。证据确实与充分是相互联系、不可分割的两个方面,证据确实必须以证据充分为条件,如果证据不充分,证据确实也无法达到;反之,如果证据不确实,而证据再充分,也不能证明案件真实。因此,证据确实、充分是提起公诉的一个必要条件。《刑事诉讼法》第55条、《刑诉规则》第63条规定,证据确实、充分,应当符合以下条件:(1)定罪量刑的事实都有证据证明;(2)据以定案的证据均经法定程序查证属实;(3)综合全案证据,对所认定事实已排除合理怀疑。

3. 依法应当追究刑事责任。依照法律规定,犯罪嫌疑人实施了某种犯罪,并非一定要负刑事责任。根据刑法、刑事诉讼法的有关规定,有些犯罪行为法定为不予追究刑事责任的情形。因此,决定对犯罪嫌疑人提起公诉,还必须排除法定不予追究刑事责任的情形。依法应当追究犯罪嫌疑人的刑事责任,就成为对其提起公诉的又一必要条件。

总之,对犯罪嫌疑人决定提起公诉,必须同时具备上述三项条件,缺少上述三项条件中的任何一项,都不能对犯罪嫌疑人提起公诉。

(三)选择适当诉讼程序

刑事诉讼法对提起公诉规定了四种程序:普通程序、简易程序、速裁程序、特别程序。其中,特别程序又专门规定了五种类型:未成年人刑事案件诉讼程序；当事人和解的公诉案件诉讼程序；缺席审判程序；犯罪嫌疑人、被告人逃匿、死亡案件违法所得的没收程序；依法不负刑事责任的精神病人的强制医疗程序。上述诉讼程序中，速裁程序、缺席审判程序属于2018年修订的刑事诉讼法新规定的程序。刑事诉讼法对上述诉讼程序均规定了不同的适用条件，检察机关在提起公诉时应当依法准确适用不同的诉讼程序。

（四）制作标准起诉文书

提起公诉最重要的文书就是起诉书。起诉书是人民检察院依法将公诉案件的被告人或被告单位向人民法院提起公诉及提起附带民事诉讼时使用的法律文书。提起公诉时，应当根据提起公诉的对象是自然人、单位以及是否需要提起附带民事诉讼而选择制作符合格式标准的起诉书。

三、提起公诉的工作流程及方法

（一）作出决定

司法责任制改革后，一般赋予员额检察官对大部分公诉案件决定提起公诉的权力，只有少数重大、疑难、复杂的案件需要提交检察委员会研究决定。当然，如果员额检察官认为案件需要提交检察委员会研究的，亦可以提交。

（二）制作文书

作出起诉决定后，承办人应当按照法律文书格式要求制作起诉书。起诉书应包括以下内容：（1）首部。包括制作本文书的人民检察院全称和文号。（2）被告人（被告单位）的基本情况。包括姓名、性别、出生年月日、出生地、身份证号码、民族、文化程度、职业、工作单位及职务、住址，是否受过刑事处罚，采取强制措施的情况及在押被告人的关押处所等；如果是单位犯罪，应写明犯罪单位的名称，所在地址，法定代表人或代表的姓名、职务；如果还有应当负刑事责任的"直接负责的主管人员或其他直接责任人员"，应当按上述被告人基本情况内容叙写。（3）案由和案件的审查过程。（4）案件事实。包括犯罪的时间、地点、经过、手段、动机、目的、危害后果等与定罪量刑有关的事实要素。起诉书叙述的指控犯罪事实的必备要素应当明晰、准确。被告人被控有多项犯罪事实的,应当逐一列举,对于犯罪手段相同的同一犯罪,可以概括叙写。(5)证据。列明主要证据的名称、种类。(6)起诉的理由和根据。包括被告人触犯的刑法条款、犯罪的性质、法定从轻、减轻或者从重处罚的条件,共同犯罪各被告人应负的罪责等。(7)尾部。注明送达的人民法院,检察人员姓名,院印。

一般制作起诉书时应当注意的事项:(1)被告人是又聋又哑的人或者是盲人的,应在其姓名后具体注明;(2)被告人不讲真实姓名身份不明的,可以依照其自报的姓名或者依照编号起诉,但应当在起诉书中注明并附照片;(3)起诉书中的数字一般用阿拉伯数字书写,引用法律的条、款、项的数字,与法律文本一致;(4)单位犯罪、自然人犯罪并存时,应当先叙写被告单位、法定代表人以及属于责任人员的被告人情况,再叙写一般自然人被告人的情况;(5)被告人被采取强制措施的种类、是否在案以及羁押地点等情况,应当在起诉书中列明;(6)有无扣押、冻结在案的被告人的财物以及存放的地点,应当在起诉书中列明;(7)被害人的姓名、住址、通讯处等事项应当在起诉书中列明,但涉及被害人隐私或者人身安全的除外。不宜在起诉书中列明的,应当单独移送人民法院。

(三)移送案件

《刑事诉讼法》第176规定:人民检察院认为犯罪嫌疑人的犯罪事实已经查清,证据确实、充分,依法应当追究刑事责任的,应当作出起诉决定,按照审判管辖的规定,向人民法院提起公诉,并将案卷材料、证据移送人民法院。犯罪嫌疑人认罪认罚的,人民检察院应当就主刑、附加刑、是否适用缓刑等提出量刑建议,并随案移送认罪认罚具结书等材料。刑事认讼法对移送案件,经历了全卷移送到复印件移送(主要证据复印件、证据目录、证人名单)以及回归全卷移送的变化。现行刑事诉讼法基本上继承了2012年刑事诉讼法的全卷移送制度,只是增加了认罪认罚案件移送量刑建议书及认罪认罚具结书等材料。2012年修改刑事诉讼法时，立法机关经过反复调研和权衡，认为全案卷宗移送符合我国国情和世界趋势，具有相对合理性，更有利于实现司法公正和效率。该法第172条规定："人民检察院认为犯罪嫌疑人的犯罪事实已经查清，证据确实、充分，依法应当追究刑事责任的，应当做出起诉决定，按照审判管辖的规定，向人民法院提起公诉，并将案卷材料、证据移送人民法院。"要求检察机关在提起公诉时应向法院移送"起诉书、案卷材料和证据"，采用全案移送的卷宗移送方式。这一修改不是1979年刑事诉讼法的简单恢复和回归，二者形式上都是检察机关在起诉时要移送全部案卷材料，但是实质上二者是不同的。首先，1979年刑事诉讼法规定法院在庭审前要对证据进行实质性审查，而依照2012年《刑事诉讼法》第181条的规定，法院在开庭前对证据只作形式审查，只要起诉书中有明确的指控犯罪事实的，即应当决定开庭审理。其次，1979年《刑事诉讼法》第109条规定法院进行实体审查后，可以根据检察机关移送卷宗情况庭前先行调查取证，甚至可以退回人民检察院补充侦查；2012年的全案移送制度中法院即使是看卷宗发现了疑问，也不能庭前先行调查取证，只能看卷宗。调查取证只能在法庭审理过程中而不是庭前先行调查取证。最后，现行刑事诉讼法扩大了辩护人的阅卷权，该法第41条规定"辩护人认为在侦查、审查起诉期间公安机关、人民检察院收集的证明犯罪嫌疑人、被告人无罪或者罪轻的证据材料未提交的，有权申请人民检察院、人民法院调取"，赋予辩护人在检察机关未移送对被告人有利的证据的情况下向法院申请调取这些证据的权利，针对检察机关不移送这些证据的情况设置了一个救济途径。[①]

（四）办理换押

对于在押的犯罪嫌疑人和被告人如果转换诉讼阶段应当办理换押手续，其目的是明确诉讼各阶段办案主体对羁押和办案期限的责任。在公诉阶段，案件提起公诉、退回侦查机关补充侦查或者改变管辖时，犯罪

---

① 张忠斌：《刑事公诉案件卷宗移送制度的演变与发展》，载《人民法院报》2018年10月18日，第2版。

嫌疑人或者被告人被羁押的，应当及时换押。公诉部门应当在 3 日以内将有关换押情况书面通知本院监所检察部门。

四、相关文书制作与应用

起诉书是人民检察院依法将公诉案件的被告人向人民法院提起公诉及提起附带民事诉讼时的法律文书，是检察机关公诉工作中最重要的法律文书，它集中体现了人民检察院代表国家指控被告人构成犯罪并请求追究刑事责任的结论性意见。起诉书的核心内容是描述犯罪事实并提出起诉的依据和理由。起诉书的意义在于确定指控犯罪的具体内容，规范控、辩、审三方庭审活动的范围。起诉书的制作是公诉人公诉技能的重要体现。《人民检察院刑事诉讼法律文书格式样本（2020 版）》（以下简称《格式样本》）规定了 5 种起诉书格式：自然人犯罪案件自然人犯罪认罪认罚案件、单位犯罪案件、单位犯罪认罪认罚案件、刑事附带民事起诉书。另外，还有未检案件、未检认罪认罚案件适用的起诉书。下面，仅就适用面最广的自然人犯罪普通程序案件起诉书的制作技巧展开探讨。其他类型案件的起诉书制作基本上可以触类旁通，不再赘述。

（一）内容方面的基本要求

起诉书有固定的行文格式，其正文的内容一般分为首部、案件基本事实部分和尾部三个部分，其中首部介绍涉案人员的基本情况、案件来源、侦查措施等方面的内容；案件基本事实部分介绍案情；尾部则是引用法律和司法解释的条文表明制作者对案件基本事实的观点、看法和处理意见。首部和尾部有程式化的行文方式，不能随意发挥，而且要注意在叙写首部时严格按照最高人民检察院颁布的格式样本有关规定进行，在叙写尾部时引用法律和司法解释的条文必须准确、恰当、全面，不能遗漏。只有案件事实部分叙写的质量才是真正考量制作者的文字功底、法律水平和工作态度的标尺。[①]

[①] 李颖：《关于起诉书规范制作的基本要求》，载正义网，最后访问日期：2013 年 2 月 20 日。

1. 名称。起诉书名称在刑事诉讼法、《刑诉规则》和《格式样本》中已经作出了具体规定，应严格按照规定执行，不能擅自改变其专用名称。如不能写成"刑事起诉书"，因为检察机关提起公诉的都是各类刑事案件，检察机关对侵犯国家、集体利益等公益案件提起的民事诉讼尚在探索中，因此直接表述为"起诉书"在现阶段不会造成混淆；也不能写成"起诉决定书"，因为"决定"这个词语有处置终结的意思，而检察机关的起诉书是对刑事审判程序的启动。

2. 用词。由于我国是多民族的国家，历史悠久，幅员辽阔，东西南北差异很大，各个不同地方的民族语言和汉语方言众多，为了正确、规范地叙写起诉书的案件基本事实部分，应该尽量使用比较大众化、意思表达相对完整和准确的现代通用汉语书面语言行文。但是需要注意的是：（1）不能使用地方方言行文，对于无法在书面语言中找到相对应的文字替代与案情有关键性联系的或者容易产生歧义的个别口头语言、方言俚语，应该在之后加注括号作相应的注释性说明；（2）不能使用文学修辞的手法或者具有另类、前卫风格的社会流行和网络语言、文字行文（如"神马""给力""杯具"）；（3）也不能特意使用生僻字、繁体字或者半文半白的文字来显示制作者的文笔功底（如"次日"，不写成"翌日"）；（4）行文时尽量杜绝错别字（如交通肇事案件中经常出现的词语"碾轧"，不能写成"碾压"或"辗压"）。

我国香港、澳门特别行政区和台湾地区虽然也使用汉语，文化也是一脉相承，但是由于历史原因，我国香港、澳门特别行政区和台湾地区和我国内地使用的汉语在遣词造句方面及诸多词语的含义均有不小的差异（如移动硬盘、摩托车，我国香港、澳门特别行政区和台湾地区地区称之为"行动硬碟""电单车"；内地使用的"保证书"一词，我国台湾地区民众称之为"切结书"），由于时代的变化虽然我国香港、澳门特别行政区和台湾地区现在与内地联系很密切，交流加深，文化方面进一步互相影响和融合，目前有不少过去只是在香港、澳门特别行政区和台湾地区使用的汉语中才会出现的词语也逐步为内地的新闻媒体和民众口语中所使用（如"理念""愿景""期许"等），但是我们在叙写起诉书的案件基本事实部分过程中,还是要注意不能随意使用我国香港、澳门特别行政区和台湾地区汉语中的措辞方式和词语,以免词不达意而使得阅读者不知所云,进而影响到起诉书的严肃性。

日本在历史上深受中国文化的影响,发展到现代还有一千多个汉字应用在日常生活之中。由于近代以来中国积贫积弱,反而在政治、经济、文化上深受日本的影响,这种状况使得不少日文汉字词语"倒流"回来被中国现代汉语采用(如"干部"一词即由日文汉字词语引用而来)。虽然很多日文汉字中的词语与汉语相同,含义也相同或者相近,但是即便如此,我们还是应该注意:(1)不少日文汉字词语的含义只是与古代汉语相同或者相近,不是现代通用汉语;(2)某些日文汉字词语虽然与现代通用汉语词语完全一样,但是含义不同;(3)某些日文汉字词语不是汉语中的词语(如"株式会社""便当");(4)某些词语是个别新闻媒体望文生义,搞简单的拿来主义直接从日文中抄袭引进,不是现代通用汉语中的常用词语(如"暴走")。因此不能赶时髦盲目、擅自使用日文或者香港、澳门特别行政区和台湾地区等外来的汉字词语。外来词语只有在我国内地长期使用已经成为现代通用汉语中的常用词语后,再在起诉书中使用才不至于显得生硬、突兀。

3. 外来词。关于外文及翻译词语在起诉书中的应用,应注意以下要求:

(1)受到我国内地与世界各国、各地区、各种机构和组织进行频繁交流的影响,目前在我国内地民众的日常用语和新闻媒体中大量出现英文缩写的专用名词,如 DNA(脱氧核糖核酸)、GDP(国内生产总值)、VIP(贵宾)、ICU(重症监护室)、UFO(不明飞行物)、CEO(首席执行官)、HIV(人类免疫缺陷病毒,俗称艾滋病毒)、CPU(中央处理器)、CPI(居民消费价格指数)等,这些英文缩写的频繁使用体现了外来科技、文化对我国内地的深刻影响,客观上也方便了民众在口语中的简洁表达。但是为了纯洁民族语言,正确、直观、完整地表达英文缩写的含义,减少文章中汉字、英文混杂的现象,国家语言文字工作委员会规定在国家机关公文和新闻媒体中,只要外来词语有翻译成正式的汉语名称的（按照新华社的译文为准），就必须使用汉语名称。起诉书是属于国家机关的正式公文，应该严格遵守这个规定。

我国内地和香港、澳门特别行政区和台湾地区对于外来词语音译词的译文有差异的，在起诉书中叙写时一律以我国内地使用的音译词为准。如泰坦尼克不写成铁达尼，奔驰（汽车品牌）不写成平治，里根（美国前总统）不写成雷根、瑞根，布什（美国前总统）不写成布希，撒切尔（英国前首相）不写成柴切尔。

国外、境外品牌的商品进入我国内地市场时，为了品牌推广和保护知识产权的需要，在我国内地有关职能部门进行商标注册时一般都会同时注册汉字名称，除新加坡、日本、韩国和香港、澳门特别行政区和台湾地区等原本就使用汉字的国家和地区一般会直接采用原产地的汉字商标到我国内地进行商标注册外，大多数欧美国家和地区的企业均采用汉语音译词为主、意译词为辅的方式进行汉字商标注册，如诺基亚（NOKIA）、浪琴（LONGINES）、劳力士（ROLEX）、路易威登（LV）、香奈儿（CHANEL）、帕萨特（PASSAT）和奔驰（Benz）等，目前此类外来商品的汉语专用名称已经在我国内地民众的日常生活中广泛应用，新闻媒体中也频繁使用其汉语名称，因此对于此类品牌、商标可以在起诉书中直接使用其汉语名称，不必使用外文或者附注外文在其汉语名称之后。

（2）关于在我国内地长期使用的以英文缩写、符号来表示的长度、重量、容积、体积、面积、浓度、含量、温度等计量单位名称，如 km（千米、公里）、kg（千克、公斤）、L（升）或者 ml（毫升）、m^3（立方米）、m^2（平方米）、ppm（百万分率）、%（百分比）、‰（千分比）、℃（摄氏度）等，由于它们的种类有限，而且是比较固定地使用在文章的特定场合下，民众对此已经相当熟悉和认知，因此我们认为在制作起诉书的时候既可以使用汉语的计量单位名称，也可以使用以英文缩写、符号表示的计量单位，但是在行文时必须做到前后统一，不能混杂使用。

（3）对于很多科技、医药卫生方面的外来词语，只要有翻译成正式汉语词语的,都应该使其汉语名称。如莱克多巴胺、阿司匹林等;有些则是汉语与音译词混合组成的词语,如盐酸克伦特罗、脉冲多普勒等。

(4) 对于那些由汉语和英文缩写混合组成词语,如"卡拉 OK""U 盘""维生素 C""B 超""X 光""螺旋 CT""AC 米兰"等,由于已经在民众的日常用语和新闻媒体中约定俗成,因此可以在起诉书中直接叙写。

(5) 对于外来词语中先有汉语音译词,后来又出现汉语意译词的,如引擎(发动机)、荷尔蒙(性激素)、莱塞或镭射(激光)、盘尼西林(青霉素)等,由于意译词的使用后来居上,已经在我国内地的专业应用领域和民众日常应用中逐步取代了原来的音译词,因此在制作起诉书的时应该使用意译词;而现今仍然在使用的某些音译词如蒙太奇、坦克等,由于一直并没有相应的汉语意译词,所以可以继续使用。

(6) 对于在汉语中没有正式译文的外文专有、专用名称的,可以在起诉书中直接使用该外文名称。

(7) 被告人、涉案人员为外国人、境外人员时,在起诉书中叙写姓名时应该是其有效证明文件、证件(如护照、身份证、通行证等)上的外文名称;如果在案发前已经内地有关部门批准合法使用汉语姓名的,此时在起诉书中叙写姓名时可在其外文名称之后附上汉语姓名并书写在首部,在该起诉书的其他部分均可以使用其汉语姓名表述以达到行文简洁的效果;无有效证明文件、证件的,可按其自报名称叙写。

4. 详略。在叙写案件基本事实部分的过程中,要严格按照犯罪行为发生的时间、地点、人物、动机、目的、手段、经过、危害结果这八要素进行叙述,行文时必须严谨、理性,文风平实,详略适当,注意前后文内容之间的衔接,保证语句通畅,措词用句精练、得当,因果关系交代清楚并做到前后照应。

行文时还要注意斟酌字、词、句和段落,切忌干瘪、贫乏、生涩,对于简单案件的犯罪事实可以简单叙述,对于某些重大、复杂或者有影响的案件在叙述犯罪事实的过程时就应该详尽清晰,不能过于简略和高度概括、浓缩；但是在详尽叙写时，要注意避免冗长繁琐，对各种事实和情节不加选择地罗列、堆砌。

5. 取舍。公诉人在制作起诉书的过程中，不能盲目照搬、照抄公安、侦查机关（含本院侦查部门以及其他检察院）起诉意见书的措辞用句，必须要有所取舍：如果起诉意见书撰写得较好，其案件基本事实部分叙写的清晰、明了，符合起诉书的基本要求，那么就可以适当摘抄，并且可以根据需要进行修改、增删个别字、词、句或者调整个别段落，这样做可以适当减轻公诉人日常工作的劳动强度；但是起诉意见书的案件基本事实部分如果撰写得比较粗糙、过于简略或者错误、疏漏较多，那就坚决不能照搬、照抄，只能另起炉灶了。作为一名优秀公诉人应该切记，不能过于依赖公安、侦查机关起诉意见书对于案情的叙述，一定要认真、仔细地审查全案材料并进行综合归纳、分析和深入思考，之后才能得出比较全面和客观的结论，为自己制作比较规范的起诉书奠定基础。凡是在制作起诉书的过程中不加分析、不加选择地照搬、照抄起诉意见书的举动是典型的偷懒和不负责任的行为，应该坚决杜绝。

6. 正确运用指代关系的"其、该、即"等代词，可以减少书写、宣读时的累赘、繁琐，但必须注意指代关系前后要明确、一致，避免含混不清。

7. 适当运用"亦、遂、便、则、和、以便、而且、并且、以及、伙同、进而、转而、但是"等连接、递进和转折性的词语，可以起到连接前后文或者加强语气的作用，但必须运用得恰当、自然、流畅。

8. 对于表现某一动作的单字动词，在描述特定动作的过程时，可以根据案情具体叙述的情况，适时使用双字词语来表达将会更加形象生动，又便于口头宣读起诉书时顺口。如将"打"改成"击打、殴打"；将"爬"改成"攀爬、爬行"；将开、骑（某种机动车）改成"驾驶"等。

9. 起诉书的案件基本事实部分中在叙写涉案金额时应该在前面加上相应的币种名称，这是公文写作的基本要求。特别是被告人和相关涉案人员涉及多个不同币种的情况时，写清楚币种名称就更有必要。在叙写涉案金额时,目前可以使用阿拉伯数字,也可以使用汉字数字(〇一二三四五六七八九十百千万亿)等,但是在行文时必须统一,不能交替混合使用。它包含两个意思:一是在整篇起诉书中叙写涉案金额时不能忽而使用阿拉伯数字,忽而又使用汉字数字,必须做到整篇的叙写方式要统一;二是在叙写某个具体涉案金额的数字时不能将阿拉伯数字和汉字数字混合使用,如将人民币56,000元(五万六千元)不能写成"5万6千元"。

根据我国内地汉语应用和书写的习惯,表示人民币币值数量的最基本计量单位是"元",此外"万元、亿元、万亿元"也可以作为基本计量单位,如50万元、500万元、5,000万元、500亿元等,上文中的56,000元可以写成5.6万元,也就是说可以使用小数点参与表示币值的计量;但是"百、千(元、亿元、万亿元)"不能作为基本计量单位,如不能写成500百元、500千元或者500百亿元、500千亿元等,上文中的56,000元不能写成560百元、56千元等。在实践中500元(五百元)、5,000元(五千元)一般不写成5百元、5千元。"角、分、厘"为人民币币值辅助计量单位,但是目前应用较少。

起诉书中一般不使用汉字数字大写(零壹贰叁肆伍陆柒捌玖拾佰仟)叙写涉案金额。因为汉字数字大写都是在财务会计方面的手工记账或者借款等特定用途的情况下,为了防止他人恶意篡改才会使用,而起诉书都是送达审判机关多份相同的打印件,不存在手工恶意涂改的情况。("万、亿"为汉字数字大小写通用)。

10. 起诉书中涉及相关专业性、技术性和特定的设备或物品,以及相关的法律法规、决定、文件、协议、合同、书籍等,一般都会具有其特定的专有、专用名称,因此在叙写时应该按照刑法、司法解释和国家规定的要求尽量正确、完整地书写该名称(如甲基苯丙胺,不写成冰毒或者甲基安非他明,以与刑法条文的表述一致),并在名称上标注引号或者书名号以显示其特定性(如交通肇事案件中的肇事车辆号牌就应该标注引号)。

11. 被告人有绰号、别名、化名的,如果该绰号、别名、化名没有特别的贬损意思或者只是带有一般性的调侃、戏谑意味，但是与案情密切相关，就应该将绰号、别名、化名写入起诉书的首部中，以体现针对性和关联性；如果该绰号、别名、化名的含义违背公序良俗或者与党和国家领导人、正面历史人物的姓名或者特定称谓相同，那么在制作起诉书时就不能将绰号、别名、化名写入首部中。这是因为起诉书虽然是检察机关专门向一审法院传送的公诉文书，但是一审法院在收到起诉书后会按照法律规定将副本送达相关诉讼参与人和机关、单位，因此其内容肯定会在民众和社会中造成扩散。为避免造成不良的社会影响，维护检察机关和刑事诉讼的严肃性，对于违背公序良俗或者与党和国家领导人、正面历史人物姓名或者特定称谓相同的绰号、别名、化名，即便与案情密切相关，也不能写入起诉书的首部中。

12. 对于隐私案件（如强奸、猥亵等）的被害人，为了保护其名誉，根据被害人的请求或者案件的具体情况，在制作起诉书时，可以只写姓，不写名。具体表述为"张某""王某某"，并且根据案件的需要可以在名字后面加注括号说明被害人的性别和年龄，但不宜将名字表述为"张×""王××"。

13. 制作起诉书时应该注意尊重被告人或者同案犯罪嫌疑人的人格，不得使用贬损其人格尊严和渲染其生理缺陷的字、词、句，例如"丧心病狂、狼狈为奸、歇斯底里"等。至于"流窜"或者"窜至"这两个常用词语能否在起诉书中使用颇有争议，我们认为完全可以正常使用，不存在贬损被告人或犯罪嫌疑人的人格问题。因为根据《刑事诉讼法》第82条第7项的规定，"流窜"一词是该条文中的法定专用术语，它与"多次、结伙"（作案）一起构成了现行犯或重大嫌疑分子在犯罪过程中可能出现的三种不同的状态，是公安机关实施刑事拘留的前提条件之一。

14. 对于职务犯罪案件，在起诉书首部叙写被告人的基本情况时，应该将被告人任职的起止时间写清楚。对于某些被告人有多次变更职务或者工作岗位的，只需将其涉嫌犯罪时相对应的任职起止时间载明即可；案发时被告人所任的职务根据实际需要亦可写明。

15. 被告人曾经受过刑事处罚的，在起诉书首部中应该如实载明。具体表述为："因犯××罪，××××年××月××日被×××人民法院判处（具体刑罚，含附加刑），××××年××月××日服满刑罚被释放（或简称为：刑满释放）。"如果经历二审的，也必须将二审的裁定或判决的情况载明。若是多次受到刑事处罚的，就按照时间先后顺序来分别表述。注意不能写成"××××年××月××日因犯××罪被×××人民法院判处（具体刑罚，含附加刑）……"，这是不规范的写法。

在起诉书首部载明被告人曾经受过刑事处罚的目的，是为了使一审法院的刑事审判人员能全面、如实地了解被告人的历史表现，以便客观公正地认识被告人主观恶性的深浅；此外还能清楚地表明被告人是否属累犯、有前科或者在缓刑考验期限内再次犯罪等情况，是否具备法定、酌定从重情节或者需要撤销原缓刑实行数罪并罚。不过需要注意的是在审查案卷材料时不仅要有原先的刑事判决书或裁定书，而且对于判处有期徒刑实刑以上刑罚的一定要有释放证明（多次被判刑的只需最后一次的），这才能推算出被告人是否系累犯；否则被告人在服刑期间一旦有减刑、假释情况（这种情况的材料往往在诉讼案卷中是没有的）时就无法根据原有的刑事判决书或裁定书来正确推算了。

被告人曾经因为劣迹行为受过公安机关、司法机关的行政处罚，如行政拘留、劳动教养、强制戒毒等，不必将此情况写入起诉书，因为上述行政处罚结果对于追究被告人刑事责任没有任何用处，不会影响对被告人的定罪量刑。在刑事诉讼中，"前科"系"犯罪前科"的简称，是相对于现有的犯罪而言的，是指因以前的刑事犯罪已经被审判机关判处刑罚或者被检察机关作出相对不起诉的；"劣迹"则是指除去刑事犯罪以外的一切违法、违反道德规范和公序良俗的行为，"劣迹"可能包括受到过行政处罚、纪律处分或者村规民约的处罚，但也有可能没有受过任何处罚。笔者认为，案卷中有关被告人（或犯罪嫌疑人）曾经的劣迹行为材料不是为了证实现有的犯罪，也无法证实现有的犯罪，其主要作用是公安、侦查机关为了影响公诉人和审判人员对于被告人主观恶性程度深浅的认识、判断，以达到增强公诉人针对被告人现有的犯罪提出有罪指控的信心和增强审判人员针对被告人现有的犯罪作出有罪判决的决心这两个目的。例如公安机关采取诱惑侦查手段抓获的涉嫌贩卖毒品的犯罪嫌疑人，在抓捕之后如果没有查实该犯罪嫌疑人具有其他涉毒犯罪行为的，这样的情况下在司法实践中一般很难定罪处罚；但是如果犯罪嫌疑人先前被公安机关进行过强制戒毒或者因为非法持有毒品等相关涉毒的劣迹行为而受到行政处罚的，或者在抓获时对犯罪嫌疑人进行相关毒品尿检其结果呈阳性的，在这样的前提条件下，可以考虑对犯罪嫌疑人定罪处罚；不过由于对犯罪嫌疑人进行"犯意引诱"和"数量引诱"均系公安机关的特情所致，因此对被告人在判处刑罚时应当从轻处罚。

16. 被告人因本案被采取刑事强制措施的，具体表述为："因涉嫌××（犯）罪，××××年××月××日被××公安局刑事拘留（或其他强制措施），××××年××月××日经本院（或其他检察院）批准（或决定）逮捕，同日（或次日）由×××公安局执行逮捕，现羁押于×××看守所。"若是在批准逮捕时改变了公安机关、侦查机关原先定罪的，具体表述为"……××××年××月××日经本院以××罪批准逮捕，……"。需要注意的是，不能写成"××××年××月××日因涉嫌××（犯）罪被×××公安局刑事拘留（或其他强制措施）……"，这种写法是不规范的。

17. 根据《刑诉规则》第358条第2款第2项的规定，在起诉书首部的第二段落为"案由和案件来源"，该段落除了正常写明公安、侦查机关（含其他检察院）何时移送审查起诉等情况外，还应该写明以下内容：

（1）案件退回补充侦查、延长审查起诉期限的情况。具体何时决定退回补充侦查以及公安、侦查机关（含其他检察院）补充侦查完毕后再次移送审查起诉的时间都必须写清楚，如果有两次退回补充侦查情况的，每次退回补充侦查和再次移送审查起诉的具体时间也必须一一写清楚，以便如实、客观地反映案件刑事诉讼的过程，也能避免被告人及其家属和辩护人认为是超期羁押而发生误解。延长审查起诉期限应注明日期、缘由。

（2）对于上级检察院交办或者指定管辖的案件应该写明，何时交办或者指定的具体时间也必须写清楚。

（3）对于本院的自侦案件过程中发生的退回补充侦查的情况，也应该在起诉书首部的第二段落"案由和案件来源"里写明。

18. 对于被告人有多个罪名或者多次犯罪作案的，在制作起诉书时一般应该在"经依法审查查明："的下一个段落中先进行概括性的叙述，之后再根据不同的罪名或者犯罪作案的先后顺序逐项予以详细叙述。对于检察机关追加起诉罪名的，可以在本段落中予以载明。

对于被告人有多个罪名的，在撰写起诉书案件基本事实部分的时候，目前习惯性的做法是将重罪叙写在前，将轻罪叙写在后，因此在起诉书尾部引用刑法条文时也应该相对应地将重罪的条文叙写在前，将轻罪的条文叙写在后；但是如果该被告人所涉嫌的重罪法条在我国刑法的条文顺序中位于其所涉嫌的轻罪法条之后，那么在起诉书尾部引用刑法条文时则应该按照条文的顺序来叙述。

对于被告人有多次犯罪作案的，在撰写起诉书案件基本事实部分的时候，一般是按照犯罪作案的时间先后顺序来叙写，也可以使用倒推时间的方式叙写，但是须注意不要将先后顺序打乱、穿插来叙写，以免把案件基本事实部分弄得混沌、凌乱不堪。如果在被告人多次犯罪作案过程中涉及不同的对象和地点，每个不同的对象和地点又有反复多次，作案时间有交叉现象，在这样的情况下就不必机械地按照时间的先后顺序来叙写，而是按照不同的对象和地点进行归纳分类叙写，这样做清晰明了，便于庭审和举证、质证。

对于单罪单案的，可以不必在"经依法审查查明："的下一个段落中进行概括性的叙述，直接进入案件事实的叙述即可；对于需要改变公安、侦查机关（含其他检察院）定性的，可以在起诉书尾部起诉的根据和理由中进行阐述。

19. 同案犯的状况。（1）对共同犯罪案件中有同案犯罪嫌疑人在逃的，在其姓名后应该如实地写明（在逃）；（2）如果同案犯罪嫌疑人已经归案但是因为法定原因无法追究刑事责任的，一般在其姓名后面写明（另案处理）；（3）如果同案犯罪嫌疑人已经归案但是因为还涉嫌其他犯罪需要继续侦查的，或者因为法定原因不能与本案被告人同案起诉、审判而需要延迟的，此时可在其姓名后面写明（另案起诉）；（4）如果因为本案已经先于目前的被告人提起公诉但是一审法院尚未作出刑事判决的，此时可在其姓名后面写明（已起诉）；（5）如果因为本案已经先于目前的被告人受到刑事处罚的，可在其姓名后面根据实际情况写明（已判刑）或（已作不起诉）。

实践中有的检察院在制作起诉书时将本来是处在"在逃"状况的写成"另案处理"，笔者认为这种做法是不妥当的。这是因为此举第一是违背了实事求是的原则；第二是违背刑事诉讼的基本常识，已经到案的同案犯罪嫌疑人在没有法定原因的情况下应该同案起诉、审判，不能作"另案处理"；第三是有可能会使得被告人及其家属、辩护人发生误解，以为同案犯罪嫌疑人可能会受到其他较轻的处罚或者根本就不会受到处罚，进而怀疑检察机关的公正性。笔者认为，此举可能是个别检察院考虑到将来刑事审判的需要，防止被告人抱有侥幸心理和避重就轻，把主要责任推卸到在逃的同案犯罪嫌疑人身上，企图达到从轻、减轻刑事处罚的目的。所以有的检察院将"在逃"状况的特意写成"另案处理"的目的估计是迷惑被告人。

如果实际情况确实如笔者分析的那样，那么个别检察院的这种想法是过于简单和理想化了。首先辩护人在阅卷时能够发现没有同案犯罪嫌疑人的供述，并可以在与被告人会见时告知实情，此举并不违背刑事诉讼法的规定；其次在庭审中是需要举证、质证的，被告人在此过程中看到一直没有同案犯罪嫌疑人的供述材料拿出来举证、质证，就会很自然地想到其有可能在逃；最后，很多在逃的犯罪嫌疑人的基本情况并没有查清楚，甚至连其真实的姓名都没有掌握，仅仅只有绰号或者代号、化名，所以在制作起诉书的时候就只能按照其绰号或者代号、化名来叙写名字，因此在同案犯罪嫌疑人的真实姓名都没有查实的情形下，写成

"另案处理"显得自相矛盾、欲盖弥彰。被告人也一定会据此推测得出实际情况,个别检察院的良苦用心没有任何作用。所以将本应该写明的"在逃"特意写成"另案处理",不仅起不到应有的积极作用,反而有可能造成消极、负面的作用,得不偿失。

此外,对于与被告人同案的涉案人员在起诉书中的称谓问题,最高人民检察院没有统一的规定,而实践中各个公诉人在制作起诉书时则有各种不同的叙写方法,有称"犯罪嫌疑人×××"的,有直呼其姓名或者绰号、化名、代号的,有称"歹徒×××"的,等等。对此,笔者认为:(1)对于因本案已被判刑的涉案人员称"罪犯×××";(2)对于因本案已作相对不起诉的涉案人员则称"被不起诉人×××";(3)对于在逃的涉案人员但是预计可以追究刑事责任的称"犯罪嫌疑人×××";(4)对于另案起诉的涉案人员也称"犯罪嫌疑人×××";(5)对于另案处理的涉案人员可直呼其姓名;(6)要注意对于基本情况尚未查实仅有绰号、化名、代号的在逃涉案人员,不能简单地直呼其绰号、化名、代号,应该称之为"绰号(或化名、代号)为'××'的犯罪嫌疑人(或歹徒)";(7)为了行文简洁,也可以直接称呼涉案人员的姓名,只是在首次称呼出现时应该在其姓名后加注括号作注释性说明其目前所处的状态。

20. 关于在"认定上述事实的证据如下"这段文字中应该按照何种顺序来列举证据的问题。在实践中,常规的叙写方法是:(1)被告人的供述和辩解;(2)被害人陈述;(3)证人证言;(4)物证、书证;(5)视听资料;(6)勘验、检查笔录;(7)鉴定意见。而在实践中有另外一种意见则认为列举证据的顺序应该严格按照《刑事诉讼法》第50条第2款的规定,即(1)物证;(2)书证;(3)证人证言;(4)被害人陈述;(5)犯罪嫌疑人、被告人供述和辩解;(6)鉴定意见;(7)勘验、检查、辨认、侦查实验等笔录;(8)视听资料、电子数据。其主要观点就是认为物证、书证和证人证言的客观性较强,因此其证明力也相对较强,应该列举在最前面。

笔者认为,实践中常规的叙写方法其实是按照目前刑事审判过程中进行庭审举证、质证的顺序来列举证据的，是将主观性较强的言词证据排列在前，将客观性的证据排列在后，这样的做法是经过了多年司法实践检验的，有其合理性和必然性。而另外的一种意见虽然有一定的道理，但是没有考虑到庭审举证、质证的客观要求；此外虽然物证、书证的证明力相对较强，但是它仅仅只是对案件事实的片段进行证明，如果没有被告人的供述和辩解、被害人的陈述等比较完整和全面的关联性言词证据来佐证，孤立的物证、书证没有任何意义；证人证言的证明力虽然也相对较强，但是考虑到很多证人证言并非是案件目击证人所提供的证据，仅仅只是旁证，无法直接、客观、完整地证实犯罪事实，而且证人的思辨能力强弱有可能影响到证言的客观性；特别是常见的某些与案件有利害关系的证人，其证言的证明力有可能要打折扣，证人也有可能作伪证。所以笔者认为，我国刑事诉讼法规定的八类证据不是谁排位在前就一定证明力最强，而是根据证据"三性"（合法性、客观性、关联性）的强弱来作为判断的标准。因此笔者认为按照庭审举证、质证顺序的常规叙写方法比较合理。

此外，对于有多个罪名的被告人，是否在每个罪名的案件基本事实部分叙写完毕后都要进行列举证据的问题，笔者认为，根据庭审举证、质证的要求来看，不同的罪名是需要分别举证、质证的，而在叙写起诉书时如果根据不同的罪名都分别进行证据列举，那就显得过于繁琐，意义不大。因为公诉人在出庭时是准备了举证提纲的，而非依靠起诉书的证据列举来进行举证的；起诉书的证据列举是高度概括地表明检察机关提起公诉的证据依据，应该简洁明了。所以对于有多个罪名的被告人，不必根据各个罪名来分别列举证据，可在全部罪名的案件基本事实部分叙写完毕后一并列举。

21. 在起诉书尾部起诉的根据和理由中，需要引用法律和司法解释条款时，必须使用法律和司法解释的全称，如《中华人民共和国刑法》《中华人民共和国刑事诉讼法》和最高人民法院、最高人民检察院《关于办（审）理×××案件具体应用法律若干问题的解释》等，而不能写成：我国《刑法》、我国刑法、两高院关于××××问题的解释；

如果相关司法解释是由最高人民法院或者最高人民检察院授权各省、自治区、直辖市高级人民法院、检察院作出的，也可以引用；在书写具体条文时必须按照该法律和司法解释条款的规定使用相应的汉字数字，不能乱用阿拉伯数字；其次要注意具体条文内的款、项必须叙述准确、到位。此外还应该注意以下几点：

（1）对于共同犯罪中的多个被告人各自具有不同的犯罪情节，如有未成年人、未遂、主犯和从犯、累犯、自首和立功、数罪并罚等涉及将来具体量刑时的法定从轻、减轻或者从重的犯罪情节，需要适用不同的刑法条文和援引不同的司法解释时，应当逐人分别引用，以充分体现起诉书的准确性和针对性。

（2）对于某个被告人具有多项犯罪罪名和情节，需要适用多项刑法条文和援引多条司法解释时，应该按照不同的条文在刑法或者司法解释中的先后顺序依次叙述，否则会混乱不堪；其次，不少刑法条文中具有好几款、项，一般其中第一款往往是概括性的表述，下面的几款、项则是分数量或者分类型进行具体表述，因此在引用刑法条文时应该将第一款和下面相对应的款、项全部引用，不能遗漏。（例如①贩卖甲基苯丙胺（冰毒）不满10克的，具体引用刑法分则表述为："第三百四十七条第一款、第四款"；②未成年人犯罪的，具体引用刑法总则表述为："第十七条第一款、第三款"）。需要指出的是，对于受贿罪引用刑法分则的条文应该表述为："第三百八十五条、第三百八十六条和第三百八十三条第一款第（几）项"。

（3）需要注意的是，规范的起诉书尾部的正确写法应该是：第一，被告人的行为触犯的是《中华人民共和国刑法》××条款（刑法分则）的规定，而不是《中华人民共和国刑法》××条款（刑法分则），因此不能漏掉"的规定"三个字；第二，不能将被告人的行为触犯的《中华人民共和国刑法》分则的规定与其具备该法总则里有关法定从重、从轻的条款笼统地写在一起，须分开叙述；第三，根据2019年《最高人民检察院司法解释工作规定》第5条的规定："人民检察院在起诉书、抗诉书等法律文书中，可以引用司法解释的规定"，因此可以根据案情的需要将相关的司法解释或者具有司法解释性质的指导性意见条款叙写在刑法分则条款或者刑法总则条款的后面，以充分表明检察机关的观点和意见，也能方便审判人员、辩护人查找相关的司法解释或者具有司法解释性质的指导性意见条款，进一步理解公诉人的观点和意见。具体表述为："本院认为，被告人×××……（概括叙述罪状、性质、危害程度、情节轻重），其行为触犯了《中华人民共和国刑法》第×××条第×款（刑法分则）和最高人民法院、最高人民检察院《关于办（审）理××××案件具体应用法律若干问题的解释》第×××条第×款的规定，犯罪事实清楚，证据确实、充分，应当以××罪追究其刑事责任；同时被告人×××具有《中华人民共和国刑法》第×××条第×款和第×款、第×××条第×款、第×××条第×款（以上均为刑法总则，有数条的按照在刑法条文中的先后顺序来写）以及最高人民法院、最高人民检察院《关于办（审）理××××案件具体应用法律若干问题的解释》第×××条第×款规定的情节。"此外还要注意在"证据确实、充分"这句话的"确实"与"充分"之间应该加上顿号，以便与刑事诉讼法条文的表述一致。

（4）对于被告人具有刑法总则规定的法定从轻、减轻和从重情节的，还有一种比较详细的叙写方式，这种方式虽然文字较多但是清晰明了，针对性较强。如具有立功表现可写成："被告人×××归案后检举揭发了×××（人名）涉嫌××犯罪的行为并经×××公安局（检察院）查证属实，其行为符合《中华人民共和国刑法》第六十八条的规定，具有立功表现"。

（5）对于被告人及其家属在起诉前有退赔赃款、赃物和民事赔偿行为的，不管是全部退赃、赔偿还是部分退赃、赔偿，都值得肯定和鼓励，是属于酌定从轻处罚的情节，也应该在起诉书尾部予以载明。

（6）考虑到新旧法律的衔接和溯及力的问题，在需要援引目前已经失效的法律或者司法解释条款时，应该加上这个法律或者司法解释具体颁布的时间，以便与现有的法律或者司法解释相区别。如将旧刑法在起诉书中具体表述为："一九七九年的《中华人民共和国刑法》"。根据最高人民法院、最高人民检察院 2001 年 12 月 7 日颁布的《关于适用刑事司法解释时间效力问题的规定》，"两高"的司法解释在溯及力的问题上和我国刑法的规定一致，也遵循"从旧兼从轻"的原则，因此在起诉书中援引相关的司法解释时必须注意这个问题，做到正确引用。

（7）鉴于目前全国人大常委会已经通过并颁布实施 11 个刑法修正案，陆续对刑法条款进行大量的修正、增补和删除，如果在实际工作中需要援引某个修正案通过、颁布实施之前的刑法条款，那么在起诉书中具体表述为："《中华人民共和国刑法》（该法修正案〈几〉施行前）第××条第×款"。

（8）根据《刑法》第 12 条第 1 款的规定，对于被告人的犯罪行为发生在 1979 年的《中华人民共和国刑法》（以下简称七九刑法）生效之后和 1997 年《中华人民共和国刑法》（以下简称九七刑法）及其修正案生效之前，在制作起诉书时具体应该如何适用、援引哪部刑法分则、总则的条款，以正确贯彻执行"从旧兼从轻"原则的问题。笔者认为，在两部刑法均认为被告人的行为是犯罪并且需要、可以追究刑事责任的前提下，如果七九刑法分则的量刑轻于九七刑法分则以及修正案的量刑，就援引七九刑法；但是如果七九刑法分则的量刑重于九七刑法分则及其修正案的量刑，则援引九七刑法及其修正案。而在具体案件中对于两部刑法总则适用的问题，由于两部刑法总则都有相关法定从轻、减轻或从重的条款，但是九七刑法是对七九刑法的继承、修改和完善，加上陆续出台的修正案，相比七九刑法已经更加科学、合理、严密和完备了，从总体上来看九七刑法总则内法定从轻、减轻的条款是多于七九刑法总则的，体现了目前轻刑化的立法趋势，特别是 1997 年《刑法修正案（八）》通过的第 67 条第 3 款更是前所未有的创举，真正从刑法条文中体现了我国一贯倡导的"坦白从宽"的刑事政策，所以笔者认为适用九七刑法的总则和各项刑法修正案的条款更加有利于被告人和符合立法的精神；此外还必须注意不能遗漏追诉时效的条款。援引七九刑法的具体表述为："……其行为触犯了一九七九年的《中华人民共和国刑法》第×××条第×款和《中华人民共和国刑法》第×××条第×

款的规定,犯罪事实清楚,证据确实、充分,应当以××罪追究其刑事责任;根据《中华人民共和国刑法》第十二条第一款的规定,应当依照一九七九年的《中华人民共和国刑法》第×××条第×款的规定判处刑罚;同时具有《中华人民共和国刑法》第×××条第×款(总则条款)、第八十八条第(几)款规定的情节。"援引九七刑法及其修正案的具体表述为:"……其行为触犯了一九七九年的《中华人民共和国刑法》第×××条第×款和《中华人民共和国刑法》第×××条第×款的规定,犯罪事实清楚,证据确实、充分,应当以××罪追究其刑事责任;根据《中华人民共和国刑法》第十二条第一款的规定,应当依照《中华人民共和国刑法》第×××条第×款的规定判处刑罚;同时具有《中华人民共和国刑法》第×××条第×款(总则条款)、第八十八条第(几)款规定的情节。"

(9)《刑法修正案(八)》对于第67条增加了1款作为第3款,而在司法实践中除了少数犯罪嫌疑人拒不认罪以外,绝大多数犯罪嫌疑人对于检察机关的犯罪指控基本上都是认罪的,因此绝大多数犯罪嫌疑人均符合该条款情节并可以适用,所以该条款基本上可以成为起诉书的常设条款。必须注意的是,从文字的叙述上来理解该条款,可以看出对于犯罪嫌疑人认罪有严格的阶段性的要求,即必须是在侦查阶段或者至少在审查起诉阶段就要认罪,这才符合该条款的立法原意;如果犯罪嫌疑人始终拒不认罪,直到检察机关提起公诉后至审判机关的一审判决前才认罪的,不能适用第67条第3款的规定给予该被告人(原称犯罪嫌疑人)法定从轻或减轻处罚。因此对于前述第二种情况审判机关如果准备适用该条款的,公诉人就应该在一审判决前积极交涉、据理力争,防止该被告人规避法律的惩罚;如果审判机关不采纳公诉人的意见仍然适用该条款的,这样的判决依据就可以成为检察机关将来抗诉的理由。

(10)经过对刑法不断的修改完善,我国现行刑法条文中出现了"第×××条之一""第×××条之二"这样的表述方式,如危险驾驶罪所在的刑法条文为"第一百三十三条之一",这种表述方式与以前沿袭和现在常见的"第×××条第×款"或者"第×××条第(×)

项"的写法有异，而在实践中也有不同的看法，有种意见认为应该将条文中的"之一""之二"归类于"第×款"之列。但是笔者认为，既然各个修正案是立法机关通过的，那么其中条文的表述方式肯定是经过精心研究的，不应该怀疑它的精准性，虽然与以前习惯的叙写方式相比有了一些新的变化，但是在制作起诉书时还是应该严格按照刑法各个修正案条文的表述方式来正确叙写，如组织出卖人体器官罪，其在刑法条文中的正确表述方式为："第二百三十四条之一第一款"。

（二）形式方面的基本要求

起诉书的排版、打印格式要符合国家机关公文格式的基本要求，标题、编号、正文、落款的大小、间隔、位置均有相应的规定和讲究，这样制作出来的起诉书才会显得庄重、严肃、统一和美观大方，这也是规范、标准的法律文书所必要的形式要件。

1. 起诉书的标题建议采用加粗的黑体字。因为黑体字雄浑粗壮，比较醒目，能较好的体现出起诉书的庄重和严肃性；而宋体字和仿宋体字相比即便加粗也显得纤弱不够气派，无法体现出起诉书所需要的那种气势。不过要注意起诉书主、副标题之间的位置、结构和大小也有各自的不同要求和特点。

（1）副标题为起诉书制作单位的名称，如"××省××县人民检察院"，采用一号黑体字，居中、加粗。必须将所在的省级行政区域名称写入其中。考虑到字数较多，字体之间不留空格。如果副标题字数太多可以适当减小字体，或者将副标题进行相应的分段。如："新疆维吾尔自治区乌鲁木齐市××××区人民检察院"由于字数过多可以分为两段，省级行政区域的名字写在第一行，市级行政区域和设市区的基层检察院的名字写入第二行；或者把省级和市级的行政区域名字写在第一行，设市区的基层检察院的名字写入第二行；但是要注意上下两行的字体大小必须保持一致。

如果基层检察院为县级（含县级市），可以在该县检察院名字之前直接冠以省级行政区域的名字，而不必将该县的上一级（地区、市级）行政区域的名字写入副标题之中。如果是外国人、境外人员涉案，那么在副标题中的省级行政区域的名字之前还必须冠以"中华人民共和国"的称谓。注意副标题的字体必须小于主标题,一般是小一个等级即可。

(2)主标题"起诉书"三个字在副标题往下另起一行,采用小初黑体字,居中、加粗。因为字数较少,所以字体之间可以适当留出少许空格。

2. 起诉书编号的本行字与主标题间隔两行,与正文间隔一行,编号的本行最后一个字"号"与正文每行最后一个字(第 28 个字)竖对齐。注意本条所说的行距大小是指三号仿宋 GB2312 字体。目前起诉书编号的规范写法为:院名简称+检刑诉+[阿拉伯数字表述的年份]+阿拉伯数字顺序+号。例如:"湘检刑诉[2010]78 号"。此外还应注意:

(1)编号的年份外必须使用方括号,如"[2010]",不应用小括号"()",这是因为小括号的形状呈半圆形,易与括号中的阿拉伯数字相混淆,且不醒目。

(2)编号里的"诉"字后面不能加"字"。

(3)具体的编号数字前不能加"第"字。

3. 《国家行政机关公文格式》里规定:"正文用 3 号仿宋体字,一般每面排 22 行,每行排 28 个字"。参考该项的规定,经过对比排版测试,笔者建议起诉书中的编号、正文中的汉字应该采用三号仿宋 GB2312 字体;正文每行排 28 个字(含标点符号、数字),每页排 24 行比较合适。行间距太稀疏则不够紧凑且浪费纸张,过于密集也不太美观大方,还会使得一些年龄层次的阅读者不容易辨识。本文即是按照此要求排版。

4. 根据实践中的使用情况和我们的经验,编号和正文、"附"注事项中所有的阿拉伯数字、英文字母如果采用三号仿宋 GB2312 字体,会显得比较瘦弱不太美观,因此建议采用三号 Times New Roman 字体,这样的字体圆润饱满比较美观、有气势。本文中的阿拉伯数字、英文字母均为三号 Times New Roman 字体。

5. 使用标点符号要讲究,既不能全是逗号,最后才是一个句号,也不能乱用句号。要结合起诉书内容的需要,根据标点符号的不同作用正确、合理地使用逗号、分号、句号、冒号、顿号、括号、引号、书名号等各种标点符号。

6. 要根据对案件基本事实部分的叙述情况注意适当划分段落，做到层次分明，不能大段文字从头到尾。对于涉嫌多个罪名或者多项犯罪事实的，可以使用数字（汉字数字和阿拉伯数字）归类列举予以分别叙述。

根据我国内地日常使用过程中逐步形成的习惯和相关规定，数字的主从（包含）关系是有一定讲究的，其中的主要原则是：不带括号的数字为主，带有括号的数字为从；汉字数字与阿拉伯数字并存时应该以汉字数字为主，阿拉伯数字为从。例如：

（1）一、二、三……等汉字数字为最主要、最基本的主项；

（2）（一）、（二）、（三）……等带有括号的汉字数字就次于上述（1）不带有括号的汉字数字，为从项；

（3）1、2、3……等阿拉伯数字因为不带有括号，因此在阿拉伯数字中为最主要、最基本的主项；当它与上述（1）的汉字数字一、二、三……并存的时候，就必须是从项；

（4）(1)、(2)、(3)……等带有括号的阿拉伯数字又次于上述（3）不带有括号的阿拉伯数字，为从项；

（5）①、②、③……等为全封闭的阿拉伯数字，它又是上述第（4）项的从项；

（6）在大多数情况下起诉书案件基本事实部分的主从、层次关系都不是很复杂，一般仅有两级，所以目前习惯性的做法是将汉字数字一、二、三……做主项概括叙述，阿拉伯数字1、2、3……为从项详细叙述。这样的叙写方式显得简便、区分明显，阅读起来一目了然。

（7）在叙写案件基本事实部分时，应该首先使用作为主项的汉字数字或者阿拉伯数字，然后再根据需要合理使用从项数字；不能在主项数字都没有使用的情况下很突兀地使用从项数字，这样的做法是不规范的，也不符合行文的习惯和相关规定。

（8）罗马数字（Ⅰ、Ⅱ、Ⅲ、Ⅳ、Ⅴ、Ⅵ、Ⅶ、Ⅷ、Ⅸ、Ⅹ、Ⅺ、Ⅻ……）在我国内地各种文书中基本不再使用。

7. 在撰写起诉书首部被告人的基本情况时，如果按照《刑诉规则》

第 358 条第 2 款第 1 项的规定顺序来书写的话，在打印时的版面、格式一般就不会发生什么变化（注意：为了行文简洁，可以将"出生年月日"和"出生地"两项合并写成"××××年××月××日出生于××省××县"），但是如果将"身份证号码"的顺序书写的位置不合适，就会造成电脑自动将相关的某行字体之间拉开空档的现象，其结果造成起诉书首部的版面、格式不美观。这是因为身份证号码是一组 15 或 18 位连串的阿拉伯数字，而连串的阿拉伯数字在电脑中是不能分段的。所以根据多年的实践经验，只要严格按照上述规则规定的顺序来书写，就不会出现拉开空档的现象。

如果被告人是某些少数民族或者外国人、境外人员，姓名比较长，或者被告人有曾用名和绰号，或者出生地的行政区域名字较长、字数较多，将会占用较多的字体空间，那就要根据具体情况来调整身份证号码的位置，尽量保证使起诉书首部不出现拉开空档的现象。

8. 在行文时如果遇到表示数量的数字为千位数以上时，小数点前每三位数字之间必须写上分节号，这是公文写作的基本要求。（如 1234567890 元，正确的写法应该是人民币 1，234，567，890 元。）但是对于不是表示数量的一连串数字（如身份证号码、银行账号、信用卡号码、商品条形码和手机号码等）之间不能书写分节号。数字的分节号即逗号。笔者认为分节号应该采用半角逗号（英文逗号）。这是因为半角逗号只占半格，所以能使得每个分节号与前后数字之间不会有空格，因而使得该一连串数字之间紧凑不脱节，符合数字排列的规范和人们的书写、阅读习惯；而全角逗号（汉语逗号）要占一个格，所以使用全角逗号就会使得每个分节号与前后数字之间产生空格，因而使得该一连串数字之间会产生脱节现象，不符合数字排列的规范和人们的书写、阅读习惯，也不美观。本文中的分节号即为半角逗号。

9. 起诉书中的案件基本事实部分在叙述具体时间的时候，应该采用国家标准的 24 小时的时间格式。如以 2016 年 10 月 29 日为例，当日下午 3 时许应写成"15 时许"；当日晚上 10 时许应写成"22 时许"；当日午夜 12 时许实际上是次日凌晨 0 时许，应该写成"2016 年 10 月

30 日 0 时许"。

汉语中表示时间的模糊词语一般有凌晨、清晨、早上、上午、中午、午后（晌午）、下午、傍晚、晚上、深夜、午夜等。由于大多数人不规范使用国家标准的 24 小时的时间格式，所以在书写具体时间的时候就必须在前面加上相应的模糊词语，以示区别。如果严格采用 24 小时的时间格式，则完全可以不再使用模糊词语；当然如果养成了书写模糊词语的习惯，目前暂时也可以继续书写在 12 或者 24 小时的时间格式前，但是必须注意模糊词语与具体时间的对应性。

现代通用汉语中表示时间的模糊词语对应的具体时间（以东八区的北京时间为准）大致是：凌晨一般是指 0 至 2 时，清晨一般是指 3 至 6 时整，早上一般是指 6 时至 8 时整，上午一般是指 8 时整至 12 时整，中午一般是指 12 时整至 13 时整，午后（晌午）一般是指 13 时整至 14 时整（此时亦可称下午），下午一般是指 14 时整至 18 时 30 分左右，傍晚一般是指 18 时 30 分左右至 19 时 30 分左右，晚上一般是指 19 时 30 分左右至 23 时整，深夜一般是指 23 时整至次日 0 时左右，午夜一般是指次日 0 时左右至次日 1 时许；另外在口语中对傍晚、深夜、午夜往往也统称"晚上"。当然上述的对应不是绝对的，时间过渡之间有交叉，此外也会因为季节变换所造成的昼夜长短的变化有所变化，主要是日出和日落的时间有所不同。

不过需要注意的是，我国幅员辽阔，横跨好几个时区，虽然采用了国家统一的北京时间，但是在不同时区的早中晚实际上是有差距的，比如新疆维吾尔自治区乌鲁木齐市的地理位置为东六区，比北京晚两个小时，因此在乌鲁木齐市当地的习惯里，有关表达早中晚实际时间的模糊词语自然就会比地理位置位于东八区的北京市要晚。所以为了维护起诉书的全国统一性，建议不再使用模糊词语加 12 小时的时间格式，最好还是采用国家标准的 24 小时的时间格式。

10. 起诉书正文中的时间、日期可以采用阿拉伯数字或者汉字，但是在行文时必须统一，不能交替混合使用。而落款日期中的数字应该使用阿拉伯数字，不能使用汉字，更不能将汉字与阿拉伯数字混用。如将落款写成二〇二〇年二月二十九日或者写成二０二０年二月二十九日均不正确，正确的写法应该是使用阿拉伯数字：2020年2月29日。

11. 在起诉书尾部起诉的根据和理由中引用法律和司法解释条款时，如果被告人涉嫌多项罪名，以及每个罪名中可能又分别具有不同的量刑情节，由于需要分别引用不同法律和司法解释条款而导致行文较长，所以最好按照不同的罪名适当划分段落，力求做到清晰明了，避免大段文字到底。

12. 落款中的"此致××省××县人民法院"，在"此致"之前空出两个字体的空格；"××省××县人民法院"往下另起一行顶格写，字体前后均不用标注标点符号。对于一审法院名称的使用应该和提起公诉的检察院相同的行政区域的全称。实践中不少检察院的起诉书将"此致"两字摆放在一行的中间，这种做法是不规范的。

13. 落款应该在正文或者纸页的右下角，根据多年实践，所谓右下角最适当的位置应该是：落款日期中的最后一个字"日"与起诉书正文中的第26个字竖对齐。此外应注意：

（1）落款中的署名"检察官：×××"应该书写在落款日期上方中间，在上文第12项中提到的"××省××县人民法院"的下一行；如果纸页余留的行间距足够，那么在落款中的署名和落款日期之间尽量留出大于院印公章半径的距离，以便在落款日期上加盖院印公章时不同时覆盖在署名上。

（2）注意落款中署名前的法律职务司法责任制改革后只能是"检察官、检察官助理"，不能写成"检察员、或者（几）级检察官"。

（3）如果承办案件为两人以上的，署名应纵向排列；法律职务若是不相同的，就应在署名前分别写上各自的法律职务。

14. 不管"附"注事项与落款日期之间的纸页的行间距有多大，一般都把"附"注事项打印在本页最下面一行（即第24行），如果"附"注事项超过两行及以上，那么最后一行应该打印在本页最下面一行。

15. 从其他诉讼文书电子版进行复制、粘贴相关段落时，必须注意字体和行间距与自己制作的起诉书保持一致，不能出现字体变化或者大小不一的现象,也不能出现行间距忽密忽疏的现象。如果复制、粘贴相关段落的字体和行间距与自己制作的起诉书不一致,那就应该按照本文的要求调整为标准的格式。

16. 每页应该标上页码,居中。

17. 一审法院合议庭的组成人员一般为三人,所以在送达一审法院的数份起诉书中有三份为正本,其余的起诉书均为副本,因此凡是起诉书副本均应该在起诉书首页右上角加盖"副本"章。"此件与原本核对无异"章盖在起诉书副本最后一页"附"注事项正下方,该印章中的"此"字与起诉书中的"附"字竖对齐。

18. 根据公文使用印鉴的习惯和相关规定,起诉书中的院印公章和校对章[全称为"××县(市)人民检察院校对章"]是证明类的印鉴,必须使用能起到证明作用的红色印油,以示对起诉书的内容真实性负责。"副本"章和"此件与原本核对无异"章则是起到辅助、提示作用的服务类印鉴,该类印鉴的内容中不含起诉书制作单位名称,所以可以使用蓝色印油,是为了对该份起诉书起到指示属性和防范作用。加盖印章时都要求油墨均匀、字迹、图案清晰,印章尽量盖正不歪斜,加盖院印公章时要求其水平横直径尽量压在落款日期上。骑缝章[全称为"××县(市)人民检察院骑缝章"]是加盖在多联填空式的诉讼文书上的,起诉书上一般不使用骑缝章。

(三)起诉书制作的注意事项

1. 首先,起诉书在正式打印前应该认真校稿,尽量减少错字、漏字、白字和某些错误、不规范使用标点符号的现象发生。若是打印后则应该尽量避免改动,如果确实需要改动,必须在改动的地方加盖校对章。由于起诉书往往是制作者本人校稿,由于对文章过于熟悉,反而使得个别错误的地方不容易找出来,这就需要细致、认真地校对;其次可以适当变更校对的时间,比如当日撰写完毕进行校对后,如果时间允许,次日不妨再次校对一遍,而且在校对的同时还可以对字、词、句和段落进行必要的斟酌、修改,这样可以最大限度地减少疏漏、错误的产生;再次,由于起诉书虽然是采用现代通用汉语书面语言行文,但是都需要在法庭上由公诉人当庭宣读（简易程序除外），因此在校稿时最好进行出声朗读，这样不仅可以及时发现部分疏漏、错误，而且可以纠正断句方面可能出现的问题，进而达到宣读时顺畅、上口的良好效果；最后，在校稿朗读和出庭宣读起诉书时一定要使用标准的普通话，做到字正腔圆、嗓音清亮和语速适当，避免使用各个地方的方言，更不能模仿港台腔里所谓的"国语"那种嗲声嗲气的腔调和特有的断句、停顿的方式，甚至特意把"说服"念成"shùi, fú"，把"徘徊"念成"pái, huí"，等等。

2. 正式打印时采取单面打印或者双面打印的方式均可，打印时可以根据需要使用 A3 或者 A4 规格的纸张。以一张 A3 规格的纸张为例，如果进行双面打印，因为在装订时需要对折，所以规范的打印方式是第一页和第四页在同一面打印，第一页在右半张，第四页在左半张；第二页和第三页则在反面的同一面打印，第二页在左半张，第三页在右半张。而使用 A4 规格的纸张进行双面打印就相对简单，只需正反打印即可。

3. 应当树立与时俱进的工作理念。最高人民检察院及其相关业务部门并未颁布比较详细的起诉书规范性制作规定，也没有相关排版、格式方面的具体要求，仅有比较笼统的规定。而各级地方检察院对此的重视程度不一，导致不同的地方检察院和不同的检察人员所制作出来起诉书参差不齐，五花八门。所以在制作起诉书时应该统一标准，确保其质量符合基本要求。在遵守基本规定的前提下，不必过于拘泥各种陈旧、落后于时代要求的范本、格式，不能因为曾经的办案经验丰富而固步自封和思想僵化，要随着社会形势的发展与法治的进步，对于起诉书的写作方式、技巧进行必要的综合、归纳和适当的创新，也可以借鉴、吸收其他司法机关比较好的写法，多学习一些有影响的典型案件尤其是两高定期公布的相关案件的起诉书、刑事判决书，从中分析、比较以便学好"法言法语"，使得在实际工作中应用自如。

五、提起公诉中犯罪事实部分的完善

犯罪事实是起诉书中最重要的部分，犯罪事实描述之好坏，直接关系到公诉质量这个大问题，甚至影响到罪与非罪的认定。实践中，起诉

书对犯罪事实的描述因语言使用不当严重地影响着起诉书的质量。[①]

(一) 犯罪事实描述不当的影响

起诉书必须尊重客观事实，忠于事实真相。然而由于各种原因有的起诉书出现词不达意、用语不准的现象，致使犯罪事实描述不当，不能全面、客观、准确地反映犯罪事实。

1. 犯罪事实描述不当影响罪与非罪的认定

例如，某基层检察院的一份起诉书的事实表述为："秦某甲伙同其子秦某乙等人将王某甲、王某乙、解某某、侯某某打伤。"此表述对于秦某甲实施的犯罪行为的描述比较模糊，秦某甲是仅指使其子等人殴打他人，还是直接参与实施了殴打行为，还是两者兼而有之？若检察机关指控秦某甲参与实施了殴打，则秦某甲当时必然在案发现场，而若仅具有指使行为，则可能在案发现场，也可能不在案发现场。这是"伙同"一词使用不准确，造成语意表达不明确。

判决书中的裁判理由认定："现有证据，认定被告人不在现场的证据较为充分，而指控被告人参与伤害的证据不够充分，且证据间存在矛盾之处。"由此可见，判决书在秦某甲是否参与实施殴打行为这一问题上存有疑义，即在有罪证据与无罪证据之间。在量上，无罪证据显得更为充分，在质上，有罪证据间的矛盾未合理排除，继而对秦某甲判决无罪。而在抗诉阶段，检察机关针对无罪判决在抗诉书中将秦某甲的行为明确表述为："被告人秦某甲指使秦某乙等人殴打被害人的行为，事实清楚，证据确实充分，应构成故意伤害罪。"此时仅仅强调秦某甲的"指使"行为，而完全回避了秦某甲是否直接参与实施了殴打行为。尽管检、法两家可能对该案的事实及证据的认识存在分歧，但是公诉人对案件事实把握不准，起诉书描述不清，无疑是导致无罪判决的重要原因之一。

2. 犯罪事实描述不当影响此罪与彼罪的认定

【案例】起诉书认定：2011 年 11 月 30 日，被告人苏某在本市某小

[①] 潭淼：《起诉书犯罪事实之描述》，载《国家检察官学院学报》2006 年第 6 期。

区一自动取款机中捡到事主张建宇遗忘的工商银行银行卡一张，并当即修改了该卡密码。事后被告人苏某以非法占有为目的，于同年12月1日、18日、19日、20日分六次从该卡中取出人民币共计7050元，于2011年12月28日后被抓获归案。

该起诉书指控的罪名是诈骗罪，而所引用的法条是《刑法》第196条第3款盗窃他人信用卡并使用的。但起诉书不是使用"窃取"而是使用"捡到"一词，来描述被告人取得他人遗忘在自动取款机中的信用卡的行为。虽然在实践中，对这一行为的性质尚有争议，但起诉书使用"捡到"实际上是排除了构成盗窃罪的可能，也许因为这一原因，法院的判决书改变定性，将被告人苏某冒用他人信用卡取款的行为，认定为信用卡诈骗罪。

上述案例说明，如果起诉书的犯罪事实部分用语不准确，将直接影响到指控的成败。我国著名法学家江平先生曾经指出："法律是苛求语言文字的。它不仅要求遣词准确，法律用语的精确度不亚于对桥梁、大厦精确度的要求，它还要求语法的准确，任何语法上的不严谨都会造成法律适用中的歧义和混淆。"俄罗斯大文豪托尔斯泰也曾经指出：语言艺术家的技巧就在于寻找唯一需要的词的唯一需要的位置。公诉人在制作起诉书时，也应该像语言艺术家一样，处处注意锤炼词语，努力寻找"唯一需要的词"，并将其安放在"唯一需要的位置"上，力求做到下语如铸，一字不易。

（二）犯罪事实描述不当的情形

1. 主动和被动句式使用不当导致表达混乱

在追诉犯罪的活动中，始终存在国家司法机关和犯罪人这一立场根本对立的两个主体。公安机关的起诉意见书，多使用主动语态来描述犯罪人的到案经过，在这种语态中，自然要以公安机关为主语，而以犯罪人为宾语。但起诉书作为检察机关指控犯罪的专门法律文书，其功能在于具体说明犯罪人的犯罪行为，而不在于说明公安机关将犯罪人缉拿归案的过程。基于此，起诉书应以被告人为主语，这样才能更好地突出被告人的犯罪主体身份。但有的起诉书不加分析地照抄起诉意见书，以公安机关为主语,而以犯罪分子为宾语,这种情况在实践中比较普遍。在有被害人的刑事案件中,存在加害人和被害人这样一对关系。如果使用主动语态,就应该以犯罪分子为主语,而以被害人为宾语。如果使用被动语态,就应以被害人为主语,以"被"字作为被动语态的标志词。需要注意的是,"被"不仅是被动语态的标志词,其本身也具有遭受不幸的修辞色彩。实践中常见的错误有两种:一是错误地使用主动语态和被动语态,二是将主动语态和被动语态混合使用,导致主谓指代混乱的情况。如某起诉书认定的犯罪事实:2014年10月2日23时许,被告人李某某伙同小虎(在逃)在本市某小区门外,使用暴力威胁手段,当场抢走被害人郝某某的黑色腰包一个,内有人民币800余元,腰包和钱被小虎拿走,被害人郝某某在被抢过程中造成右手臂软组织挫伤,腰背软组织挫伤,左耳垂皮肤擦伤,经鉴定为轻微伤。后被告人李某某于当日被抓获。判决书认定的犯罪事实:被告人李某某伙同他人于2014年10月2日23时许,在本市某小区门外,见被害人郝某某在一辆面包车内睡觉,遂打开车门,对郝某某殴打及语言威胁,当场抢走郝某某的黑色腰包一个(内有人民币800余元)。后被告人李某某被郝某某及赶来的群众抓获,其同伙携带赃款赃物逃离现场。被告人李某某及其同伙在抢劫过程中造成郝某某右上臂软组织挫伤,腰背软组织挫伤,左耳垂擦伤,经法医鉴定属轻微伤。这份起诉书存在两个问题:一是腰包和钱被小虎"拿走"。这一个"拿走"并不能准确反映抢劫行为特征,影响对该行为的定性。二是被动语态问题,即"被害人郝某某在被抢过程中造成右手臂软组织挫伤,腰背软组织挫伤,左耳垂皮肤擦伤"。在这一段叙述中,被害人郝某某的伤情是由被告人的抢劫行为所致,应该使用被动语态,但却使用了主动语态,因此不能准确地反映案件事实。该案判决书改用主动语态来描述被告人李某某在抢劫过程中故意伤害被害人的事实,比较准确。再如:"被告人在本市某公交车站附近与他人交易时被民警查获,当场起获伪造清华大学毕业证一个(已鉴定)。"此处措词明显存在主谓混乱的情况:谓语"被查获"和"当场起获"的主语不可能是同一个。虽然可以通过上下文猜测谁被查获,谁当场起获,但作为严谨、严肃的起诉书,这种现象是不应该出现的。起诉书在描述犯罪事实时,通常先提到犯罪时间,再提到被告人,而判决书均将此顺序调整倒过来。例如:2017年11月22日22时许,被告人马某伙同王某窜至本市某小区10号楼地下室,窃取他人财物。而判决书则改为:被告人马某伙同王某于2017年11月22日22时许,窜至本市某小区10号楼地下室,窃取他人财物。这一调整可以更加强调被告人的犯罪主体身份。

2. 指代不明导致逻辑混乱

代词是用来代替或指示事物、行动、性状、数量的词,在句中具有名词和形容词的句法功能。在描述犯罪事实过程中,上下文有时需要提到同一事物。这时可以通过重复名词或名称来传递逻辑关系,但这种方式不够简洁。为了避免这种现象,不妨借助于代词的指代关系来传递逻辑关系。这样既使上下文更加紧凑,也使表达更加简洁。"案牍一字值千斤",在追求简洁的司法文书中,应该充分重视代词的这一独特优势。

【案例】起诉书认定:2014年8月18日晚,被告人贺某某在本市某区新潮流溜冰场内溜冰时与陈某双发生碰撞,双方遂到医院给贺某某看病,贺某某等人向陈某某等人索要人民币5000元未果,后被告人贺某某、刘某某、杨某某、谢某某、刘某某、李某等人在某区人民路东侧人行道上,持棍棒等追打陈某某的老乡,致被害人庄某某(男,21岁)头、颈部被钝器打击致重度颅脑损伤死亡。

这份起诉书的上半段有一句话"双方遂到医院给贺某某看病"。其实,贺某某本人就已经是双方中的一方了,在这种情况下,准确的说法,应该是"陈某双陪同贺某某去医院看病"。而后半段有一句话:持棍棒等追打陈某某的老乡,被害人庄某某受伤。由于这里没有交待清楚,很容易让人误认为"陈某某的老乡"与"被害人庄某某"系同一人,其实他们并非同一人。

(三)两类常见案件的犯罪事实描述中存在的问题

收购赃物案(《刑法》第312条"掩饰隐瞒犯罪所得")和转化型抢劫案(《刑法》第269条)在公诉实践中较为常见。这两类案件由于案情发展较为复杂，起诉书叙述起来有一定难度。

1. 收购赃物案

【案例】起诉书认定：被告人王某某明知该两台笔记本电脑为犯罪所得赃物，仍予以代为销售，被告人张某某在本市某百货商场内，明知被告人王某某等人向其销售的两台苹果牌笔记本电脑系犯罪所得的财物，仍然以人民币5000元的价格予以收购。

这份起诉书存在两个问题：（1）一个案件有两名被告人，按照罪责自负原则，应该分别叙述两名被告人的犯罪行为。应该明确区分两名被告人的犯罪行为。就处理方法而言，可以使用句号或者分段的方式，将两人的犯罪行为加以明显区分。（2）在描述被告人王某某的犯罪行为时，一方面没有说明其销售的笔记本电脑是通过何种犯罪手段得来的；另一方面又没有清楚地交待其将赃物销售给谁。而下文在描述同案另一名被告人张某某的收购赃物行为时又提到王某某的销售赃物的行为，显得有些脱节。如果在上文交待王某某的销赃对象，紧接着在下文交待张某某的收赃行为，就可以使整个案情形成一个完整的链条。

有的起诉书就很好地处理了这种关系。

【案例】起诉书认定：2014年12月21日间，被告人李某某在明知是犯罪所得的赃物的情况下，仍以人民币900元的价格从郭某某处收购华硕笔记本电脑一台及电脑包一个（经鉴定价值人民币6850元）、苹果ipad一个（经鉴定价值人民币2000元）。2015年3月22日，被告人李某某被抓获。经查，被告人李某某收购的笔记本电脑及ipad为被告人李某于2014年12月18日在本市某区某大厦盗窃的物品。现赃物已发还。

该起诉书成功之处有二：一是交待了财物被盗的事实，从来源上说明了赃物的性质；二是将赃物的收购价格与其实际价值进行对比，准确反映低价收购赃物行为的性质。

2. 转化型抢劫案

【案例】起诉书认定：2017年5月11日12时许，被告人王某某伙同他人在本市图书城餐厅内，盗窃被害人张某手提包一个，内有现金人民币3158元、美元10元、华为Mate7手机一部，价值人民币2860元。

被告人王某某等人在盗窃被发现后,为抗拒抓捕将被害人韩某打伤,经鉴定为轻微伤。被告人王某某被当场抓获,赃物已发还。

判决书认定:被告人王某某伙同他人于2017年5月11日12时许,在本市图书城餐厅内,盗窃被害人张某手提包一个,内有现金人民币3158元,美元10元,华为Mate7手机一部,价值人民币2860元。被告人王某某等人在盗窃行为被餐厅经理韩某等人发现后,为抗拒抓捕将韩某打伤,后被抓获。韩某的伤情为双膝软组织挫伤,经鉴定为轻微伤。被告人王某某被当场抓获,赃物已发还。

对照同一案件的起诉书和判决书,可以发现判决书将转化过程叙述得更细腻更清楚。虽然起诉书的犯罪事实部分要求简洁明了,但细节不能因为语言的简洁而丧失,相反,它应该保持丰富而饱满,文约而事丰。在转化型抢劫案件中,如果不交待清楚转化过程,就很可能影响到此罪与彼罪的认定。

语言能力的提高不可能一蹴而就,而是一个长期不断积累的过程,但只要高度重视起诉书的制作,反复摸索起诉书的制作规律,在实践中不断总结经验,并予以规范化,就一定能够提高起诉书的制作水平。

第五节 变更、追加、补充起诉

一、变更、追加、补充起诉的基本内涵

检察机关起诉后,因特定缘由改变公诉,包括变更、追加、补充起诉和撤回起诉(下一节专论),统称为公诉变更。变更起诉,是对原起诉书认定的部分事实,包括被告人的真实身份和其他犯罪构成要件事实以及适用法律和罪名进行变更。但此种变更,需受公诉事实同一性原则的限制,即被告同一、犯罪事实同一。追加、补充起诉,是提起公诉后,发现遗漏了被告,或发现新的犯罪,在原起诉的基础上,追加被告,或追加、补充原被告另犯的犯罪事实。

公诉是审判的前提,并决定审判的范围和对象。公诉变更制度的合

理设置以及变更权的正当行使，无论对国家刑罚权的实现，还是对被告人的命运，都发生重要影响。在公诉变更问题上如何履行检察职能，也是对检察机关客观公正的一项重要检验。

刑事诉讼法修改，对公诉变更问题未做出明确规定。因此，现行法只能从补充侦查的有关规定中，推导出由于补充侦查新发现的事实和证据可能导致起诉的变更，从而侧面确认公诉变更权。然而，刑事诉讼法未就变更权、变更时机、方式、变更限制和变更审查等程序问题作出具体规定，使公诉变更制度缺乏法律规范基础，难以避免操作中的随意性乃至执法冲突。

在司法实践中，公诉变更为行使公诉职能所必须，为此，《刑诉规则》制定及修订过程中，规定并力图完善公诉变更制度。《刑诉规则》第423条规定："人民法院宣告判决前，人民检察院发现被告人的真实身份或者犯罪事实与起诉书中叙述的身份或者指控犯罪事实不符的，或者事实、证据没有变化，但罪名、适用法律与起诉书不一致的，可以变更起诉。发现遗漏同案犯罪嫌疑人或者罪行的，应当要求公安机关补充移送起诉或者补充侦查；对于犯罪事实清楚，证据确实、充分的，可以直接追加、补充起诉。"第425条规定："在法庭审理过程中，人民法院建议人民检察院补充侦查、补充起诉、追加起诉或者变更起诉的，人民检察院应当审查有关理由，并作出是否补充侦查、补充起诉、追加起诉或者变更起诉的决定。人民检察院不同意的，可以要求人民法院就起诉指控的犯罪事实依法作出裁判。"第426条规定："变更、追加、补充或者撤回起诉应当以书面方式在宣告判决前向人民法院提出。"上述规定正是我国检察机关现行公诉变更制度的规范依据。

另外，《适用解释》第340条规定："对应当认定为单位犯罪的案件，人民检察院只作为自然人犯罪起诉的，人民法院应当建议人民检察院对犯罪单位补充起诉。人民检察院仍以自然人犯罪起诉的，人民法院应当依法审理，按照单位犯罪中的直接负责的主管人员或者其他直接责任人员追究刑事责任，并援引刑法分则关于追究单位犯罪中直接负责的主管人员和其他直接责任人员刑事责任的条款。"

公诉变更，会同时影响辩护权行使、影响程序的展开，影响法官心证形成及裁判效果。因此，合法、正当地实施公诉变更，对司法的公正、诉讼的效率，以及当事人合法权利的保障，都将发挥重要的作用。检察机关行使公诉变更权的正当性依据，是公诉的客观性和公诉的效率性。适时、适当地实施公诉变更，是履行检察官客观义务的基本要求和重要体现。尤其是检察机关为了维护被告人的合法权益，防止错判而主动撤回起诉并作不起诉处分，而且由于撤回起诉，使案件早日终结，被告更早地脱离刑事诉讼程序，此种诉讼行为，正是整个刑事诉讼法上，显现检察官客观义务之表征，正如同检察官亦可以在审判程序中主张被告无罪。同时，变更公诉也需考虑诉讼效率。由此而要求在出现变更需要时，应及时变更公诉，防止或减少无效审理；将公诉的严肃性与灵活性相结合，采取适当的变更形式与方法，尽可能地保障诉讼效率。[①]

二、变更、追加、补充起诉的工作要求

（一）实体公正

实体公正，乃贯穿整部刑事诉讼法的目的，合理、适当的公诉变更是确保发现实体公正的前提与条件。一方面，定位于实体公正的公诉变更通过将遗漏的"人"或"罪"及时纳入审判程序，不仅能有效追诉"漏网之鱼"，也有利于裁判者知悉全部案情与证据，作出相对准确的判决。这是公诉变更制度的首要目标。另一方面，实体公正的定位也要求不能对相关案情一概追加，必须要加以关联性的限制，否则不仅无益于正确审理，还会"混淆视听"，阻碍实体公正的发现。可见，实体公正的定位蕴含正反两种含义，"一放一收"方可做到适当的公诉变更。

（二）保障权利

刑事诉讼法是限权法，其所有的程序设计都在于限制公权力以保障

[①] 龙宗智：《论新刑事诉讼法实施后的公诉变更问题》，载《当代法学》2014年第5期。

被追诉人的权利。公诉变更会直接扩大辩方的辩护范围，因而被告人的基本权利——辩护权的实现几乎成为衡量公诉变更制度必要性与合理性的重要因素。对于公诉变更，实体公正的"自我"限制尚难以有效遏制，必须要辅以保障权利的"外在"制约。因此，公诉变更制度的另一基本要求便在于保障权利的实现。从这一定位展开，不仅公诉变更时应当保障被告人充分的辩护权利，而且，在对公诉变更进行审查时也需要充分考量能否确保被告人的权利不被严重影响。

（三）诉讼经济

依诉讼经济原则，诉讼程序固应力求简化，以不妨碍实体、程序公正为度。公诉变更制度与诉讼经济的关系十分密切，前者基于对后者的贯彻，而后者又对前者提出了明确的要求。对于遗漏的部分，本着诉讼经济的需要，准予诉之追加、补充能够有效提高司法效率，防止因分别起诉而带来的重复审理。而对于公诉变更的实际运行，诉讼经济也要求必须有利于案件处理的效率：如公诉变更的范围、时机等，均不应过于宽泛，应顺应诉讼经济的要求，方可有效节约司法资源。

（四）监督制约

公诉权作为一种追诉权，具有天然的主动性，其行使范围越大，滥用的可能性与危害性也就越大。公诉变更权，作为公诉权的一种，也体现了公诉权行使的主动性。而公诉变更所直接作用的对象——被告人，由于在刑事诉讼中往往处于弱势地位，更容易遭受权力扩张、滥用所带来的恶果。因此，为了确保公诉变更的正当性、完善控辩平等之诉讼结构，强化对控方公诉变更权的监督制约应当是公诉变更制度的重要前提。质言之，公诉变更制度并不仅仅是单纯的程序操作，而更应该是一项规范措施与保护机制。

三、变更、追加、补充起诉的工作流程及方法

公诉变更制度在我国刑诉法中没有体现，相关规定仅见于《刑诉规则》与《适用解释》。可以说，两部司法解释的相关法条为司法机关

提供了实践基础,是公诉变更制度运行的依据,也成为司法实践的工作程序。

《适用解释》中关于公诉变更制度仅有第283条,规定了法院享有公诉变更的建议权以及需要建议公诉变更的相应事由。相对而言,《刑诉规则》对公诉变更制度的规定则较为详细,运用四个条文完善了制度的设计。具体而言,《刑诉规则》第423条赋予了检察机关公诉变更的权力并规定了相应的事由;第425条赋予了检察机关对法院公诉变更建议的审查权;第426条规定了检察机关内部对公诉变更的审查程序与形式要件;第420条则赋予了检察机关在公诉变更后有建议法院延期审理的权利。

综合上述两部司法解释来看,我国公诉变更的工作程序相对比较简单:

从提出时间来看,《适用解释》限定了"审判期间",《刑诉规则》限定了"宣告判决前",可见,公诉变更应当在审判阶段法院宣告判决之前提出。

从提出事由来看,仅在遗漏的同案犯罪嫌疑人或者罪行且可以一并起诉或审理的情况下,方可公诉变更。

从权力主体来看,公诉变更权主要由检察机关行使,法院仅有相应的建议权。

从审查程序来看,员额制改革前,检察机关一般对公诉变更实行内部行政化的审查模式,由检察长或者检察委员会决定;另外,在公诉变更之后,检察机关还可以建议法庭延期审理。员额制改革后,有些地方检察院要求一般应当经检察官联席会议讨论,重大案件应当报请检察长或者检察委员会决定;有些地方规定应当在审查报告中说明理由,并按照统一业务应用系统的要求录入;有些地方还是将公诉变更权赋予检察长或者检察委员会决定。

四、相关文书制作与应用

最高人民检察院公布的关于公诉变更的法律文书共三种:一是追加

起诉遗漏罪行适用的《补充起诉决定书》；二是追加起诉遗漏同案被告人适用的《追加起诉决定书》；三是在开庭审理过程中，发现案件事实、被告人身份与起诉书指控的事实不符适用的《变更起诉决定书》。以下简要介绍上述三种文书的制作。

（一）《补充起诉决定书》

该文书适用于补充起诉遗漏罪行。

【文书格式】

××××人民检察院
补充起诉决定书

××检××刑补诉〔20××〕×号

被告人_____一案，本院以_____号起诉书向你院提起公诉，在审理过程中，发现被告人_____有遗漏的罪行应当一并起诉和审理。现根据查明的事实对_____号起诉书作如下补充：

案件事实及证据：（同起诉书格式要求）

本院认为，被告人_____（姓名、罪状），其行为触犯了《中华人民共和国刑法》第_____条，犯罪事实清楚，证据确实、充分，应当以_____罪追究其刑事责任。根据《中华人民共和国刑事诉讼法》第一百七十六条及《人民检察院刑事诉讼规则》第四百二十三条的规定，补充起诉，请依法判处。

_____号起诉书仍然具有法律效力。

此致

_____人民法院

检 察 官 ×××
检察官助理×××
20××年×月×日
（院印）

【制作说明】

一、本文书依据《中华人民共和国刑事诉讼法》第一百七十六条、《人民检察院刑事诉讼规则》第四百二十三条的规定制作。为人民检察院在法庭审理中发现遗漏罪行，补充起诉时使用。

二、被告人基本情况、认定的事实和适用的法律等的叙写以及其他问题，参照起诉书格式样本。

三、本文书的份数和送达参照起诉书。

（二）《追加起诉决定书》

该文书适用于追加起诉遗漏同案被告人。

【文书格式】

××××人民检察院

追加起诉决定书

××检××刑追诉〔20××〕×号

被告人_____涉嫌_____罪一案，本院以_____号起诉书向你院提起公诉。在审理过程中，发现被告人_____涉嫌_____罪应当一并起诉和审理。现根据查明的事实对_____号起诉书作如下补充：

被告人（姓名、性别、出生日期、公民身份号码、民族、文化程度、工作单位及职务、户籍地、住址、前科情况、强制措施情况。）

经依法审查查明：

……

认定上述事实的证据如下：

1. 物证：……；2. 书证：……；3. 证人证言：证人×××的证言；4. 被害人陈述：被害人×××的陈述；5. 被告人的供述与辩解：被告人×××的供述与辩解；6. 鉴定意见：……；7. 勘验、检查、辨认、侦查实验等笔录：……；8. 视听资料、电子数据：……。

本院认为，被告人_____（简述罪状），其行为触犯了《中华人民共和国刑法》第_____条，犯罪事实清楚，证据确实、充分，应当以

_____罪追究其刑事责任。根据《中华人民共和国刑事诉讼法》第一百七十六条及《人民检察院刑事诉讼规则》第四百二十三条的规定，追加起诉，请依法判处。

_____号起诉书仍然具有法律效力。

此致
_____人民法院

检 察 官 ×××
检察官助理×××
20××年×月×日
（院印）

附件：1. 被告人现在处所。具体包括在押被告人的羁押场所或监视居住、取保候审的处所

2. 案卷材料和证据××册

3. 证人、鉴定人、需要出庭的专门知识的人的名单，需要保护的被害人、证人、鉴定人的名单

4. 有关涉案款物情况

5. 被害人（单位）附带民事诉讼情况

6. 其他需要附注的事项

【制作说明】

一、本文书依据《中华人民共和国刑事诉讼法》第一百七十六条、《人民检察院刑事诉讼规则》第四百二十三条的规定制作。为人民检察院在法庭审理中发现遗漏的同案犯罪嫌疑人，追加起诉时使用。

二、被告人基本情况、认定的事实和适用的法律等的叙写以及其他问题，参照起诉书格式样本。

三、本文书的份数和送达参照起诉书。

（三）《变更起诉决定书》

此文书适用于变更起诉书指控的事实与被告人身份。

【文书格式】

×××人民检察院
变更起诉决定书

××检××刑变诉〔20××〕×号

被告人_____一案，本院以_____号起诉书向你院提起公诉，在法庭审理过程中，发现案件事实与起诉书指控的事实不符（被告人_____的真实身份与起诉书中叙述的身份不符）。现根据查明的事实对_____号起诉书作如下变更：

被告人的身份变更为：

认定的事实变更为：

适用的法律变更为：被告人_____（姓名、罪状），其行为触犯了《中华人民共和国刑法》第_____条，犯罪事实清楚，证据确实、充分，应当以_____罪追究其刑事责任。根据《中华人民共和国刑事诉讼法》第一百七十六条及《人民检察院刑事诉讼规则》第四百二十三条的规定，变更起诉，请依法判处。

_____号起诉书未被变更部分仍然具有法律效力。

此致

_____人民法院

检 察 官×××
检察官助理×××
20××年×月×日
（院印）

【制作说明】

一、本文书依据《人民检察院刑事诉讼规则》第四百二十三条的规定制作。为人民检察院在法庭审理中变更起诉时使用。

二、被告人身份、认定的事实和适用的法律等的叙写以及其他问题,参照起诉书格式样本。

三、本文书的份数和送达参照起诉书。

五、变更、追加、补充起诉的完善

(一)实践困惑

我国公诉变更制度具有一个显著特征,即立法过于粗略化、原则化:涉及公诉变更制度的规定过于零散,不成体系,在制度构建上仅有轮廓而存在诸多欠缺。在公诉变更制度的实际运行中,这些困惑集中体现在三个方面:

1. 制度定位不清

公诉变更制度基于审判阶段遗漏的"人"或"罪"以及事实、身份变更而产生,其根本目标是发现案件真实与保证诉讼经济。而在补充、追加、变更起诉之后,控方单方增加的诉讼请求又会无形中对被告人的利益产生影响,增加了被告人的辩护压力。可见,公诉变更制度在其创立之初就面临着打击犯罪与保障人权的矛盾,而要做到程序正当,就必须要保持惩罚犯罪与保障人权相统一。因此,程序正当的要求在制度设计上需要体现打击犯罪与保障人权并存的理念。然而,从现行制度来看,公诉变更制度偏向控制犯罪有余而保障人权不足,现存的大部分规定均为便于控方补充、追加、变更起诉而设计,而少有对其权力的制约。制度定位不清,导致程序设计的方向偏差,并进而影响了制度目的的实现。

2. 程序设置缺失

公诉变更,会同时影响辩护权行使,影响程序的展开,影响法官心证形成及裁判效果。但要论影响程度,三种公诉变更方式中又以追加起诉为最。对于这样一种影响甚大的制度,必须要设计完备的程序以实现有效的规制。程序的实质在于限制恣意、专断和过度的追诉与裁量,完备的程序设计能有效防范公诉变更制度任意启动所带来的弊端,保障被告人的正当权益。公诉变更制度作为一种程序机制,其设置对于被告人利益与诉讼制度运行而言,并非一种侵害,而应当是一种保护。侵犯权益程度越大、影响越广的制度,往往需要越复杂、详尽的程序加以规制。然而，反观我国公诉变更的立法现状，只有寥寥五个条文进行了简略的规定，而且大部分都规定在《刑诉规则》之中，倾向性十分明显。可见，我国针对公诉变更的制度设计不仅缺乏法律层面的制度基础，也缺少完备的程序设计。

3. 权利保障缺位

控方公诉的对象，不仅是法院审判的对象，也同时是辩方辩护的对象。由此公诉对象的变更也往往"牵一发而动全身"，影响控、辩、审三方的关系。因此，公诉变更制度在赋予检察院相应权力的同时，也必将给辩护权的行使带来影响：不管是因"漏人"还是"漏罪"而产生的追加或补充，都必然会导致辩方辩护范围的扩大与辩护策略的转变。基于此，对辩方权利的倾斜性保障，便是贯彻控辩平等，稳固诉讼结构的必要保证。然而，从目前来看，对被告人的权利保障处于缺位状态。一方面，仅有《刑诉规则》第 420 条间接规定了对辩方的权利保障，赋予了控方以建议延期审理的权利，而缺乏其他直接保障辩护权的规定。另一方面，这条唯一的规定实际上也主要是便于控方操作，是否延期审理以保障辩方有效辩护仍掌握在控方手中。可见，我国公诉变更制度对被告人的权利保障实际上处于缺位状态，不具备基本的权利告知与辩护准备机制。①

(二) 解决路径

理论是灰色的，实践之树常青。解决理论困惑是重要的前提，但最终须贯彻于具体的制度构建，用以指导诉讼实践。鉴于此，在制度定位的基础上，结合制度构建的普遍经验，公诉变更制度需要直面现有的制度缺陷，进而予以完善。

1. 公诉变更的提起

公诉变更的提起是程序的开端，应当明确三个问题：提起的时间、提起的方式以及提起的主体。从立法现状来看，此三者的程序设计过于

---

① 王瑞剑：《缺失与规范：我国刑事案件追加起诉制度探析》，载《北京警察学院学报》2017 年第 3 期。

粗糙，不能满足公诉变更的制度定位。

第一，提起的时间。从现有规定来看，公诉变更的提起时间在审判阶段，截止法院宣告判决之前。对此，有人建议将截止时间提前至判决作出之时。笔者建议可以"再进一步"，将截止时间限定在庭审结束时为宜，这主要基于如下三点理由：其一，基于程序正义的要求，"迟到的正义为非正义"，程序的及时性是程序正义的基本要求之一。若庭审结束后，仍允许追加起诉，则必然引起重复的庭审，使被告人陷入无端的诉累。其二，基于诉讼经济的要求，在第一审辩论终结后，其审理业已成熟适于判决，若此时再补充、追加、变更起诉，则反倒浪费了司法资源，有悖于诉讼经济的要求。其三，各国的制度经验均将截止时间限定在庭审结束前甚至是法庭调查阶段，时间越早越有利于发挥合并审理优势，准确查明案件事实。

第二，提起的方式。我国补充、追加、变更起诉主要由检察院依职权启动或由法院建议启动，这样一种职权化的提起方式忽略了被害人的参与，并不能满足权利保障的需要。根据程序参与原则，当事人应能富有影响地参与法院解决争执的活动。被害人作为犯罪侵害的对象，与追诉结果具有直接利害关系，理应得到程序的参与权。具体而言，在被害人收到起诉书副本后如果发现有遗漏的"人"或"罪"，其有权向检察机关提出补充、追加起诉的申请，检察机关应当及时进行审查。通过细化依申请的提起方式，一方面保障被害人的充分参与，另一方面也能以申诉权制约公诉权。

第三，提起的主体。公诉变更作为一项涉及控辩审三方关系的诉讼制度，需要诉讼化的结构性改革。诉讼化的结构包含控审分离与控辩平等，这就要求：法院处于中立地位，不再享有补充、追加、变更起诉的建议权。检察机关是变更、追加、补充起诉的提起主体，仅有变更、追加、补充起诉的申请权而无决定权。通过分权制衡，实现监督制约、保障权利。

2. 公诉变更的审查

"具有正当性根据的程序是法治和人治得以区分的根本。"公诉变更的审查是程序正当化的重要内容：当公诉变更的申请被提起之后，必须要有一个适当的主体依照合理的标准进行审查，从而确保公诉变更制度的正当性。

第一，确保法院的审查主体资格。补充、追加、变更起诉由控方提起，并直接作用于辩方，控辩双方的利益在这一过程中产生直接的对抗。因此，为防止变更、追加、补充起诉成为控方手中的"工具"，对控方进行适当限制并对辩方予以适当保护应当是权利保障、监督制约的应有之义。引入中立的裁判方，构建公诉变更的"三角结构"应当是制度改革的目标。对此，法院应当是居中审查的合适主体，通过司法化的审查方式，能有效实现监督制约与权利保障。

第二，建立合理的审查标准。审查标准涉及公诉变更范围的合理界定，必须要兼顾利于发现案件事实与诉讼经济的制度定位。利于发现案件事实的范围界定应当便于充分知悉全部案情与证据，而诉讼经济的范围界定应当以便于审查、提高效率为目的。据此，合理的审查范围应当以与本案具有牵连关系的案件为限，具体的牵连关系大小应当由法官自行把握，综合考量发现案件真实与诉讼经济的要求。当然，有原则便有例外，如果变更、追加、补充起诉会对被告人的合法利益产生极大影响的，应作为例外，进行分案审理。

3. 公诉变更的权利保障

公诉变更中对辩方权益影响最大的便是补充、追加起诉。根据刑事诉讼的基本原理，对被告人权利侵害程度越大，往往就越需要正当的程序予以保护。辩护权是被告人的基本权益。通过正当的程序，有效保障被告人的辩护权，应当是补充、追加起诉保障权利功能的体现。具体而言，补充、追加起诉后的权利保障应从以下三个方面展开。

第一，确立告知机制。要确保辩方有效辩护的前提是被告人知悉补充、追加起诉的存在。现有的制度设计中并不存在基本的告知制度，追加起诉以"诉讼突袭"的方式出现在庭审中，不利于被告人的辩护。因此，在法院审查同意控方的补充、追加起诉之后，法院应当及时将追加起诉书副本送交辩方，保证其及时调整辩护策略，有效应对补充、追加的公诉请求。

第二，建立证据开示制度。控方针对遗漏部分的补充、追加起诉往往会移送相应的证据，法院应当及时将这些证据向辩方开示，为其及时准备辩护提供保障。

第三，保障充分的辩护机会。充分的辩护机会应当包含两块内容，一是主动赋予，二是依照申请。前者从法院主动提供的保护着手：在补充、追加起诉之后，法院应当给辩方提供充足的辩护准备时间，允许被告人与辩护律师充分交换意见，统一辩护思路与策略。后者从辩方拥有申请延期审理的权利着手：若补充、追加的起诉对辩方影响过大，辩方可以申请法院延期审理，法院应当告知辩方拥有申请延期审理的权利。

第六节　撤回起诉

一、撤回起诉的基本内涵

撤回起诉是指人民检察院在案件提起公诉后、人民法院作出判决前，因出现一定的法定事由，决定对提起公诉的全部或者部分被告人撤回处理的诉讼活动。

《刑诉规则》第424条规定："人民法院宣告判决前，人民检察院发现具有下列情形之一的，经检察长批准，可以撤回起诉：（一）不存在犯罪事实的；（二）犯罪事实并非被告人所为的；（三）情节显著轻微、危害不大，不认为是犯罪的；（四）证据不足或证据发生变化，不符合起诉条件的；（五）被告人因未达到刑事责任年龄，不负刑事责任的；（六）法律、司法解释发生变化导致不应当追究被告人刑事责任的；（七）其他不应当追究被告人刑事责任的。对于撤回起诉的案件，人民检察院应当在撤回起诉后三十日以内作出不起诉决定。需要重新调查或者侦查的，应当在作出不起诉决定后将案卷材料退回监察机关或者公安机关，建议监察机关或者公安机关重新调查或者侦查，并书面说明理由。对于撤回起诉的案件，没有新的事实或者新的证据，人民检察院不得再行起诉。新的事实是指原起诉书中未指控的犯罪事实。该犯罪事实触犯的罪名既可以是原指控罪名的同一罪名，也可以是其他罪名。新的证据是指撤回起诉后收集、调取的足以证明原指控犯罪事实的证据。"

《适用解释》第296条规定，在开庭后，宣告判决前，人民检察院要求撤回起诉的，人民法院应当审查撤回起诉的理由，作出是否准许的裁定。第274条规定，审判期间，公诉人发现案件需要补充侦查，建议延期审理的，合议庭可以同意，但建议延期审理不得超过两次。人民检察院将补充收集的证据移送人民法院的，人民法院应当通知辩护人、诉讼代理人查阅、摘抄、复制。补充侦查期限届满后，人民检察院未将补充的证据材料移送人民法院的，人民法院可以根据在案证据作出判决、裁定。

撤回起诉在我国立法上，经历了从有到无，从无到有的过程。1979年《刑事诉讼法》第108条规定，人民法院对于提起公诉的案件进行审查后，对于不需要判刑的可以要求人民检察院撤回起诉。1996年的《刑事诉讼法》则取消了关于撤回起诉的规定。由于缺少立法的支持，检察机关在实践中无规范作为依据处理案件，举步维艰。面对这种情况，1998年6月，最高人民法院发布了《关于执行〈中华人民共和国刑事诉讼法〉若干问题的解释》，对撤回起诉和按撤诉处理进行了明确规定。2012年12月最高人民法院发布了最高人民法院《关于适用〈中华人民共和国刑事诉讼法〉的解释》，在原有基础上又对撤回起诉和按撤诉处理内容进行了部分修改。与最高人民法院的做法相同，最高人民检察院针对公诉案件撤回起诉制度也做了一些规定，出台了相应的刑事诉讼规则，如1999年1月颁布实施的《人民检察院刑事诉讼规则》第351条规定："在人民法院宣告判决前，人民检察院发现不存在犯罪事实、犯罪事实并非被告人所为或者不应当追究被告人刑事责任的，可以要求撤回起诉。"后2007年专门出台了《关于公诉案件撤回起诉若干问题的指导意见》（以下简称《撤回起诉指导意见》），该意见明确了该项制度的实际操作细节，对撤回起诉的事由、时间、处理方式、不得撤回起诉的情形等都做了详细的规定。这是针对全国检察机关案件撤回起诉的一个重要指导文件，但《撤回起诉指导意见》仍存在瑕疵和不科学的地方，如对于检察机关撤回起诉之后的法律效果和后续处理方面的规定就不够明确具体。2012年最高人民检察院修订的《人民检察院刑事诉讼规则（试行）》对于行使撤回起诉权的规定进一步具体化，详细规定了该项制度的适用情形、后续处理及再起诉所需的新的事实、新的证据的定义。2019年新修订的《刑诉规则》进一步明确撤回起诉需经检察长批准，新增不起诉后建议监察机关重新调查的情形。

二、撤回起诉的工作要求

（一）自我监督

撤回起诉本质是检察机关实行检察权的自我监督和救济。在刑事司法实践中，由于各方面因素的影响，检察机关的起诉书存在不同程度的错漏是难以避免的。其中，起诉后发现不存在犯罪事实、被告人并非犯罪行为的实施者或者依法不应当追究被告人刑事责任的情形，就是明显的错误之一。此种错误的存在使诉的实体性条件无法满足，以致诉根本不能成立，如果不及时进行修正的话，将导致法院之后的审判变得毫无意义。因为在此种情况下，既不存在控诉的主张，又没有辩护的必要，更缺乏判决的基础，审判的形式大于审判的实质意义。检察机关在上述情况出现时应及时撤回已经向法院提出的诉讼，本身也是一种错误纠正机制。对于检察机关而言，撤回起诉是对先前控诉的一种否定，是检察机关在情势发生变更情况下对自身错误的勇敢承认。

（二）程序法定

程序法定是程序公正最基本的要求，撤回起诉于程序公正具有自身独特的作用。合理运用撤回起诉，使诉讼程序归于终结，无罪而被羁押的人及时摆脱羁押状况，此从根本上保障了"被告人"的合法权益，也是实体公正所欲追求的最佳效果，而不是明知指控错误而使被告人一直处于被羁押状态，这是相较实体规定而言。公诉案件在撤回起诉之后所出现的一种情况是审理程序终结，但并不会使得被告人承担不应有的刑罚或是原本该承担的责任没有承担。对于被告人的最终审判，在检察机关撤回之后的处理以及法院宣判之后才会知晓，此时才会产生实体性的影响。相比较实体性的影响，该活动是在审判阶段进行的，最多会产生程序方面的效力结果。检察机关按照法定的程序所进行的自我监督和纠正一方面保护了相关人的权益，另一方面也是实行自我保护的方法。

（三）保障人权

人权保障是现代刑事诉讼的灵魂，在现代刑事诉讼的价值理念中，保障无辜的人不受侵害的同时又能准确的控诉和惩罚犯罪，是一国刑事司法活动的最高目标。检察机关依法提起公诉的目的是揭露犯罪事实，使被告人受到应有刑事追究。检察机关应主动将错误公诉撤回，尽可能减少对被追诉人诉讼权益的侵害，使其尽早从错误的公诉中脱离出来。倘若不及时撤回起诉的话，被追诉人的人权就无法保障，即便最后法院以无罪判决结案，但是此时迟到了的正义已经难以弥补被告人在错误的追诉中所遭受的损害。这就与我国刑事诉讼中尊重和保障人权的要求相违背，因此检察机关撤回起诉是落实尊重和保障人权理念的重要举措。

三、撤回起诉的工作流程及方法

根据刑事诉讼法、《刑诉规则》《撤回起诉指导意见》等法律、司法解释的有关规定，结合人民检察院公诉工作实际，撤回起诉一般应遵循如下程序。

（一）作出决定

一般来说，应当提出撤回起诉意见包括以下三种情形：一是承办人在人民法院判决宣告前经审查发现有需撤回起诉的情形的，应当提出撤回起诉的意见；二是在延期审理期间经补充侦查仍然证据不足，承办人应当提出撤回起诉的意见；三是人民法院在审理过程中发现有需要撤回起诉情形，建议人民检察院撤回起诉或拟做无罪判决的，承办人应进行认真审查后及时与法院承办人交换意见，并决定是否撤回起诉。人民检察院在人民法院第一审判宣告以前可以决定撤回起诉。

（二）制作文书及送达

决定撤回起诉的，由承办人制作《人民检察院撤回起诉决定书》，经检察长批准后，加盖院印送达人民法院。《撤回起诉决定书》是格式法律文书，需根据《刑诉规则》规定的 7 项情形来准确表述撤诉理由，不能不表述或随意表述。《撤回起诉决定书》送达人民法院后，承办人应于三个工作日内报案件管理部门备案。人民法院要求书面说明撤诉理由的，人民检察院应当依法说明。

（三）撤回后处理

撤回起诉的案件，没有新的事实或新的证据，不得再行起诉，在撤回起诉后 30 日内作出绝对或存疑不起诉决定，其中涉及《刑诉规则》第 424 条第 4 项情形，即证据不足或证据发生变化的，应当作出存疑不起诉；涉及该条中其他六项情形，即不存在犯罪事实的，犯罪事实并非被告人所为的，情节显著轻微、危害不大，不认为是犯罪的，被告人因未达到刑事责任年龄不负刑事责任的，法律、司法解释发生变化而不应当追究被告人刑事责任的，均应当作出绝对不起诉处理。这里所说的 30 日期限应以法院的准予撤回起诉裁定生效次日起算，而非宣告次日起算。因为法院作出准予检察机关撤回起诉的裁定并宣告后，被告人还有对该裁定的上诉权。

检察机关在撤回起诉后，应当立即释放羁押的犯罪嫌疑人。在不起诉决定作出后，应当及时作出撤销强制措施的决定，依法处理对财物的扣押、冻结，并通知执行机关。对一些符合国家赔偿法规定的案件，检察机关要在作出不起诉决定后，根据犯罪嫌疑人申请和案件具体情况，依法作出国家赔偿决定。

对于因事实不清、证据不足存疑不起诉，以及因犯罪事实并非被告人所为而绝对不起诉两种情况而需重新侦查的，应当在作出不起诉决定后将案卷材料退回监察机关或者公安机关，建议监察机关或者公安机关重新调查或者侦查，并书面说明理由。案件撤回起诉后作出不起诉决定之前不得再将案件退回监察机关或公安机关补充调查或侦查。同时，重新调查或侦查需要注意人身强制措施与财物强制性措施的适用问题。当犯罪事实并非被告人所为时，新的犯罪嫌疑人未曾经过诉讼程序，也未被羁押过，可对犯罪嫌疑人采取拘留、逮捕等强制措施，也可对其财产查封、扣押或冻结。当证据不足或证据发生变化，不符合起诉条件时，则因重新调查或侦查的罪行是否发生变化而有区别。如果重新调查或侦查的犯罪嫌疑人是被不起诉人，且罪行也是撤回起诉前所指控的罪行，就不应当再对犯罪嫌疑人采取任何强制措施，也不应查封、扣押或冻结其财物。如果重新调查或侦查的犯罪嫌疑人是被不起诉人，但罪行非撤回起诉前所指控的罪行，可对犯罪嫌疑人采取强制措施，并根据需要查封、扣押或冻结其财物。《刑事诉讼法》第160条规定：在侦查期间，发现犯罪嫌疑人另有重要罪行的，自发现之日起重新计算侦查羁押期限。这也体现出侦查罪行发生变化时适用强制措施的原则。

（四）制作分析报告及报备

根据《撤回起诉指导意见》第13条规定，"对于撤回起诉的案件，应当在撤回起诉后三十日内将撤回起诉案件分析报告，连同起诉意见书、起诉书、撤回起诉决定书等相关法律文书报上一级人民检察院公诉部门备案。"

制作撤回起诉案件分析报告应包括以下五个方面的内容：（1）被告人基本情况；（2）案件诉讼过程；（3）审查起诉时认定的基本事实和证据；（4）撤回起诉的原因（包括侦查和公诉方面）。侦查取证方面应从获取言词证据的方式、全案证据的收集固定、物证书证的调取、勘验检查扣押是否规范、鉴定是否合法等方面加以分析；审查起诉方面应从退回补充侦查、履行诉讼监督职责、执法理念、执法能力、量刑情节的适用等方面加以分析；（5）改进措施。

撤回起诉案件报备应当报送以下材料：（1）起诉意见书两份；（2）审查报告两份；（3）如经科室讨论、检察委员会讨论，应报送讨论记录两份；（4）起诉书两份；（5）撤回起诉决定书一份；（6）人民法院准许撤回起诉裁定书一份；（7）撤回起诉后续处理决定文书两份；

（8）撤回起诉案件分析报告两份。

四、相关文书制作与应用

人民检察院在决定撤回起诉时，应制作书面撤回起诉决定书并加盖院印，在判决宣告前送达人民法院。

【文书格式】

```
              ××××人民检察院
                撤回起诉决定书
                  （存  根）


                           ××检××撤诉〔20××〕×号

     案由_____
     被告人基本情况（姓名、性别、出生日期、公民身份号码、工作单位、
     住址、是否人大代表、政协委员）_____
     _____
     送达机关_____
     撤回起诉理由_____
     批准人_____
     承办人_____
     填发人_____
     填发时间_____




                  第一联   统一保存
```

××××人民检察院
撤回起诉决定书
（副　本）

×× 检 ×× 撤诉〔20××〕×号

本院以＿＿＿＿号起诉书提起公诉的被告人＿＿＿＿＿＿＿＿＿＿＿＿＿＿＿＿＿＿＿＿＿＿＿＿＿＿＿一案，因＿＿＿＿＿＿＿＿＿＿，本院决定对被告人＿＿＿＿＿撤回起诉。

此致

＿＿＿＿＿＿＿＿＿＿

20××年×月×日

（院印）

第二联　附卷

××××人民检察院
撤回起诉决定书

××检××撤诉〔20××〕×号

本院以_____号起诉书提起公诉的被告人_____一案，因_____，本院决定对被告人_____撤回起诉。

此致

_____

20××年×月×日
（院印）

第三联　送达人民法院

【制作说明】

一、本文书依据《人民检察院刑事诉讼规则》第四百二十四条的规定制作。为人民检察院在作出撤回起诉决定时使用。

二、本文书以被撤回起诉的被告人为单位制作。

三、本文书共三联，第一联统一保存备查，第二联附卷，第三联送达人民法院。

五、撤回起诉的完善

（一）撤回起诉的原因及避免

司法实践中，撤回起诉的主要原因有以下几方面：

第一，审查不严格细致。当前，部分公诉人的办案理念和审查思维仍然停留在"有罪推定""口供为王"的陈旧观念下，重有罪证据、轻无罪证据，重实体、轻程序，重打击、轻保护，对矛盾证据研判不够，对案件疑点甄别不足。如肖某寻衅滋事案，在审查起诉阶段的提审过程中，肖某已作出了无罪辩解，但承办人轻信侦查机关所作的笔录，将肖某的辩解先入为主地认为是一种认罪态度不好的狡辩，忽视审查同步录音录像。肖某当庭辩解，主审法官经查看审讯视频后发现，侦查人员对肖某确有指供诱供行为且将肖某供述意思记反，导致法院将肖某供述作为非法证据予以排除，而本案的其他证据亦无法形成证据锁链，最终出现了撤回起诉的局面。

第二，检法两家对证据证明标准、对法律的理解与适用常常出现分歧，这是导致撤回起诉的主要原因。实务中，因为公诉案件的证明标准太过抽象，难以准确把握，导致往往无法达成共识。如对证据是否达到了能认定主观明知、是否能证明以非法占有为目的就经常存在不同看法，在谭某运输毒品一案中，谭某不认罪，法院认为在卷证据未达到"足以认定其主观明知运输的物品就是毒品"的证明高度，故不能认定谭某有罪。再如职务便利和工作便利的极易混淆，导致难以界定是构成职务侵占罪还是盗窃、诈骗罪，而二者之间的构罪数额标准悬殊极大，一旦与法院认识不一致，很容易产生无罪的风险。另外对于一些新型疑难、复杂案件的认识，也存在诸多分歧。如刘某等人非法经营案，该案属于涉及金融领域的专业性较强案件，刘某等人行为是否属于资金支付结算业务，检法两家存在认识分歧，法学专家之间也出现了构罪与不构罪两种声音。在一些罪与非罪分歧较大的案件上，法官往往趋向于做无罪判决，而检察官在错案追责的压力下，往往会选择撤回起诉，避免无罪判决。

第三，证据发生变化。书证、物证、视听资料等相对固定的证据在搜集、封存、保管等过程中都可能遭到改变或破坏。可变性最强的言词证据等，发生变化的可能性就更大。

第四，法律、司法解释发生变化。如谢某容留他人吸毒一案，谢某两次容留他人（每次均为1人）吸食毒品，检察机关在提起公诉后，司法解释发生变化，由一次容留3人以上或2次容留他人吸毒，修改为一次容留3人以上或2年内3次容留他人吸毒，导致谢某行为不构成容留他人吸毒罪而撤回起诉。

司法工作中对证据的要求极其严格，证据是否确实、充分，除了依赖于立法的明确规定，还依赖于作为案件承办人的检察官、法官所作出的具体判断。司法工作人员的价值观念、事实判断能力主要受到其成长环境、知识水平、社会经验积累等因素的影响。因此，就相同的证据，在能否认定案件事实，不同的司法工作人员都有可能出现不同的判断结论。刑事诉讼的过程本身就是个不断还原、不断接近事实真相的过程，要正确看待检法分歧，树立正确的诉讼理念。无罪案件并不一定意味着是错案，如果是因为检察机关严重违反义务性规范导致重大失误导致无罪判决的错案，那么必须追究责任；如果是检法两家在法律理解法适用和证据采纳上存在分歧的，检察机关认为案件事实清楚，证据确实充分，可以认定被告人有罪，而法院认为不能认定被告人有罪的案件，应当敢于坚持，该抗诉的及时提出抗诉；如果是提起公诉后，证据发生变化，证明现有犯罪证据不足，造成无罪判决，并不一定是错案，要客观地看待证据，并仔细查明。对于法院认为证据不足事实不清的案件，应当加强与法院沟通协调，充分运用现有证据阐明检察机关起诉的事实和法律根据。要充分利用检察长列席重大、疑难复杂案件审委会的机会，了解法院对于案件的意见，分析检法两家分歧所在，尽可能达成一致，减少无罪案件发生。检法两家可以通过定期联席会在证明标准、证据把握、分歧较大较多的罪名、法律理解适用等方面进行沟通，统一认识明确定罪标准，共同提高案件质量。对于提起公诉后，由于法律法规司法解释发生变化而导致无罪的，属于一种"不可抗力"，但也应及时学习更新法律法规、司法解释，避免因法律更新不及时导致撤回起诉的情形。

（二）限制撤回起诉情形的把握

根据《撤回起诉指导意见》第5条规定，"案件提起公诉后出现如下情况的，不得撤回起诉，应当依照有关规定分别作出处理：（一）人民检察院发现被告人的真实身份或者犯罪事实与起诉书中叙述的身份或者指控犯罪事实不符的，可以要求变更起诉；发现遗漏的同案犯罪嫌疑人或者罪行可以一并起诉和审理的，可以要求追加起诉；（二）人民法院在审理中发现新的犯罪事实，可能影响定罪量刑，建议人民检察院追加或变更起诉，人民检察院经审查同意的，应当提出追加或变更起诉；不同意的，应当要求人民法院就起诉指控的犯罪事实依法判决；（三）人民法院认为不属于其管辖或者改变管辖的，由人民法院决定将案件退回人民检察院，由原提起公诉的人民检察院移送有管辖权的人民检察院审查起诉；（四）公诉人符合回避条件的，由人民检察院作出变更公诉人的决定；（五）因被告人患精神病或者其他严重疾病以及被告人脱逃，致使案件在较长时间内无法继续审理的，由人民法院裁定中止审理；（六）对于犯罪已过追诉时效期限并且不是必须追诉的，经特赦令免除刑罚的，依照刑法告诉才处理的犯罪没有告诉或者撤回告诉的，或者被告人在宣告判决前死亡的，由人民法院裁定终止审理。"所以，公诉人必须要厘清撤回起诉与变更、追加起诉、中止审理终止审理等的界限，避免错误适用撤回起诉权。

（三）启动再行起诉程序的新事实、新证据的情形及程序要求

撤回起诉后，如发现新的证据事实，应当重新起诉。《刑诉规则》

第424条对新的事实、新的证据进行了定义,据此,新的事实是指检察机关第一次起诉时指控的犯罪事实以外的一切犯罪事实,新的证据既包括证明原起诉认定事实的新证据,也包括新发现事实的证据。

从撤诉法定事由的角度来考察,新的事实包括四类:(1)发现了被告人曾实施的应当追诉的其他犯罪事实;(2)原情节显著轻微、危害不大,不认为是犯罪的事实被认定为犯罪事实;(3)原不认为是被告人所为的犯罪事实被认定系被告人所为;(4)原认定被告人不负刑事责任的事实被认定为应当负刑事责任。新的证据也包括四类:(1)证明检察机关第一次起诉时所指控犯罪事实以外事实的证据;(2)证明原不被认为构成犯罪的行为构成犯罪的证据;(3)证明原犯罪事实系被告人所为的证据;(4)证明原不负刑事责任的被告人应当负刑事责任的证据。

关于发现新的事实、新的证据后是否应先作出不起诉决定再行起诉的问题,笔者认为,撤回起诉相当于刑事诉讼程序退回至审查起诉阶段,且审限为三十日,撤回起诉后发现新的事实、新的证据,应当分别按照以下情况处理:(1)发现的新证据系与原起诉事实有关的证据,且检察机关可以在30日内自行侦查到位,可不经不诉决定而直接再行起诉;(2)在30日审限内,证据仍达不到起诉要求的,则应按照《刑诉规则》第424条规定先作出不起诉决定,在新的证据符合起诉条件后,再撤销不起诉决定,提起公诉;(3)发现的新事实、新证据系起诉指控的犯罪事实以外的事实和证据,则需先就本次起诉的事实作出不起诉决定后,再将案卷退回公安机关重新立案侦查。

(四)撤回起诉后能否退回移送单位撤销案件的问题

《撤回起诉指导意见》第11条规定,对于撤回起诉的案件,人民检察院应当作出不起诉决定,或者书面说明理由将案卷退回侦查机关处理,并提出重新侦查或者撤销案件的建议。而《刑诉规则》第424条明确,撤回起诉的案件,检察机关仅有不起诉一种处理方式,对于需要重新调查或者侦查的,应当在作出不起诉决定后将案卷材料退回监察机关或者公安机关,建议监察机关或者公安机关重新调查或者侦查。同时

《刑诉规则》第 684 条规定，最高人民检察院以前发布的司法解释和规范性文件与本规则不一致的，以本规则为准。由此可见，在《撤回起诉指导意见》和《刑诉规则》存在不一致的，应当以《刑诉规则》的有关规定为准，撤回起诉的案件不能退回监察机关或公安机关撤销案件。在司法实践中，存在撤回起诉后与公安机关协商，由公安机关撤回案件的做法。这种变通做法，不仅与现行规定不符，而且也剥夺了犯罪嫌疑人和被害人救济权和求偿权，导致了检察机关监督权和公安机关个案复议、复核权的丧失，使得个案处理的公正性和权利保障方面的危险性增加。在此说明的是，《刑诉规则》第 366 条规定，"负责捕诉的部门对于本院负责侦查的部门移送起诉的案件，发现具有本规则第三百六十五条第一款规定情形的，应当退回本院负责侦查的部门，建议撤销案件"，所以只有针对检察机关自侦且属于作绝对不起诉情形的案件，在撤回起诉后，才应当退回自侦部门撤案。

（五）适用一审程序的再审、发回重审能否撤回起诉的问题

在实务中，除了在普通一审程序中适用撤回起诉程序外，还有在适用一审程序的再审、发回重审中撤回起诉的现象。笔者认为，撤回起诉同样适用于发回重审、再审的一审程序。"两高"司法解释规定撤回起诉是在判决宣告前提出，而发回重审和再审已将原一审判决撤销，重新启动一审程序，故同样可以适用撤回起诉程序。

第七节　不起诉

一、不起诉的基本内涵

不起诉，是指人民检察院对公安机关侦查终结或监察机关调查终结移送起诉的案件，经审查，作出不向人民法院提起公诉的处理决定。不起诉可以分成三种类型，即法定不起诉、酌定不起诉、存疑不起诉。法定不起诉，也称绝对不起诉，是指依法不追究刑事责任的不起诉。酌定

不起诉,也称相对不起诉,是指犯罪情节轻微,依法不需要判处刑罚或者免除刑罚的不起诉。存疑不起诉,是指人民检察院对于二次退回补充调查或者侦查的案件,仍然认为证据不足,不符合起诉条件的,或者经过一次退回补充调查或者侦查的案件,认为证据不足,不符合起诉条件,且没有再次退回补充调查或者补充侦查必要所作出的不起诉。2012年刑事诉讼法增加了对未成年人犯罪作附条件不起诉的规定,有关附条件不起诉的规定详见《未成年人刑事案件捕诉操作指引》。不起诉的法律规定包括立法规定、司法解释及司法规范性文件。

（一）绝对不起诉的法律规定

《刑事诉讼法》第16条规定,有下列情形之一的,不追究刑事责任,已经追究的,应当撤销案件,或者不起诉,或者终止审理,或者宣告无罪:(1)情节显著轻微、危害不大,不认为是犯罪的;(2)犯罪已过追诉时效期限的;(3)经特赦令免除刑罚的;(4)依照刑法告诉才处理的犯罪,没有告诉或者撤回告诉的;(5)犯罪嫌疑人、被告人死亡的;(6)其他法律规定免予追究刑事责任的。另《刑事诉讼法》第177条第1款规定:"犯罪嫌疑人没有犯罪事实,或者有本法第十六条规定的情形之一的,人民检察院应当作出不起诉决定。"

《刑诉规则》第365条规定,"人民检察院对于监察机关或者公安机关移送起诉的案件,发现犯罪嫌疑人没有犯罪事实,或者符合刑事诉讼法第十六条规定的情形之一的,经检察长批准,应当作出不起诉决定。对于犯罪事实并非犯罪嫌疑人所为,需要重新调查或者侦查的,应当在作出不起诉决定后书面说明理由,将案卷材料退回监察机关或者公安机关并建议重新调查或者侦查。"

（二）相对不起诉的法律规定

《刑事诉讼法》第177条第2款规定:对于犯罪情节轻微,依照刑法规定不需要判处刑罚或者免除刑罚的,检察机关依法作出不起诉决定。

《刑诉规则》第370条规定,人民检察院对于犯罪情节轻微,依照刑法规定不需要判处刑罚或者免除刑罚的，经检察长批准，可以作出不起诉决定。

最高人民检察院原公诉厅《人民检察院公诉工作操作规程》（以下简称《公诉工作操作规程》）第146条规定："犯罪行为情节轻微、依照刑法规定不需要判处刑罚或者免除刑罚"是指下列情形：（1）在我国领域外犯罪，依照我国刑法应当负刑事责任，但在国外已经过刑罚处罚的；（2）犯罪嫌疑人又聋又哑或者是盲人的；（3）正当防卫超过必要限度，造成不应有的危害的；（4）紧急避险超过必要限度，造成不应有的危害的；（5）预备犯罪，尚未着手实施的；（6）中止犯罪，没有造成损害的；（7）在共同犯罪中，起次要作用或者辅助作用的；（8）被胁迫参加犯罪的（9）犯罪以后自首，犯罪较轻的；（10）犯罪以后具有重大立功表现的；（11）其他刑法规定不需要判处刑罚或免除刑罚的。

《公诉工作操作规程》第147条规定，对符合前一条规定的条件，同时具备下列情形之一的，依法决定不起诉：（1）未成年犯罪嫌疑人、老年犯罪嫌疑人，主观恶性较小、社会危害性不大的；（2）因亲友、邻里及同学同事之间纠纷引发的轻微犯罪中的犯罪嫌疑，认罪悔过、赔礼道歉、积极赔偿损失并得到被害人谅解或者双方达成和解并切实履行，社会危害性不大的；（3）初次实施轻微犯罪的犯罪嫌疑人，主观恶性较小的；（4）因生活无着落偶然实施盗窃等轻微犯罪的犯罪嫌疑人，人身危险性不大的；（5）群体性事件引起的刑事犯罪中的犯罪嫌疑人，属于一般参与者的。第148条规定，具有下列情形之一的，不适用相对不起诉："（1）实施危害国家安全犯罪的；（2）一人犯数罪的；（3）犯罪嫌疑人有脱逃行为或者构成累犯的；（4）犯罪嫌疑人系共同犯罪中的主犯，而从犯已被提起公诉或者已被判处刑罚的；（5）共同犯罪案件的同案犯，一并起诉、审理更适宜的；（6）犯罪以后订立攻守同盟、毁灭证据，逃避或者对抗侦查的；（7）因犯罪行为给国家或者集体造成重大经济损失或者有严重政治影响的；（8）需要人民检察院提起附带民事诉讼的；（9）其他不应当适用刑事诉讼法第一百四十二条第二款（修改后的第177条第2款）作不起诉处理的。"

(三) 存疑不起诉的法律规定

《刑事诉讼法》第 175 条第 4 款规定：对于二次补充侦查的案件，人民检察院仍然认为证据不足，不符合起诉条件的，应当作出不起诉的决定。

《刑诉规则》第 367 条规定，人民检察院对于二次退回补充调查或者补充侦查的案件，仍然认为证据不足，不符合起诉条件的，经检察长批准，依法作出不起诉决定。人民检察院对于经过一次退回补充调查或者补充侦查的案件，认为证据不足，不符合起诉条件，且没有再次退回补充调查或者补充侦查必要的，经检察长批准，可以作出不起诉决定。第 368 条规定，具有下列情形之一，不能确定犯罪嫌疑人构成犯罪和需要追究刑事责任的，属于证据不足，不符合起诉条件：（1）犯罪构成要件事实缺乏必要的证据予以证明的；（2）据以定罪的证据存在疑问，无法查证属实的；（3）据以定罪的证据之间、证据与案件事实之间的矛盾不能合理排除的；（4）根据证据得出的结论具有其他可能性，不能排除合理怀疑的；（5）根据证据认定案件事实不符合逻辑和经验法则，得出的结论明显不符合常理的。

(四) 符合特殊条件不起诉的法律规定

《刑事诉讼法》第 182 条第 1 款规定，犯罪嫌疑人自愿如实供述涉嫌犯罪的事实，有重大立功或者案件涉及国家重大利益的，经最高人民检察院核准，公安机关可以撤销案件，人民检察院可以作出不起诉决定，也可以对涉嫌数罪中的一项或者多项不起诉。

(五) 不起诉后人财物处理、送达文书、提出异议、重新起诉的法律规定

《刑事诉讼法》第 177 条第 3 款规定，人民检察院决定不起诉的案件，应当同时对侦查中查封、扣押、冻结的财物解除查封、扣押、冻结。对被不起诉人需要给予行政处罚、处分或者需要没收其违法所得的，人民检察院应当提出检察意见，移送有关主管机关处理。有关主管机关应当将处理结果及时通知人民检察院。

《刑事诉讼法》第 178 条规定，不起诉的决定，应当公开宣布，并且将不起诉决定书送达被不起诉人和他的所在单位。如果被不起诉人在押，应当立即释放。

《刑事诉讼法》第 179 条规定，对于公安机关移送起诉的案件，人民检察院决定不起诉的，应当将不起诉决定书送达公安机关。公安机关认为不起诉的决定有错误的时候，可以要求复议，如果意见不被接受，可以向上一级人民检察院提请复核。本条在执行中应当注意三点：一是复议、复核时不停止对不起诉决定的执行，不能以复议、复核为由继续羁押被不起诉人；二是经上一级人民检察院复核提出改变不起诉决定意见的，下级人民检察院应当执行；三是对于监察机关移送起诉的案件，人民检察院决定不起诉的，应当将不起诉决定书送达监察机关，根据《监察法》第 47 条第 4 款和《刑诉规则》第 379 条规定，监察机关认为不起诉的决定有错误的，可以向上一级人民检察院提请复议，这与公安机关可以要求人民检察院复议、复核的规定是不同的。

《刑事诉讼法》第 180 条规定，"对于有被害人的案件，决定不起诉的，人民检察院应当将不起诉决定书送达被害人。被害人如果不服，可以自收到决定书后七日以内向上一级人民检察院申诉，请求提起公诉。人民检察院应当将复查决定告知被害人。对人民检察院维持不起诉决定的，被害人可以向人民法院起诉。被害人也可以不经申诉，直接向人民法院起诉。人民法院受理案件后，人民检察院应当将有关案件材料移送人民法院。"

《刑事诉讼法》第 181 条规定，"对于人民检察院依照本法第一百七十七条第二款规定作出的不起诉决定，被不起诉人如果不服，可以自收到决定书后七日以内向人民检察院申诉。人民检察院应当作出复查决定，通知被不起诉的人，同时抄送公安机关。"

《刑诉规则》第 153 条规定，人民检察院决定对涉嫌犯罪的机关事业单位工作人员决定不起诉的，应当在作出决定后 10 日以内告知其所在单位。

《刑诉规则》第 369 条规定，"人民检察院根据刑事诉讼法第一百七十五条第四款规定决定不起诉的,在发现新的证据,符合起诉条件时,可以提起公诉。"

《刑诉规则》第373条规定,人民检察院决定不起诉的案件,可以根据案件的不同情况,对被不起诉人予以训诫或者责令具结悔过、赔礼道歉、赔偿损失。对被不起诉人需要给予行政处罚、政务处分或者其他处分的,经检察长批准,人民检察院应当提出检察意见,连同不起诉决定书一并移送有关主管机关处理,并要求有关主管机关及时通报处理情况。"

《刑诉规则》第381条规定,"被害人不服不起诉决定,在收到不起诉决定书后七日以内提出申诉的,由作出不起诉决定的人民检察院的上一级人民检察院负责捕诉的部门进行复查。被害人向作出不起诉决定的人民检察院提出申诉的,作出决定的人民检察院应当将申诉材料连同案卷一并报送上一级人民检察院。"

《刑诉规则》第382条规定,"被害人不服不起诉决定,在收到不起诉决定书七日以后提出申诉的,由作出不起诉决定的人民检察院负责控告申诉检察的部门进行审查。经审查,认为不起诉决定正确的,出具审查结论直接答复申诉人,并做好释法说理工作;认为不起诉决定可能存在错误的,移送负责捕诉的部门进行复查。"

《刑诉规则》第385条规定,"对于人民检察院依照刑事诉讼法第一百七十七条第二款规定作出的不起诉决定,被不起诉人不服,在收到不起诉决定书后七日以内提出申诉的,应当由作出决定的人民检察院负责捕诉的部门进行复查;被不起诉人在收到不起诉决定书七日以后提出申诉的,由负责控告申诉检察的部门进行审查。经审查,认为不起诉决定正确的,出具审查结论直接答复申诉人,并做好释法说理工作;认为不起诉决定可能存在错误的,移送负责捕诉的部门复查。人民检察院应当将复查决定书送达被不起诉人、被害人。复查后,撤销不起诉决定,变更不起诉的事实或者法律依据的,应当同时将复查决定书抄送移送起诉的监察机关或者公安机关。"

二、不起诉的工作要求

(一) 树立罪刑法定和无罪推定思想

《刑法》第3条规定,法律明文规定为犯罪的,依照法律定罪处罚;法律没有明文规定为犯罪行为的,不得定罪处罚。这是罪行法定原则在实体上的规定。《刑事诉讼法》第12条规定,未经人民法院依法判决,对任何人都不得确定有罪。此为罪行法定原则在程序上的规定,上述规定从实体和程序两方面体现了我国罪行法定原则的适用依据。在法院依法确定被告人有罪之前,应推定其无罪,是无罪推定的基本要求,是一项国际性法律原则。检察机关依职权作出的不起诉决定是法律履行给检察机关单方面认定犯罪嫌疑人是否有罪的权力,该权力的行使亦应以事实为依据、以法律为准绳。如法定不起诉中就体现了罪刑法定原则的精神内涵,存疑不起诉则体现疑罪从无的思想,而相对不起诉虽具有一定的自由裁量权,也必须在法定框架内认定。

(二) 保护当事人合法权益,体现诉讼及时原则

保护当事人,特别是犯罪嫌疑人和被害人的合法权益,是当代刑事诉讼制度发展的方向,不起诉制度生来就具有保障人权的法律属性。检察机关以国家强制力为后盾,代表国家行使指控犯罪的控告权,与公民私权利正面交锋,若公民在刑事诉讼中面临现实危险和各项权利受侵害,检察机关适时地终止诉讼程序,能够使案件双方当事人的人权免于遭受进一步的侵害。同时,检察机关在案件审查起诉阶段,根据法律规定适用不起诉制度,是诉讼及时原则在司法实践中的具体运用。检察机关在依法对案件进行审查后,对无法达到起诉条件的案件适时终止诉讼程序,不仅提高了办案效率,也实现了人权保障和诉讼效率的统一。

(三) 符合诉讼经济价值理论,体现了诉讼经济效率原则

当前,在刑事司法领域,司法资源投入和需求之间的矛盾日益突出,不起诉作为公诉权运用的范畴,能将不符合起诉条件的案件及时终

止,减少了诉讼成本和时间,提高了诉讼效率,同时也为审判机关审理重大、复杂的案件提供了充分的时间和精力保障,有效地配置了司法资源,有利于保护案件当事人的合法权益,使有限的司法资源有效的使用,最大程度上实现司法公正。

三、不起诉的工作流程及方法

(一)决定不起诉操作程序

不起诉作为刑事诉讼程序中比较重要的一个制度,在刑事诉讼法、《刑诉规则》等法律法规、部门法中都有相关的规定,一般采取以下的工作程序:

1. 不起诉审查职责主体。司法体制改革后,案件的审查起诉均由员额检察官进行和负责,可以由检察官助理及书记员办理辅助事项,如在审查过程中,有关讯问、公开审查、公开宣布等事项,可由检察官助理及书记员协助。

2. 不起诉决定程序。(1)对于监察机关或者公安机关移送起诉的案件,承办人审查案件后,认为依法应当或可以作不起诉决定的,应当制作审查报告,在审查报告中提出不起诉的意见,具体阐明理由和依据,同时,在报告中应当提出对查封、扣押、冻结的款物的处理意见。认为需要提出检察意见的,在审查报告中说明提出检察意见的理由。

(2)如遇疑难复杂案件,承办人可将案件向部门负责人汇报,提交本部门集体讨论研究,并按如下步骤进行:①对于证据不足的案件,应当将案件退回补充侦查,并根据案件情况确定退回补充侦查次数;②对存在较大争议并且在当地有较大社会影响,准备作不起诉处理的案件,承办人可以决定组织公开审查,并制作公开审查情况报告;③补充侦查重报和公开审查结束后,承办人根据补充证据情况和公开审查情况,决定起诉或提出不起诉的建议。

(3)承办人认为应当作不起诉处理的,将案件报检察长批准。其中,人民检察院直接受理侦查的案件和监察机关移送起诉的案件,应当报请上一级人民检察院批准。

国家安全机关、海警机关、监狱移送的刑事案件，拟作不起诉决定的，适用本程序关于公安机关的规定。

（二）不起诉公开审查

不起诉案件公开审查是为了充分听取侦查（调查）机关（部门）和犯罪嫌疑人、被害人以及犯罪嫌疑人、被害人委托的人等对案件处理的意见，为人民检察院对案件是否作不起诉处理提供参考的一种审查程序，是一种选择性程序而不是必经程序。2001年，最高人民检察院公诉厅关于印发了《人民检察院办理不起诉案件公开审查规则（试行）》，专门对不起诉公开审查进行了相关规定。

1. 范围

不起诉公开审查适用案件范围包括：对存在较大争议并且在当地有较大社会影响的，经人民检察院审查准备作不起诉处理的案件。但是对如下案件不进行公开审理：（1）案情简单，没有争议的案件；（2）涉及国家秘密或者个人隐私的案件；（3）当事人申请不公开审查的涉及商业秘密的案件；（4）犯罪嫌疑人不满十八周岁的案件；（5）其他没有必要进行公开审查的案件。而对下列两种类型的案件则不宜进行公开审查：一是对拟作存疑不起诉决定的案件不宜进行公开审查。因此类案件证据有缺陷，检察机关将来还有再起诉的可能性，公开审查将可能使犯罪嫌疑人了解案件证据存在的缺陷，可能影响未来进行的侦查和起诉工作。二是绝对不起诉案件，法律规定非常明确，一般不必要进行公开审查。但如果被害人有异议，认为不具备法定不起诉的适用条件的，也可以进行公开审查。

2. 主体

人民检察院进行不起诉案件公开审查，应当由两名以上具有检察官职务的检察人员负责进行，其中一名应为员额检察官。公开审查时，应当由员额检察人员（承办人）主持，书记员负责记录。

3. 参与人员

不起诉公开审查人员参加人员包括：侦查机关或侦查部门代表，可以是侦查机关（部门）负责人、案件侦查工作主承办人（侦查员）等；

犯罪嫌疑人及其法定代理人、辩护人；被害人及其近亲属、诉讼代理人；也可以包括邀请的人大代表、政协委员、特约检察员；根据案件需要或者当事人的请求，邀请的有关专家及与案件有关的人；经人民检察院许可，可以旁听和采访的新闻记者。对于涉及国家财产、集体财产遭受损失的案件，亦可以通知有关单位派代表参加。同时，不起诉案件公开审查时，允许公民旁听。

4. 启动

有下列主体可以提出不起诉公开审查的要求或申请：公安机关，犯罪嫌疑人及其法定代理人、辩护人，被害人及其法定代理人、诉讼代理人，人民检察院审查起诉案件承办人。

5. 听取意见

人民检察院决定对不起诉案件进行公开审查前，承办人应当听取侦查（调查）机关、犯罪嫌疑人及其法定代理人、辩护人、被害人及其法定代理人、诉讼代理人对进行公开审查的意见。听取意见可以分别进行，也可以同时进行。

6. 启动公开审查

承办人根据要求或申请，在听取相关各方意见之后，决定是否进行公开审查。

7. 公开审查准备工作

包括：（1）全面审查案件事实与证据，制作审查报告。审查报告要详细分析事实与证据，研究相关法律规定，全面论述拟作不起诉处理的依据与理由。

（2）在决定开展公开审查之后，承办人制定公开审查的方案，包括：时间、地点、参加人员、邀请对象、审查重点内容、公开审查方式、程序、应急预案等。需要司法警察协助执行押解及保卫任务的，承办人提出用警申请，于公开审查之日，由司法警察到场执行安全保卫任务。

（3）公开审查一般在人民检察院进行，可以选择在检察院听证室、听取意见室、会议室等。承办人也可以根据案情需要，提出检察机关以外的地点进行公开审查，包括公安机关、居（村）委会、犯罪嫌疑人单位等合适地点。公开审查是一项严肃的司法程序，公开场所应当庄重、严肃并符合功能要求。审查场所大小应当根据参加公开审查人员规模确定，应当配备足等办公桌椅，并根据需要配备录音录像等设备。公开审查场所内应当设置检察员、书记员席位。根据需要设置侦查人员、犯罪嫌疑人及法定代理人、辩护人、被害人及法定代理人、诉讼代理人席位。并根据需要设置其他应邀人员及旁听人员的座位。参加公开审查的人员按照不同的诉讼角色、身份，依法享有的权利和义务也有区别，因此，在审查场所内座位的摆放应当体现角色区分，可以按以下方式设置座位：①主持公开审查的检察官席位应当居中，书记员于主持人一侧进行记录；②侦查员、被害人一方应当与犯罪嫌疑人一方席位相对设置。侦查员、被害人一方座位可以设置在主持人右手边，犯罪嫌疑人一方座位可以设置在主持人左手边；③其他参加人员于主持人相对方设置座位。

（4）公开审查通知、告知。由书记员在进行公开审查3日前，把公开审查的时间、地点通知侦查机关或部门、犯罪嫌疑人及法定代理人、辩护人、被害人及法定代理人、诉讼代理人。对羁押犯罪嫌疑人的通知，承办人应当通过提讯在看守所通知；对未羁押犯罪嫌疑人，承办人应当传唤犯罪嫌疑人，予以通知。书记员向其他参加公开审查人员送达通知书，并填写送达回证，确认是否参加公开审查。不能当面通知的，可以电话、短信、传真、电子邮件等能够对方收悉的方式进行通知，但应记录在案，并确认是否参加公开审查。书记员在进行公开审查3日前，应当向受邀请参加公开审查的人大代表、政协委员、特约检察员、有关专家及与案件有关的人送达邀请函，并告知公开审查的案由、内容、时间、地点，并确认是否参加公开审查活动。在进行公开审查3日前，书记员应当通过公示栏、电子屏幕等方式，向社会公告公开审查的案由、时间、地点。

（5）拟定公开审查提纲。包括下列内容：①公开审查的规则；②公开审查检察人员分工；③公开审查的事实及证据重点；④公开审查的发言顺序；⑤可能出现的问题应对措施。

8. 公开审查程序和内容

公开审查前，应当依次进行的工作如下工作：

（1）保障犯罪嫌疑人到场，同时提出用警申请，于公开审查之日，由两名以上司法警察将犯罪嫌疑人押解到场。对于未羁押犯罪嫌疑人，承办人应当在公开审查之日传唤犯罪嫌疑人。

（2）书记员做好预备工作，包括：①查明侦查机关（部门）人员、当事人、法定代理人、辩护人、诉讼代理人及邀请的人员是否到场；②请参加公开审查人员、邀请人员、旁听人员入座；③宣读公开审查规则；④书记员请检察员入座，报告审查前的准备工作已经准备就绪。

（3）开展公开审查。主持公开审查的检察员宣布公开审查开始，然后按以下步骤开展审查：①查明犯罪嫌疑人基本情况；②宣布并核对法定代理人、被害人、辩护人、诉讼代理人、邀请的专家及与案件有关的人员身份；③主持人宣布公开审查检察人员、书记员身份，宣布侦查人员身份，介绍参加公开审查活动的人大代表、政协委员及特约检察官等；④主持人宣布案件的来源、案由、公开审查的内容及目的；⑤主持人告知当事人权利义务，并询问当事人及其法定代理人、辩护人、诉讼代理人是否申请回避、申请何人回避及申请回避的理由；⑥当事人及其法定代理人、辩护人、诉讼代理人申请回避的，依照刑事诉讼法及《刑诉规则》的有关规定进行处理；⑦主持人听取侦查机关、犯罪嫌疑人及其法定代理人、辩护人、被害人及其法定代理人、诉讼代理人对拟作不起诉处理的意见；⑧承办案件的检察人员根据案件事实和证据，依照法律的有关规定阐述不起诉的理由；⑨参加公开审查的人员就案件事实、证据、适用的法律，以及是否应予不起诉，各自发表意见。发表意见的顺序依次为：侦查人员、犯罪嫌疑人及其法定代理人、辩护人、被害人及其法定代理人、诉讼代理人、邀请的专家就案件的专门问题作出说明邀请的与案件有关的人；⑩在充分听取意见之后，主持人宣布公开审查结束。

9. 公开审查结束后的处理事项

包括：由书记员将公开审查的内容制作笔录，笔录应当交参加公开审查的犯罪嫌疑人及其法定代理人、辩护人，被害人及其法定代理人、诉讼代理人阅读或者向其宣读，如果认为记录有误或有遗漏的，可以补充或更正，确认无误后，应当签名或盖章。随后，书记员将笔录归档。审查结束，应当将在押犯罪嫌疑人交由司法警察及时还押。对传唤、拘传的犯罪嫌疑人，在审查结束后，承办人应当责令犯罪嫌疑人在《传唤通知书》上填写结束时间、签名和捺指印。公开审查活动结束后，承办人应当制作不起诉案件公开审查情况报告。报告中应当重点写明公开审查过程中各方一致性意见或存在的主要分歧，并提出起诉或者不起诉的建议。承办人应当将公开审查报告连同公开审查笔录，呈报检察长或者检察委员会，作为案件是否作出不起诉的决定的参考。

10. 注意事项

首先，人民检察院公开审查不起诉案件应当在法定的审查起诉期限内完成。其次，人民检察院应当对案件进行风险评估，针对各方矛盾极大、容易激化矛盾、容易引发冲突的不起诉案件，采用分别进行的方法，不允许被害方、犯罪嫌疑人所在单位的人员与犯罪嫌疑人同时到场，避免双方矛盾进步激化。再次，公开审查不需要出示证据。最后，公开审查过程中，侦查人员、犯罪嫌疑人、被害人、法定代理人、辩护人、诉讼代理人不能直接进行辩论，发表意见一般以一轮结束。

（三）公开宣布不起诉决定

公开宣布不起诉是指检察机关在依法作出不起诉决定后，及时向当事人、侦查人员及其他相关人员公开宣布不起诉决定，告知诉讼权利、送达不起诉决定书的过程。《刑诉规则》第376条规定，不起诉的决定，由人民检察院公开宣布。公开宣布不起诉决定的活动应当记录在案。不起诉决定书自公开宣布之日起生效。被不起诉人在押的，应当立即释放；被采取其他强制措施的，应当通知执行机关解除。

1. 公开宣布人员

人民检察院进行不起诉案件公开宣布，应当由承办人负责进行。公开宣布时，应当由承办人主持，书记员负责记录。

2. 公开宣布方式

公开宣布可先向被不起诉人宣布不起诉决定，然后向被害人、公安机关等送达不起诉书，也可以同时邀请公安机关代表、被害人等其他人员到场参加公开宣布。

3. 公开宣布参加人员

被不起诉人，同时应当通知被不起诉人的法定代理人、辩护人参加，可以邀请侦查机关（部门）代表、被不起诉人所在单位、居（村）委会、学校负责人、被害人及其近亲属、诉讼代理人。职务犯罪案件公开宣布不起诉还可以邀请人民监督员参加。人民检察院公开宣布不起诉决定应当允许公民旁听。

4. 公开宣布准备工作

（1）制定公开宣布方案。在决定公开宣布之后，承办人应当制定公开宣布的工作方案，包括：公开宣布的时间、地点、参加人员、邀请对象、宣布方式、应急预案等。

（2）准备法律文书。承办人应当根据需要送达的人数及卷宗归档、备案的需要，制作《不起诉决定书》，并根据案情需要，制作《移送有关主管机关处理违法所得意见书》《移送有关机关处理非法所得清单》《检察意见书》。

（3）准备公开宣布场所。公开宣布一般在人民检察院进行。根据案件情况，承办人也可提出人民检察院以外的地点进行公开宣布，包括公安机关、居（村）委会、被不起诉人单位等合适地点。被不起诉人被羁押的，公开宣布也可以在看守所进行。邀请侦查机关人员、被害人及其近亲属、法定代理人等参加公开宣布的，场所大小应当根据参加公开宣布人员规模确定，并配备足够办公设施、设备。公开宣布场所内应当设置检察员、书记员席位。根据需要设置侦查人员、被不起诉人及法定代理人、辩护人、被害人及近亲属、诉讼代理人席位。并根据需要设置其他应邀人员及旁听人员的座位。公开宣布是一项严肃的司法程序，公开宣布场所应当庄重、严肃，并符合功能要求。

(4) 通知（邀请）参加人。承办人或书记员应当在进行公开宣布3日前，向参加公开宣布的人员发出通知或邀请。对被羁押的被不起诉人的通知，承办人应当通过提押在看守所告知；对未羁押的被不起诉人，承办人应当传唤被不起诉人，必要时采取拘传措施予以通知。书记员应当送达通知书或者邀请函，填写送达回证，告知公开宣布的案由、内容、时间、地点，并确认是否参加公开宣布。不能当面邀请的，可以电话、短信、传真、电子邮件等能够确认对方收悉的方式进行邀请，但应记录在案，并确认是否参加公开宣告。书记员应当在进行公开宣布3日前，通过人民检察院的公示栏、电子屏幕等方式，向社会公告公开宣布的案由、时间、地点。

(5) 承办人制作公开宣布预案。公开宣布预案包括下列内容：检察人员分工、规则及纪律、说理答疑提纲、被不起诉人训诫或者责令结具悔过、赔礼道歉、赔偿损失提纲、可能出现的问题应对措施。根据具体案情，承办人提出是否安排司法警察维持现场秩序的意见，办理派警手续。

5. 公开宣布程序

(1) 公开宣布前的准备工作。第一，保障被不起诉人到场。对于羁押的被不起诉人，承办人应当填写《提讯/提解证》，提出用警申请，于公开宣布之日，由司法警察押解被不起诉人到场。对于未羁押的被不起诉人，承办人应当传唤被不起诉人到场。第二，书记员做好预备工作。查明通知或邀请的人员是否到场、宣读公开宣布规则及纪律。

(2) 承办人主持公开宣布工作，按以下步骤开展公开宣布：首先查明被不诉人基本情况；其次核对法定代理人、辩护人以及被害人及其近亲属、诉讼代理人、其他受邀请人员的身份；再次主持人宣布公开宣布检察人员、书记员身份。承办人宣读不起诉决定书，并宣读对被不起诉人给予行政处罚、处分的检察意见，结合案件事实和法律适用说明不起诉决定的理由；最后，书记员当场向被不起诉人及其法定代理人、辩护人送达《不起诉决定书》。邀请侦查机关（部门）代表、被害人及其近亲属、诉讼代理人、不诉人单位负责人参加公开宣布的，同时向其送达《不起诉决定书》。文书送达必须填写送达回证,受送达人拒绝签字的,其他在场人作为见证人在送达回证上签名。《不起诉决定书》送达之后,承办人应当告知被害人或者其近亲属及其诉代理人,如果对不起诉决定不服,可以自收到《不起诉决定书》后7日以内向上级人民检察院申诉,也可以不经申诉,直接向人民法院起诉;告知被不起诉人如对不起诉决定不服,可以自收到不起诉决定书后7日以内向人民检察院申诉。

主持人在公开宣布《不起诉决定书》的会场上,可以按下列顺序听取意见:被不起诉人及其法定代理人、辩护人、被害人及其法定代理人、近亲属、诉讼代理人。承办人对各方提出的疑问进行解答,消除疑虑。根据案情,承办人可以当场对被不起诉人进行训诫、责令具结悔过、由被不起诉人对被害人及其家属进行赔礼道歉、赔偿损失、安排被不起诉人所在单位、学校负责人、居(村)委会人员对其进行教育。

6. 公开宣布结束后需处理的事项

(1) 书记员应当将公开宣布的内容制作笔录,并交参加公开宣布的被不起诉人及其法定代理人、辩护人阅读或者向其宣读。如果认为记录有误或有遗漏的,可以请求补充或更正,确认无误后,应当签名或盖章。被害人及其近亲属、诉讼代理人参加公开宣布的,也应当签名或盖章。被不起诉人所在单位或者学校、居(村)委会负责人作为见证人签字上述人员应当在笔录上注明身份。(2) 公开宣布结束,应当立即将在押的被不起诉人由司法警察还押,并将不起诉决定书、释放通知书送达看守所,通知看守所立即办理释放手续。对采取其他强制措施的被不起诉人,承办人填制解除制措施的通知书,连同《不起诉决定书》送达执行强制措施的机构,立即通知执行机构解除强制措施。对传唤、拘传的被不起诉人,承办人责令被不起诉人在《传唤通知书》上填写结束时间、签名和捺指印。对被不起诉人需要给予行政处罚,行政处分的,承办人应及时将《检察意见书》连同《不起诉决定书》一并送有关主管机关处理,并要求有关主管机关及时通报处理情况。(3) 未邀请侦查机关人员、被害人及其近亲属、诉讼代理人、被不起诉人单位负人参加公开宣布,或者邀请后未到场参加公开宣布的,承办人应当立即向其送达《不起诉决定书》。向被害人送达《不起诉决定书》,应当当面告知其如果对不起诉决定不服,可以自收到《不起诉决定书》后7日以内向上级人民检察院申诉,也可以不经申诉,直接向人民法院起诉。承办人向被害人及其近亲属、诉讼代理人送达不起诉决定书,应当听取被害人等对不起诉决定的意见,并结合案件事实和法律适用说明不起诉决定的理由,对提出的疑问进行解答,消除疑虑。向被害人及其近亲属、诉讼代理人送达《不起诉决定书》。可以通知至人民检察院送达,也可以到被害人及其近亲属、诉讼代理人住所送达。

(四) 提出检察意见

检察意见,是指人民检察院在审查案件过程中,就不起诉案件向有关主管单位提出对被不起诉人给予行政处罚、政务处分或者其他处分以及对涉案款物处理的意见。

1. 检察意见适用范围

包括对被不起诉人应当给予行政处罚、政务处分、其他处分、违法所得需要没收以及应当提出检察意见的其他问题等情形均应当提出检察意见。

2. 提出检察意见程序

承办检察人员审查案件,认为需要提出检察意见的,在审查报告中单独列明提出检察意见的理由,连同不起诉决定书报检察长批准。案件作出不起诉决定后,应当提出检察意见的,承办人制作《检察意见书》,报检察长批准。

3. 检察意见文书送达

(1) 对象。包括建议行政处罚的,送达有处罚权限的行政主管机关;建议政务处分或其他处分的,送达被不起诉人所在单位或纪检、监察部门;需要没收被不起诉人违法所得的,送达具有没收违法所得权限的财政部门、行政主管部门,或者纪检、监察部门。

(2) 送达方式。在向有关单位发出《检察意见书》时,应与《不起诉决定书》一并送达,并与《不起诉决定书》的公开宣布送达同时进行。不能在公开宣布时同时送达的，承办人在公开宣布完毕之后，立即向有关单位送达，也可以由其他负责送达工作的部门工作人员送达。

4. 发出检察意见后的处理

承办人应督促有关单位就《检察意见书》内容进行回复，如收到回复后，应对回复内容进行审查，提出审查意见，及时向分管副检察长报告，根据回复情况履行监督职责。

5. 注意事项

要严格区分检察意见和检察建议，严禁将二者混为一谈，错误使用。同时，发出的检察意见必须于法有据，不得随意使用，更应尊重有关单位，严禁侵犯有关单位的合法权利。

（五）复议复核

1. 不起诉复议

不起诉复议，是指对公安机关移送起诉的案件，人民检察院作出不起诉处理的决定，公安机关认为不起诉有错误的，提出复查申请，人民检察院根据公安机关的申请，对本院作出的不起诉决定依法重新进行审查，并作出相应决定的司法救济活动。

（1）受理。根据刑事诉讼法及《刑诉规则》的相关规定，负责对刑事案件侦查终结移送起诉的公安机关，在收到人民检察院不起诉决定后，认为决定有错误的，可以在收到不起诉决定之后7日内提出复议申请，并提交《要求复议意见书》。作出不起诉决定的人民检察院对同级公安机关的复议申请进行审查。同级人民检察院在受理公安机关复议申请后，应当另行指派检察官或者检察官办案组进行审查并提出审查意见。

（2）审查。承办人应当对全案证据材料进行审查，重点针对《起诉意见书》《要求复议意见书》与《不起诉决定书》之间的分歧进行审查。承办人办理复议案件，一般只进行书面审查并制作不起诉复议案件审查报告，提出维持原决定或者改变原决定的意见，并详细分析理由，报检察长批准。有重大社会影响或者重大分歧意见的案件，可提交检察官联席会议、检察委员会讨论。复议决定应当在收到《要求复议意见书》后 30 日以内作出。

（3）制作、送达文书。在作出复议决定后，应制作《复议决定书》，维持不起诉决定的应附上《不起诉复议理由说明书》，改变原决定的应制作《撤销不起诉决定书》，并通知公安机关。

监察机关认为不起诉的决定有错误的，可以向上一级人民检察院提请复议，上一级人民检察院应当在收到《提请复议意见书》后 30 日以内，经检察长批准，作出复议决定，通知监察机关。

2. 不起诉复核

不起诉复核，是指人民检察院根据公安机关的提请，对下级人民检察院所作的不起诉决定进行审查，以决定是否改变下级人民检察院的不起诉决定的一种诉讼救济活动。具体是指负责对刑事案件侦查终结移送起诉的公安机关，认为人民检察院作出的不起诉决定有错误，要求复议的意见不被接受，可以提出复核申请。公安机关提出复核申请，应当在收到《复议决定书》后 7 日向上级人民检察院提出并制作《提请复核意见书》。作出不起诉决定的人民检察院的上级检察院，对下级公安机关的复核申请进行审查。

（1）受理。人民检察院案件管理部门受理公安机关复核申请后，应当指定员额检察官办理复核案件。

（2）审查。首先，承办人应当审查提请复核的案件是否属于下级人民检察院复议后坚持不起诉的案件，对不属于本院管辖的，应当将案件退回公安机关处理。其次，承办人应审查下级人民检察院的《不起诉决定书》副本、《复议决定书》副本、侦查机关移送的《起诉意见书》副本、《要求复议意见书》副本、《提请复核意见书》、全部侦查卷宗、补充侦查的证据等材料是否齐全，必要时可以调取下级人民检察院内卷。最后，承办人应当对全案证据材料进行审查，重点针对起诉意见书、要求复议意见书、提请复核意见书与不起诉决定书、复议决定书之间的分歧进行审查。承办人办理复核案件，一般只进行书面审查，并制作不起诉复核案件审查报告，提出维持或者撤销下级人民检察院不起诉决定的意见，报检察长批准。经复核认为下级人民检察院不起诉决定错误的,应当指令下级人民检察院纠正,或者撤销、变更下级人民检察院作出的不起诉决定。人民检察院应当在收到要求复核意见书后的30日内作出复核决定。

(3) 制作、送达复核决定文书。作出复核决定后,承办人应当制作《复核决定书》,维持不起诉决定的应附上《不起诉复核理由说明书》,决定撤销或者变更下级人民检察院不起诉决定的,应当制作《指令纠正决定书》或者《撤销/变更不起诉决定书》,并通知提请复核的公安机关和下级人民检察院。

四、相关文书制作与应用

(一) 不起诉决定书

不起诉决定书是指人民检察院对侦查机关或监察机关移送审查起诉的刑事案件,经过审查认为犯罪嫌疑人的行为不构成犯罪,或者证据不足,以及按照法律规定不应追究刑事责任时,作出不起诉决定所制作的法律文书。

【法定不起诉决定书格式】

××××人民检察院

不起诉决定书

××检××刑不诉〔20××〕×号

被不起诉人……〔写明姓名、性别、出生年月日、公民身份号码、民族、文化程度、职业或工作单位及职务(国家机关工作人员利用职权实施的犯罪,应当写明犯罪期间在何单位任何职)、户籍地、住址(被不起诉人住址写居住地,如果户籍所在地与暂住地不一致的,应当写明户籍所在地和暂住地),是否受过刑事处罚,采取强制措施的种类、时间、决定机关等。〕

(如系被不起诉单位,则应写明名称、住所地等)

辩护人……(写姓名、单位)。

本案由×××(监察/侦查机关名称)调查/侦查终结,以被不起诉人

×××涉嫌××罪，于×年×月×日向本院移送起诉。

（如果是自侦案件，此处写"被不起诉人×××涉嫌××一案，由本院侦查终结，于×年×月×日移送起诉或不起诉。"如果案件是其他人民检察院移送的，此处应当将指定管辖、移送单位以及移送时间等写清楚。）

（如果案件曾经退回补充调查/侦查，应当写明退回补充调查/侦查的日期、次数以及再次移送起诉时间。）

经本院依法审查查明：

〔如果是根据刑事诉讼法第十六条第（一）项即监察/侦查机关移送起诉认为行为构成犯罪，经检察机关审查后认定行为情节显著轻微、危害不大，不认为是犯罪而决定不起诉的，则不起诉决定书应当先概述监察/侦查机关移送起诉意见书认定的犯罪事实（如果是检察机关的自侦案件，则这部分不写），然后叙写检察机关审查认定的事实及证据，重点反映显著轻微的情节和危害程度较小的结果。如果是行为已构成犯罪，本应当追究刑事责任，但审查过程中有刑事诉讼法第十六条第（二）至（六）项法定不追究刑事责任的情形，因而决定不起诉的，应当重点叙明符合法定不追究刑事责任的事实和证据，充分反映出法律规定的内容。如果是根据刑事诉讼法第一百七十七条第一款中的没有犯罪事实而决定不起诉的，应当重点叙明不存在犯罪事实或者犯罪事实并非被不起诉人所为。〕

本院认为，×××（被不起诉人的姓名）的上述行为，情节显著轻微、危害不大，不构成犯罪。依照《中华人民共和国刑事诉讼法》第十六条第（一）项和第一百七十七条第一款的规定，决定对×××（被不起诉人的姓名）不起诉。

（如果是根据刑事诉讼法第十六条第（二）至（六）项法定不追究刑事责任的情形而决定的不起诉，重点阐明不追究被不起诉人刑事责任的理由及法律依据，最后写不起诉的法律依据。如果是根据刑事诉讼法第一百七十七条第一款中的没有犯罪事实而决定不起诉的，指出被不起诉人没有犯罪事实，再写不起诉的法律依据。）

查封、扣押、冻结的涉案款物的处理情况。

被害人如果不服本决定，可以自收到本决定书后七日以内向×××人民检察院申诉，请求提起公诉；也可以不经申诉，直接向×××人民法院提起自诉。

×××人民检察院
20××年×月×日
（院印）

【相对不起诉决定书格式】

×××人民检察院
不起诉决定书
××检××刑不诉〔20××〕×号

被不起诉人……〔写明姓名、性别、出生年月日、公民身份号码、民族、文化程度、职业或工作单位及职务（国家机关工作人员利用职权实施的犯罪，应当写明犯罪期间在何单位任何职）和户籍地、住址（被不起诉人住址写居住地，如果户籍所在地与暂住地不一致的，应当写明户籍所在地和暂住地），是否受过刑事处罚，采取强制措施的种类、时间、决定机关等。〕

（如系被不起诉单位，则应写明名称、住所地等）

辩护人……（写姓名、单位）。

本案由×××（监察/侦查机关名称）调查/侦查终结，以被不起诉人×××涉嫌××罪，于×年×月×日向本院移送起诉。

（如果是自侦案件，此处写"被不起诉人×××涉嫌××一案，由本院调查/侦查终结，于×年×月×日移送起诉或不起诉。"如果案件是其他人民检察院移送的，此处应当将指定管辖、移送单位以及移送时间等写清楚）。

（如果案件曾经退回补充侦查，应当写明退回补充侦查的日期、次数以及再次移送起诉时间。）

经本院依法审查查明：

……

（概括叙写案件事实，其重点内容是有关被不起诉人具有的法定情节和检察机关酌情作出不起诉决定的具体理由的事实。要将检察机关审查后认定的事实和证据写清楚，不必叙写调查/侦查机关移送审查时认定的事实和证据。对于证据不足的事实，不能写入不起诉决定书中。在事实部分中表述犯罪情节时应当以犯罪构成要件为标准，还要将体现其情节轻微的事实及符合不起诉条件的特征叙述清楚。叙述事实之后，应当将证明"犯罪情节"的各项证据一一列举，以阐明犯罪情节如何轻微。）

本院认为，×××实施了《中华人民共和国刑法》第××条规定的行为，但犯罪情节轻微，具有×××情节（此处写明认罪认罚、从轻、减轻或者免除刑事处罚具体情节的表现），根据《中华人民共和国刑法》第××条的规定，不需要判处刑罚（或者免除刑罚）。依据《中华人民共和国刑事诉讼法》第一百七十七条第二款的规定，决定对×××（被不起诉人的姓名）不起诉。

查封、扣押、冻结的涉案款物的处理情况。

被不起诉人如不服本决定，可以自收到本决定书后七日内向本院申诉。

被害人如不服本决定，可以自收到本决定书后七日以内向×××人民检察院申诉，请求提起公诉；也可以不经申诉，直接向×××人民法院提起自诉。

××××人民检察院
20××年×月×日
（院印）

【不起诉决定书】（最高人民检察院核准不起诉后适用）
××××人民检察院
不起诉决定书
　　　　　　　　××检××刑不诉〔20××〕×号

被不起诉人……〔写明姓名、性别、出生年月日、公民身份号码、民族、文化程度、职业或工作单位及职务（国家机关工作人员利用职权实施的犯罪，应当写明犯罪期间在何单位任何职）和户籍地、住址（被不起诉人住址写居住地，如果户籍所在地与暂住地不一致的，应当写明户籍所在地和暂

住地），是否受过刑事处罚，采取强制措施的种类、时间、决定机关等。〕

（如系被不起诉单位，则应写明名称、住所地等）

辩护人……（写姓名、单位）。

本案由（侦查机关名称）侦查终结，以被不起诉人×××涉嫌××罪，于×年×月×日向本院移送起诉。

（如果案件曾经退回补充侦查，应当写明退回补充侦查的日期、次数以及再次移送起诉时间。）

经本院依法审查查明：

……

（概括叙写案件事实，并写明被不起诉人自愿如实供述涉嫌的犯罪事实，并具有重大立功等，有必要作不起诉处理的事实。要将检察机关审查后认定的事实和证据写清楚，不必叙写侦查机关移送审查时认定的事实和证据。对于证据不足的事实，不能写入不起诉决定书中。在事实部分中表述犯罪情节时应当以犯罪构成要件为标准，还要将体现其有必要作不起诉处理的因素叙述清楚。叙述事实之后，应当将证据一一列举。）

本院认为，×××实施了《中华人民共和国刑法》第××条规定的行为，因自愿如实供述涉嫌犯罪的事实，并有重大立功（或案件涉及国家重大利益），经最高人民检察院核准，决定对（被不起诉人的姓名）不起诉。

查封、扣押、冻结的涉案款物的处理情况。

××××人民检察院
20××年×月×日
（院印）

【存疑不起诉决定书格式】

××××人民检察院
不起诉决定书
××检××刑不诉〔20××〕×号

被不起诉人……〔写明姓名、性别、出生年月日、公民身份号码、民族、文化程度、职业或工作单位及职务（国家机关工作人员利用职权实施的犯罪，应当写明犯罪期间在何单位任何职）和户籍地、住址（被不起诉人住址写居住地，如果户籍所在地与暂住地不一致的，应当写明户籍所在地和暂住地），是否受过刑事处罚，采取强制措施的种类、时间、决定机关等。]

（如系被不起诉单位，则应写明名称、住所地等）

辩护人……（写姓名、单位）。

本案由×××（监察/侦查机关名称）调查/侦查终结，以被不起诉人×××涉嫌××罪，于×年×月×日移送本院审查起诉。

（如果是自侦案件，此处写"被不起诉人×××涉嫌××一案，由本院侦查终结，于×年×月×日移送起诉或不起诉。"如果案件是其他人民检察院移送的，此处应当将指定管辖、移送单位以及移送时间等写清楚。）

（如果案件曾经退回补充调查/侦查，应当写明退回补充调查/侦查的日期、次数以及再次移送起诉时间。）

×××（侦查机关名称）移送起诉认定……（概括叙述监察/侦查机关认定的事实），经本院审查并退回补充调查/侦查，本院仍然认为×××（监察/侦查机关名称）认定的犯罪事实不清、证据不足（或本案证据不足）（应当概括写明事实不清、证据不足的具体情况），不符合起诉条件。依照《中华人民共和国刑事诉讼法》第一百七十五条第四款的规定，决定对×××（被不起诉人的姓名）不起诉。

（如系检察机关直接受理案件，则写为：本案经本院侦查终结后，在审查起诉期间，经两次补充侦查，本院仍认为本案证据不足，不符合起诉条件。依照《中华人民共和国刑事诉讼法》第一百七十五条第四款的规定，决定对×××不起诉。）

查封、扣押、冻结的涉案款物的处理情况。

被害人如不服本决定，可以自收到本决定书后七日以内向××人民检察院申诉，请求提起公诉；也可以不经申诉，直接向××人民法院提起自诉。

××××人民检察院
20××年×月×日
（院印）

【制作说明】

一、首部

此部分包括制作文书的人民检察院名称、文书名称和文书编号。

二、正文

1. 被不起诉人基本情况。被不起诉人的基本情况按文书中所列项目顺序叙明。如系被不起诉单位，则应写明名称、住所地，并以被不起诉单位代替不起诉书格式中的"被不起诉人"。

2. 辩护人基本情况。此部分包括辩护人姓名、单位。如系法律援助律师，应当写明指派的法律援助机构名称等。

3. 案由和案件来源。其中"案由"应当写移送起诉时或者侦查终结时认定的行为性质，而不是负责捕诉的部门认定的行为性质。"案件来源"包括监察、公安、国家安全机关移送、本院侦查终结、其他人民检察院移送等情况。应当写明移送起诉的时间和退回补充调查/侦查的情况（包括退回补充侦查日期、次数和再次移送日期）。写明本院受理日期。

4. 案件事实情况。此部分包括否定或者指控被不起诉人构成犯罪的事实及作为不起诉决定根据的事实。应当根据3种不起诉的性质、内容和特点，针对案件具体情况各有侧重点地叙写。

5. 不起诉理由、法律依据和决定事项部分。在制作这部分时应当注意下面几个问题：一是所引用的法律应当引全称；二是所引用的法律条款要用汉字将条、款、项引全。

6. 告知事项。一是应当根据《刑诉规则》第385条的规定写明被不起诉人享有申诉权；二是凡是有被害人的案件，应当根据《刑事诉讼法》第180条的规定写明被害人享有申诉权及起诉权。

三、尾部

一是署名部分要统一署某检察院院名；二是本文书的具文日期应当是签发日期。

四、其他

一是不起诉决定书以人为单位制作；二是不起诉决定书应当有正

本、副本之分，其中正本归入正卷，副本送被不起诉人、辩护人及其所在单位、被害人或者其近亲属及其诉讼代理人、监察/侦查机关（部门）。

（二）检察意见书

对被不起诉人需要给予行政处罚、处分或者需要没收其违法所得的，人民检察院应当提出检察意见，制作检察意见书，移送有关主管机关处理。

【文书格式】

××××人民检察院

检察意见书

××检××意〔20××〕×号

一、发往单位。

二、案件来源及查处（审查）情况。

三、认定的事实、证据、决定事项（认定结论）及法律依据。

四、据法律规定，提出检察意见的具体内容和要求。

20××年×月×日

（院印）

【制作说明】

一、本文书依据《中华人民共和国刑事诉讼法》第一百七十七条第三款和《人民检察院刑事诉讼规则》第一百七十三条、第二百四十八条、第三百七十三条、第三百七十五条、第五百五十七条等规定制作。为人民检察院向有关主管机关提出对被不起诉人给予行政处罚、行政处分（在向有关机关提出对被不起诉人给予行政处罚、行政处分时，应与不起诉决定书一并送有关主管机关）。人民检察院接到控告、举报或者发现行政执法机关不移送涉嫌犯罪案件的，应当向行政执法机关提出检察意见，要求其按照管辖规定向公安机关或者人民检察院移送涉嫌犯罪案件，被控告人、被举报人行为未构成犯罪，但需要追究党纪、政纪、违法责任的，移送有管辖权的主管机关，或向其他有关单位提出其他检察意见时使用。

二、本文书文号"　检　意〔　〕　号"应由提出检察意见的具体业务部门分别填写。

三、本文书一式二份，一份送达有关机关，一份附卷。

（三）复议决定书

本文书依据《刑事诉讼法》第179条的规定制作，为人民检察院在侦查机关认为不起诉决定有错误，向作出决定的人民检察院要求复议，复议后作出复议决定时使用。

【文书格式】

×××人民检察院
复议决定书
（存　根）

××检××议〔20××〕×号

案由＿＿＿＿＿＿＿＿＿＿＿＿＿＿＿＿＿＿＿＿＿＿＿
犯罪嫌疑人基本情况＿＿＿＿＿＿＿＿＿＿＿＿＿＿＿＿
复议决定内容＿＿＿＿＿＿＿＿＿＿＿＿＿＿＿＿＿＿＿
送达单位＿＿＿＿＿＿＿＿＿＿＿＿＿＿＿＿＿＿＿＿＿
批准人＿＿＿＿＿＿＿＿＿＿＿＿＿＿＿＿＿＿＿＿＿＿
承办人＿＿＿＿＿＿＿＿＿＿＿＿＿＿＿＿＿＿＿＿＿＿
填发人＿＿＿＿＿＿＿＿＿＿＿＿＿＿＿＿＿＿＿＿＿＿
填发时间＿＿＿＿＿＿＿＿＿＿＿＿＿＿＿＿＿＿＿＿＿

第一联　统一保存

×××× 人民检察院
复议决定书
（副　本）

　　　　　　　　　　　　　××检×× 议〔20××〕×号

　　你_____对本院_____号_____书要求复议的意见书收悉。
　　经本院复议认为：_____。
　　根据《中华人民共和国刑事诉讼法》第_____条的规定，本院决定_____。

　　此致
_____

　　　　　　　　　　　　　　　　　　20××年×月×日
　　　　　　　　　　　　　　　　　　　　（院印）

第二联　附卷

××××人民检察院
复议决定书

××检××议〔20××〕×号

你_____对本院_____号_____书要求复议的意见书收悉。

经本院复议认为：_____。

根据《中华人民共和国刑事诉讼法》第_____条的规定，本院决定_____。

此致

_____

20××年×月×日

（院印）

第三联　送达侦查机关

【制作说明】

一、本文书依据《中华人民共和国刑事诉讼法》第九十二条、第一百一十二条、第一百七十九条、第二百八十二条，最高人民检察院、公安部《关于刑事立案监督有关问题的规定（试行）》第十条的规定制作。为人民检察院在当事人、辩护人认为维持不立案决定有错误，侦查机关认为不批捕、不起诉、通知撤销案件决定有错误，向作出决定的人民检察院要求复议，复议后作出决定时使用。其中，控告人不服人民检察院不立案决定申请复议的，以及监察机关对人民检察院不起诉提请复议的，由上一级人民检察院办理，其余复议由同级人民检察院办理。

二、本文书共三联，第一联存根，统一保存备查，第二联附卷，第三联送达侦查机关或者当事人/辩护人。在当事人/辩护人等提出复议时，可对文书内容进行适当调整。

五、不起诉的实务操作技巧

（一）区分存疑不诉和绝对不诉

根据刑事诉讼法和《刑诉规则》，证据不足不起诉适用于指控犯罪的证据不足的案件；绝对不起诉适用于犯罪情节显著轻微、危害不大、不认为是犯罪的情形。从条文表述来看，前者是由于有罪证据数量不足或者有罪证据与无罪证据并存造成的，后者是违法事实清楚而由于情节轻微而不视为犯罪，所以二者之间通常不应该出现混淆。但是，实践中这两种不起诉有时难以区分，被混淆适用。如笔者调查某基层检察院所作出的8件绝对不起诉案件中，多件涉及证据原因，有的是证据之间存在矛盾，难以认定案件事实。调查显示，证据不足不起诉和绝对不起诉适用模糊的情形，虽发生在不同类型的案件中，但在双方互有伤害行为的故意伤害案件较为典型。

【案例】贺某故意伤害案

在贺某故意伤害案中，与被害人关系紧密的部分证人提供证言证明：被告人贺某将被害人孙某从门外拽倒，致孙某身体遭受轻伤的损害。但另有部分与被害人关系紧密的证人和处境中立的证人提供证言证明：被告人贺某与被害人孙某在贺某的房屋内发生争执，孙某协同众多同伴叫骂，贺某愤怒之下要求孙某出去，并从室内向室外推孙某，孙某在门外台阶上摔倒。由此，贺某对于孙某所受身体之损伤持有何种主观罪过存在分歧。检察机关基于证据存有矛盾，就低认定贺某系疏忽大意的过失，因未造成重伤以上后果，故不构成犯罪。

这起案件中，对于孙某在与贺某发生争执和肢体冲突中致伤的事实没有争议，争议在于被告人贺某对于孙某致伤的主观心态。检察机关因证据存在矛盾无法认定孙某摔倒系贺某故意拽倒所致，从而得出孙某不构成故意伤害罪的结论，以绝对不起诉结案。但是笔者认为，从本案证据分析应得出孙某是否具有故意伤害的主观故意无法确定的结论，从而应该作出证据不足不起诉。

【案例】张某某故意伤害案

2017年5月，张某某带领村民对本村道路两侧渣土进行清理，当清理至李某某家院墙外的集体公共用地时，李某某对清理工作进行阻止，持镐把对挖掘机司机进行威胁，并与张某某发生争执，随即被他人劝开。之后，李某某的弟弟李某良带领两人赶到现场，与李某某共4人一起持械殴打张某某，张某某抄起一把铁锨同李某某等人发生互殴，在互殴中铁锨划到李某某脸上致其额骨骨折、鼻骨骨折、额突骨折、面部皮肤裂伤，经法医鉴定为轻伤（偏重）。张某某本人也有身体损伤，为轻微伤。事发后，张某某被作为犯罪嫌疑人以故意伤害罪移送检察机关审查起诉。

受案检察机关审查认为，张某某为使本人的人身权利免受正在进行的不法侵害，采取了制止不法侵害的行为，且没有超过必要限度，依据《刑法》第20条第1款之规定，系正当防卫，不负刑事责任，依照《刑事诉讼法》第16条第6项和第177条第1款的规定，决定对张某某不起诉。被害人李某某不服这一决定，向上一级检察机关提起申诉，请求提起公诉。该上一级检察机关复查后发现，认定该案为正当防卫的证据并不确实、充分，虽然有李某某纠集人员来打架的行为发生在先，李某某对于伤害结果存在过错，但张某某在打架过程中，将李某某致伤时的具体情形如何、是否超过必要限度，相关证据并不确实、充分，事实并未查清，根据证据情况可以对被不起诉人张某某作证据不足不起诉。

【案例】杨某故意伤害案

犯罪嫌疑人杨某在超市收银台附近因结账问题，与王某某及其同伴发生口角，后王某某的同伴持购物筐要砸杨某，杨上前夺购物筐，王某某也上前参与夺筐，在此过程中王某某左手中指骨折（属轻伤）。侦查阶段的讯问笔录表明，杨某曾经承认过用购物筐伤人的事实，后翻供。超市的监控录像清晰反映出，杨某没有用购物筐击打王某某左手的行为；王某某参与夺筐，并伴有打杨某的情形，并用购物筐打击了杨某头部。

检察机关认为该案中有罪证据与无罪证据并存，王某某受伤与杨某行为之间的因果关系不清，从而作出证据不足不起诉决定。

笔者认为，有罪证据与无罪证据并存，并不等于该两类证据的证明力势均力敌，在言词证据与视听资料证据之间，视听资料证据因其客观性强而具有更强的证明力，可以认定王某某的伤情系本人在参与争抢过程中所致，杨某并无伤害的行为，应当对杨某作出绝对不起诉而非证据不足不起诉。

【案例】赵某诈骗案

经检察机关审查认定：赵某通过伪造相关文件在工商行政管理部门进行了股权变更登记。审查单位认为，股权变更登记并不能产生实际处分股份的效果，赵某的行为不构成诈骗犯罪，作出了证据不足不起诉的决定。后在该案复查中，复查单位认为：涉案行为不构成诈骗犯罪，属于绝对不起诉的情形，故适用证据不足不起诉不妥。

本案中赵某进行股权变更登记的事实客观存在，关键在于股权变更登记的目的是否系非法占有该股权。对此，笔者认为，以股权变更登记的客观行为来推定赵某主观具有不法占有他人财物的故意，具有一定的基础，但也有观点认为该推定的事实依据不充分，不具有排他性。因此赵某主观事实（主观是否具有不法占有他人财物的故意）存疑，审查单位作出证据不足不起诉并无明显不当。

【案例】马某故意伤害案

马某故意伤害被害人张某,张某的伤情依据《人体轻伤鉴定标准（试行）》第二章第 13 条之规定,符合轻伤。但该案在批准逮捕时,新的《人体损伤程度鉴定标准》(2014 年 1 月 1 日起实施)已经实施,且根据新标准,被害人张某的伤情未达到轻伤程度。该案的审查逮捕办案人员仍旧未及时掌握新标准,依据旧标准作出了批准逮捕的决定。该案在审查起诉阶段被以证据不足作出不起诉决定。

笔者认为,该案证据不足不起诉的决定并不正确,因为行为人的行为未达到刑法规定的社会危害程度,不构成犯罪,故应当作绝对不起诉。

上述案件表明,鉴于案件证据的有限性、人类认识活动的复杂性与认识能力的差异性,即便是对于认为应不起诉的案件,在采用何种不起诉方式处理方面也会存在争议,难免会出现混淆适用甚至错误适用不同类型的不起诉,对于被不起诉人的权利影响也是不同的。当错误适用不起诉类型时,变更不诉类型就具有重要意义。现有的变更程序规定在《刑诉规则》第 389 条:"上级人民检察院对下级人民检察院的起诉、不起诉决定,发现确有错误的,应当予以撤销或者指令下级人民检察院纠正"。这一规定对作出不起诉决定的检察院是否有权自行变更没有明确规定,实践中对上级院的指令应当以何种形式作出也是见仁见智,需要作出规范。

（二）区分存疑不诉与相对不诉

一般来说,存疑不起诉和相对不起诉之间的界限较为明显,但实践中也存在着混淆的情况,下面以几个具体案件来分析:

【案例】王某、刘某、郑某窝藏案

被告人张某伤害他人致死。在警察到单位查找和抓捕张某期间,张某的同事王某给张某发短信:"有人找你,在外面找个地方住,先别回店里",同事刘某和郑某在张某躲避在外期间,为其送去需要用的衣物,侦查机关以涉嫌窝藏罪对王某、刘某、郑某移送审查起诉。

审查起诉阶段,对于该几名同事窝藏犯罪人的行为性质和犯罪主观故意出现争议。一种意见认为，王某虽然明知张某因伤害他人致死被抓捕，但其供述以短信告知张某的目的是避免给单位带来麻烦，不足以认定是通风报信行为；刘某、郑某虽然给被告人张某送衣物，但自称是在送衣物之后才知道张某伤人致死的情形，由此"明知是犯罪的人"的主观方面无法认定。另一种意见认为，王某得知被告人张某因打架被警方抓捕后，为避免张某给单位添麻烦告知有人在找，叫他暂时别回来，拒绝协助警方抓捕；刘某、郑某应张某要求为其送去衣物，经询问也了解到张某在被警方抓捕的事实，均已经构成窝藏罪。最终办案单位以后一种意见，认定王某、刘某、郑某构成窝藏罪，但又以犯罪情节轻微，依法不需要判处刑罚或者免除处罚，作出相对不起诉决定。

【案例】赵某非法吸收公众存款案

犯罪嫌疑人赵某在他人出资设立的某公司任法定代表人，该公司以经营能源为名义，承诺返还高额利润，非法吸收了公众存款。对于能否认定赵某构成非法吸收公众存款罪存在分歧。一种意见认为，赵某是该公司的法定代表人，该公司与他人签订的合同上盖有赵某姓名章；还有部分提供存款公众将款项汇至赵某的个人账户中，据此认为赵某的行为构成非法吸收公众存款罪。另一种意见认为，该公司是金某为非法吸收公众存款而设立的多家公司之一，用赵某等公司多名员工账户吸收存款旨在掩盖非法活动，而公司资金事实上均由金某一人掌握，仅依据赵某是法定代表人以及个人银行账户被使用等证据不足以证明赵某组织、策划、参加了非法吸收公众存款的犯罪活动，认定赵某构罪的证据不足。

承办人将案件提交检察委员会讨论，讨论认为：金某非法吸收公众存款已由人民法院以单位犯罪先期判决，赵某作为法定代表人系公司直接责任人员，在单位犯罪中应追究其刑事责任，同时，赵某任职时间仅为半年，其个人名章及银行卡均为金某安排他人私自刻制和开立，且由金某控制使用，故认定赵某参与组织、策划该公司非法吸收公众存款犯罪活动的情节轻微，依法不需要判处刑罚或者免除处罚，对赵某作出相对不起诉决定。由于该案涉嫌罪名为非法吸收公众存款，涉案人数众多，罪行较重，且需要妥善处理各种社会矛盾，经分析研判，上级检察机关撤销了原不起诉决定，将赵某提起公诉，最终法院认定赵某犯非法吸收公众存款罪判处有期徒刑5年。

上述案件表明，在有些案件的证据认定过程中，存在比较激烈的观点冲突，面对同样数量和内容的证据，不同的审查者见仁见智，有的认为指控证据不足，有的认为可以认定构成犯罪但情节轻微可以不起诉，有的则认为不仅构成犯罪而且社会危害性较大，追究刑事责任才能更好地化解由违法犯罪行为引发的社会矛盾。而决定案件最终处理方式的因素纷繁复杂：既有审查人员的个体职业素质、价值观的因素，也有决定机制运行的影响。

【案例】张某盗窃案

犯罪嫌疑人张某拾得他人移动上网卡并使用，产生数百个G的网络数据流量。因为该案在当时涉及移动公司网络收费价格昂贵、多种计价方式差异巨大等问题，在被辩护人将相关信息披露上互联网后，引起了网络舆情关注。该案在处理中主要争议的问题是：根据移动公司的收费标准，如果按照湖南移动公司包月流量外每多出1KB一分钱标准计算，应收费数额高达数百万元；如果按照中国移动总公司每月封顶流量15GB/500元标准计算，应收费数额三千余元。其盗窃数额应如何计算？一种意见认为，应按照湖南本地移动公司的收费标准计算盗窃数额，理由是数据流量也是流通中的商品，应以商品市场交易价格进行计算，该案批准逮捕时即采用此种观点，认定盗窃数额特别巨大；第二种意见认为，应采取有利于犯罪嫌疑人的原则，就低按照中国移动包月价格计算，认定盗窃数额较大；第三种意见认为，该案存在事实不清、证据不足，无法认定盗窃数额，应认定事实存疑。后检察机关以第二种意见对该案作出了相对不起诉。

笔者认为，上述盗窃案作出相对不起诉是正确的：张某明知是他人拥有的手机卡，在拾拾后采用秘密窃取方式，占有使用由他人合法拥有的上网流量数百G，此节事实清楚、证据确实充分，没有任何疑问。至于数百G的上网流量价值多少，是性质评判问题，不属于事实不清、证据不足。如果认为事实不清、证据不足，那么什么证据不足？应当如何补充调查取证？同时应当指出的是，有利于犯罪嫌疑人原则，是指事实存有疑问时向有利于认定犯罪嫌疑人的方向予以认定，将利益归于犯罪嫌疑人，没有事实疑问就没有适用有利于犯罪嫌疑人原则的前提。本案中认定盗窃数额是"较大""巨大"还是"特别巨大"，不属于适用有利于犯罪嫌疑人原则的事实认定，而是基于合理性作出的对盗窃财物价值达到刑法盗窃罪规定"较大""巨大"还是"特别巨大"的性质评价。

（三）不起诉决定书中应如何表述本院认定的事实

不起诉决定书在叙述清楚案件事实的前提下，遵循"当繁则繁，当简则简"的原则，简洁不能以关键情节缺失为代价。因存疑不诉的关键证据存在矛盾或者缺失，只表述侦查机关认定的事实，不需要也不能表述检察机关经审查认定的事实。除存疑不起诉决定书外，绝对不起诉决定书和相对不起诉决定书事实表述的侧重点是不同的。

绝对不起诉又有三类：第一类情节显著轻微、危害不大的绝对不起诉决定书，事实情节的表述应重点反映显著轻微的情节和危害程度较小的结果；第二类法定不追究刑事责任（《刑事诉讼法》第16条第2至6项）的绝对不起诉决定书，应当重点叙明符合法定不追究刑事责任的事实和证据，充分反映出法律规定的内容；第三类没有犯罪事实的绝对不起诉决定书，应当重点叙明不存在犯罪事实或者犯罪事实并非被不起诉人所为。相对不起诉决定书，事实应当以犯罪构成要件作为主线描述情节，要将体现其情节轻微的事实及符合《刑事诉讼法》第177条第2款的特征叙述清楚。

绝对不起诉决定书、相对不起诉决定书在表述检察机关认定的事实时，应注意与侦查机关认定事实的差异，突出做出不起诉决定所依据的事实情节。案件事实部分的词语选择应注意客观、平和，不要带有主观推测或者法律判断。同一个案件多名行为人，不能混用同一事实表述，可以在概述整体犯罪事实之后，着重表述被不起诉人在共同犯罪中的行为和所起的作用。

（四）不起诉决定书中应如何展示证据

与起诉书不同，不起诉决定书具有终结性意义，单纯的罗列证据名称对事实叙写、结论得出及文书阅读者的理解，均无助益。因此，为达到"阐明"的效果，应在罗列证据名称的同时，说明该项或者该组证据的证明内容，以佐证检察机关认定的事实，也为后续论证奠定基础。证据表述的方式、所列证据的侧重点，应当结合不同种类的不起诉原因有所区分。笔者建议绝对不起诉决定书、相对不起诉决定书均应表述侦查机关和检察机关认定的事实，因此，证据的罗列及证明内容的表述，应当以"还原事实"为标准，事实中每个情节都需相应证据印证，同时为后续论证奠定基础，证据可以根据案件需要单独表述，也可以分组表述，表述的顺序不必拘泥于刑事诉讼法对证据种类的规定，为证明案件事实需要排序组合；存疑不起诉决定书，由于不存在检察机关认定的事实，因此，不需罗列证据名称，但要在不起诉理由中结合现有证据情况、证据之间存在的矛盾、无法排除的证据疑点等进行论证，以阐明检察机关否定侦查机关认定的犯罪事实的理由。

（五）是否可附以其他文书进行释法说理①

不起诉决定书是一种终局性处理文书，其所承载的基本功能是正确地解释法律、采信证据和认定事实、合理决定冲突，特别是对于社会影响重大、关注度高或存在涉法信访风险的刑事案件作存疑不起诉或绝对不起诉时，更需要给案件当事人比较明确的理由，这既是对于案件当事人权利的切实保障，也有利于增强检察机关所作决定的公信力。不起诉释法说理，除常规的用"司法解释"释法之外，还可以用"法学理论"释法、用"逻辑方法"说理、用"人情事理"说理。比如存疑不起诉案件，往往是有证据支撑，但证据之间有矛盾形不成证据锁链，得不出唯一结论，那么最好运用逻辑方法，通过朴素的说理让人感觉到作出不

---

① 节选自李笑楠、李睿杰：《不起诉决定书不可缺"理"》，载《检察日报》2014年7月25日。

起诉决定是唯一的正确的选择。另外,不起诉案件往往牵涉道德与伦理、常识与情感、民意与舆情,如亲属之间的盗窃涉及亲情伦理,见义勇为中的行为失当涉及情法冲突,未成年人犯罪涉及家庭情感等。在作不起诉决定时,有必要兼顾这些法外人情事理,运用体现社会良知常识,有时比单纯地引用法条更有说服力。最高人民检察院在《关于加强检察法律文书说理工作的意见》规定,人民检察院作出有关决定,需要向有关机关或者人员书面说理的,可以在叙述式法律文书中进行说理;对填充式法律文书,可以增加附页或者制作说明书进行说理。不起诉决定书属于叙述式法律文书,笔者认为,可以在不起诉决定书正文之中进行说理,也可单独制作释法说理书。如陆某妨害信用卡管理、销售假药案的不起诉释法说理书就是很好的实务典范。

【案例】陆某涉嫌销售假药、妨害信用卡管理案

基本案情:2002年,陆某被检查出患有慢粒白血病,经医生推荐服用瑞士诺华公司生产的"格列卫"抗癌药。该药售价为20000余元一盒,每个月需要服用一盒,且需要长期服用。2004年6月,陆某偶然了解到印度仿制生产"格列卫"抗癌药,药效相同,但一盒仅售4000元,遂开始服用仿制"格列卫",并于当年8月在病友群里分享了这一消息。随后,很多病友让其帮忙购买此药,人数达数千人。此后,该药的"团购价"降到了每盒数百元。为方便给印度汇款,陆某从网上买了3张信用卡,并将其中一张卡交给印度公司作为收款账户,另外两张因无法激活,被他丢弃。2013年8月下旬,湖南省沅江市公安局在查办一网络银行卡贩卖团伙时,将曾购买信用卡的陆某抓获。2015年2月27日,湖南省沅江市人民检察院对陆某涉嫌妨害信用卡管理、销售假药案作出认定,认为其行为不构成犯罪,决定不起诉。

【文书示例】

关于对陆某妨害信用卡管理和销售
假药案决定不起诉的释法说理书

根据《中华人民共和国刑事诉讼法》第十五条第(一)项和第一百七

十三条第一款的规定，我院决定对涉嫌销售假药和妨害信用卡管理的陆某依法作出不起诉决定。其理由如下：

一、陆某的行为不构成销售假药罪

1. 陆某的行为不是销售行为。所谓销售即卖出（商品）。在经济学上，销售是以货币为媒介的商品交换过程中卖方的业务活动，是卖出商品的行为，卖方寻求的是商品的价值，而买方寻求的则是商品的使用价值。全面系统分析该案的全部事实，陆某的行为是买方行为，并且是白血病患者群体购买药品整体行为中的组成行为，寻求的是印度赛诺公司抗癌药品的使用价值。

首先，陆某与白血病患者是印度赛诺公司抗癌药品的买方。一是早在向印度赛诺公司买药之前，作为白血病患者的陆某就与这些求药的白血患者建立了QQ群，并以网络QQ和病友会等载体相互交流病情，传递求医问药信息。患者潘某某的证言说，建立QQ群还能扩大病友群，组织病友与药品生产厂家协商降低药品价格。二是陆某是在自己服用印度赛诺公司的药品有效后，才向病友作介绍的。所购印度赛诺公司抗癌药品的价格开始时每盒4000元，后来降至每盒200元。三是陆某为病友购买药品提供的帮助是无偿的。陆某不仅帮助病友买药、付款，还利用懂英语的特长，为病友的药品说明书和来往电子邮件进行翻译，在此过程中，陆某既没有加价行为，也没有收取代理费、中介费等任何费用。四是陆某所帮助的买药者全部是白血病患者，没有任何为营利而从事销售或者中介等经营药品的人员。

其次，陆某提供账号的行为不构成与印度赛诺公司销售假药的共犯。根据我国《药品管理法》第四十八条第三款第（二）项规定，依照该法必须批准而未经批准生产、进口，或者依照该法必须检验而未经检验即销售的药品，以假药论处。也就是法律拟制的假药。印度赛诺公司在我国销售未经批准进口的抗癌药品，属于销售假药的行为。根据两高发布的《关于办理危害药品安全刑事案件适用法律若干问题的解释》（法释〔2014〕14号）第八条第（一）项规定，明知他人生产销售假药而提供账号的，以共同犯罪论处。本案中，陆某先后提供罗某某、杨某某、夏某某3个账号行为的实质是买方行为，而不能认为是共同销售行为。

一是从账号产生的背景看，最初源于病友方便购药的请求。在陆某提供账号前，病友支付印度赛诺公司购药款是以西联汇款等国际汇款方式，既要先把人民币换成美元，又要使用英文，程序繁琐，操作难度大。求药的患者向印度赛诺公司提出在中国开设账号便于付款的要求，印度赛诺公司与最早向本公司购药的陆勇商谈，并提出对愿意提供账号的可免费提供药品。

二是从账号的来源看，3个账号中先使用的两个账号由病友提供。陆某向病友群传递这一消息后，云南籍病友罗某某即愿意将本人和妻子杨某某已设立的账号提供给陆某使用。在罗某某担心因交易资金量增加可能被怀疑洗钱的情况下，才通过淘宝网购买户名为夏某某的借记卡。

三是从所提供账号的功能看，就是收集病友的购药款，以便转款到印度赛诺公司指定的张某某的账号，是用于收账、转账的过渡账号，承担方便病友支付购药款的功能，无需购药的病友换汇和翻译。

四是从账号的实际用途看，病友购药向这3个账号支付购药款后告知陆某，陆某通过网银U盾使用管理这3个账号，将病友的付款转至印度赛诺公司指定的张某某的账号，然后陆某再告知印度赛诺公司，印度赛诺公司根据付款账单发药。可见，设置这3个账号就是陆某为病友提供购药服务的，是作为白血病患者的求药群体购买药品行为整体中的组成行为。

根据我国刑法的规定，共同犯罪是指二人以上共同故意犯罪，具体到本案，如果构成故意犯罪，应当是陆某与印度赛诺公司共同实施销售假药犯罪，更具体地说，应是陆某基于帮助印度赛诺公司销售假药而为印度赛诺公司提供账号，而本案，购买印度赛诺公司抗癌药品的行为是白血病患者群体求药的集体行为，陆某代表的是买方而不是卖方，印度赛诺公司就设立账号与陆勇的商谈是卖方与买方之间的洽谈，陆某作为买方的代表至始至终在为买方提供服务。当买卖成交时，买方的行为自然在客观结果上为卖方提供了帮助，这是买卖双方成交的必然的交易形态，但绝对不能因此而认为买方就变为共同卖方了。正如在市场上买货，买货的结果为销售方实现销售提供了帮助，如果因此而把买方视为共同卖方，那就成根本上混淆了买与卖的关系。同理，如果将陆某的行为当成印度赛诺公司的共同销售行为，也就混淆了买与卖的关系，从根本上脱离了判断本案的逻辑前提，进而必将违背事实真相。

2. 陆某的行为没有侵犯他人的生命权、健康权。犯罪行为的社会危害性表现为对刑法所保护的客体的侵害。关于销售假药罪，我国1997年刑法规定为"生产、销售假药，足以严重危害人体健康的"；刑法修正案（八）将本罪去掉了"足以严重危害人体健康"的要求，其宗旨是强化对民生的保障，以避免司法实践中出现的尴尬，这就是因"足以严重危害人体健康"的取证困难而影响对该罪的惩治，对此，前述两高《关于办理危害药品安全刑事案件若干问题的解释》第十一条第二款规定："销售少量未经批准进口的国外、境外药品，没有造成他人伤害后果或者延误诊治，情节显著轻微危害不大的，不认为是犯罪。"等等这些说明，保护人的生命权、健康权是销售假药罪立法的核心意旨。本案中的假药是因未经批准进口而以假药论处的法律拟制型假药，根据本案证据，得到陆某帮助的白血病患者购买、服用了这些药品后，身体没有受到任何伤害，有的还有治疗效果，更有的出具证言，感谢陆某帮助其延续了生命。同时，还应指出的是，如前所述，陆某的行为也有违反国家药品管理法规定的地方，但存在无奈之处，目前合法的对症治疗白血病的药品价格昂贵，使得一般患者难以承受。正因为如此，陆勇是在自己及病友无法承担服用合法进口药品经济重负的情况下，不得已才实施本案行为。

二、陆某通过淘宝网从郭某某处购买3张以他人身份信息开设的借记卡、并使用其中户名为夏某某的借记卡的行为，违反了金融管理法规，但因情节显著轻微危害不大，不认为是犯罪。

根据《刑法修正案（五）》第一条第（四）项规定，购买以虚假的身份证明骗领的信用卡的行为，属于妨害信用卡管理行为。按照最高人民检察院、公安部关于该条的追诉标准规定的解释，违背他人意愿使用其居民身份证等身份证明申领信用卡的，应当认定为使用虚假的身份证明骗领信用卡。根据全国人大常委会《关于〈刑法〉有关信用卡规定的解释》，借记卡属于刑法意义上的信用卡范围。陆某上述购买和使用借记卡的行为属于购买使用虚假的身份证明骗领信用卡的行为，但情节显著轻微，危害不大，根据刑法第十三条的规定，不认为是犯罪。

法，对于不满18周岁的未成年人、已满75周岁的老年人、又聋又哑的人或者盲人、尚未完全丧失辨认或者控制自己行为能力的精神病人、孕妇或者正在哺乳期的妇女，在刑罚适用或诉讼权利、诉讼程序上，适用相应区别对待的规定，体现了对弱势群体的特别保护，所彰显的就是刑事司法的人文关怀，与坚持法律面前人人平等的原则并行不悖的。本案中，陆某及其病友作为白血病群体，也是弱势群体，陆某的上述违反药品管理法和妨害信用卡管理的行为发生在自己和同病患者为维持生命而进行的寻医求药过程中，并且一方面这些行为发生在其实有能力难以购买合法药品的情形下，另一方面这些行为给相关方面并未带来多少实际危害，如果对这种弱势群体自救行为中的轻微违法行为以犯罪对待，显然有悖于刑事司法应有的人文关怀。

3. 与转变刑事司法理念的要求相悖。随着国家尊重和保障人权的宪法原则载入修改后的刑事诉讼法，保障人权成为刑事诉讼法的基本任务之一，与惩治犯罪共同构成刑事诉讼的价值目标。从保障人权出发转变刑事司法理念，就是要重视刑事法治、慎用刑事手段、规范刑事司法权运行。既要强调刑罚谦抑原则，真正把刑法作为调整社会关系的最后的手段、不得已才运用的手段；又要严格规范执法，坚持程序与实体并重，严守法定程序，准确适用实体法律，坚持理性、平和、文明执法。本案中的问题，完全可通过行政的方法来处理，如果不顾白血病患者群体的生命权和健康权，对陆某的上述行为运用刑法来评价并轻易动用刑事手段，是不符合转变刑事司法理念要求的。

综上，陆某有违反国家药品管理法的行为，如违反了《药品管理法》第39条第2款有关个人自用进口的药品，应按照国家规定办理进口手续的规定等，但陆某的行为因不是销售行为而根本不构成销售假药罪；陆某通过淘宝网从郭某某处购买3张以他人身份信息开设的借记卡、并使用了其中户名为夏某某的借记卡的行为，属于购买使用以虚假的身份证明骗领的信用卡的行为，违反了金融管理法规，但其目的和用途完全是支付白血病患者因自服药品而买药的款项，且仅使用1张，情节显著轻微危害不大，不认为是犯罪；从本案的客观事实出发，全面考察本案，根据司法为民的价值观，也不应将陆某的行为作犯罪处理。

1. 陆某所购买的是借记卡。虽然借记卡与贷记卡、准贷记卡都属于刑法意义上的信用卡，但借记卡不具有透支功能。同时，陆某所购买的3张借记卡能够使用的只有1张，客观上也只使用了1张。

2. 陆某购买信借记卡的动机、目的和用途是方便白血病患者购买抗癌药品。除了用于为病友购买抗癌药品支付药款外，陆某没有将该借记卡账号用于任何营利活动，更没有实施其他危害金融秩序的行为，也没有导致任何方面的经济损失。

3. 陆某购买和使用借记卡的行为客观上为白血病患者提供了无偿的帮助。一是购买借记卡所支付的500元由陆某自己承担；二是使用借记卡号支付购药款，免去了病友群体以前为付购药款所需的换汇、英文翻译等麻烦；三是陆某使用此借记卡带来的结果，是用增加自己的工作量来减少病友的劳动量，并且是一种无偿的为身患白血病的弱势群体提供的帮助。

三、如果认定陆某的行为构成犯罪，将背离刑事司法应有的价值观

1. 与司法为民的价值观相悖。综观全案事实，呈现四个基本点：一是陆某的行为源起于自己是白血病患者而寻求维持生命的药品；二是陆某所帮助买药的群体全是白血病患者，没有为营利而从事销售或中介等经营药品的人员；三是陆某对白血病病友群体提供的帮助是无偿的；四是在国内市场合法的抗癌药品昂贵的情形下，陆某的行为客观上惠及了白血病患者。刑事司法的价值取向表现为人权保障与社会保护两个方面，对社会秩序的保护从根本上讲也是维护人民的共同利益需求。党的十八届四中全会决定强调"要坚持人民司法为人民"，"通过公正司法维护人民权益"；同时强调"必须坚持法治建设为了人民、依靠人民、造福人民、保护人民，以保障人民根本权益为出发点和落脚点"。陆某的行为虽然在一定程度上触及到了国家对药品的管理秩序和对信用卡的管理秩序，但其行为对这些方面的实际危害程度，相对于白血病群体的生命权和健康权来讲，是难以相提并论的。如果不顾及后者而片面地将陆某在主观上、客观上都惠及白血病患者的行为认定为犯罪，显然有悖于司法为民的价值观。

2. 与司法的人文关怀相悖。在刑事司法中，根据我国刑法和刑事诉讼